王一川 董晓萍 主编
国家社会科学基金重大项目
我国文化软实力发展战略研究（上）

中国文化软实力发展战略综论

王一川 等著

商务印书馆
2015年·北京

图书在版编目(CIP)数据

中国文化软实力发展战略综论/王一川等著.—北京：商务印书馆,2015
ISBN 978-7-100-11594-0

Ⅰ.①中… Ⅱ.①王… Ⅲ.①中华文化－研究 Ⅳ.①K203

中国版本图书馆 CIP 数据核字(2015)第 222869 号

所有权利保留。
未经许可,不得以任何方式使用。

本书合著者

王一川　郭必恒　张洪忠　沈湘平　李　怡　陈雪虎
林　玮　孙　亮　唐建英　孟　隋　刘彦榕

中国文化软实力发展战略综论
王一川　等著

商 务 印 书 馆 出 版
(北京王府井大街36号　邮政编码 100710)
商 务 印 书 馆 发 行
北 京 冠 中 印 刷 厂 印 刷
ISBN 978-7-100-11594-0

2015 年 8 月第 1 版　　开本 880×1230　1/32
2015 年 8 月北京第 1 次印刷　印张 16¼
定价：52.00 元

目 录

引言 …………………………………………………………… 1

第一章 文化软实力的理论来源 …………………………… 8
  第一节 文化软实力理论的西方来源 ………………… 9
    一、雅典城邦的吸引力 ……………………………… 9
    二、君王的凝聚力 …………………………………… 11
    三、卡里斯马型统治力 ……………………………… 12
    四、文化领导权 ……………………………………… 13
    五、意识形态国家机器 ……………………………… 16
  第二节 文化软实力理论的中国来源 ………………… 18
    一、儒家思想中的软实力因子 ……………………… 19
    二、道家思想中的软实力因子 ……………………… 21
    三、兵家思想中的软实力因子 ……………………… 22
    四、中国传统思维方式中的软实力因子 …………… 23
  第三节 诗教：一种独特的中国文化软实力思想传统 … 24
    一、"诗教"的提出和目的 ………………………… 24
    二、"诗教"的社会影响力 ………………………… 26
  第四节 文化软实力理论的直接生长点 ……………… 27
    一、亨廷顿的"文明冲突论" ……………………… 28
    二、约瑟夫·奈的"软实力"概念 ………………… 29

第二章 中国文化软实力的理论建构 ……………………… 31
  第一节 中国共产党党建理论中的软实力战略思想 … 31

一、革命时期对软实力的重视 …………………………… 31
　　二、建设时期对软实力的重视 …………………………… 34
　第二节　党的十七大前后关于国家文化软实力的
　　　　　战略思想 ………………………………………………… 34
　　一、"国家文化软实力"战略的酝酿时期 ……………… 34
　　二、"国家文化软实力"战略的正式提出 ……………… 36
　第三节　"文化强国"视野中的文化软实力 ……………… 38
　　一、国家文化软实力与"文化强国"战略 ……………… 38
　　二、国家文化软实力与文化重要性的凸显 …………… 40
　第四节　文化与文化软实力的内涵 ………………………… 43
　　一、"文化"的内涵 ……………………………………… 43
　　二、国家文化软实力的特征界定 ………………………… 49
　第五节　文化软实力的层面构造 …………………………… 50
　　一、国家文化软实力内涵的层面构造 ………………… 50
　　二、国家文化软实力的四个层面 ………………………… 52
　第六节　文化软实力的运行方式 …………………………… 55
　　一、文化软实力运行的特殊性 …………………………… 55
　　二、国家文化软实力的实际运行过程 ………………… 56

第三章　中国特色文化软实力思想的发展 ………………… 58
　第一节　文化软实力概念的中国式理解与反思 ………… 59
　　一、软实力的概念源起及其批判 ………………………… 59
　　二、从软权力到中国特色文化软实力 ………………… 63
　第二节　建设文化软实力的马克思主义思想资源 ……… 68
　　一、马克思主义经典作家的思想资源 ………………… 69
　　二、西方马克思主义者的思想资源 …………………… 77

三、中国化马克思主义的文化软实力思想的发展 ………… 83
第三节　文化软实力的中国维度 ……………………………… 90
　　一、以马克思主义为指导 ……………………………………… 91
　　二、与传统文化相承接 ………………………………………… 93
　　三、与中国现实相适应 ………………………………………… 95
　　四、以社会主义核心价值体系为灵魂 ………………………… 98
　　五、以中华民族伟大复兴的"中国梦"和世界和谐为目的 … 99
第四节　建设中国特色社会主义文化软实力的路径 ………… 100
　　一、立足"中国特色"资源 …………………………………… 101
　　二、总结和提升"中国经验" ………………………………… 102
　　三、拓展文化软实力元素 ……………………………………… 105
　　四、充分发挥社会主义核心价值体系的引领作用 …………… 106
　　五、坚持和谐世界的外交战略 ………………………………… 108
　　六、塑造"中国形象" ………………………………………… 109

第四章　中国文化软实力的指标体系与实证研究 ………… 111
第一节　中国特色社会主义文化软实力的要素系统 ………… 111
　　一、总体要素：发展模式 ……………………………………… 113
　　二、动力要素：意识形态与核心价值观 ……………………… 116
　　三、制度要素：中国特色社会体制 …………………………… 119
　　四、协同要素：内部的文化生态 ……………………………… 120
　　五、形象要素：国际形象 ……………………………………… 123
　　六、外交要素：外交软实力 …………………………………… 124
　　七、辐射要素：中国的对外影响力 …………………………… 126
第二节　中国文化软实力指标体系的理论基础及其建构 …… 127
　　一、关于文化软实力测量的相关文献 ………………………… 128

二、国家文化软实力指标体系的初步提出 ················· 136
第三节　中国文化软实力指标体系建构的实证研究 ··········· 144
　　一、研究方法 ··· 144
　　二、三个维度的因子模型构成 ···························· 146
　　三、细分维度与指标的权重 ······························ 164
　　四、三个维度之间的权重关系 ··························· 174
　　五、结论：文化软实力指标体系的构成解读 ············ 175

第五章　中国文化符号与软实力发展 ·························· 185
第一节　符号与软实力的关联路径及"中国梦"的
　　　　软实力价值 ··· 186
　　一、文化符号与软实力的政治关联：符号权力论 ······ 187
　　二、文化符号与软实力的经济关联：符号资本论 ······ 192
　　三、"中国梦"文化符号的软实力路径及其意义 ········ 197
第二节　文化符号创新、大国风范与软实力的作用之道 ····· 202
　　一、文化符号创新：路径、资源与产业效果 ············ 203
　　二、大国风范：文化/符号创新的条件及其语言表现 ··· 206
　　三、场域与民主：软实力如何发挥作用？ ··············· 211
第三节　个案分析：从大学生文化符号观看中国
　　　　文化软实力资源现状 ······························· 215
　　一、大学生的文化符号观与中国文化软实力的资源 ··· 215
　　二、调查方法 ·· 217
　　三、最具代表性的中国文化符号绝对值测量结果 ······ 221
　　四、不同群体大学生对中国文化符号代表性的打分 ··· 225
　　五、最具代表性的中国文化符号因子分析 ·············· 232
　　六、最具推广价值的中外文化符号的相对测量 ········· 239

七、结论与分析 ……………………………………… 253
　　八、思考与探讨 ……………………………………… 258
 第四节　个案分析：北京文化符号与"世界城市"
　　　　　软实力建设 ………………………………………… 260
　　一、文化符号、城市精神与"世界城市"记忆 ………… 261
　　二、从大学生眼中的北京文化符号看北京城市软实力现状 … 268
　　三、大学生眼中"世界城市"文化符号的启示 ………… 272
　　四、北京作为"世界城市"的文化符号建设 …………… 275

第六章　文化传媒与文化软实力 …………………………… 282
 第一节　文化传媒：软实力资源与软实力传播中介 …… 282
　　一、作为软实力"资源"的文化传媒 …………………… 283
　　二、作为软实力"传播中介"的文化传媒 ……………… 284
 第二节　中国文化传媒的实力分析 …………………… 287
　　一、中国文化传媒的产业化发展历程 ………………… 287
　　二、中国文化传媒实力分析：基于规模、影响力和
　　　　公信力的视角 ……………………………………… 290
　　三、海外华文媒体的文化软实力分析 ………………… 297
　　四、我国官方传播渠道在重大公共事件中的公信力研究 … 306
 第三节　中国文化传媒"走出去"的意义与策略 ……… 315
　　一、意义 ……………………………………………… 316
　　二、策略 ……………………………………………… 320

第七章　中国文化制度与文化创新 ………………………… 324
 第一节　文化制度的软实力效应及其历史 …………… 325
　　一、中国文化制度的历史特色 ………………………… 326
　　二、中国文化制度的创新路径 ………………………… 334

第二节　文化集群:文化制度软实力的集中呈现 …………… 342
　　　　一、特色文化产业集群资源的二次开发及其软实力意义 … 343
　　　　二、准文化产业集群的"软实力"效益:以茶文化产业为例 … 349
　　第三节　投融资体系:文化制度软实力的动力来源 …………… 362
　　　　一、文化产业投融资的宏观环境与软实力建设 …………… 363
　　　　二、文化产业投融资制度与软实力提升路径:
　　　　　　以河北省为个案 …………………………………… 371
　　第四节　文化制度软实力的双重指向:以电影为例 …………… 381
　　　　一、文化制度的市场指向:电影全产业链建构的四条路径 … 382
　　　　二、文化制度的社会指向:电影扶植政策的困境与突围 … 388
　　第五节　文化制度软实力的社会意义与指向:
　　　　　　以城乡结构为突破 ………………………………… 397
　　　　一、城乡文化软实力的分野:为什么是产业? …………… 398
　　　　二、出入城市:乡村文化软实力的产业化路径 …………… 400
　　　　三、文化软实力:资本-文化的二元互动及其社会指向 … 405

第八章　中国文化价值与文艺建设 ……………………………… 410
　　第一节　文化价值与本土资源的构成 ………………………… 411
　　　　一、文化指向价值 ………………………………………… 411
　　　　二、文化作为对现代的反应 ……………………………… 414
　　　　三、文化中的矛盾与斗争 ………………………………… 417
　　　　四、文化自觉和我们的问题 ……………………………… 420
　　　　五、文化资源的本土构成 ………………………………… 422
　　　　六、构成一:古典文化传统 ……………………………… 424
　　　　七、构成二:现代革命文化传统 ………………………… 426
　　　　八、构成三:当代大众文化 ……………………………… 430
　　　　九、共同繁荣文化与文化软实力 ………………………… 432

第二节　中国文化传统的当代价值 ………………………… 433
　　一、精神动力系统:中国近现代知识分子的宏阔视野 ……… 434
　　二、价值系统:中国现代价值形态的变迁 ………………… 443
　　三、信仰系统:现代中国信仰形态的再思考 ……………… 456
　　四、政治文化层面:追求民主的道路 ……………………… 469
第三节　文艺建设与跨文化交流策略 ……………………… 486
　　一、中国文化艺术的对外推广状况 ………………………… 486
　　二、中国文化艺术的跨文化交流策略 ……………………… 496

结论　由中国文化符号到文化软实力理论系统 ……………… 500

附录 …………………………………………………………… 501

后记 …………………………………………………………… 506

引 言

我国现代化建设和经济崛起取得了巨大成就,我国文化在世界文化格局中的位置为世所瞩目。随着我国经济社会的不断发展和对外开放的继续扩大,党中央建设中国特色社会主义事业的总体布局更加明确。2007年,本课题组获准承担"我国文化软实力发展战略研究"的国家社科基金重大项目,[①]经过六年的理论探索和实证研究,全部完成工作。本书在最终研究成果的基础上修改而成。

一、研究背景和角度

本项研究进行期间,党的十七大和十八大连续提出在社会主义经济建设、政治建设、社会建设、文化建设和生态文明建设等多位一体建设中,实施文化强国战略。本项研究的文化软实力发展战略,已成为国家总体发展中的重要一环。近年来,"文化软实力"的概念已频繁出现在各种政治文件和社会管理文件中,特别是在党的十八大后提出以"中国梦"为话语的全民思想文化建设之后,文化软实力的概念和内涵的传播更加深入,已渗透到政府与民间的共同表述中,为社会各界所熟知。

[①] "我国文化软实力发展战略研究",国家社会科学基金重大项目,2007年立项,2008年1月15日批复,项目批准号:07&ZD037。

本项研究是在西方发达国家已完成现代文化输出的战略转型，与我国已处于全球多元文化的交流与竞争中进行的。在这种世界文化格局中，我们的研究还需要考虑如何建设具有社会主义特色的国家主体文化，使文化工作能切实担负其维护国家主权的"国家责任"。

本项研究在推进过程中，经历了从党的十七大到十八大的相关政策演进过程，经历了党的两届领导集体的交接这一历史性时刻，也经历了最近几年国际社会政治和文化格局的新变化，以及我国两届领导集体在"国家文化软实力"问题上的政策制定及其实施。此外，在本项研究进行的过程中，相关领域的专家、学者、文化产业机构、艺术家、企业家等，也都通过著书立说、国际国内学术论坛、中外交流实践、文化产品开发等多种形式或渠道，从事了多方面的文化软实力建设工作，取得了显著的成绩。单是以"文化软实力"为标题的著作就年年层出不穷。[1] 但与此同时，在这些讨论、实践和建设过程中，国家文化软实力及其发展战略领域也暴露出一系列新问题、新现象，特别是出现了一些理论、概念、方法等方面的混淆或误解，需要从理论

---

[1] 童世骏：《文化软实力》，重庆出版社2008年版；沈壮海主编：《软文化，真实力——为什么要提高国家文化软实力》，人民出版社2008年版；彭立勋主编：《文化软实力与城市竞争力》，中国社会科学出版社2008年版；刘晓玲：《文化软实力提升浅论》，湖南人民出版社2009年版；顾江主编：《文化产业研究第3辑文化软实力与产业竞争力》，东南大学出版社2009年版；艺衡：《文化主权与国家文化软实力》，社会科学文献出版社2009年版；王桂兰等著：《文化软实力的维度》，河南人民出版社2010年版；张国祚主编：《中国文化软实力研究报告》，社会科学文献出版社2011年版；张国祚主编：《中国文化软实力研究要论选》，社会科学文献出版社2011年版；范军：《文化软实力"力"从何来》，湖北人民出版社2011年版；牛大勇等主编：《中华文化软实力——2011嵩山论坛文集》，红旗出版社2011年版；龙耀宏：《民族文化与文化软实力》，民族出版社2011年版；骆郁廷：《文化软实力》，中国社会科学出版社2012年版；沈壮海：《文化软实力与价值之轴》，中华书局2013年版；李建平：《文化软实力与经济社会发展》，江苏大学出版社2013年版；胡文臻：《企业文化软实力新论》，社会科学文献出版社2013年版；张祥：《文化软实力与国际谈判》，社会科学文献出版社2013年版；张国祚：《中国文化软实力发展报告2012》，北京大学出版社2013年版。

上加以分析和解答。

因此，本项研究，必然会以我们的观察和思考这一特定方式，或多或少地记录这段历史的印记，以及我国学术界对这些问题的探讨和交流轨迹，当然还有本课题组对此的反思和初步回答。

需要指出的是，说到底，由于国家文化软实力发展战略问题本来属于跨学科、多学科或交叉学科课题，本应当集中全国各相关学科的多学科力量去协力承担，而任何单一学科领域的学者是无法完整地或圆满地回答其中的所有方面或所有问题的，取而代之，人们往往只能探测其中的某个或某些方面。尽管如此，来自不同学科领域的学者完全可以从自身学术素养及其特定视角出发，以有限度的跨学科合作方式，进入到这个领域中去探索，做出各自富有学术特色的研究成果。而这，恰恰正是当代世界学术研究中的一种常态，也是我国目前各个学术课题协力攻关的一种通常方式。

考虑到这一点，鉴于本书作者多来自中国语言文学、艺术学与民俗学等学科领域，因而我们的课题研究诚然不可能求得完整或圆满，但毕竟完全可以尽力呈现和彰显自身的属于文艺学科和民俗学科的特定重心和独特特色。

由于如此，本项研究不追求完整和圆满，而是尽力聚焦于我们所认为的有关国家文化软实力及其发展战略的那些突出问题上，以及能够呈现我们自身的文艺学科和民俗文化学科特色的问题领域。

二、考察重心

本书的考察重心主要集中在如下问题上：

第一，梳理国家文化软实力思想的中外理论源流。尽管软实力概念来自外国，并有其悠久的历史渊源，但在中国也自有久远的软实力思想传统，两者可以相互发明，在当前我国软实力发展战略制定及实施中起到作用。

第二，辨析国家文化软实力概念的内涵。这个问题由于文化软实力概念在近几年来的学术界和更广泛的社会舆论圈越来越热门而引发众多混淆，需要冷静地予以梳理和界定，否则会严重影响对于文化软实力问题的深入探讨。

第三，划分国家文化软实力的层面构造。鉴于国家文化软实力发展战略涉及众多方面，选择确定其基本的四层面构造，据此开展国家文化软实力的层面分析，在目前是适宜的。

第四，以民俗文化软实力问题为重要补充研究。这样做旨在从自上而下和自下而上两个视角，为国家文化软实力发展战略探寻出一种可予借鉴的方式，同时也为国际社会摆脱意识形态的差异，更为全面、客观地了解中国，提供对方容易接受的视角和渠道。

第五，根据国家文化软实力的概念、内涵和层面构造，尝试建立国家文化软实力测量指标体系，有关国家文化软实力管理和对外文化输出战略的思考也据此进行。

三、特色追求

鉴于前述本书作者的学科构成及其学术专长状况，本书将按照有所为、有所不为、有所多为、有所少为的办法，尽力突出课题组自身的研究特色。这种研究特色主要表现在：一是文艺学和艺术学的学者在文艺领域的探索；二是民俗学者在民俗文化领域的探索。

四、论述构架

本课题的论述构架由上、下册组成。

上册，《中国文化软实力发展战略综论》，阐述中国文化软实力的理论内涵、指标体系、文化符号和理论系统。由八章组成。

前四章主要阐述中国文化软实力的理论内涵、指标体系。其中，第一章文化软实力的理论来源，主要论述文化软实力理论的西方来源和中国来源、作为独特的中国文化软实力思想传统的"诗教"、文化软实力理论的直接生长点——亨廷顿的"文明冲突论"和约瑟夫·奈的"软实力"概念。第二章中国文化软实力的理论建构，主要论述中国共产党党建理论中的软实力战略思想、党的十七大前后关于国家文化软实力的战略思想、"文化强国"视野中的文化软实力、文化与文化软实力的内涵、文化软实力的层面构造、文化软实力的运行方式。第三章中国特色文化软实力思想的发展，主要论述文化软实力概念的中国式理解与反思、建设文化软实力的马克思主义思想资源、文化软实力的中国维度、建设中国特色社会主义文化软实力的路径。第四章中国文化软实力的指标体系与实证研究，主要论述中国特色社会主义文化软实力的要素系统、中国文化软实力指标体系的理论基础及其建构、中国文化软实力指标体系建构的实证研究。

后四章主要阐述中国文化符号与文化软实力的理论系统。其中，第五章中国文化符号与软实力发展，主要论述符号与软实力的关联路径及"中国梦"的软实力价值、文化符号创新和大国风范与软实力的作用之道、从大学生文化符号观看中国文化软实力资源现状、北京文化符号与"世界城市"软实力建设。第六章文化传媒与文化软实力，主要论述文化传媒作为软实力资源与软实力传播中介、中国文化传媒的实力分析、中国文化传媒"走出去"的意义与策略。第七章中国文化制度与文化创新，主要论述文化制度的软实力效应及其历史、文化集群作为文化制度软实力的集中呈现、投融资体系作为文化制度软实力的动力来源、作为文化制度软实力的双重指向（以电影为例）、文化制度软实力的社会意义与指向（以城乡结构为突破）。第八章中国文化价值与文艺建设，主要论述文化价值与本土资源的构成、中国文化传统的当代价值、文艺建设与跨文化交流策略。

下册,《中国民俗文化软实力发展战略专论》,阐述中国民俗文化软实力的建设战略,分两部分,共八章。

第一部分,中国民俗文化软实力建设的基本理论与宏观战略研究,下设两章。第一章中国民俗文化的价值观和社会运行系统,论述中国民俗文化价值观构建的核心理论问题、中国民俗文化的社会运行和中国民俗在国家管理系统中的现代定位。第二章中国民俗文化软实力建设的战略途径,论述中国民俗文化软实力战略建设的核心理论问题、中国民俗文化软实力战略建设的目标、方法与途径。

第二部分,中国民俗文化软实力优先建设项目的专项规划,下设六章。第三章中国民俗文化保护的重点领域,论述中国民俗文化保护的核心理论问题,包括国家文化新传统与民间文艺优秀遗产保护、国家手工技艺与传统手工行业保护、国家传统节日与节日保护和国家综合防灾减灾与民俗文化软实力建设等。第四章中国故事跨媒体建设的专项规划,论述中国故事的现代跨媒体建设工程的必要性和可能性,并从中国故事跨媒体建设的信息资源、校园基础和产业趋势进行综合分析和描述性预测。第五章中国非物质文化遗产建设的专项规划,论述政府非遗与民间非遗的差异与多元建设方案,以及民族音乐与民族文化主体性建设、保护文化多样性与多民族民俗教育等关键问题。第六章中国传统行业文化建设的专项规划,论述传统行业文化专项规划建设的要点、行业建设专项的分布和实施步骤。第七章中国节日文化建设的专项规划,论述节日文化模式建设专项规划和节日文化保护专项建设规划。第八章中国防灾减灾民俗文化建设的专项规划,论述防灾减灾民俗文化专项建设的思路、分类、历史资源优化利用与积极建立政府防灾减灾网站等问题。

末附结语,总结全书。

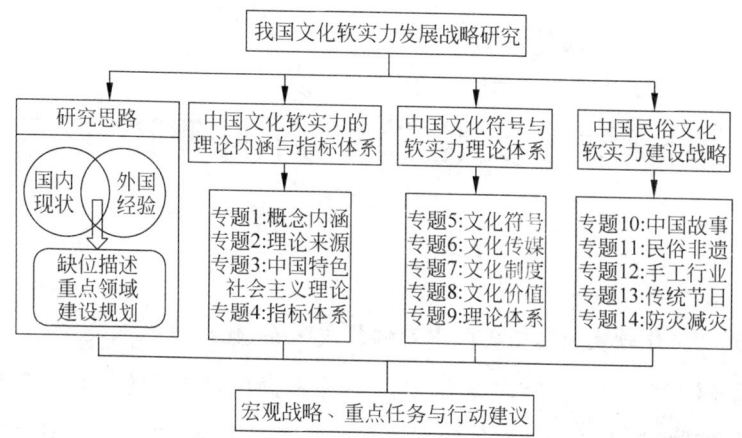

图 1　中国文化软实力研究成果结构框架示意图

研究我国文化软实力建设战略的目标,是全面系统地把握我国的国家文化软实力多层面构造,将政府主导文化与多地区、多民族民俗文化进行统一部署建设。本项研究也能促进高校人文社会科学领域多学科的协同创新,深化学者的文化研究意识,加强对大学生的爱国主义文化教育,促进国民素质教育,带动社会文化公益建设事业向纵深发展,在全球多元文化交流与竞争中,树立中国这一历史文明古国的现代发展新形象。

第一章 文化软实力的理论来源

"文化软实力",由美国学者约瑟夫·奈(Joseph S. Nye)于 1990 年在《谁与争锋》中首次提出[①]。在这个概念中,"软实力",指依靠强制、威胁、打击或利益之外的柔性方式而发挥作用的现象。这种现象在当代是如此常见,以致遍布政界、商界、娱乐界、宗教界等社会各界,比如政治领袖的亲民(或铁腕)形象、商界领袖的魄力、演艺明星引发的疯狂追随等,都会在实际生活中发挥惯常的影响力。不过,近些年来,经由学者们的科学归纳和合理拓展,"软实力"已成为国际政治领域常用的概念之一。

文化软实力是当代新概念,但并不是当代新现象。从理论上讲,凡是有集团与集团展开权力竞争或实力较量的地方,就应当有文化软实力或软实力的存在。这是因为,自古以来,权力竞争都天然地倾向于全方位运作,包括运用文化软实力去影响对手。可以说,文化软实力现象实际上是古已有之。《孟子·梁惠王下》就有"箪食壶浆以迎王师"的说法,用于形容在类似于武王伐纣一样的正义战争中,被占领区人民不但没有国破家亡的悲哀,反而欢迎仁义之师。这表明,一支仁义之师本身就拥有一种"不战而屈人之兵"的文化软实力效

[①] 参见〔美〕约瑟夫·奈:《软力量——世界政坛的成功之道》,吴晓辉、钱程译,东方出版社 2005 年版,序言第 1 页。

应。既然现象古已有之,那么文化软实力的思想自然也可以追溯得更加久远。

虽然晚至20世纪90年代,文化软实力的概念才正式由美国学者约瑟夫·奈予以正式命名,可是文化软实力的思想不是突然间产生的,而是经历了漫长的孕育过程。实际上,在中外都可找到其悠久的历史渊源。

研究我国文化软实力的发展战略,所不能回避的一个基本问题是,如何根据我国的国情与我国当代社会文化建设的目标,去界定、诠释和丰富"文化软实力"概念及其相关理论系统的建设问题。

本章拟对中国文化软实力的内涵、中国文化软实力发展战略的基本理论问题做初步的分析和理解。

第一节 文化软实力理论的西方来源

在西方,文化软实力思想有着久远的历史。约瑟夫·奈明确指出,"软实力"概念根本不是新事物。"柔性同化力,即让别人做你想要做的,以及诸如文化吸引力、意识形态和国际化制度等软实力资源,都不是新东西"[1]。在早期,苏联就曾通过国际共产主义组织及其意识形态优势,从软实力资源中受益。可见,软实力是一个新术语,但不是新现象。不少西方的政治领袖和思想家也早已意识到这种现象的存在了。

一、雅典城邦的吸引力

早在公元前五、前四世纪,希腊人对文化软实力现象就已经有了

---

[1] Nye, Joseph S. Jr., "Soft Power", *Foreign Policy*, No. 80, Twentieth Anniversary (Autumn), 1990, p.167.

某种程度的了解和运用。古希腊民主政治家伯里克利,不仅有政治和军事上的远大抱负,而且还是古典希腊文化的倡导者。他的理想是使雅典不仅登上希腊世界的霸主宝座,而且成为"全希腊的学校"。在修昔底德的《伯罗奔尼撒战争史》中,伯里克利在阵亡将士国葬典礼上发表的著名演讲,充满了对雅典城邦的赞美和自豪之情:"我们的制度是别人的模范……我们的制度之所以被称为民主政治,因为政权是在全体公民手中,而不是在少数人手中。解决私人争执的时候,每个人在法律上都是平等的。"①这里显然是在肯定和炫耀雅典城邦制度及其所体现的价值理念本身的辐射力,例如人人在法律上平等。"我们的城邦这样伟大,使全世界各地一切好的东西都充分地带给我们。"②如此"伟大"的城邦,自然拥有一种超乎寻常的吸引力。"我们的城市,对全世界的人都是开放的。"③这样的城市自然同时还是开放、包容的所在。"我们的勇敢是从我们的生活方式中产生的。"④归根到底,雅典人的生活方式本身就具有特殊的吸引力,这似乎正是其文化软实力的基本根源。正是透过这种不乏某种夸张和炫耀意味的社会动员性言论,不难见出一个事实:雅典表现出的文化上的先进、自信和吸引力,在某种程度上确实促成了伯里克利时代古希腊的强盛繁荣和强大,而文化软实力显然在其中发挥了独特的作用。伯里克利的演讲就能让我们窥其一斑。当时雅典城邦在地中海地

---

① 〔希腊〕修昔底德:《伯罗奔尼撒战争史》上册,谢德风译,商务印书馆1960年版,第130页。
② 〔希腊〕修昔底德:《伯罗奔尼撒战争史》上册,谢德风译,商务印书馆1960年版,第131页。
③ 〔希腊〕修昔底德:《伯罗奔尼撒战争史》上册,谢德风译,商务印书馆1960年版,第131页。
④ 〔希腊〕修昔底德:《伯罗奔尼撒战争史》上册,谢德风译,商务印书馆1960年版,第132页。

区的霸主地位,大概与今天美国在世界的霸主地位相似。在此,可以对比一下约瑟夫·奈对美国软实力的看法:"(美国的)软实力很大程度上产生于我们的价值观。这些价值观表现在我们的文化、我们在国内实施的政策以及我们处理国际问题的方式中。"①这样的描述同前面伯里克利对于雅典城邦的炫耀性描述自然基于相近的缘由。

二、君王的凝聚力

在 16 世纪初,意大利政治学家尼柯洛·马基雅维利不但对权力有了令人震惊的清晰洞察,也同样意识到软实力现象的存在。"君王若能在平民中树起如上名望(指伟大英勇、严肃庄重、坚忍不拔),那么他就会深受人们的敬重和爱戴,而任何一种阴谋反对一个深受人们敬重的人都是困难的,也是徒劳的。"②这里有关君王的"名望"及是否受人"敬重"和"爱戴"的表述,显然是看到了政治领袖本身的文化软实力。"君王必须考虑如何避免那些可能使自己受到憎恨或者轻视的事情发生。如果他能够避免这些事情……即使有其他丑行,哪怕因此招致各种谴责,也不会有什么危险。"③这里说的正是君王的文化软实力的生成之道——君王要经营好自己的形象,取信于人民,得到人民的拥护。马基雅维利认为,在战时状态,这种文化软实力对于君王,对于国家统治更加重要:"作为一个无愧于人民的勇敢坚强的国王,他应该在这种关头(外敌入侵并毁坏人民财产

---

① Nye, Joseph S. Jr., *The Paradox of American Power*, New York: Oxford University Press, 2002, p.9.
② 〔意〕马基雅维利(Niccolò Machiavelli):《君主论》,徐继业译,光明日报出版社 1996 年版,第 101 页。
③ 〔意〕马基雅维利:《君主论》,徐继业译,光明日报出版社 1996 年版,第 100 页。

的时候)在民众中增强凝聚力,让民众感觉到只要有君王在,相信祸患不会长久下去;另一方面又要使他们对于敌人的残酷感到恐惧,同时把自己认为过于莽撞的人们巧妙地控制起来:这样一来,君王总是能够克服上述一切困难的。"马基雅维利虽然强调君主拥有"足够的粮食"和"强有力的防卫措施"等硬实力是战胜外敌的保障,但也注意到君王要通过凝聚力而"让人们产生义务感"的重要性,这里说的显然就是文化方面的柔性手段了。可见,在马基雅维利关于权力的实用理论中,已经很明显地触及文化"软实力"现象了,只是没有明确定义、更没有给出文化软实力的获取途径而已。

三、卡里斯马型统治力

德国社会学家马克斯·韦伯在建构其政治权力理论时,也关注过与软实力相关的现象。在他看来,统治者的权力支配不可能只诉诸经济利益和武力胁迫,还会求助于如习俗、传统、理想等意识形态因素。"如果纯粹的物质利益和利益计算成了首脑及其行政班子之间达成团结一致的基础,结果也会像在其他背景下一样出现相对不稳定的局面。通常会有其他要素——情感和理想要素——来补充这种利害关系。"[1]统治不能仅仅依靠强制,而需要善于利用情感和理想要素,并且应进一步上升到信仰层次,以便行使权力支配时让人心悦诚服:"经验表明,没有任何支配会自愿地仅仅限于诉诸物质、情感或理想动机作为其存续的基础。除此之外,每个这样的体系都会试

---

[1] 〔德〕马克斯·韦伯(Max Weber):《经济与社会》第1卷,阎克文译,上海人民出版社2010年版,第319页。

图建立并培育人们对其正当性的信仰。"[1]培育人们对其统治的正当性的信仰,对每一种统治秩序都至关重要。按照韦伯的看法,这种统治的正当性可能会建立在三种类型的基础上:法理基础、传统基础和卡里斯马(charisma,或译超凡魅力)基础。这三种基础分别产生的是三种统治类型:民主政制类型、家族血缘政制类型和卡里斯马政制类型。我们注意到,在韦伯的政治思想体系里,卡里斯马也成为一种权力正当性的基础。"卡里斯马"这个词一开始是基督教初期的语汇,它指"基于对某个个人的罕见神性、英雄品质或者典范特性以及对他所启示或创立的规范模式或秩序(超凡魅力型权威)的忠诚"。[2]可以说,卡里斯马代表一种具有原创性、神圣性和感召力的符号系统,它可以演化成为具体的言行系统、价值系统、制度设计、人格风范等现象。韦伯所明确界定的卡里斯马型统治,正是特别利用了与文化软实力相类似的魔力——发挥魅力,让别人做你想要的(getting others to want what you want)。特别需要指出的是,在韦伯看来,卡里斯马型统治往往并不单独存在,而是渗透到其他两种统治类型即民主政治类型和家族血缘统治类型中发挥作用。由此可见,韦伯对政治统治类型中的文化软实力元素,实际上已经有了清醒的洞察和设计,只是还没有进展到直接挑明文化软实力概念的地步。

四、文化领导权

意大利思想家安东尼奥·葛兰西对政党在夺权斗争中的软实力

---

[1] 〔德〕马克斯·韦伯:《经济与社会》第 1 卷,阎克文译,上海人民出版社 2010 年版,第 319 页。

[2] 〔德〕马克斯·韦伯:《经济与社会》第 1 卷,阎克文译,上海人民出版社 2010 年版,第 322 页。

运用有清醒的认识和筹划。"软实力依赖于能够通过以设置政治议程的方式塑造别人选择权的能力……政治领袖和思想家们,例如安东尼奥·葛兰西,早就明白了权力来自于设置议程和决定讨论的框架。"①正如约瑟夫·奈所说,安东尼奥·葛兰西确实早就明白了软实力(以及权力)的奥秘。"社会集团的领导作用表现为两种形式中——在'统治'的形式中和'精神和道德领导'的形式中。"②这里明确区分出两种统治形式:"统治"形式和精神及道德领导的形式。"在建立自己统治地位上发展着的每一集团最显著特征之一,就是它为同化和'意识形态'上战胜传统知识界而斗争。"③葛兰西在总结共产主义运动在意大利遭受失败的教训基础上,得出无产阶级要争取"文化领导权"(或文化霸权)的学说,主张尝试通过夺取精神和道德上的领导权来实现无产阶级专政。如果掌握了"文化领导权",就等于掌握了设置议程和决定讨论框架的主动性。

葛兰西说,"拿破仑军队的刺刀,发现它们的道路已经被18世纪上半叶从巴黎涌出的书籍和小册子的无形大军所扫清;这支大军为必然到来的复兴时期准备了人员和制度"④。他认为在拿破仑发动震撼欧洲的战争之前,法国大革命的各种文化和宣传已经形成另一种发挥重大作用的"无形大军",为拿破仑的征伐清扫了道路。社会主义革命中也该重视这个问题:"就社会主义来说,今天也在重复着同样的现象。通过对资本主义文明的批判,无产阶级已经或正在形成统一的意识;这种批判含有文化的性质,而不仅仅是一种自发的或

---

① Nye, Joseph S. Jr. , *The Paradox of American Power*, New York: Oxford University Press, 2002, p. 9.
② 〔意〕安东尼奥·葛兰西(A. Gramsci):《狱中札记》,葆煦译,人民出版社1983年版,第316页。
③ 〔意〕安东尼奥·葛兰西:《狱中札记》,葆煦译,人民出版社1983年版,第423页。
④ 〔意〕安东尼奥·葛兰西:《葛兰西文选》,人民出版社2008年版,第6—7页。

自然主义的进化。"①也就是说,葛兰西认为,无产阶级应该有意识地去掌控对文化和宣传的主导权,通过文化斗争,无产阶级才能处于一个有利的位置。

葛兰西把晚期资本主义社会分为政治社会和市民社会两种力量。政治社会主要由政府、军队、警察、法律国家机器构成,而市民社会则由包括教会、行会、社区、学校等相对自主的社会团体构成。拥有文化领导权,就能够支配市民社会,能够决定讨论框架和设置议程。"每个国家都是伦理的,因为它的最重要的职能之一是把广大居民群众提高到符合生产力发展的需要从而符合统治阶级利益的一定的文化和道德水平(或型式)。在这个意义上说来,在这个国家中起特别重要作用的是执行积极教育职能的学校。但在现实中为了达到这项目的还进行许多所谓局部性质的他种活动和创举,它们总一起构成统治阶级政治的和文化的领导机关。"②葛兰西认为,社会发展的趋势是市民社会将逐渐强大,政治社会的强制性逐步减弱,因此夺取对市民社会的文化领导权,对于无产阶级革命来说变得至关重要。在市民社会中孕育出的一整套意识形态禁锢着无产阶级的革命意识,甚至意识形态能够抑制住经济指挥棒的作用,麻痹人们对自己经济、政治地位实际情况的认知。"群众意识形态的实际情况总是落后于群众的经济状况,因而到了一定阶段,经济要素的自发运动就会在传统意识形态的作用下减缓、受阻,甚至暂时中断。所以必须通过自觉的、有计划的斗争,才能'理解'群众在他们经济地位上的需要。"③因此要夺取政权,必须在市民社会中解放出被禁锢的革命意识。其途径显然是夺取文化领导权,争得政治上的主动性:"必须始终具备

---

① 〔意〕安东尼奥·葛兰西:《葛兰西文选》,人民出版社2008年版,第7页。
② 〔意〕安东尼奥·葛兰西:《狱中札记》,葆煦译,人民出版社1983年版,第217页。
③ 〔意〕安东尼奥·葛兰西:《现代君主论》,陈越译,上海人民出版社2006年版,第48页。

相应的政治主动性,才能使经济运动摆脱传统政策的束缚,也就是说,才能改变某些力量的政治方向;因为只有把这些力量吸收进来,一个新的、同心协力的、经济—政治的历史整体才能实现。"[1]由此观之,葛兰西对文化的软实力现象的认识可谓已经入木三分,文化内含着权力,是权力斗争、阶级斗争的场所之一,这与如今"文化软实力"概念所指涉的内容实际上已经很接近了。

五、意识形态国家机器

法国哲学家路易·阿尔都塞又在葛兰西的基础上,进一步把意识形态理论研究"科学化",也体现出对软实力的某种关注。与葛兰西的政治社会和市民社会的两分法相类似,阿尔都塞把国家机器分为两类:一类是强制性国家机器,另一类是意识形态国家机器。很明显,强制性国家机器只有一个,那就是国家政权所代表的强力,如军队、警察、法庭等;而意识形态国家机器却有很多,比如教会的、家庭的、教育的、文化的、传播的、工会的意识形态国家机器,等等。这些国家机器的存在虽然都是为了维护生产关系的再生产,但前者以使用暴力令其服从为主,而后者则以使用柔性同化、说服教育的手段令其服从为主。但是,阿尔都塞又提醒大家注意,这两类国家机器只是从程度上划分的,并没有性质上的绝对差异,"(强制性)国家机器大量并首要运用镇压(包括肉体的镇压)来发挥功能,它们也会辅之以意识形态。"[2]反之,亦然。也就是说,根本不存在纯粹的强制性机器。例如,"军队和警察为了确保自身的凝聚力和再生产,也要凭借

---

[1] 〔意〕安东尼奥·葛兰西:《现代君主论》,陈越译,上海人民出版社2006年版,第48页。
[2] 〔法〕阿尔都塞(Louis Pierre Althusser):《哲学与政治——阿尔都塞读本》,陈越编,吉林人民出版社2003年版,第337页。

它们对外宣扬的'价值',运用意识形态发挥功能"①。同样,学校、教会也会使用开除、教训等暴力手段。

阿尔都塞认为,任何政权都必须重视意识形态国家机器,否则政权就不会长久。"就我所知,任何一个阶级如果不在掌握政权的同时对意识形态国家机器并在这套机器中行使领导权的话,那么它的政权就不会长久。"②阿尔都塞举的是列宁重视意识形态国家机器的例子:"列宁忧心忡忡地惦念着教育(及其他)意识形态国家机器的革命化,只是为了让已经夺取国家政权的苏维埃无产阶级能够保证未来的无产阶级专政和向社会主义过渡。"③意识形态国家机器实际上生产的是一种文化认同,以柔性权力去同化人,从而达到控制人们的思想、意识的目的。

在阿尔都塞看来,意识形态之所以重要,是因为它"被赋予了一种结构和功能","这种结构和功能是永远不变的,它们以同样的形式出现在我们所谓的历史的整个过程中"。④ 从结构意义上说,虽然有众多的意识形态国家机器,但是意识形态本身却是唯一的、超越历史的。"意识形态是个人与其实在生存条件的想象关系的表述",⑤它直接结构在物质实践和生产主体之上,它是物质性的存在,永远与物质实践和生产主体纠缠在一起。意识形态还把具体的个人传

---

① 〔法〕阿尔都塞:《哲学与政治——阿尔都塞读本》,陈越编,吉林人民出版社2003年版,第337页。
② 〔法〕阿尔都塞:《哲学与政治——阿尔都塞读本》,陈越编,吉林人民出版社2003年版,第338页。
③ 〔法〕阿尔都塞:《哲学与政治——阿尔都塞读本》,陈越编,吉林人民出版社2003年版,第338页。
④ 〔法〕阿尔都塞:《哲学与政治——阿尔都塞读本》,陈越编,吉林人民出版社2003年版,第351页。
⑤ 〔法〕阿尔都塞:《哲学与政治——阿尔都塞读本》,陈越编,吉林人民出版社2003年版,第352页。

唤为主体。"没有不借助于主体并为了这些主体而存在的意识形态。"①意识形态仿佛是笼罩在生产关系、主体等一切实践之上的大网,它从结构上源源不断地生产着"认同",维护着体制的再生产。这是一种柔性同化力。文化软实力与意识形态一样,也主要地表现为一种想象关系的再塑造。阿尔都塞对意识形态概念的上述新探索难免由于存在一些偏颇而引发了理论争议,但毕竟有力地提醒人们关注"意识形态国家机器"在资本主义社会产生的文化软实力功能,从而对我们今天理解文化软实力概念是有启发意义的。

可见,正像任何思想都不是突发灵感而一下子就冒出来一样,文化软实力概念也需要经历一个漫长的孕育过程。

第二节 文化软实力理论的中国来源

在中国思想史的长河里,软实力思想的踪迹可谓异常明显。在中国古代,集团竞争的胜负一向跟"道"的归属有关。传说中的尧舜禹汤治理国家之所以出色,就在于它有道,周文王、武王之所以能克敌制胜,也是因为有道。"道"包含着诸多意义,但常被人们当作一种善的理念和化身,秉持"道"的人就拥有文化和道义上的正确性,以及意识形态上的吸引力。中国古人认为,竞争的成败主要是由非物质的"道"所决定的,这种力量远胜于军事上的称王称霸。"崇王道,贬霸道"的思路为多位古代先贤所强调。很明显,"道"本身之中就内含软实力或文化软实力的思想。

---

① 〔法〕阿尔都塞:《哲学与政治——阿尔都塞读本》,陈越编,吉林人民出版社2003年版,第361页。

一、儒家思想中的软实力因子

从儒家的思想资源中寻觅"文化软实力"的理论痕迹,可谓俯拾即是。比如《论语》一书中,孔子曾讲:"夷狄之有君,不如诸夏之亡也。"[①]这句话就是说"此社会即无君,亦不可以无道"。[②] 无形的道优于有形的君,先于有形的君。"诸夏"位居文化正统,这种无形的实力,不正是一种软实力吗?这种软实力不但能让夷狄归顺、倾慕,还能再造群体认同,把华夏凝聚为一体。《论语》中还有"远人不服,则修文德以来之"[③]的说法,文德才是最好的收服别人的力量。在《论语》中有著名的"子路问政"记载,其中提到,在足兵、足食、民信三者之间,孔子认为相比于军事和温饱(足兵、足食)两件事,无形的民信才是最最宝贵的,因为"民无信则不立"。[④] 钱穆认为:"《论语》言政治,必本人道之大。"[⑤]儒家始终把尊道放在尊君之前,体现了华夏先贤对软实力的重视。

在儒家"亚圣"孟子那里,软实力在竞争中的重要性已经得到深刻的认识。孟子本人就提出"仁者无敌"的说法。孟子说:"今夫天下之人牧,未有不嗜杀人者也,如有不嗜杀人者,则天下之民皆引领而望之矣。诚如是也,民归之,由水之就下,沛然谁能御之?"[⑥]如果有君主充满仁爱(执行体现仁爱的文化和政治观念),建立一种人道的政治制度(不嗜杀人),那么天下百姓就会伸长脖子盼望它,这种气势就像水之就下,无人能挡!在孟子看来,战国竞雄中最终获胜者是属

---

① [宋]朱熹:《四书章句集注》,中华书局2011年版,第62页。
② 钱穆:《论语新解》,生活·读书·新知三联书店2002年版,第57页。
③ [宋]朱熹:《四书章句集注》,中华书局2011年版,第159页。
④ [宋]朱熹:《四书章句集注》,中华书局2011年版,第127—128页。
⑤ 钱穆:《论语新解》,生活·读书·新知三联书店2002年版,第57页。
⑥ [宋]朱熹:《四书章句集注》,中华书局2011年版,第192页。

于有道之国的。"今王发政施仁,使天下仕者皆欲立于王之朝,耕者皆欲耕于王之野,商贾皆欲藏于王之市,行旅皆欲出于王之涂,天下之欲疾其君者皆欲赴愬于王。其若是,孰能御之?"[1]孟子以为的国家竞争的终极武器,不正是如今约瑟夫·奈所说的"文化、政治观念和政策的吸引力"吗?

孟子推崇王道、贬抑霸道的思想也内含着文化软实力思想的因素。《孟子·公孙丑上》写道:"以力假仁者霸,霸必有大国;以德行仁者王,王不待大。汤以七十里,文王以百里。以力服人者,非心服也,力不赡也;以德服人者,中心悦而诚服也,如七十子之服孔子也。"[2]足见以孔孟为代表的儒家,更重视收服人心,让民众自发地内心认同而选择皈依,其强调的是用无形的文化、道德力量去征服天下(王道),而非简单的军事、经济力量(霸道)。这种王道与霸道之间相互对立的思想,在孔孟是一脉相承的,只是孟子比孔子更加激进、具有更浓烈的理想主义色彩罢了。

当然,也应看到,孟子带有过于强烈的理想主义色彩,夸大了文化和非物质因素的力量,而看不到当年群雄并起,"硬实力"才真正地主宰一切。由此不能不承认孟子的看法体现了超前的视野,这种超前的视野让孟子无法解释《尚书·武成》中记载的武王伐纣"流血漂橹"的古事:"仁人无敌于天下,以至仁伐至不仁,而何其血之流杵也?"[3]仁者讨伐不仁者,不该"箪食壶浆以迎王师"吗,不该"得道多助,失道寡助"吗?怎么会发生不可思议的大规模的流血事件?最后,孟子只能选择不相信古书,"尽信《书》,则不如无《书》。吾于《武

---

[1] [宋]朱熹:《四书章句集注》,中华书局2011年版,第196页。
[2] [宋]朱熹:《四书章句集注》,中华书局2011年版,第218—219页。
[3] [宋]朱熹:《四书章句集注》,中华书局2011年版,第342页。

成》,取二三策而已矣。"[1]对于记载了"流血漂橹"的《武成》的书简,他选择性地只信其中的两三片而已。实际上,孟子是不愿正视当时那个违背他的主观愿望而强硬地推行"硬实力"逻辑的现实的。

在那样一个"当今争于气力"的年代(《韩非子·五蠹》),儒家先贤还能如此高扬理想主义旗帜,看重竞争中的软实力,令人称奇。就连思想比较倾向法家的儒者荀子,也主张统治者应该尽可能多地利用文化、道德的柔性力量。他说:"故用国者,义立而王,信立而霸,权谋立而亡。三者,明主之所谨择也,仁人之所务白也。"[2]即是说,柔性的王道力量始终是最优选择,霸道虽不是最优但也不太差,而滥用"权谋"就不行,那样会导致自取灭亡。

二、道家思想中的软实力因子

在中国思想的另一个重要来源——道家那里,也很容易找到文化软实力的思想萌芽。老子很早就依据朴素辩证法和矛盾相互转化原理,提出"上善若水"、"天下莫柔弱于水,而攻坚强者莫之能胜,以其无以易之"、"弱之胜强,柔之胜刚,天下莫不知,莫能行",[3]"柔弱胜刚强"、[4]"天下之至柔驰骋天下之至坚"等思想。[5] 老子的这一套理论在后来中国的政治、军事、人际关系方面被发挥得很好,后世还有人提出老子的理论就是政治权谋术,即所谓的"君人南面之术"。

以老子为代表的守弱哲学认为柔性力量是不可战胜的。如果一

---

[1] [宋]朱熹:《四书章句集注》,中华书局2011年版,第341—342页。
[2] [战国]荀况:《荀子校释》,王天海校释,上海古籍出版社2005年版,第427页。
[3] [战国]荀况:《荀子校释》,王天海校释,上海古籍出版社2005年版,第350页。
[4] 陈鼓应注释及评介:《老子注释及评介》,中华书局1984年版,第205页。
[5] 陈鼓应注释及评介:《老子注释及评介》,中华书局1984年版,第237页。

个国家只是一味追求兵强马壮、斗勇斗狠,在老子看来,这国家是不能长久的——"天下无道,戎马生於郊。祸莫大於不知足。咎莫大於欲得。"①战马挤满了城郊,说明国家是无道的。国家最大的祸害就在于总是不知足地一味强力攫取。"江海之所以能为百谷王者,以其善下之,故能为百谷王。"②一个国家应该谦逊,这样才能保持王者地位,比如国家的人才政策,如果谦恭体贴,自然就能得天下英才而纳之,让自己越来越强大,反之,国家过于傲慢、不尊重人才,必定会"失道寡助"。

当然,老子的思想只是蕴含了善用柔性力量、反对强力的自觉,离当代西方学者所言的软实力还有一定的距离。当时春秋乱世,很多政府只会胡乱作为,搞得民不聊生,于是政府越"作为",天下越混乱:"天下多忌讳,而民弥贫;人多利器,国家滋昏;人多伎巧,奇物滋起;法令滋彰,盗贼多有"。③ 这才是其时老子思想之所系,所以他提出了"无为"的治理方案,追求一个"少作为"的弱政府。老子的理论跟西方软实力概念提出者的心境是不同的,后者是为了维护国家权威,通过增加国家的吸引力来加强国家实力,而老子推崇"弱之为用"的目的,是建设"无为"、至少不乱作为的政府,给人民以自由发展的机会。

三、兵家思想中的软实力因子

除了儒家、道家以外,兵家也较早地意识到软实力的重要性。春秋时代孙武就认为:"兵者,国之大事,死生之地,存亡之道,不可不察也。故经之以五事,校之以计,而索其情:一曰道,二曰天,三曰地,四

---

① 陈鼓应注释及评介:《老子注释及评介》,中华书局1984年版,第244页。
② 陈鼓应注释及评介:《老子注释及评介》,中华书局1984年版,第316页。
③ 陈鼓应注释及评介:《老子注释及评介》,中华书局1984年版,第284页。

曰将,五曰法。"①在战争胜负中,不是"兵"或"将"而是"道",才是第一位的因素。尽管孙子的"道"是政治手段为主,"道者,令民于上同意,可与之死,可与之生",②指国民在战争中上下团结一心,虽主要是指政治手段,但无疑这里面也包含着文化软实力的因素,因为"令民与上同意"本就是一种群体认同,而文化认同、合法性认同正是群体认同的情感基础。

孙子还有一个著名的命题:"不战而屈人之兵,善之善者也。"③后世据此大概还引申出许多说法,如"攻城为下,攻心为上"、"得民心者得天下"等俗语古训。战争中,最重要的是民众的认同,当然获取民众认同的方式是多种多样的,而利用文化软实力显然是多数明智的领导者都会考虑到的问题。不过,这在当时毕竟不是战争胜负的终极决定因素,那时的战争还是以军事和政治斗争等硬实力为主要依托的。

四、中国传统思维方式中的软实力因子

此外,从中国传统的思想方法和思维方式上看,中国传统强调"内省",试图以"内省"解决外在问题。这思维方式使中国人易于认识到文化软实力现象,也易于接受这个概念(这或许也是"软实力"理论近年来在国内理论界迅速走红的原因之一)。孔子有"克己"的说法,孟子主张"反身而诚",庄子提出"内圣外王"(《庄子》一书有大量的故事塑造内圣外王的神人,最传奇的是说这种人的尘垢秕糠都能"陶铸尧舜"),佛家《楞伽经》和《坛经》就分别提出了内在于众生的

---

① [春秋]孙武:《孙子译注》,郭化若译注,上海古籍出版社1984年版,第77—78页。
② [春秋]孙武:《孙子译注》,郭化若译注,上海古籍出版社1984年版,第78页。
③ [春秋]孙武:《孙子译注》,郭化若译注,上海古籍出版社1984年版,第98页。

"如来藏"和"自性"的问题。以内省解决外在问题,通过自我提升、自我超越而获得一种对外部的强大影响力、感染力,即"由内圣开外王",是中国文化的思维定式之一。这种"内圣外王"的思维模式与如今文化软实力概念所意指的东西之间,仿佛有着一种天然兼容的可能性。

第三节　诗教:一种独特的中国文化软实力思想传统

一、"诗教"的提出和目的

还应当看到,中国古代对文化软实力的认识,可以从"诗教"或"风教"为代表的儒家艺术教育传统中集中见出。这个传统的要义在于,有关社会和睦、忠信、仁义、孝悌等伦理训诫,不宜直接以强制方式或生硬方式去实施,而需要借助以诗歌为代表的艺术的魅力感染方式而委婉地传达,也就是在"温柔敦厚"中达到伦理劝诫的效果。

在孔子标举"诗教"之前,诗早已被赋予社会功利与个体审美的社会功能。《诗经》中的许多篇章都讲究讽谏和情感表达的作用,如《大雅》中《卷阿》和《烝民》就运用了讽喻手法,至于《小雅》中的"心之忧矣,我歌且谣"、"啸歌伤怀,念彼硕人"等则致力于情感的直接抒发。古代还有采诗、献诗、诵诗等民间社会习俗或惯例,而大臣或贵族在西周礼乐制度下往往运用诗歌来寻求"讽谏"效果、达到自己意见被采纳的目的。也就是说,诗歌已经被普遍地用来产生"观风俗,知得失"的社会作用了,而且这种运用已成为一种社会传统。同时,春秋时代在政治、外交等礼仪中重视以诗言志、赋诗以观其志。《左传·昭公十六年》记载:"宣子曰:二三君子请皆赋,起亦以知郑志"。

从此处的"以知郑志"可见,"诗言志"已成为一种诗学原则了。通过赋诗表达意愿、主张和志向,代表了春秋时代对诗歌的社会作用的最通行和直接的认识。可以说,春秋时代引《诗》、赋《诗》的实践及"诗言志"论的提出,为后来"诗教"传统的形成提供了有力的社会实践依据和社会传统支撑。

依托这种周代社会实践和社会传统,面对春秋时代"礼崩乐坏"的社会局面,孔子提出了以"仁"为中心、以"克己复礼"为手段、以西周社会秩序及伦理规范为理想范式的儒家学说。诗教,正是他的上述主张的一种具体实施方式。《论语·泰伯》:"兴于《诗》,立于礼,成于乐。"对于这三者之间的关联,朱熹是这样解释的:"'兴于《诗》',便是个小底;'立于礼,成于乐',便是个大底。'兴于《诗》',初间只是因他感发兴起得来,到成处,却是自然后恁地。"①这三方面既可以视为君子成人过程中的历时态要素,代表君子成人的三阶段或三环节,也就是孔子要求通过吟咏《诗》而感发兴起,通过习"礼"而树立人的规范,最后在"乐"的陶冶中成人;不过,也可以视为君子成人过程中的共时态要素,它们缺一不可,共同发挥作用,助力君子的成人大业。这就完整地规划了君子通过文化艺术途径去成人之道,而其中对文化软实力资源的运用是显而易见的。

正是以此为基础,孔子明确概括出"诗教"的主张。据《礼记·经解》记载:

孔子曰:"入其国,其教可知也。其为人也温柔敦厚,诗教也;疏通知远,书教也;广博易良,乐教也;絜静精微,易教

---

① [宋]朱熹:《朱子语类》,黎靖德编,王星贤点校,中华书局1986年版,第930—931页。

也；恭俭庄敬，礼教也；属辞比事，春秋教也。故诗之失愚，书之失诬，乐之失奢，易之失贼，礼之失烦，春秋之失乱。其为人也温柔敦厚而不愚，则深于诗者也；疏通知远而不诬，则深于书者也；广博易良而不奢，则深于乐者也；絜静精微而不贼，则深于易者也；恭俭庄敬而不烦，则深于礼者也；属辞比事而不乱，则深于春秋者也。"

这里不仅提出了诗是一种教化方式的主张，而且把"温柔敦厚"标举为诗教的特征和目的。唐代孔颖达《礼记·正义》解释说："诗依违讽谏，不指切事情，故云温柔敦厚是诗教也。"诗由于擅长于通过语言刻画的艺术形象而委婉地传达情感和观念，达到讽谏的目的，因而具有温柔、敦实、厚道的特点。《礼记·正义》又说："此一经以《诗》化民，虽用敦厚，能以义节之。欲使民虽敦厚不至于愚，则是在上深达于《诗》之义理，能以《诗》教民也。"可见，诗既教化民众使其"敦厚"，但又同时能"以义节之"，达到"虽敦厚不至于愚"的效果，正是孔子倡导诗教的目的。孔子及孔门谈诗时，并不像现代这样把诗当作一种文学文类，仅仅用于审美目的。他那时是把诗当作一种经典资料来使用，大约相当于现代的教科书或教学参考资料。

二、"诗教"的社会影响力

孔子的诗教是要服务于中庸之道的实现。这是儒家的重要的政治道德标准。孔子说："中庸之为德也，其至矣乎！"合乎礼的才可以被称作中庸之德。孔子说："《诗》三百，一言以蔽之，曰：'思无邪'"（《论语·为政》）。这个"无邪"也可以理解为归于正的意思。正，就是中和或中庸。中庸，正是孔子坚持的诗歌评价的基本标尺。《论语·八佾》："关雎乐而不淫，哀而不伤"。这正是体现了中和之意。

孔子善于在自己的从游式教学中实践这种诗教观。《论语·季氏》中记载了孔子与儿子孔鲤的对话:"'学《诗》乎?'对曰:'未也。''不学《诗》,无以言。'鲤退而学《诗》。"在《论语·阳货》中,孔子对学生说:"小子何莫学夫《诗》?《诗》,可以兴,可以观,可以群,可以怨。迩之事父,远之事君,多识于鸟兽草木之名。"(《论语·阳货》)。这里提出的"兴、观、群、怨"正是孔子的诗教观的集中表达。"兴"是指《诗》的"兴发感动"力量(叶嘉莹语);"观"是指《诗》对社会状况的认知效果;"群"是指《诗》在人际交往中的融洽作用;"怨"是指《诗》具有下层对上层的讽喻和抒愤的效果。"迩之事父,远之事君"是指以诗为"家"与"国"的社会礼仪制度服务。孔子希望通过诗教为社会培养出"温柔敦厚"的"君子"。孔子和儒家的诗教观为后世历代所发挥,朱熹《吕氏诗记序》指出:"其教实被于万世。"

可以说,这种诗教传统看到了诗(广义而言艺术)所拥有的柔性感召的力量,远比强制性的道德约束来得"温柔敦厚",因而实际上蕴含了丰厚的文化软实力思想资源,从而为现代文化软实力理论在中国的实践奠定了深厚的传统基础。由诗教观引申而有风教、乐教、文教等思想观念,体现了诗教传统在中国古代的强大影响力。

第四节 文化软实力理论的直接生长点

从上述简要梳理可见,文化软实力理论在中外都具有悠久的历史渊源,这为文化软实力理论在当今的运用提供了有力的历史传统依据,也为当前深入探讨文化软实力发展战略问题提供了可以随时回溯或吸纳的丰厚的理论资源。

应当看到,文化软实力理论的真正孕育园地在于国际关系学或国际政治学领域,因为正是这个学科以国家与国家之间的权力关系为自身的主园地。现实主义国际关系理论的奠基者爱德华·卡尔就指出,权力有三种形式:第一种是军事实力,第二种为经济实力,第三种被归结为支配舆论的力量。在这里,支配舆论的力量正是观念范畴的事情,会产生一种维护或改变人们观念和意愿的力量。[①]这种对于能支配舆论的观念的力量的清醒认识,实际上已体察到文化在国际关系领域的软实力的作用。

一、亨廷顿的"文明冲突论"

不过,文化软实力理论的较为直接的理论生长点,可以说在于20世纪90年代初以来"冷战"结束后,国际政治新格局下的战略对策需要。1993年是一个明显的标志:美国国际政治学家塞缪尔·亨廷顿提出国际政治的"文明冲突论",表明文明或文化问题在国际冲突中的重要性越来越受到关注。

> 在后冷战的世界中,人民之间最重要的区别不是意识形态的、政治的或经济的,而是文化的区别。……人们用祖先、宗教、语言、历史、价值、习俗和体制来界定自己。他们认同于部落、种族集团、宗教社团、民族,以及在最广泛的层面上认同文明。……对国家最重要的分类不再是冷战中的三个集团,而是世界上的七八个主要文明。[②]

亨廷顿正是根据这一观察,得出了一个判断:"冷战后时代的世

---

① 〔英〕爱德华·卡尔(E. H. Carr):《二十年危机(1919—1939):国际关系研究导论》,秦亚青译,世界知识出版社2005年版,第120—130页。
② 〔美〕亨廷顿(Samuel P. Huntington):《文明的冲突与世界秩序的重建》,周琪等译,新华出版社2002年版,第6页。

界形势是一个包含了七个或八个文明的世界。文化的共性和差异影响了国家的利益、对抗和联合。世界上最重要的国家绝大多数来自不同的文明。最可能逐步升级为更大规模战争的地区冲突是那些来自不同文明的集团和国家之间的冲突。"由于如此,"全球政治已变成多极的和多文明的。"①这种以"文明冲突论"取代原有的"政治冲突论"的观点,已经内在地孕育着一种文化软实力视野:国际间的政治、经济及军事实力的硬性较量正在逐步让位于文化与文明的软性实力较量。

二、约瑟夫·奈的"软实力"概念

然而,真正明确的"软实力"(soft power)理论概念是曾任美国助理国防部部长的哈佛大学教授约瑟夫·奈首先提出来的。他在1990年《外交政策》杂志发表《软实力》一文,将国家综合国力划分为两种,即硬实力和软实力,认为由资源、经济、军事和科技四大实力元素构成的硬实力始终是有限的,而真正具有无限力量的动力元素是软实力。2004年,他在新著中较为完整地阐述了软实力概念:

> 软实力是通过吸引而非强迫或收买的手段来达己所愿的能力。它源于一个国家的文化、政治观念和政策的吸引力。如果我国的政策在他人看来是合理的,我们的软实力就自然得以增强。②

---

① 〔美〕亨廷顿:《文明的冲突与世界秩序的重建》,周琪等译,新华出版社2002年版,第8—9页。
② 〔美〕约瑟夫·奈:《软力量——世界政坛的成功之道》,吴晓辉、钱程译,东方出版社2005年版,前言第2页。文中"软力量"一律改译"软实力"。

他把软实力归结为一个国家由文化、政治观念和政策的吸引力而在国际社会产生的感染效果。与硬实力（经济、军事）通常依靠直接的"施压"、惩罚或收买而迫使他国非自愿地接受不同，软实力则通常依靠间接的"吸引"而得到他国的自愿认同。"软实力"作为国家综合国力的重要组成部分，特指一个国家依靠文化价值的感召力、政治制度的吸引力和政府政策的合理性等释放出来的无形影响力，它会深刻地影响其他国家人们对一个国家、民族或群体的整体看法。

第二章 中国文化软实力的理论建构

研究我国文化软实力发展战略,一个重要的前提是回顾中国共产党的理论思想,明确这种研究的党建理论依据。中国共产党多年来的路线、方针和政策中,早已蕴含了文化软实力理论的种子或萌芽。

第一节 中国共产党党建理论中的软实力战略思想

中国传统中的文化软实力资源如此之丰富,以至于到了近现代相关思想资源仍旧发挥着巨大作用。比如近现代时期,诸多革命家、革命团体纷纷办报,利用文化参与社会变革的例子俯拾即是,各政治团体、文学文化团体纷纷创立自己的刊物,对自己的主张和口号予以鼓吹。

一、革命时期对软实力的重视

同样,中国共产党的创始人也非常有这方面的自觉,特别善于利用文化软实力。在建党初期,甚至在建党的准备期中,共产党创始人就非常重视宣传,可以说中国共产党的诞生与发展始终是与大众传媒的宣传紧密结合在一起的。在《新民主主义论》(1940)里,毛泽东明确地把文化视为一种革命的"力量"："新的政治力量，新的经济力量，新的文化力量，都是中国的革命力量，它们是反对旧政治旧经济旧文化的。"这种"文化力量"的思想在随后进一步拓展成为"文化战线"与"文化军队"的思想体系。毛泽东的《在延安文艺座谈会上的讲话》(1940)既是对过去文艺及文化政策的一个总结，更是对以后文艺及文化发展方向的一个指示。正是在这里，以文艺为代表的文化所具有软实力获得了明确的认知，并落实到了革命战争的具体实践上。毛泽东进一步指出：

> 在我们为中国人民解放的斗争中，有各种的战线，就中也可以说有文武两个战线，这就是文化战线和军事战线。我们要战胜敌人，首先要依靠手里拿枪的军队。但是仅仅有这种军队是不够的，我们还要有文化的军队，这是团结自己、战胜敌人必不可少的一支军队。"五四"以来，这支文化军队就在中国形成，帮助了中国革命，使中国的封建文化和适应帝国主义侵略的买办文化的地盘逐渐缩小，其力量逐渐削弱。到了现在，中国反动派只能提出所谓"以数量对质量"的办法来和新文化对抗，就是说，反动派有的是钱，虽然拿不出好东西，但是可以拼命出得多。在"五四"以来的文化战线上，文学和艺术是一个重要的有成绩的部门。革命的文学艺术运动，在十年内战时期有了大的发展。这个运动和当时的革命战争，在总的方向上是一致的，但在实际工作上却没有互相结合起来，这是因为当时的反动派把这两支兄弟军队从中隔断了的缘故。抗日战争爆发以后，革命的文艺工作者来到延安和各个抗日根据地的多起来了，这是很好的事。但是到了根据地，并不是说就已经和根据地

的人民群众完全结合了。我们要把革命工作向前推进,就要使这两者完全结合起来。我们今天开会,就是要使文艺很好地成为整个革命机器的一个组成部分,作为团结人民、教育人民、打击敌人、消灭敌人的有力的武器,帮助人民同心同德地和敌人作斗争。为了这个目的,有些什么问题应该解决的呢?我以为有这样一些问题,即文艺工作者的立场问题,态度问题,工作对象问题,工作问题和学习问题。[1]

在这里,毛泽东明确制定了同时开辟"两个战线"即"军事战线和文化战线"、相应地建立"两支军队"即"拿枪的军队"和"文化军队"的战略部署。他特别指出,"文化军队"是"团结自己、战胜敌人必不可少的一支军队"。可见中国共产党人早已给予文化软实力以高度重视,并赋予其突出的战略地位。

还应当看到,毛泽东对文化软实力的重视不仅体现在"文化战线"及"文化军队"的战略部署上,而且也体现在让"文化"渗透到与"文化军队"并行的"拿枪的军队"里:"我们的一切工作都是为了打倒日本帝国主义。日本帝国主义和希特勒一样,快要灭亡了。但是还须我们继续努力,才能最后地消灭它。我们的工作首先是战争,其次是生产,其次是文化。没有文化的军队是愚蠢的军队,而愚蠢的军队是不能战胜敌人的。"[2]这就是说,不仅"文化军队"以文化力量的征服为主,而且"拿枪的军队"也需要辅之以"文化"这一特种武器,否则就"不能战胜敌人"。

---

[1] 毛泽东:"在延安文艺座谈会上的讲话",《毛泽东选集》第3卷,人民出版社1991年版,第847—848页。

[2] 毛泽东:"文化工作中的统一战线",《毛泽东选集》第3卷,人民出版社1991年版,第1011页。

二、建设时期对软实力的重视

在 1949 年夺取全国政权以后,中国共产党对文化力量服务于社会现实的观念有增无减。且不说多数大型政府机关、社会团体都建立了自己的机关报,新中国成立后的几次政治运动的发起都被辅以大众媒体的大规模鼓动宣传。革命过程中的各种文艺创新多数被保留下来,有的甚至得以制度化,如"文工团"制度。当然,这种软实力主要是对国内政治而言的,但如果把同样的思路放在国际竞争中,就会发现这一思路已经很接近西方学者的"软实力"的概念了。

第二节　党的十七大前后关于国家文化软实力的战略思想

一、"国家文化软实力"战略的酝酿时期

中国共产党人真正明确地把"文化软实力"视为国家战略加以制定,是在 2007 年的十七大上。当然,此前的一两年,有关思想已经初现端倪。

此前两年,胡锦涛同志在出席联合国成立 60 周年第二次首脑会议上发表题为《努力建设持久和平、共同繁荣的和谐世界》的演讲,向世界发出中国有关当今世界开展国际竞争的新倡议,主张"坚持包容精神,共建和谐世界":

> 文明多样性是人类社会的基本特征,也是人类文明进步的重要动力。在人类历史上,各种文明都以自己的方式为人类文明进步作出了积极贡献。存在差异各种文明才能

相互借鉴、共同提高;强求一律,只会导致人类文明失去动力、僵化衰落。各种文明有历史长短之分,无高低优劣之别。历史文化、社会制度和发展模式的差异不应成为各国交流的障碍,更不应成为相互对抗的理由。

我们应该尊重各国自主选择社会制度和发展道路的权利,相互借鉴而不是刻意排斥,取长补短而不是定于一尊,推动各国根据本国国情实现振兴和发展;应该加强不同文明的对话和交流,在竞争比较中取长补短,在求同存异中共同发展,努力消除相互的疑虑和隔阂,使人类更加和睦,让世界更加丰富多彩;应该以平等开放的精神,维护文明的多样性,促进国际关系民主化,协力构建各种文明兼容并蓄的和谐世界。①

这里向世界政要发出国与国之间相互尊重差异、坚持包容精神、和谐共生的呼吁,显出了中国对于和平共处的国际竞争环境的高度渴望和悉心追求,为国家文化软实力战略的出台做了铺垫。

此后一年,胡锦涛同志在 2006 年 11 月 10 日《在中国文联第八次全国代表大会、中国作协第七次全国代表大会上的讲话》中,终于首次提出了"国家软实力"概念:

面对当今世界各种思想文化相互激荡的大潮,面对国家发展和人民生活改善对文化发展的要求,面对社会文化生活多样活跃的态势,如何找准我国文化发展的方位,创造

---

① 光明网 2005 年 9 月 15 日报道:《努力建设持久和平、共同繁荣的和谐世界》http://www.gmw.cn/01gmrb/2005-09/16/content_305533.htm,下载时间:2009 年 6 月。

民族文化的新辉煌,增强我国文化的国际竞争力,提升国家软实力,是摆在我们面前的一个重大现实课题。

注意,这里还只是一个总体上的"国家软实力"概念,而到一年后的党的十七大报告中,则正式提出了"国家文化软实力"的战略。尽管如此,有关"国家软实力"或"国家文化软实力"战略思想的提出缘由,已经从上面这段话里的三个"面对"而高度凝练地呈现出来了:第一,提出"国家软实力"概念,是要面对当今世界多元文化思想及价值观的相互激荡;第二,是要面对国家发展和人民生活对文化发展的更高要求;第三,是要面对社会文化生活的多样化和活跃状态。可见上述三个"面对"的抉择,同时指向了国际国内思想文化激荡、人民生活改善及文化生活多样化需要等复杂状况。提升国家软实力,显然意在正确应对国际国内新的文化竞争需要。

二、"国家文化软实力"战略的正式提出

胡锦涛同志在党的十七大报告的第七部分题为"推动社会主义文化大发展大繁荣"中,首次以国家战略的方式明确提出"提高国家文化软实力":

> 当今时代,文化越来越成为民族凝聚力和创造力的重要源泉、越来越成为综合国力竞争的重要因素,丰富精神文化生活越来越成为我国人民的热切愿望。要坚持社会主义先进文化前进方向,兴起社会主义文化建设新高潮,激发全民族文化创造活力,提高国家文化软实力,使人民基本文化权益得到更好保障,使社会文化生活更加丰富多彩,使人民精神风貌更加昂扬向上。

一年前的"国家软实力"概念在增加"文化"两字后,就变成了"国家文化软实力"概念,从此确立了"国家文化软实力"的崭新战略体系。从这里的论述语境可以看到,这个国家战略决策的理论依据在于"文化"本身呈现出来的三个"越来越":第一,"文化越来越成为民族凝聚力和创造力的重要源泉";第二,文化"越来越成为综合国力竞争的重要因素";第三,"丰富精神文化生活越来越成为我国人民的热切愿望"。头两个"越来越",是分别指文化本身所拥有的国内"力量"(民族凝聚力和创造力)和国际"力量"(在综合国力竞争中的重要性)愈益增强,而第三个"越来越"则是指人民对"精神文化生活"的丰富性要求愈益高涨。概括起来可见,文化在此时已经呈现出两方面的力量:一方面是对内增强"民族凝聚力和创造力",另一方面是对外提升"综合国力"。可见,提出"国家文化软实力"战略,其效果就在于首次明确文化是国家的一种软实力,而软实力是国家综合实力的重要组成部分。这种文化软实力的功能集中表现在两方面:对内凝聚和创造,对外吸引和感染。这可以简称内凝外吸战略。这里可以说已隐含了一种内凝外吸战略设计了,这要等到十七届六中全会的《中共中央关于深化文化体制改革推动社会主义文化大发展大繁荣若干重大问题的决定》时获得更加明确而有完整的阐述。

由中共中央宣传部理论局组织编写的《理论热点面对面·2008》在第14部分"软实力也是硬道理——为什么要推进文化创新和深化文化体制改革"中,则为软实力和文化软实力做了如下界说:

"软实力"这一概念是相对于"硬实力"而言的。一般来说,"硬实力"指经济、科技、军事等有形力量,"软实力"指文化、意识形态等无形力量。文化软实力主要是指一个国家或地区基于文化而具有的凝聚力、生命力、创新力和传播力,以及由此而产生的感召力和影响力。文化虽然是一种无形的力量,但它蕴涵着巨大的潜能,就像电脑的软件与硬件同等重要一样。①

这里明确地把"文化软实力"看作是一个国家基于文化而具有的六种力:凝聚力、生命力、创新力、传播力、感召力和影响力。可以说对"文化软实力"或"国家文化软实力"做了进一步的明确阐述。

第三节 "文化强国"视野中的文化软实力

由国家领导人提出并阐发的"国家文化软实力"概念,显然不是一个纯学术概念,而是一个行政功能主导的概念。也就是说,中国"国家文化软实力"概念,所具体表述的应是中国政府在运行国家文化软实力过程中所需要的特定内涵。这样,要理解中国"国家文化软实力"概念的内涵,就需要进一步深入理解2007年和2011年先后召开的党的十七大及十七届六中全会对"文化"和"文化软实力"的一系列相关阐述。

一、国家文化软实力与"文化强国"战略

到了十七届六中全会所做的《中共中央关于深化文化体制改革推动社会主义文化大发展大繁荣若干重大问题的决定》(以下简称《决定》)中,文化软实力概念同新出现的"文化强国"战略目标结合起

---

① 中共中央宣传部理论局:《理论热点面对面:2008》,学习出版社、人民出版社2008年版,第146页。

来了。在这里,中国的国家战略不仅要提升国家文化软实力,而且要建设"社会主义文化强国"。此前的国家战略目标表述中,已经先后有过"社会主义现代化强国"、"科教兴国"、"人才强国"、"经济强国"等,这里则首次确立了"文化强国"的部署。

为什么会在这时从要求"提升国家文化软实力"进展到提出"文化强国"的战略目标?显然是考虑到文化的重要性愈益突出了。《决定》指出:

> 当今世界正处在大发展大变革大调整时期,世界多极化、经济全球化深入发展,科学技术日新月异,各种思想文化交流交融交锋更加频繁,文化在综合国力竞争中的地位和作用更加凸显,维护国家文化安全任务更加艰巨,增强国家文化软实力、中华文化国际影响力要求更加紧迫。当代中国进入了全面建设小康社会的关键时期和深化改革开放、加快转变经济发展方式的攻坚时期,文化越来越成为民族凝聚力和创造力的重要源泉、越来越成为综合国力竞争的重要因素、越来越成为经济社会发展的重要支撑,丰富精神文化生活越来越成为我国人民的热切愿望。我国仍处于并将长期处于社会主义初级阶段,人民日益增长的物质文化需要同落后的社会生产之间的矛盾仍然是社会主要矛盾。全面建成惠及十几亿人口的更高水平的小康社会,既要让人民过上殷实富足的物质生活,又要让人民享有健康丰富的文化生活。我们必须抓住和用好我国发展的重要战略机遇期,在坚持以经济建设为中心的同时,自觉把文化繁荣发展作为坚持发展是硬道理、发展是党执政兴国第一要务的重要内容,作为深入贯彻落实科学发展观的一个基本

要求，进一步推动文化建设与经济建设、政治建设、社会建设以及生态文明建设协调发展，更好满足人民精神需求、丰富人民精神世界、增强人民精神力量，为继续解放思想、坚持改革开放、推动科学发展、促进社会和谐提供坚强思想保证、强大精神动力、有力舆论支持、良好文化条件。

在这段并不简短的论述中，引人注目地出现了以三个"更加"和四个"越来越"为标记的排比句。三个"更加"分别是指文化对国家"综合国力竞争"、"维护国家文化安全"、"增强国家文化软实力、中华文化国际影响力"的重要性已变得"更加凸显"、"更加艰巨"和"更加紧迫"。重要的是，这三个"更加"的主要着眼点，已经从十七大报告阐述三个"面对"时的以国内着眼点为主，而转向以国际着眼点为主了，目标在于争取中国在全球综合国力竞争、维护国家文化安全、提升国家文化软实力方面的主动权，这显然是在为"文化强国"战略的制定而提供文化缘由。

二、国家文化软实力与文化重要性的凸显

与此同时，有关文化的四个"越来越"表述，与十七大报告时的三个"越来越"表述相比，增加的一个是"文化……越来越成为经济社会发展的重要支撑"。这个增加显然意在凸显文化与"经济发展"和"社会发展"的密切联系，更准确点说，是凸显文化对于"经济社会发展"的"重要支撑"作用。我们知道，此前的传统马克思主义的权威表述往往是说，经济基础决定上层建筑（含文化）而不是相反。但这里却等于相反地主张上层建筑（含文化）支撑经济基础，显然是在理论上突破了传统马克思主义的表述，而看到了上层建筑（含文化）在当今时代对于经济基础的特殊决定作用——"重要支撑"。还需注意的

是,这里用的术语不仅是"支撑",而且是"重要支撑"。这就为后面"文化强国"战略与此前的"经济强国"战略之间的紧密联系提供了理论基础:在当今时代,不仅经济基础支撑上层建筑,而且上层建筑也支撑经济基础,两者之间是相互支撑,缺一不可的。这就更加凸显出文化发展对于经济社会发展的重要意义。

由于如此,文化的重要性就变得这样不言而喻了。《决定》指出:

> 全党必须深刻认识到,社会主义先进文化是马克思主义政党思想精神上的旗帜,文化建设是中国特色社会主义事业总体布局的重要组成部分。没有文化的积极引领,没有人民精神世界的极大丰富,没有全民族精神力量的充分发挥,一个国家、一个民族不可能屹立于世界民族之林。物质贫乏不是社会主义,精神空虚也不是社会主义。没有社会主义文化繁荣发展,就没有社会主义现代化。

文化在这里之所以变得更加重要了,是由于同此前的"社会主义现代化"及其表征的"社会主义现代化强国"目标不可分割地联系起来了:文化不仅"引领"全民族的"精神世界"和"精神力量",而且要"引领"全民族的"物质世界"及其力量,从而成为"社会主义现代化"的重要支撑力量。它表明,"社会主义现代化强国"的建成,必须同时依赖于物质丰盛与精神充实,而不是"文革"时代所出现的那种物质贫乏与精神强盛的畸形状况。

这样一来,"文化强国"战略目标的提出就仿佛水到渠成了。《决定》的第二部分题为"坚持中国特色社会主义文化发展道路,努力建设社会主义文化强国"做了这样的表述:

坚持中国特色社会主义文化发展道路,深化文化体制改革,推动社会主义文化大发展大繁荣,必须全面贯彻党的十七大精神,高举中国特色社会主义伟大旗帜,以马克思列宁主义、毛泽东思想、邓小平理论和"三个代表"重要思想为指导,深入贯彻落实科学发展观,坚持社会主义先进文化前进方向,以科学发展为主题,以建设社会主义核心价值体系为根本任务,以满足人民精神文化需求为出发点和落脚点,以改革创新为动力,发展面向现代化、面向世界、面向未来的,民族的科学的大众的社会主义文化,培养高度的文化自觉和文化自信,提高全民族文明素质,增强国家文化软实力,弘扬中华文化,努力建设社会主义文化强国。

建设社会主义文化强国,就是要着力推动社会主义先进文化更加深入人心,推动社会主义精神文明和物质文明全面发展,不断开创全民族文化创造活力持续迸发、社会文化生活更加丰富多彩、人民基本文化权益得到更好保障、人民思想道德素质和科学文化素质全面提高的新局面,建设中华民族共有精神家园,为人类文明进步作出更大贡献。

按照实现全面建设小康社会奋斗目标新要求,到2020年,文化改革发展奋斗目标是:社会主义核心价值体系建设深入推进,良好思想道德风尚进一步弘扬,公民素质明显提高;适应人民需要的文化产品更加丰富,精品力作不断涌现;文化事业全面繁荣,覆盖全社会的公共文化服务体系基本建立,努力实现基本公共文化服务均等化;文化产业成为国民经济支柱性产业,整体实力和国际竞争力显著增强,公有制为主体、多种所有制共同发展的文化产业格局全面形成；文化管理体制和文化产品生产经营机制充满活力、富有效率，以民族文化为主体、吸收外来有益文化、推动中华文化走向世界的文化开放格局进一步完善；高素质文化人才队伍发展壮大，文化繁荣发展的人才保障更加有力。全党全国要为实现这些目标共同努力，不断提高文化建设科学化水平，为把我国建设成为社会主义文化强国打下坚实基础。

在这三段核心表述中，"文化强国"战略与"国家文化软实力"之间的关联获得了清晰而又具体的呈现："增强国家文化软实力"是"建设社会主义文化强国"的重要手段或途径。具体说来，"增强国家文化软实力"在服务于"文化强国"战略目标时，包含有一种双重指向：第一，对内"培养高度的文化自觉与文化自信"，提升国民文化素质；第二，对外"弘扬中华文化"，以中华文化去感染外国居民。这显然是对此前十七大报告中初步提出的有关内凝外吸战略的一种更加明确和完整的表述。

第四节 文化与文化软实力的内涵

对文化和文化软实力概念的界说和阐释，迄今为止已经多种多样。这里不可能对此作唯一精确的界定，而只是为了进一步论述和研究的方便，提出一种我们所实际采用的较为明确的操作性界说。

一、"文化"的内涵

首先需要对"文化"本身加以大体的操作性界说，以便在此基础上进而思索文化软实力的内涵。"文化"(culture)一词,在西文中经历了复杂的演变过程:最初指土地的开垦及植物的栽培,到16世纪演化为对人的心灵和智力的培育,再从19世纪初叶开始,更加宽泛地指向"整体上的智力文明进步和精神文明发展",直到"被更加无所不包的概念所取代",文化"不仅仅包括精神层面的活动,而且包括一个民族或社会的全部生活方式"。[1] 这样一来,文化概念变得几乎无所不包了,不仅是指人类身体、精神,特别是艺术和道德能力及天赋的培养,也指人类通过劳作而创造的物质、精神和知识财富的总和。尽管如此,对文化概念的理解历来仍然多种多样。

在当代影响较大的是英国文化批评家雷蒙·威廉斯(Raymond Williams)的一种归纳。他认为文化往往具有三种定义:第一是理想性定义,指人类的完美理想状态或过程;第二是文献性定义,指人类的理智性的和想象性的作品记录;第三是社会性定义,指人类的特定生活方式的描述。[2] 他的论述的重心是指向文化的第三种含义即"人类的特定生活方式",例如工人阶级的与贵族生活方式不同的生活方式。

美国当代文化批评家贝尔(Daniel Bell)则采取了略有不同的三分法:"我在书中使用的'文化'一词,其含义略小于人类学涵盖一切'生活方式'的宽大定义,又稍大于贵族传统对精妙形式和高雅艺术的狭窄限定。对我来说,文化本身正是为人类生命过程提供阐释系统,帮助他们对付生存困境的一种努力。"第一种文化指"特定人类的生活方式",这是人类学家提出的较为宽泛的文化;第二种文化以英

---

[1] 〔澳〕戴维·思罗斯比(David Throsby):《经济学与文化》,王志标、张峥嵘译,中国人民大学出版社2011年版,第3页。
[2] 〔英〕雷蒙·威廉斯:《漫长的革命》,伦敦1961年版,第100—103页。(Williams, Raymond, *The Long Revolution*, London: Penguin, 1961, pp.100—103).

国贵族学者阿诺德(Matthew Arnold)等的文化观为代表,指"个人完美成就",这对贝尔来说显得过于狭窄了;第三种文化是贝尔追随德国哲学家卡西尔(Ernst Cassier)的结果,指由人类创造和运用的"象征形式的领域"(包括神话、宗教、语言、艺术、历史和科学等),它"试图以想象形式去开挖并表达人类生存的意义"。① 贝尔采取了与人类学家的宽泛文化和贵族学者的狭窄文化都不相同的居中或居间的策略:把文化视为表达或阐释人类生存意义的象征形式的领域。贝尔明确指出:"文化领域是意义的领域(realm of meanings)。它通过艺术与仪式,以想象的表现方法诠释世界的意义,尤其是展示那些从生存困境中产生的、人人都无法回避的所谓'不可理喻性问题',诸如悲剧与死亡。"②

美国当代文化批评家杰姆逊(Fredric Jameson)虽然也认为存在着三种文化定义,但在具体理解时与威廉斯和贝尔相比则有同有异。其一,文化是指"个性的形成或个人的培养",这大致对应于威廉斯的第一种和贝尔的第二种,即阿诺德代表的狭窄的贵族文化观。其二,文化是指与自然相对的"文明化了的人类所进行的一切活动",属于人类学概念,这显然又与威廉斯的第三种和贝尔的第一种大体相同。其三,文化是指与贸易、金钱、工业和工作相对的"日常生活中的吟诗、绘画、看戏、看电影之类"娱乐活动。第三种文化概念尤其能体现杰姆逊自己专注于其中的后现代社会或消费社会的时代特点——文化是指以大众文化为主流的消除了雅俗文化界限的日常闲暇中的娱乐活动。这确实体现了杰姆逊的特殊立场和关注的焦点:后现代文

---

① 〔美〕丹尼尔·贝尔:《资本主义文化矛盾》,赵一凡等译,三联书店1989年版,第24、58页。

② 〔美〕丹尼尔·贝尔:《资本主义文化矛盾》,赵一凡等译,三联书店1989年版,第30页。

化或消费文化其实就是以日常感性愉悦为主的大众文化。①

与上面三位文化理论家或文化批评家主要持三分法不同,一些人类学家、社会学家和经济学家对文化概念也展开了相互不同的阐述,目的是为自身的文化分析提供具体的理论依据。

阐释人类学的代表人物、美国人类学家克利福德·格尔茨(Clifford Geertz)指出,文化是一种"符号学(semiotic)的概念"而非象征性概念,它关心的是意义、象征性和解释等问题。正是从这种特定立场出发,他指出:"马克斯·韦伯提出,人是悬在由他自己所编织的意义之网中的动物,我本人也持相同的观点。于是,我以为所谓文化就是这样一些由人自己编织的意义之网,因此,对文化的分析不是一种寻求规律的实验科学,而是一种探求意义的解释科学。我所追求的是析解(explication),即分析解释表面上神秘莫测的社会表达。"②由此看,文化是人自己编织的意义之网,属于一种"意义结构的分层等级",它包括"眨眼、挤眼、假挤眼、模仿、模仿之练习等"符号现象。解释性人类学家的文化分析,就等于是对被组成这个世界的人们已经一再地解释的世界进行再解释,好比从"浅描"(thin description)进展到"深描"(thick description)。③ 这种以"民族志描述"为特征的文化分析"有三个特点:它是解释性的;它所解释的是社会性会话流(the flow of social discourse);所涉及的解释在于将这种会话'所说过的'从即将逝去的时间中解救出来,并以可供阅读的术语固定下来"。④ 这样,人类学家从事的文化分析就不再是像过去所自信的那

---

① 〔美〕弗·杰姆逊:《后现代主义与文化理论》,唐小兵译,陕西师范大学出版社1986年版,第2—3页。

② 〔美〕克利福德·格尔茨:《文化的解释》,韩莉译,译林出版社1999年版,第5页。

③ 〔美〕克利福德·格尔茨:《文化的解释》,韩莉译,译林出版社1999年版,第8页。

④ 〔美〕克利福德·格尔茨:《文化的解释》,韩莉译,译林出版社1999年版,第27页。

种旨在归纳文化发展的客观规律的"实验科学",而只是一种致力于"探求意义"的"解释科学"——这就是对被解释的东西加以再解释,并把流变易逝的事件转变为持久可读的书面文本。

英国社会学家约翰·B. 汤普森(John B. Thompson)对格尔茨的观点有所吸收,把文化视为一种"结构性概念":"我指的是一种文化概念,既强调文化现象的象征性,又强调这种现象总是包罗在结构性社会背景中。"简言之,文化是"在结构性背景中的象征形式"。社会学的文化分析旨在"研究象征形式——即,各种有意义的行动、物体和表述——关系到历史上特定的和社会上结构性的背景和进程,而这些象征形式就在其中和从中产生、传输和接收。根据这一说明,文化现象被视为在结构性背景中的象征形式;而文化分析——用一个简化的说法(我在后面再充分说明)——可以被视为对象征形式的意义构成和社会背景性的研究"。[①] 由此可见出他的文化概念带有象征性与结构性相综合的意味。

澳大利亚经济学家戴维·思罗斯比着眼于文化商品的经济学分析,为文化概念确定了双重含义:第一重含义为人类学和社会学框架下的"一整套为某一群体所共有或共享的态度、信仰、传统、习俗、价值观和惯例",例如墨西哥文化、巴斯克文化、犹太文化、亚洲文化、女性文化等。这些文化往往表现为标记、符号、教科书、语言、手工艺品、口头和书面的表达习惯等形式。第二重含义为实用性的"与人类生活中的智力、道德和艺术方面相关的人类活动与活动成果",这种文化"与促进心智开发及教育的活动相关,而与纯技术或职业技能的获得无关"。他强调,这种文化概念需要同时具备三个特征:一是"相

---

① 〔英〕约翰·B. 汤普森:《意识形态与现代文化》,高铦等译,译林出版社 2005 年版,第 150 页。

关活动在生产中涉及了某种形式的创意";二是"它们都涉及了象征意义的产生和传递";三是"它们的产出至少潜在地体现了某种形式的知识产权"。① 在这里的双重含义表述中,文化既可以是一种不带明显的价值立场的中性现象,即第一重含义;也可以是一种凸显某种价值立场的肯定性现象,即第二重含义。

上面的西方学者的不同论述各有其针对性和学术立场,不能简单照搬,但这并不妨碍我们略加参照,借用来分析文化软实力状况及其特点。

比较再三,可以看到,有多少思想家或理论家,就可能有多少种文化概念,而有多少种文化概念,也就可能有多少种文化软实力概念。因为,文化软实力概念是根据文化概念而拟定的。国家文化软实力概念尤其如此。简要地归纳,通常至少有如下三种文化概念:广义、狭义、中间义。第一,文化概念之广义在于,文化是人类一切生活方式。换言之,人类生活中的一切都可以视为文化,由此,文化软实力可以是指人类一切生活方式所释放的柔性吸引力。第二,文化概念之狭义在于,文化是完美知识体系或行为方式。由此,人类生活中仅仅是那些美的符号形式或行为方式才可能具备文化软实力。第三,文化概念之中间义或折中义在于,文化是人类生活的价值系统。由此,人类生活中与价值有关的东西才可能具有文化软实力。

这里倾向于采纳一种带有中间性、综合性和操作性的文化概念:文化是构成特定人类共同体生活方式的价值系统及其符号形式,包括制度系统、行为系统、知识与观念系统等,以及更为具体的符号形

---

① 〔澳〕戴维·思罗斯比:《经济学与文化》,王志标、张峥嵘译,中国人民大学出版社2011年版,第6页。

式领域如神话、宗教、语言、历史、科学和艺术等。这里的文化概念具有如下两个特点:第一,文化来自特定的人类共同体,如大到国家、民族或社会,小到群落、阶级、阶层、团体等。这里的人类共同体的表述是要顾及文化概念的伸缩性和广泛应用性。第二,文化不仅是指生活方式,而且同时还是指其中内含的种种价值系统和外显的种种符号形式。这就同时兼顾了文化的广义与狭义用法,看到无论是宽广的生活方式及其价值系统还是纯粹的艺术活动,都属于文化。

二、国家文化软实力的特征界定

从这种文化概念出发,结合前面有关论述,可以暂且获得文化软实力和国家文化软实力概念的内涵。文化软实力,是指构成特定人类共同体生活方式的价值系统及其符号形式所释放的柔性吸引力。

而从党的十七大报告和十七届六中全会《决定》所先后制定的中国国家战略决策角度出发,根据我们的理解,国家文化软实力是指构成特定国家的生活方式的价值系统及其符号形式向外部释放的柔性吸引力。更具体地说,这个概念是指构成中华民族共同体生活方式的价值系统及其审美符号形式所释放的柔性吸引力。

由此看,对于中国国家文化软实力概念,既不能宽泛化,也不能狭窄化,而是需要做适度的和灵活的理解。

同时,特别需要说明的是,就软实力本身的特质看,着眼于国家文化软实力的对外部释放角度,不宜过多强调其居高临下的和宏大的国家色彩,而最好淡化它,转而突出其非官方性、民间性或民众性特点。这是当前中国国家文化软实力在实施过程中需要特别关注的方面之一。

按上面的理解,文化软实力应当具有一些特定的可供识别的外在特征。简要地看,文化软实力的特征有如下几方面:

第一,从来源看,文化软实力来自人类共同体的生活方式本身及其符号形式,而非来自人类的军事武器、经济财富或其他神秘力量。

第二,从属性看,文化软实力是一种吸引力而非暴力。吸引力不是对四周主动施加影响的力量,而是对四周自动释放力量的源泉。

第三,从外显方式看,文化软实力是柔性的而非刚性的符号。

第四,从感发方式看,文化软实力是一种不自觉的或非自觉的感召。

第五节 文化软实力的层面构造

一、国家文化软实力内涵的层面构造

文化软实力或国家文化软实力概念要进入具体分析程序,就还需要略加层面化处理。这就是说,文化软实力在具体存在中应当具有它的层面构造,以便我们能具体地认知它。对此,还需要适当回到党的十七大报告的语境里去理解。仔细解读,正是在胡锦涛同志的十七大报告的第七部分特定语境里,"国家文化软实力"概念主要体现了如下四层意义:第一层为"建设社会主义核心价值体系,增强社会主义意识形态的吸引力和凝聚力"。这一核心价值体系有四大基本内容:马克思主义指导思想、中国特色社会主义共同理想、以爱国主义为核心的民族精神和以改革创新为核心的时代精神、社会主义

荣辱观。第二层为"建设和谐文化,培育文明风尚"。和谐文化是全体人民团结进步的重要精神支撑,需要通过新闻出版、广播影视、文学艺术事业去加以弘扬,由社会正气、爱国主义、集体主义和社会主义思想、诚信意识、社会公德、职业道德、家庭美德、个人品德等。形成男女平等、尊老爱幼、互爱互助、见义勇为的社会风尚。弘扬科学精神,普及科学知识。第三层为"弘扬中华文化,建设中华民族共有精神家园"。这一层主要涉及中华文化传统如何与当代社会相适应、与现代文明相协调的问题。如何保持民族性又体现时代性。中华优秀文化传统教育、开发利用民族文化丰厚资源。重视文物和非物质文化遗产保护,做好文化典籍整理工作。加强对外文化交流,吸收各国优秀文明成果,增强中华文化国际影响力。第四层为"推进文化创新,增强文化发展活力"。这一层要求大力推动文化创新和传播。主要包括文化内容形式、体制机制、传播手段创新,解放和发展文化生产力等。

在这里,第一、二、三层主要指称的是文化价值系统和艺术品,第四层则主要指称文化价值系统及艺术品的传播系统、产业体制等。可见,十七大报告所谓国家文化软实力,已经不仅包括了价值系统和艺术品这两种文化含义,而且加入了新内涵:价值系统和艺术品的传播系统和产业体制,也就是文化的物质性的体制内涵。第五层是文化传统和风俗习惯,它传承国家的特有价值观和文化符号。我们将在下编中专门讨论这个问题。

在十七大报告的第二部分关于未来八年"文化改革发展奋斗目标"的表述里,包含有六大任务,由此可见出文化在此的主要内涵。第一,"社会主义核心价值体系建设深入推进,良好思想道德风尚进一步弘扬,公民素质明显提高"。可见这里的文化体现了文化的中间义,也就是指人类生活的价值体系。第二,"适应人民需要的文化产品更加丰富,精品力作不断涌现"。这里的文化是指文化的狭义,也就是指艺术品。第三,"文化事业全面繁荣,覆盖全社会的公共文化服务体系基本建立,努力实现基本公共文化服务均等化"。这里的文化是指艺术品的传播系统。第四,"文化产业成为国民经济支柱性产业,整体实力和国际竞争力显著增强,公有制为主体、多种所有制共同发展的文化产业格局全面形成"。这里的文化主要是指艺术品的产业系统。第五,"文化管理体制和文化产品生产经营机制充满活力、富有效率,以民族文化为主体、吸收外来有益文化、推动中华文化走向世界的文化开放格局进一步完善"。这里的文化主要是指文化价值系统和艺术品的体制系统。第六,"高素质文化人才队伍发展壮大,文化繁荣发展的人才保障更加有力"。这里的文化主要是指价值体系和艺术品的生产、传播与管理的专家队伍。在这里,文化概念的指向更加明确了:不仅是指国家文化价值系统及其审美符号形式艺术品,而且还指向它们赖以传播和生产的国家体制与机制。

二、国家文化软实力的四个层面

从上面的分析可见,在中国国家文化软实力概念中,文化既非扩大到人类一切生活方式,也非仅仅集中到完美知识体系或艺术品,而是一方面体现为价值系统与艺术品的综合内涵,另一方面又涉及它们赖以传播和生产的体制机制系统。

以上述层面理解为基本依据,按照"语言论转向"以来的符号学与语言学视野及其分析方式,可以把国家文化软实力看作一个符号表意系统,这种符号表意系统有着由外向内的四层面构造:

第一层面为最显眼的外显层面,这就是文化符号系统层。这个层面展现的是符号表意系统及代表性形象的吸引力。这就是那些在公众直觉中足以代表整个民族国家形象（特别是其中的代表性标识）的具有突出的代表性和感染力的象征符号系统，包括真实人物和虚构人物，真实事物和人工作品。需要看到，真实人物与虚构人物之间、真实事物与虚构事物之间的界限往往很难区分，其实它们都属于特定国家文化的创造物和象征符号，不必硬性加以区分。公众所熟知的诸葛亮，究竟是真实存在的历史人物还是由艺术作品创造的艺术形象？这很大程度依赖于特定时代的艺术文化传播效应。一些事件或命题，可以附属于相关人物、事物或作品上，如"三顾茅庐"典故可以合并到诸葛亮身上。这里谈直觉，自然包含体验、顿悟、幻觉、错觉等，不同于一般的纯理智的分析。

第二层面为次显眼的外隐层面，这就是文化传媒系统层。这个层面呈现文化传播媒体的影响力。这种传媒还可以显现为传媒品牌及其知名度。它集中体现为国家核心价值体系、生活方式、文明风尚等如何转化为国家符号表意系统的产品生产及其传播能力。

第三层面为内显层面，这就是文化制度系统层。这个层面作为文化传媒层的动力或支撑系统，展现出文化体制、文化机制、文化产业、文化事业、文化个体、文化政策等的创新力。正是这一动力或支撑系统把最隐性的内在层面的价值系统加工为文化传媒层的产品或品牌。因此，这一层面实际上成为沟通次显眼层面与最隐性层面的中介环节。

第四层面为最隐性的内隐层面，这就是文化价值系统层。这个层面是指国家核心价值体系、文化传统、文明风尚、生活方式、国民素养等的生命力。这是由国民生活状况构成的层面。这是那些足以代表民族国家独特传统和形象的位于文化深层或根部的或隐或显的思想、观念、价值体系、行为方式等。

表 2-1　文化软实力运行及分析层面一览表

层面	内涵	举例	研究方式及重点
外显层面：文化符号系统层	各种符号表意系统及其代表性形象的吸引力	汉语、孔子、长城、诸葛亮、鲁迅、海尔(Haier)、联想(Lenovo)、Made in China	文化符号效果的国内外居民调查
外隐层面：文化传媒系统层	各种符号表意系统的生产与传播媒体及其品牌的影响力	CCTV、春晚、贺岁片	文化传媒内容分析（展演次数，传媒的报道数量）
内显层面：文化制度系统层	文化体制、文化产业、文化事业、文化政策等的运行及其创新力	孔子学院、中国文化年、"五个一"工程	国内外文化产业对比、文化政策对比
内隐层面：文化价值系统层	国家核心价值体系、文化传统、文明风尚、生活方式、国民素养等的内在生命力	马克思主义指导思想、中国特色社会主义共同理想、以爱国主义为核心的民族精神和以改革创新为核心的时代精神、社会主义荣辱观；厚德载物、天人合一、己所不欲勿施于人	文化价值的国内外居民调查

需要注意，上面四层面之间不存在严格的界限，其区分只是相对的，为着分析方便。事实上，每个层面之间都可能向另一层面跨越、交叉或渗透。

同时，特别要看到，上面的文化软实力四层面构造其实也可以倒过来看：它是一个由内到外的四层面构造体：内隐层为文化价值系统层面,内显层为文化传媒系统层面,外隐层为文化体制系统层面,外显层为文化符号系统层面。如此,上面的图也可以做出如下调整:

当然,无论是由外到内的层面构造,还是由内到外的层面构造,都不过是观察文化软实力现象的理论假定而已。

第六节 文化软实力的运行方式

一、文化软实力运行的特殊性

应当认识到,文化软实力的实际运行方式具有一定的特殊性。与国家硬实力如经济实力和军事实力通常以"强迫"或"施压"等方式去直接作用于对方不同,国家文化软实力往往具有柔性、柔软或间接的感化方式。重要的是,文化软实力是要让外国受众在不知不觉中受到直觉、情感、想象力等的瞬间触发而倾心服膺。这过程颇类似于审美沟通或艺术传播过程:受众在特定语境中借助媒体而想象地体验艺术品的意义及其深长意味。

正是由于国家文化软实力的运行方式具有与审美沟通一样的复杂性,因而需要寻找适当的分析构架。俄裔美国语言学家雅克布逊(Roman Jakobson)有关言语沟通六要素的论述,可以给我们分析国家文化软实力的运行方式带来一种启迪。言语沟通(verbal communication),也可译为言语传播,是指人与人之间通过符号系统而实现的交往、交际或联络过程。雅克布逊指出,任何言语沟通行为(act of verbal communication)都有其基本的构成要素(the constitutive factors):发信人(the addresser)发送一个信息(message)给收信人(the addressee);这个信息有其据以解读的参照语境(context);为发信人和收信人都共通的代码(code);最后,使得发信人和收信人之间建立联系成为可能的物理渠道——触媒(contact)。他用下列图式具体解释言语沟通的六要素(six factors)及其相互关系:[1]

语境(context)
信息(message)
发信人(addresser)…………收信人(addressee)
触媒(contact)
代码(code)

二、国家文化软实力的实际运行过程

这六要素确实是任何言语沟通都必不可少的。由于国家文化软实力有自身的特殊问题,所以有必要以这个模式为基础,对它加以适当调整,由此形成国家文化软实力运行的下列模式:

国内国际语境
文化符号系统
文化信息的生产与传播者…………国内外受众
文化媒体
文化代码

---

[1] Jakobson, Roman, *Linguistics and Poetics*, *Language in Literature*, Krystyna Pomorska and Stephen Rudy, ed., Cambridge: The Belknap Press of Harvard University Press,1987, p.66. 中译本见罗曼·雅克布逊:《语言学与诗学》,佟景韩译,据《结构—符号学文艺学》,波利亚科夫编,文化艺术出版社1994年版,第176页。

我国的文化产业生产者生产出文化产品,在特定的国内国际语境中运用文化媒体向国内外受众传播,受众借助特定的文化代码去加以接收,从而完成文化软实力的一次实际运行过程(当然,实际的文化软实力运行机制会更加复杂)。

第三章　中国特色文化软实力思想的发展

当代中国对文化软实力思想的认识，经历了一个重心移动过程：从改革开放初期的以经济建设为中心的国家战略，转向这种战略与文化软实力提升紧密联系的新思路。这种国家战略的转向具有一种必然性。审视世界历史进程中的动力机制，不难发现，任何国家的崛起都不单单是经济层面的，而在终极的意义上，更应该归结为奠基于文化之上的崛起，也就是基于文化的崛起。基于文化的国家崛起，恰恰凸显出文化在国家崛起中的软实力地位及其作用。

自从美国学者约瑟夫·奈提出"soft power"（软权力或软实力）概念以来，这一思想对现代国际关系具有极强的解释力，对美国的全球政策的调整体现出重要的战略意义。而在中国，随着经济、社会的发展，文化作为社会生活的要素，作为综合国力与国际竞争力的重要内容，其意义也日益凸显。如何按照文化的内在本质要求，去积累与激发出作为中国国家发展战略的软实力资源，促进中华民族的伟大复兴，并提高中国在世界格局中的地位和作用，就成为了我们当务之急的任务。2006年11月，在中国文联第八次全国代表大会、中国作协第七次全国代表大会上的讲话中，时任中共中央总书记的胡锦涛同志就提出"提升国家软实力，是摆在我们面前的一个重大现实课题"。随后2007年在党的十七大报告中，胡锦涛同志明确地把"提高国家文化软实力"作为一项重大而紧迫的战略任务提出来。

回顾历史,当西洋人的坚船利炮使得中国人的"大国"尊严尽失,逼迫出五四新文化运动对于中国文化本身展开理性反思,人们不得不痛切地感到这一切源于国家实力的衰落。在历经百余年来走向复兴的历史探寻后,人们发现,中国文化是一种与现代西方文化发生交汇之后而又"以己化他"地保持自身的质性发展的过程。[①] 于是,固然可以部分地承认约瑟夫·奈透过"软实力"概念而对当今国际关系所做的总体判断具有某种合理性,但却不能无批判地接受其思想,而是必须将之置于西方文化传统及其历史情境中来加以冷静的审视。今天的我们需要直面中国文化问题本身,并且将中国文化软实力问题置于中国传统、中国情境或中国问题框架下来思考,厘定出当代中国文化软实力思想的中国理论资源、赋予其中国维度、分析其构成要素及其逻辑体系,并以此为基础来为中国特色社会主义文化软实力建构提出应有的理论对策。

第一节 文化软实力概念的中国式理解与反思

在当前,当文化软实力概念被世界各国竞相运用时,特别迫切的是探索它的中国式理解与反思方式。因为,每一个国家都无一例外地是根据自身的国情和国家战略的要求,去具体地考虑文化软实力建设的。

一、软实力的概念源起及其批判

软实力在英文中为"soft power",尽管这一概念直至 1989 年才

[①] 赵汀阳:《天下体系——世界制度哲学导论》,江苏教育出版社 2005 年版,第 13 页。

由美国学者约瑟夫·奈提出,不过并不难找到其西方思想的丰厚根源(详见第一章)。自古希腊以来,西方形成了重智的哲学思想传统。柏拉图甚至认为理想的统治者必须要有智慧,在他的理想国中,哲学家们当上了王,统治者就会集智慧与权力于一身,统治者就能用智慧去谋划使国家免于动乱并实现正义。这与几乎同时代孟子的"劳心者治人,劳力者治于人"的思想有接近之处,支持知识、文化、智慧与权力的结盟。

近代经验主义哲学家培根提出了"知识就是力量(权力)"这一直白而振聋发聩的口号。哲学家尼采自称是"拥有攻击本能的战士",声称要否定一切现存的价值,包括真理。取而代之,他为真理找到的标准是"强力意志",其中包含着求知的欲望,这种欲望也是渴望控制他物、支配现实的欲望,知识则是权力意志的工具与手段。强力意志是强者的权力,而"价值按照什么标准来衡量自身呢?仅仅按照提高了的和组织好了的权力的份额多少"。[①] 只有强者的价值标准才符合强力意志,因此尼采主张主人道德。后现代哲学家福柯则直接承认"知识与权力"就是"他的问题",认为知识并不是圣洁的,其中常常渗透着权力因素,拥有知识就拥有了权力,真理不过是一种让人认为应该服从的权力的形式。

事实上,无论是话语技巧、知识、价值或真理标准,还是统治者个人的道德修养甚或智慧,它们都是一种"软性"的权力,这种"软性"的权力一直以或隐或显的方式内含于人类特别是西方的政治生活中。权力的合理性深刻地依赖着这些"软性"的因素,当然更不用说基督教如何深刻地影响西方人政治、文化甚至日常生活的方方面面,而资

[①] 〔德〕尼采(Friedrich Wilhelm Nietzsche):《权力意志》,张念东等译,商务印书馆1996年版,第430页。

本主义文化与新教精神又是如何席卷西方世界,进而影响整个世界。

　　随着历史的推进,这种"软性"权力变得越来越重要。冷战结束后的上个世纪末西方开始了新一轮的世界历史体系重构。哈佛大学肯尼迪政府学院院长、美国国防部前助理部长和全球战略专家约瑟夫·奈正是在思考美国如何在新的国际关系形势下保持美国的优势地位时,在1989年出版的《注定领导》(Bound to Lead)一书中首次提出了"soft power"这一概念。在这本著作中,作者指出,一个国家的综合国力既包括由经济、科技、军事实力等表现出来的"硬实力",也包括以文化和意识形态吸引力体现出来的"软实力"。需要看到,约瑟夫·奈尽管在不同时期对"soft power"做了不同的描述,但其共同点并没有改变,这就是突出软实力是一种化硬性竞争为软性竞争因而代价更细微的权力。正是这一点,体现了国际交往与竞争的一个新趋势,对现代的国际政治具有很强的解释力。确实,随着信息化与全球化的推进,当今世界已经进入一个国家间相互依存的年代,在世界政治中,运用诸如经济尤其是军事这样的"硬权力",以强迫和威胁的方式,来实现自己的意图的代价则会越来越高,甚至有可能带来并非双赢而是双输的恶果。"硬碰硬"的世界竞争越来越少,而化硬为软的隐形竞争越来越频繁。正如塞缪尔·亨廷顿所指出的,现代世界的政治冲突应该被看作是"文明的冲突","这一模式强调文化在塑造全球政治中的主要作用,它唤起了人们对文化因素的注意,而它长期以来曾一直为西方的国际关系学者所忽视;"[1]"soft power"概念的提出,就是意在提醒人们:一方面,文化、政治价值与外交政策这样的软权力有可能在低得多的政治和社会代价之下实现自己的目

---

[1] 〔美〕亨廷顿:《文明的冲突与世界秩序的重建》,周琪等译,新华出版社2002年版,中文版序言第2页。

的;另一方面,"soft power"的运用有可能让其他国家及其居民自愿地改变戒备或敌视心理而效仿或接受自己的意识形态与政治价值。这提示人们,在新的世界政治形势下,国与国之间的权力竞争的性质已经和正在发生变化,即开始"软化",由硬到软。在当今的世界政治格局中,硬实力固然重要,但作为"soft power"的文化、政治价值观及外交政策的重要性在不断增加。任何一个国家,要想实现其政治目标,都必须学会运用"soft power"这一"灵巧的力量"(smart power),综合地运用软硬两种力量。

在国内,"soft power"尽管被翻译成"软实力"、"软权力"、"软力量"、"软国力"等多种词语,但是在我们看来,直接翻译成"权力"不大合适,因为"权力"是一种力量,是使他者按照自己意愿行事的能力,甚至是在不顾他人进行抵抗的情况下,实现自己意志的能力。它侧重于通过施加影响而迫使他人产生某种行为,意味着对他者的或明或暗的控制,具有支配性、压制性的特点,并不符合约瑟夫·奈的原意,因此,用"软权力"翻译约瑟夫·奈的"soft power"概念,可能更符合约瑟夫·奈本人对权力的分析。"soft power"一词实际上就是对权力概念的拓展,作为概念和相关理论都属于西方政治学和国际关系理论中的权力理论和国家权力理论体系。

特别需要看到,约瑟夫的"软权力"概念显然有其特殊所指:强调一种所谓的普世价值观与意识形态,带有浓重的西方中心主义色彩。因为,这种普世的价值观就是民主、自由、人权等西方价值,而其他文化则被视为这种文化的"他者"。其目的就是通过强调西方资本主义文化与制度,把整个世界都卷入西方资本主义的游戏规则之中,作为规则的制定者与推行者以这种方式维护其话语权与霸权地位。正如马克思和恩格斯在《共产党宣言》中所揭示的:"资产阶级,由于一切生产工具的迅速改进,由于交通的极其便利,把一切民族甚至最野蛮的民族都卷到文明中来了。它的商品的低廉价格,是它用来摧毁一切万里长城、征服野蛮人最顽强的仇外心理的重炮。它迫使一切民族——如果它们不想灭亡的话——采用资产阶级的生产方式;它迫使它们在自己那里推行所谓的文明,即变成资产者。一句话,它按照自己的面貌为自己创造出一个世界。"[①]而在约瑟夫·奈的"软权力"概念中,正可以清晰地见到其背后的资本扩张的动力机制,这就是试图迫使全球各国都"采用资产阶级的生产方式",只不过做了一点必要的时代变通而已,即从硬性的"迫使"转化为软性的"感召"而已。"过去那种将国际化视为不同的资本国家集团相互竞争的观点,如今只是做了稍微的修改,以适应新的全球化时代的相互勾结"。[②] 这种软权力与通过使用军事和经济手段迫使别国改变立场的目的归根结底是一致的,只不过是为了降低谋求世界霸权的军事的经济成本和风险。

二、从软权力到中国特色文化软实力

尽管国际政治学界目前关于"soft power"概念本身还意见纷纭,但是这一概念从一开始就与资本逻辑紧密联系,带有西方中心主义与霸权主义色彩。幸好,当约瑟夫·奈的"soft power"被转译为各个国家的语汇时,均成为了一种"国别性"的概念,体现了显著的"地方化"色彩。在中国学术界,这一概念被更多地译为"软实力",这一翻译确实有其独特的内涵或者中国维度(这一点在后面将详述)。"实力"本是指实在的能力和力量,统称为创造生存的力量,是自己做

[①] 〔德〕马克思(Karl Marx)、〔德〕恩格斯(Friedrich Engels):《马克思恩格斯选集》第1卷,人民出版社 1995 年版,第 276 页。
[②] 〔美〕威廉·I. 罗宾逊(William I. Robinson):《全球资本主义论》,高明秀译,社会科学文献出版社 2009 年版,第 48 页。

事的能力,并不包含有"权力"内含的压制之意,从而不仅去除了霸权主义色彩,并且将这一本来重点针对国际关系的概念,移位为一种同时呈现外部维度和内部维度的概念,也可以说是外部维度本身就逻辑上内含有内部维度,就是向外展示首先意味着内部生长和展示。同时,我国还根据自身国情需要,更多地把"软实力"理解为"文化软实力",这一点既出于中国自身现阶段战略需要,也应符合约瑟夫·奈的本意。虽然诸多对"软实力"概念的理解并不完全一致,但都认为应突出强调文化这一要素。而且,无论是约瑟夫·奈所列举的政治价值观还是外交政策,都是在文化这一土壤上生长起来,并最终作为观念形态的政治文化、制度形态的政治文化而成为文化的一部分。因此,"软实力"究其核心还就是"文化软实力"。其实,当我们把"soft power"理解为"文化软实力"时,从来就不仅是一种"同情"式理解,更是一种中国语境下或中国特色的创造性解读,从而体现显著的中国维度。

可以说,文化软实力是一个包含双重内涵的概念:一重内涵是向内形塑自身,另一重内涵是向外部他者形塑自我。

文化软实力首先意味着为了更好地向外展示而返身向内形塑自身,这属于一种形塑自身、改变自己现有生存状况的力量,表现为一国内部文化认同和统治合法性中表现出来的支撑力、凝聚力、传承力或创造力。文化是在人们改变世界和改变人自身的过程中产生的,但是文化一经产生就成为了一个不断传承、创造的相对独立的体系,似乎变成了一个"客观"存在,为置身于其中的人们提供生活必需的知识体系和特定的价值体系、生活方式、行为规范等。马克思所谓"现实的个人"其实也可以理解为"在一定文化中被塑造的个人"。个体所身处于其中的文化环境塑造了其独特的文化身份。也可以说,正是文化使人成为这样而不是那样。对于一个民族和国家而言,它的民族文化传承着全民族共同的思维方式、行为方式、传统风俗和精神遗产,凝聚着本民族成员对世界、对生命的历史认知和现实感受,积淀着这个国家和民族最深层的精神追求。

关于本民族成员对世界、生命和现实的感受,美国哲学家罗蒂曾说:

> 就国家而言,民族自豪感有如个人的自尊。它是国家自我完善的必要条件。然而,过度的民族自豪感可能激发好战情绪或者导致帝国主义倾向,就像自尊心太强会产生傲慢的态度。但是,如果一个人自尊不足,他就很难展现自己的道德精神……每个公民都应该在感情上同自己的国家休戚与共……只有在民族自豪感压倒民族耻辱感的时候,这个国家才能在政治上有所作为。①

举例来说,现代作家林语堂用英语写于中国抗日战争年代的《京华烟云》,后来又被译成汉语出版,既能激发中国读者的民族自豪感或自尊,又能引发外国读者对中国国民的尊重之情,因而在今天具有向内形塑国民和向外展示国民素质的双重作用。

同时,任何一个现代国家的持续存在都有赖于合法性的支持,正如哈贝马斯所说:"合法性意味着某种政治秩序被认可的价值……统治秩序的稳定性也依赖于自身(至少)在事实上的被承认。"②每个不同政治体制、文化生态下国家都有其核心价值认同、政治立场和社会

---

① 〔美〕理查德·罗蒂(Richard Rorty):《筑就我们的国家——20世纪美国左派思想》,黄宗英译,三联书店2006年版,第1页。
② 〔德〕哈贝马斯(Jürgen Habermas):《交往与社会进化》,张博树译,重庆出版社1989年版,第184页。

前进方向。只有一个国家的核心价值、政治立场和前进方向被整个国家和社会广泛认同、接受,才能有效地凝聚整个社会的力量与智慧实现共同的理想。这种合法性以一种思想观念的形式进行一种思想上的认同与说服,就是作为文化软实力重要要素的意识形态。正是民族文化、价值体系、意识形态等共同的文化因素,形塑着人们对自身民族文化身份的认同。人们不仅感受到自己是其所是,而且还能自觉地按其所是去行动与生活,即更加清楚地认识到"我是谁"。从而有可能在共同历史境遇和未来前景的基础上,形成整个国家和全民族认同的价值取向、共同的理想和精神支柱。而这无疑是一种巨大的精神支撑力和凝聚力。

从历史视角看,文化还继承着一个国家和民族的共同的历史成果,承载着前人的智慧。这种共同的文化血脉能够调节和干预人们的行为,而共同理想则可以激发和鼓舞国家和民族的自我超越。而意识形态与社会体制要保持其合法性,也必须成为"活的意识形态":"成功的意识形态必须是灵活的,以便能够得到新团体和旧团体的忠诚拥护。"①在保证其根本政治方向的同时,必须保持意识形态的发展与创新。特定民族文化、意识形态与社会体制的精神内核即其核心价值观作为文化的内在动力,推动着文化的创新、推动着个体、民族与国家的发展,从而使文化软实力还表现为一种传承力和创造力。

与向内的形塑作用有所不同的是,文化软实力向外则体现为影响甚至改变其他民族国家的存在状况的力量,即在国际文化交流与国际竞争中表现出来的吸引力、亲和力、影响力和竞争力。在这个全

---

① 〔美〕道格拉斯·C.诺思(Douglass C. North):《经济史中的结构与变迁》,陈郁等译,三联书店1991年版,第58页。

球化的时代,一国的历史已经必然地成为世界性历史或全球性历史的一部分,而国际层面的交往则越来越密切与频繁。应该说,任何一个国家和民族的文化都具有向世界展示其自身、影响甚至改变他者的可能。然而,不同国家和民族的文化吸引他国的注意、被他国接受、喜爱甚至改变他国存在状况的程度却可能完全不同。文化软实力以经济、军事、科技等硬实力为基础,表现为与硬实力相互影响、相辅相成、相得益彰。经济上的成功可以使一个国家的文化软实力具有更强的吸引力,而经济和军事上的失败则有可能导致自我怀疑与文化认同危机。在现代的国际交往与国际竞争中,文化软实力本身变得愈来愈重要,正如美国学者阿尔温·托夫勒断言:"我们终将见到,政治的最根本问题,不在于谁统治着工业社会的最后的年月,而要看谁能为新文明的迅速兴起作出规划。"[1]在全球多元文化共存的今天,一个国家强大的硬实力并不必然一统文化的天下,而经济落后的民族也仍拥有令人神往的文明或文明资源。正是在这个意义上,提高一个国家的文化软实力已经成为全球化时代包括中国在内的不少国家的自觉追求(例如韩国就提出"文化立国"的国家战略)。

由此可见,文化软实力一方面向内形塑自身文化内涵,另一方面向外展示自我文化形象,体现为一种内生外用的综合构造。

一个国家和民族的文化之所以是一种软实力,就是因为其丰富的文化遗产、强大的民族精神、适应社会历史现实的创新能力以及为现代人们提供精神家园和普世的价值观念的能力而具有吸引力和感召力。再有就是,通过国际交往中表现出来的良好国家形象而具有亲和力并赢得尊重。以这种吸引力和亲和力为基础,一个国家的文

---

[1] 〔美〕阿尔温·托夫勒(Alvin Toffler):《第三次浪潮》,朱志焱等译,三联书店1996年版,第12页。

化软实力还表现为文化辐射力与影响力,也即一个国家的话语方式与价值观被世界接受、影响他人,甚至具有"塑造国际规则"的能力。"如果一个国家可以塑造国际规则,使之与自己的利益和价值观念相吻合,其行为就更可能在他人看来具有合法性。如果它可以使用和遵循那些能够引导和限制他国自愿行为的制度和规则的话,那么它没有必要使用代价高昂的胡萝卜与大棒。"[①]鉴于约瑟夫·奈言语间流露的强烈的霸权主义色彩,我们因而并不完全同意他的观点,但不应否认的是,他确实揭示了一个国家的文化软实力因素对于"共时性"的国际竞争来讲的特殊重要性,表明文化软实力是在国际竞争中为自己争取合理权益、获得竞争优势的重要力量。

第二节 建设文化软实力的马克思主义思想资源

对西方软实力理论的批判性分析和对文化软实力的中国维度的探究,使得我们有必要进一步思考如下问题:有没有一种可以跨越西方软实力理论藩篱而体现更高程度的科学性和应用价值的软实力理论?也就是说,如何准确地获得一个更高理论视域来观照文化软实力对于像中华民族这样的一个东方民族在其当代发展中的重要作用?对此,我们迫切需要探究的是,我们今天有没有马克思主义的理论资源可供获取?或者进一步说,我们还能在什么样的背景和程度上来理解马克思主义本身所可能蕴蓄及进一步开发的文化软实力思想资源?这些问题将我们带入深层的理论追问及实践中。可以肯定地说,无论就中国特色社会主义的政治规定性而言,还是就指导思想

[①] 转引自张小明:"约瑟夫·奈的软权力思想分析",《美国研究》2005年第1期。

的科学性而言,中国当前实施文化软实力提升战略,都必然依赖于马克思主义这一与西方文化软实力思想传统具有鲜明的异质性特征的理论基础。

因此,现在需要梳理和发掘马克思主义经典作家、西方马克思主义和中国化马克思主义的文化软实力思想资源。

一、马克思主义经典作家的思想资源

马克思主义经典作家马克思、恩格斯和列宁的思想中包含着丰厚的文化软实力思想资源,至今富于启迪价值。

(一)马克思、恩格斯的文化理论及其启示

需要指出的是,马克思和恩格斯本人并未直接论及"文化软实力"这一概念,但是,他们对文化问题显然十分感兴趣和重视。尽管"文化"一词在他们遗留下的文本中有不同的指称,但更为重要的是,马克思关于文化的许多论述实际上表达了与文化软实力问题极为相关的思想,例如他尤其强调文化对于经济与物质生产的发展、对一个民族乃至于对整个人类的重要意义。

第一,马克思认为文化对于经济发展具有反作用。马克思虽然比以往的德国哲学家都更为重视物质力量,甚至因为他对经济基础的强调而受到"经济决定论"的误解。事实上,马克思在告诫人们把经济条件看作归根到底制约着历史发展的东西时指认,"不应当忽视:政治、法、哲学、宗教、文学、艺术等等的发展是以经济发展为基础的。但是,它们又都互相作用并对经济基础发生作用。并非只有经济状况才是原因,才是积极的,其余一切都不过是消极的结果。"[①]马

---

① 〔德〕马克思、〔德〕恩格斯:《马克思恩格斯选集》第 4 卷,人民出版社 1995 年版,第 732 页。

克思是把整个社会视为一个有机的整体,社会的经济结构与文化结构都是其基本构成要素,经济是一个社会的发展轴心,但文化却决不是社会发展中的消极的惰性因素,而是与经济处于社会有机体内生的互动中。在致布洛赫的信中,恩格斯说明自己以及马克思从来没有把经济因素作为唯一的决定因素,并且强调在历史运动中始终存在一种各因素间的交互作用状况:"经济状况是基础,但是对历史斗争的进程发生影响并且在许多情况下主要是决定着这一斗争的形式的,还有上层建筑的各种因素:阶级斗争的政治形式及其成果——由胜利了的阶级在获胜以后确立的宪法等等,各种法的形式以及所在这些实际斗争在参加者头脑中的反映,政治的、法律的和哲学的理论……。"[1]恩格斯认为,意识形态对经济基础具有反作用,并且"在某种限度内改变经济基础"是不言而喻的,意识形态领域内的各种学说、思想和观点,甚至"包括他们的错误在内,就要反过来影响全部社会发展,甚至影响经济发展"。[2] 事实上,要解决一个社会的发展问题,除了解决经济发展的问题,同时也必须解决这个社会的发展模式、政治体制、观念形态的问题。文化与经济从一开始就是互为条件、互相渗透、相互作用的两个要素。文化一经产生,就形成了一种"相对独立的形式",以观念、制度及其他形态成为塑造社会生活的重要力量。

第二,马克思认为文化本身也是一种生产力,精神生产与物质生产构成社会生产的两个方面。马克思提出了著名的精神生产理论,这一理论是指,社会生产作为人的精神能力的运用,作为科学成就的

---

[1] 〔德〕马克思、〔德〕恩格斯:《马克思恩格斯选集》第 4 卷,人民出版社 1995 年版,第 696 页。

[2] 〔德〕马克思、〔德〕恩格斯:《马克思恩格斯选集》第 4 卷,人民出版社 1995 年版,第 703 页。

对象化等等,它本身也是精神生产过程。马克思明确指出:"宗教、家庭、国家、法、道德、科学、艺术等等,都不过是生产的一些特殊的方式,并且受生产的普遍规律的支配。"①马克思在《德意志意识形态》中更是直接提出了"表现在某一民族的政治、法律、道德、宗教、形而上学等的语言中的精神生产"②的"精神生产"概念,认为精神生产是人类全部社会生产的重要组成部分。"精神生产"在一般意义上是指"思想、观念、意识的生产","观念、思维、人们的精神交往"的生产以及"表现在某一民族的政治、法律、道德、宗教、形而上学等的语言中的精神生产"。③ 精神生产虽然具有各种不同的表现形式,而且往往依赖于一定的物质手段或表现在一定的物化形式中,但它们在本质上都是一种"思想、观念、意识的生产",其直接目的是通过精神产品的生产和分配,满足人们的精神文化需求。精神生产由于其"特殊"的一面,因而具有内在的"文明要素的生产规律"。精神生产作为一种专门化、职业化的社会生产方式,它与一般的、个别的精神活动是不同的:一般的精神活动自人类产生之日起就已存在;而精神生产则是在人类社会发展到一定阶段出现了社会分工,特别是出现了精神劳动和物质劳动、脑力劳动和体力劳动的分离的基础上才逐步产生和发展起来的。

马克思多次提醒人们,要注意物质和精神"两种生产的相互作用

---

① 〔德〕马克思、〔德〕恩格斯:《马克思恩格斯全集》第3卷,人民出版社2002年版,第298页。
② 〔德〕马克思、〔德〕恩格斯:《马克思恩格斯选集》第1卷,人民出版社1995年版,第72页。
③ 〔德〕马克思、〔德〕恩格斯:《马克思恩格斯选集》第4卷,人民出版社1995年版,第72页。

和内在联系"。① 精神生产与物质生产是相对应的,精神生产是第二性和被决定的,但是精神生产还有其相对独立性和对物质生产的反作用性。"非物质生产领域"也即"文化生产领域"的生产结果表现为"具有离开生产者和消费者而独立的形式"。② 更为重要的是,马克思的精神生产理论还包含着知识与权力的关系问题。马克思指出,在社会生活中,对世界进行解释的思想、理论一定是多样的,但占统治地位的解释思想一定是统治阶级的思想。"这就是说,一个阶级是社会上占统治地位的物质力量,同时也是社会上占统治地位的精神力量。支配着物质生产资料的阶级,同时也支配着精神生产资料……是隶属于这个阶级的。占统治地位的思想不过是占统治地位的物质关系在观念上的表现,不过是以思想的形式表现出来的占统治地位的物质关系"。③ 在阶级社会中,其物质生产与精神生产必然是两个互相支持的方面,统治阶级掌握的强大物质力量必然使其掌控社会的精神生产;另一方面,基于统治阶级的利益,统治阶级就会把与自己的统治相适应的制度、思想观念说成是永恒的、超历史的以维护自己的物质利益。

第三,马克思认为文化对于一个民族具有自我认同及整合的功能。在世界历史进程中,"不断扩大产品销路的需要,驱使资产阶级奔走于全球各地。它必须到处落户,到处开发,到处建立联系","资产阶级,由于开拓了世界市场,使一切国家的生产和消费都成为世界

---

① 〔德〕马克思、〔德〕恩格斯:《马克思恩格斯全集》第 26 卷,人民出版社 1972 年版,第 295 页。

② 〔德〕马克思、〔德〕恩格斯:《马克思恩格斯全集》第 26 卷,人民出版社 1972 年版,第 442—443 页。

③ 〔德〕马克思、〔德〕恩格斯:《马克思恩格斯选集》第 1 卷,人民出版社 1995 年版,第 98 页。

性的了"。① 基于此,"各民族的精神产品成了公共的财产。民族的片面性和局限性日益成为不可能,于是由许多种民族的和地方的文学形成了一种世界的文学"②当然,这里的"世界的文学",按照德文的原意可引申理解为"世界文化"。各个民族国家在文化的碰撞过程中,更加注重民族文化的自我认同问题。或者说,在世界历史即今日所谓全球化之前是无所谓真实的民族文化认同的,因为"人对自身的关系只有通过他对他人的关系,才成为对他来说是对象性的、现实的关系"。③ 一个民族也只有在与其他民族的比较中,才能充分认识到自身的民族性。不同民族的人们通过与不同文化的比较,确证自己不同的社会和民族归属,从而产生与其相应的社会和民族认同感。世界历史或全球化以一种看似超民族国家的方式建构了现代民族国家,而以民族精神为核心的文化则是这些民族国家得以存在的精神纽带。

第四,文化在马克思视野中也是人类自我解放的一个根本领域。马克思在《黑格尔法哲学批判导言》中谈道:"批判的武器当然不能代替武器的批判,物质力量只能用物质力量来摧毁;但是理论一经掌握群众,也会变成物质力量。理论只要说服人[ad hominem],就能掌握群众;而理论只要彻底,就能说服人[ad hominem]。"④可见,马克思在重视物质力量的同时,认为人的解放还有精神和文化的战场,物

---

① 〔德〕马克思、〔德〕恩格斯:《马克思恩格斯选集》第1卷,人民出版社1995年版,第276页。
② 〔德〕马克思、〔德〕恩格斯:《马克思恩格斯选集》第1卷,人民出版社1995年版,第276页。
③ 〔德〕马克思、〔德〕恩格斯:《马克思恩格斯全集》第3卷,人民出版社2002年版,第276页。
④ 〔德〕马克思、〔德〕恩格斯:《马克思恩格斯选集》第1卷,人民出版社1995年版,第9页。

质武器和精神武器缺一不可,因为思想的闪电一旦击中人民的朴素园地,就会化为强大的革命力量,实现人的解放。在《1844年经济学哲学手稿》中,马克思充满同情与愤慨地描述了无产阶级工人不仅"肉体受折磨",而且"精神受摧残"的异化生存状态。在马克思看来,未来共产主义社会不仅要在建立社会主义公有制的基础上大力发展生产力,达到消灭阶级和阶级差别,还要扬弃异化的个人,走向人的解放,走向"才能得到全面发展"的人。人的解放不能归结为思想解放、精神解放,但人的解放一定包含着思想解放、精神解放的维度。恩格斯在《共产主义原理》一书中指出:"根据共产主义原则组织起来的社会,将使自己的成员能够全面发挥他们的得到全面发展的才能。"[①]造就全面发展的人只有一种手段,就是生产劳动同智育和体育相结合。

(二) 列宁的"文化革命"与意识形态思想

列宁是一位马克思主义理论家,更是一位无产阶级革命家,因此,他的某些思想对各国的共产主义实践尤其是对中国产生的影响有时甚至比马克思、恩格斯更为直接。他提出的"文化革命"思想就是如此。

列宁在1923年《论合作社》中首次提出文化革命概念:"要是完全实现了合作化,我们也就在社会主义基地上站稳了脚跟。但完全合作化这一条件本身就包含有农民(正是人数众多的农民)的文化水平的问题,就是说,没有一场文化革命,要完全合作化是不可能的。我们的敌人曾不止一次地对我们说,我们在一个文化不够发达的国家里推行社会主义是冒失行为。但是他们错了,我们没有从理论(一

[①] 〔德〕马克思、〔德〕恩格斯:《马克思恩格斯全集》第1卷,人民出版社1995年版,第9页。

切书呆子的理论)所规定的那一端开始,我们的政治和社会变革成了我们目前正面临的文化变革,文化革命的先导。现在,只要实现了这个文化革命,我们的国家就能成为完全社会主义的国家了。"①

从这段话中可以理解列宁的"文化革命"思想的几个要点:第一,"文化革命"是针对"敌人"提出来的,即是针对西方文化的威胁提出来的。列宁清醒地认识到西方国家在文化上具有优越性,曾直接称赞西欧国家是"文明国家"、"有文化的国家",而俄国则还是一个"介于文明国家和初次被这次战争最终卷入文明之列的整个东方各国即欧洲以外各国之间的国家",②是"文化不够发达的国家",因而还不属于真正意义上的"文明国家"。在这种对比中,列宁事实上已经把文化视为一个国家实力的构成要素。为了摆脱这种文化上的不利地位,列宁提出了"文化革命"。第二,虽然俄国没有先实行"文化革命",而是先进行了政治和社会变革并取得了成功,但"文化革命"仍关系到社会主义建设是否成功。可见,列宁虽然是从暴力革命中取得胜利,但他仍认为作为国家软性实力的文化建设至关重要,关系到社会主义事业的成败。第三,列宁的"文化革命"学说当时主要针对的是农民的文化水平问题,这是文化发展中的基础性问题。

在列宁的一些其他论述中可以看到,这种"文化革命"的目的是要建设一种社会主义的无产阶级文化:"不是臆造新的无产阶级文化,而是根据马克思主义世界观和无产阶级在其专政时代的生活与斗争的条件的观点,发扬现有文化的优秀的典范、传统和成果。"③可见,列宁的"无产阶级先进文化"的基本内容,一方面来自于马克思主义的理论与革命实践,另一方面则来自于以西方文明为代表的现代

---

① 〔俄〕列宁:《列宁全集》第43卷,人民出版社1987年版,第367—368页。
② 〔俄〕列宁:《列宁全集》第43卷,人民出版社1987年版,第370页。
③ 〔俄〕列宁:《列宁全集》第39卷,人民出版社1986年版,第334页。

文化。事实上,列宁的文化革命理论特别强调吸收和改造世界文明发展的全部遗产:"必须取得资本主义遗留下来的全部文化","必须取得全部科学、技术、知识和艺术。"[1] 列宁还论述了"文化革命"必须依赖人民的力量,要保护民众的文化权益,强调鼓励群众、引导群众、帮助群众,从日常生活中树立民众的新文化认同。进行"文化革命"的两项基本战略则是义务教育的开展和扫盲的大规模进行。

列宁还发展了马克思的意识形态思想,赋予了意识形态概念以中性的意义,把马克思主义说成是科学的意识形态,尤其是论证了建立无产阶级意识形态的重要性:"对社会主义思想体系的任何轻视和任何脱离,都意味着资产阶级思想体系的加强。"[2]他的名言是,"没有革命的理论,就不会有革命的运动。"[3]由于当时无产阶级还处于弱小者地位,列宁认为工人的任何自发性活动都是加强资产阶级意识形态对工人的影响,所以他不相信工人能自发地形成无产阶级意识,因而强调从外部灌输,要"积极地对工人阶级进行政治教育,发展工人阶级的政治意识"。[4] 这种被用以武装无产阶级的理论武器就是作为"科学的意识形态"的马克思主义。

列宁的以上思想,可以视为对国家的文化软实力的重要地位的论述,以及对社会主义国家建设其文化软实力的基本力量、方向和战略的论述。从中可以看到他以开放态度对待西方先进文化、对待建设文化软实力问题。列宁的"文化革命"与意识形态思想对中国的影响无疑是巨大的,对于我们国家今天建设文化软实力仍然具有重要的启迪价值。

---

[1] 〔俄〕列宁:《列宁全集》第36卷,人民出版社1985年版,第48页。
[2] 〔俄〕列宁:《列宁全集》第6卷,人民出版社1986年版,第38页。
[3] 〔俄〕列宁:《列宁全集》第6卷,人民出版社1986年版,第23页。
[4] 〔俄〕列宁:《列宁选集》第1卷,人民出版社1995年版,第342页。

二、西方马克思主义者的思想资源

进入 20 世纪,被称为"西方马克思主义"或"新马克思主义"的理论家们,从与马克思主义经典作家不同的角度,对马克思主义作了一些新思考。这些新思考是否就是马克思主义的,一直充满争议,但其中所包含的文化软实力思想,还是值得在此加以讨论的。

(一)卢卡奇的阶级意识理论

西方马克思主义的一个重要主题就是文化与意识形态批判。卢卡奇之被誉为西方马克思主义的创始人,主要是因为他明确提出了对发达工业社会进行文化批判这一西方马克思主义的当然主题。基于马克思对"商品拜物教"的论述,卢卡奇把资本主义的社会问题归结为"物化",认为在"物化"现象中人通过劳动而被自己的创造物所统治,产生了一个表现为物与物的关系的世界。"物化"的普遍化造成了"物化"意识的产生。在卢卡奇看来,"物化"意识就是资本主义的意识形态,它渗透到科学、政治、伦理、哲学、文艺乃至语言文字等各个领域。一旦无产阶级受到这种"物化"意识的支配,就会丧失批判性与超越性维度,反而将这种"物化"结构当作外在的规律和人的命运而加以遵循与服从,从而不可能对现存制度实施革命行动。要改变这种现状,则要取决于无产阶级的"阶级意识"的成熟度。他反思西欧无产阶级革命时认为,西欧无产阶级革命的失败主要源于无产阶级没有建立起一套超越了资产阶级意识形态虚伪合法性的新意识形态。而无产阶级革命要想取得胜利,就必须培育起新的"阶级意识"。而这种"阶级意识"由于属于意识形态、文化等领域,因而无疑正与文化软实力有关。

卢卡奇曾清醒地认识到,如果不对无产阶级的革命过程进行历史考察,就不能正确解决无产阶级在社会革命中发扬主体性的问题,

"仅仅诉诸无产阶级的阶级意识难免是片面的、空想的"。[1] 但是,他不仅认为"阶级意识"是特定阶级的思想和感情,而且把它归结为一种自觉的"阶级无意识"。他赋予"阶级意识"在革命中的决定性地位:"革命的命运(以及与此相关联的人类的命运)要取决于无产阶级在意识形态上的成熟程度,即取决于它的阶级意识。"[2]尽管"阶级意识"在某种意义上被卢卡奇神秘化和夸大了,但卢卡奇确实指出了文化与意识形态是如何以一种无意识的方式存在于一个国家的社会之中,尤其是如何深刻地影响一个国家的政治生活,这恰恰是文化与意识形态能够成为一个国家的软实力的根本原因。正因为如此,卢卡奇以一种大力抬高意识形态地位的方式提示了建设文化软实力的重要性。文化与意识形态被视为政治生活的另一个"战场",而且如今这一战场不仅限于一国之内,而是扩展至全球。

(二) 葛兰西的"文化领导权"理论

与列宁主要强调依靠暴力革命获得政治领导权不同,意大利共产党创建者之一葛兰西提出了文化领导权理论,这一理论被认为是对马克思意识形态理论的继承与发展。葛兰西从分析"市民社会"入手,指出西欧工人运动失败和资产阶级能够维护自身统治的秘密在于,资本主义国家不仅使用政治领导权,而且使用文化领导权对社会进行统治。因此,革命成功的关键在于夺取资产阶级国家的文化领导权。"领导权是标志着一些阶级同其他社会力量关系,一个领导权阶级(或阶级的一部分)是一个经由政治和思想意识斗争同其他阶级和社会力量建立起联盟的阶级,并在这个联盟中它的领导受到其他

---

[1] 孙伯鍨:《卢卡奇与马克思》,南京大学出版社1999年版,第167页。
[2] 〔匈〕卢卡奇(Georg Lukács):《历史和阶级意识——马克思主义辩证法研究》,燕宏远译,商务印书馆1992年版。

阶级的欣然同意。"①统治阶级一方面通过暴力手段来维护本阶级的强制性的权力,另一方面更为重要的是通过非暴力的意识形态控制,也即通过思想文化的潜移默化的定向与灌输,使被统治阶级心甘情愿地赞同和认可统治阶级的统治。"文化领导权"的确立不是统治阶级单方面的和自上而下的"文化操纵"过程,而是一个在从属阶级积极参与过程中不断获取他们的同意、认同的过程。在他那里,"同意"被归结为一种心理状态,包括对社会政治制度或秩序等某些重要领域的认可,是与大众日常生活中未加批判的"常识"直接相连的,是被群众自觉信奉与服从的。总体来说,文化领导权的获取是以市民社会广大民众"自愿的"同意为前提的,并且是以不断获取从属阶级的"同意",进而达成统治阶级世界观指导下的"健全的常识"为旨归的。

在葛兰西那里,"文化领导权"是一个阶级夺取政权、确立政权合法性的重要方式,也是衡量一个阶级的统治是否成功的标志,因为只有意识形态领域能够为政权的存在提供深层的文化和道德的合法性。葛兰西特别强调国家的教育功能,"国家具有教育和塑造的作用,其目的在于创造更高级的文明……通过风俗的演化、思想和行动方式以及道德风尚产生客观效果"。② 无产阶级要夺取政权,就必须在文化和意识形态方面同资产阶级展开斗争,借助于"阵地战"的方式进行一场文化、精神的革命,揭露和批判资产阶级文化的实质,动员和依靠大众的力量,进而获取与资产阶级政治领导权相区别的文化领导权。葛兰西主张将无产阶级的世界观、价值观与群众经验性的"常识"有机融合,借助本阶级"有机的"知识分子在市民社会中实施的知识与道德领导来获取文化领导权,继而夺取无产阶级革命斗

---

① 毛韵泽:《葛兰西:政治家、囚徒和理论家》,求实出版社1987年版,第169页。
② 〔意〕安东尼奥·葛兰西:《狱中札记》,曹雷雨译,中国社会科学出版社2000年版,第198页。

争的最后胜利,最终确立无产阶级政权的合法性。

葛兰西的上述"文化领导权"理论与列宁以暴力为手段的"政治领导权"理论相对,颇类似于一个国家的"文化软实力"与"硬实力"的关系。"文化领导权",也即他所言的知识、道德、价值观等文化与意识形态领域的东西,其实就是我们所谓文化软实力中的重要要素。葛兰西还指出建设自身文化软实力的一条重要途径,即依靠知识分子,发动大众,通过教育、宣传等各种有效途径进行文化软实力的建设,只不过葛兰西仅仅是就统治的合法性问题来谈文化软实力问题而已。

(三) 阿尔都塞的"意识形态与意识形态国家机器"理论

阿尔都塞是马克思主义哲学内部第一个明确将意识形态概念指认为马克思的核心概念的哲学家。在阿尔都塞看来,意识形态是具有独特逻辑和独特结构的表象体系,其内容包括形象、神话、观念或概念,在具体形态上涉及宗教、伦理、哲学、艺术等领域。但是这些表象与人的意识无关,是一种无意识。"即使意识形态以一种深思熟虑的形式出现(如马克思以前的哲学),它也是十分无意识的。意识形态是个表象体系,但这些表象在大多数情况下和'意识'毫无关系;它们在多数情况下是形象,有时是概念。它们首先作为结构而强加于绝大多数人,因而不通过人们的'意识'。它们作为被感知、被接受和被忍受的文化客体,通过一个为人们所不知道的过程而作用于人。"[1]阿尔都塞认为意识形态尽管没有历史(指的是意识形态一般,而不是意识形态的具体形式),但却永恒存在。意识形态是社会有机体的组成部分,而且,没有意识形态人类根本不可能生存。"显然,为了培养人、改造人和使人们能够符合他们的生存条件的要求,任何社

---

[1] 〔法〕阿尔都塞:《保卫马克思》,顾良译,商务印书馆 2006 年版,第 229 页。

会都必须具有意识形态。正如马克思所指出的,历史是对人类生存条件的不断改造,即使在社会主义社会中也是如此;因而人类必须不断地改造自己,以适应这些条件。这种'适应'不能放任自流,而应该始终有人来负责、指导和监督,这个要求的表现形式就是意识形态。"①

阿尔都塞认为意识形态是一种具有物质性的存在,即意识形态的存在是以物质为载体的,它存在于"特殊的非强制"的"国家意识形态机器"之中。同时,它还存在于"实践"中,"你我从来都是主体,并且就以这方式不断地实践着意识形态承认的各种仪式"。② 意识形态还承担着主体构建者的角色,"所有意识形态都通过主体这个范畴发挥功能,把具体的个人呼唤或传唤为主体"。③ 这意味着通过实践意识形态把个人建构为服从一定生产关系和政治秩序的社会主体,从而使维护某一特定阶级利益的各种社会关系得以顺利地生产出来。

可以说,这样理解的意识形态当然是文化软实力中的重要要素。不过,正像一些学者指出的那样,阿尔都塞的意识形态概念相当宽泛,虽然包含了他继承自马克思的否定意义,但又远远超出马克思对这一概念的狭义表达——作为统治意识的意识形态。阿尔都塞对"意识形态"的分析,不仅可以看作是对文化软实力如何在政治生活中起作用的分析,更可以看作是对文化软实力的其他因素如何在人们的社会生活中起作用的分析。

(四) 法兰克福学派的大众文化批判

资本主义大众文化是法兰克福学派社会批判的入口。大众文化

---

① 〔法〕阿尔都塞:《保卫马克思》,顾良译,商务印书馆2006年版,第232页。
② 陈越:《哲学与政治——阿尔都塞读本》,吉林人民出版社2003年版,第363页。
③ 陈越:《哲学与政治——阿尔都塞读本》,吉林人民出版社2003年版,第364页。

或文化工业问题是由霍克海默和阿多尔诺在《启蒙辩证法》一书中率先提及的。在他们看来,发达工业社会的技术理性、价值观念、资本逻辑作为一种社会控制形式,通过文化工业或大众文化的精神生产与消费模式,其观念还直接转化或渗透到了精神文化层面。文化工业凭借现代科学技术手段进行大规模复制、传播,其产品失去了文化艺术的自由创造本性和促进人类自我完善的功能,使人沉沦在物质欲望的潮流中。如果说以往的统治是一种硬性统治甚至血腥统治,当代的资本主义社会统治策略与技巧已经发生了重大的变化,文化工业与统治阶级意识形态合谋,成为了"国家意识形态机器"。正如杰姆逊所指出的:"如果说第二阶段中资本主义将世界殖民地化,以一种外在的、暴力的、客观的方式进行,那么第三阶段中就没有这么多地域上的侵略,却是一种更深刻的渗透。"[①]总之,大众文化作为商品化生产的一种产物,其立足点不是为人民大众提供精神食粮,而是由资产者刻意制造出来的用来赚取利润的意识形态工具,它不是为了满足人们的审美需要,而是替资产阶级制造出意识形态、为资产阶级的统治提供合法性辩护。

法兰克福学派对大众文化的批判有其深刻处,但在我们看来,大众文化作为现代社会中异常活跃的文化形态,在文化的传播、创新上还是有可能产生积极的作用的。约瑟夫·奈就强调美国的大众文化是美国文化软实力的重要构成部分,而事实上,正是美国的电影、文学作品及其他文化产品将美国的文化及其蕴含的西方意识形态传达给其他国家的民众,包括中国民众,他们都深受美国文化产品的影响。中国的文化产业相对西方国家而言,处于落后的地位,而这一点

---

① 〔美〕弗·杰姆逊:《后现代主义与文化理论》,唐小兵译,北京大学出版社1997年版,第161页。

对于提升中国文化软实力是不利的。因此,我们一方面要大力发展文化产业、鼓励大众文化创新;另一方面则要对大众文化中的消极因素始终保持一种警惕的监控,这包括对国内大众文化的引导与对国外文化产品的选择两个方面。

三、中国化马克思主义的文化软实力思想的发展

马克思主义自传入中国以来就开始了自身的中国化进程。一代代中国共产党人把马克思主义普遍原理与中国实践相结合,探索出中国特色的革命道路和中国特色的社会主义道路,其中也就包括探寻出了适合中国发展的一脉相承的文化软实力理念或思想体系。

(一)毛泽东:"革命"的"新文化的力量"

毛泽东立足于革命和社会主义初期建设的特殊性,开创性地提出了"革命"的"新文化的力量"的重大命题。在毛泽东看来,文化作为社会生活中的重要内容,能够实现"精神变物质"的飞跃。"诚然,生产力、实践、经济基础,一般地表现为主要的决定的作用,谁不承认这一点,谁就不是唯物论者。然而,生产关系、理论、上层建筑的这些方面,在一定条件下,又转过来表现其为主要的决定的作用,这也是必须承认的。"[1]在一定程度上,作为一种精神力量的文化又决定着物质生产,决定着经济和政治的发展,从而文化也是一种不容忽视的力量。他首次把"文化力量"作为推动社会发展的三种基本的"中国的革命力量"之一:"新的政治力量,新的经济力量,新的文化力量,都是中国的革命力量,它们是反对旧政治旧经济旧文化的。"[2]他所说的"文化力量"就已相当于今天我们所说的"文化软实力"了。这种

---

[1] 毛泽东:《毛泽东选集(合订本)》,人民出版社1964年版,第300页。
[2] 毛泽东:《毛泽东选集》第2卷,人民出版社1991年版,第695页。

"新的文化力量"被具体地规定为"民族的、科学的、大众的文化,就是人民大众反帝反封建的文化,就是新民主主义的文化"[①]。因此,他高度重视革命文化对于改造社会的巨大的能动作用。在毛泽东文化观的指引下,我党一方面同强大的反动势力进行了艰苦卓绝的武装斗争,另一方面同形形色色的反动思想进行文化斗争,有力地推动了新民主主义文化的软实力的提高及其具体实践。

新中国成立后,毛泽东不仅提出"向科学进军"的口号,同时还确定了我国社会主义文化的"双百"和"两为"方针。"建立中华民族的新文化,这就是我们在文化领域中的目的。"[②]这一新文化追求构成了20世纪50—70年代我国社会的主流文化观。毛泽东从中国当时的历史阶段出发,特别强调文化在革命中的重要性。他说:"革命文化,对于人民大众,是革命的有力武器。革命文化,在革命前,是革命的思想准备;在革命中,是革命总路线中的一条必要和重要的战线。"[③]强调社会革命和阶级斗争是其突出特征。毛泽东的文化理论与文化实践,深刻揭示了新的文化力量以及其在社会主义革命和建设道路上的重要地位,为后来社会主义文化建设奠定了坚实的基础。

(二) 邓小平:"两手都要硬"和"科学技术是第一生产力"

邓小平立足于改革开放和对建设经验的总结,提出"两手都要硬"和"科学技术是第一生产力"的著名论断。邓小平反复强调:"我们要建设的社会主义国家,不但要有高度的物质文明,而且要有高度的精神文明,两个文明都搞好了,才是有中国特色的社会主义。"在邓小平看来,硬实力和软实力都是实力的体现,我们要"软硬兼施",才

[①] 毛泽东:《毛泽东选集》第2卷,人民出版社1991年版,第708—709页。
[②] 毛泽东:《毛泽东著作选读》(下卷),人民出版社1986年版,第349页。
[③] 毛泽东:《毛泽东选集》第2卷,人民出版社1991年版,第708页。

能自利和利他。他在第四次全国人代会上的祝词中指出,"我们要在建设高度物质文明的同时,提高全民族的科学文化水平,发展高尚的丰富多彩的文化生活,建设高度的社会主义精神文明。"①1983年,他进一步指出:"搞社会主义精神文明,主要是使我们的各族人民都成为有理想、讲道德、有文化、守纪律的人民。"②十二届六中全会专门作出《关于社会主义精神文明建设指导方针的决议》,明确了精神文明建设的战略地位、根本任务和重大方针,推动我国文化建设向纵深发展。邓小平还突出地把科技和教育作为举足轻重的国家实力,并创造性地提出了"科学技术是第一生产力"的判断,把科技力作为具有决定意义的文化实力。邓小平把文化建设的落脚点置于如何提升人的素质方面,认为这是文化力量的核心问题,因为中国的经济发展、政治体制改革、民主法制建设和精神文明建设都要求提高人的素质。他说:"我们国家,国力的强弱,经济发展后劲的大小,越来越取决于劳动者的素质,取决于知识分子的数量和质量。"③这标志着中国共产党对文化问题的认识达到了一个新的高度。

邓小平还指出了文化的民族凝聚力的作用,提出用坚定的信念把人民团结起来。他说:"我认为,最重要的是人的团结,要团结就要有共同的理想和坚定的信念。我们过去几十年艰苦奋斗,就是靠用坚定的信念把人民团结起来,为人民自己的利益而奋斗。没有这样的信念,就没有凝聚力。没有这样的信念,就没有一切。"④这是邓小平对中国革命和建设的经验总结。

---

① 邓小平:《邓小平文选》第2卷,人民出版社1994年版,第208页。
② 邓小平:《邓小平文选》第3卷,人民出版社1993年版,第28页。
③ 邓小平:《邓小平文选》第3卷,人民出版社1993年版,第120页。
④ 邓小平:《邓小平文选》第3卷,人民出版社1993年版,第190页。

(三) 江泽民:"三个代表"和"建设有中国特色的社会主义新文化"

江泽民从综合国力和"三个代表"的高度提出了"建设有中国特色的社会主义新文化"的命题。

以江泽民为核心的第三代领导集体把社会主义文化与综合国力相联系,进一步创造和发展了马克思主义的文化软实力思想。在庆祝建党七十周年大会上,江泽民同志第一次提出了"建设有中国特色的社会主义新文化"的命题,一方面突出文化软实力的民族号召力,另一方面要求在世界视野中来审视文化的地位,强调文化软实力的国际影响力。江泽民突出强调了文化国力在综合实力中的地位,十四届六中全会提出了文化属于综合国力的新判断,指出"精神力量"也是重要的综合国力。他在十五大报告中提出"文化是综合国力的重要标志",同时,在"三个代表"重要思想中,还特别提出党要始终代表"中国先进文化的前进方向",[1]表明我们党对社会主义市场经济条件下社会发展的认识发生了重要的升华,把建设先进文化作为一项重要任务提出来。

另外,江泽民同志还高度重视文化交流,要求尊重多元文化,认为国际间的文化交流对于文化实力的建设与发展具有重要意义。在世纪更替之交召开的联合国千年首脑会议上,他明确指出:"世界是丰富多彩的,如同宇宙不能只有一种色彩一样,世界上也不能只有一种文明、一种制度、一种发展模式、一种价值观念。各个国家、各个民族都为人类文明的发展做出了贡献。应充分尊重不同民族,不同宗教和不同文明的多样性。世界发展的活力恰恰在于这种多样性的共存。应本着和平、民主的精神,推动各种文明

---

[1] 江泽民:《全面加强党的建设的伟大纲领》,人民出版社 2000 年版,第 1 页。

的相互交流,相互借鉴,以求共同进步。"①同时,江泽民强调我国意识形态面临着纷繁复杂的局面,应该牢牢掌握意识形态的指导权、话语权,因为"思想文化阵地马克思主义无产阶级的思想不去占领,各种非马克思主义、非无产阶级的思想,甚至反马克思主义的思想就会去占领。"②

(四)胡锦涛:"提升国家文化软实力"

胡锦涛从现代化和民族复兴的高度,明确规定了"提升国家文化软实力"这一战略任务。

以胡锦涛为总书记的党中央,深谋远虑地做出贯彻落实科学发展观,以解放和发展文化生产力为主要手段,不断提升国家文化软实力的重大战略决定。党的十六大提出了积极发展文化事业和文化产业的任务。胡锦涛总书记在2003年8月12日中央政治局第七次集体学习时强调:"我们必须从全面建设小康社会的全局和实现中华民族伟大复兴的高度,深刻认识加强文化建设的战略意义,在推进社会主义物质文明和政治文明建设的同时,更加自觉地推进社会主义文化建设。"十六届四中全会又明确提出要进一步革除文化发展的体制性障碍,解放和发展文化生产力的战略要求。2005年,党中央、国务院发出了关于深化文化体制改革的文件,对解放和发展文化生产力做出了全面部署。在2006年11月中国文联第八次全国代表大会和中国作协第七次全国代表大会的讲话中,胡锦涛同志指出:"如何找准我国文化发展的方位,创造民族文化的新辉煌,增强我国文化的国际竞争力,提升国家软实力,是摆在我们面前的一个重大现实课题。"

---

① 江泽民:《江泽民文选》第3卷,人民出版社2006年版,第110页。
② 江泽民:《江泽民文选》第3卷,人民出版社2006年版,第186页。

2007年10月15日,在党的十七大报告中,胡锦涛同志再次深刻地指出:"当今时代,文化越来越成为民族凝聚力和创造力的重要源泉、越来越成为综合国力竞争的重要因素。"因此,"要坚持社会主义先进文化的前进方向,兴起社会主义文化建设新高潮,激发全民族文化创造活力,提高国家文化软实力,使社会文化生活更加丰富多彩,使人民精神风貌更加昂扬向上。"具体表现在,"在时代高起点上推动文化内容形式、体制机制、传播手段创新,解放和发展文化生产力,是繁荣文化的必由之路"。党在"十一五"规划的建议中重申"积极发展文化事业和文化产业"时,强调了今后文化产业要"积极开拓国际文化市场,推动中华文化走向世界"。[①] 多年来,党和国家领导人已经把重视和提高文化软实力作为我国社会发展的战略任务,纳入综合国力的发展规划之中。此后,经过逐步开展的社会文化建设,软实力对我国现代化建设产生了有强大的渗透力,文化正在成为国与国之间竞争的利器。

2011年和2012年,相继召开的党的十七届六中全会和十八大,继续实施"提升国家文化软实力"战略,并把这一战略纳入"社会主义文化强国"建设的轨道,还同"全面建成小康社会"目标实现了高度融合。

以上表明,经过中国共产党人长期的不懈探索和实践,中国化马克思主义文化软实力思想体系或中国特色社会主义文化软实力思想体系,已经初步形成。由于内容上完全一致,这两个表述可以相互换用。同时,为了简便起见,这两个表述也都可以简称为文化软实力的中国维度。

---

① "中共中央关于制定国民经济和社会发展第十一个五年计划的建议",《中国共产党第十六届中央委员会第五次全体会议文件汇编》,人民出版社2005年版,第29—30页。

（五）习近平："中国梦"及其和平发展与和平崛起的战略

习近平同志提出的"中国梦"构想。他指出："每个人都有理想和追求,都有自己的梦想。现在,大家都在讨论中国梦,我以为,实现中华民族伟大复兴,就是中华民族近代以来最伟大的梦想。这个梦想,凝聚了几代中国人的夙愿,体现了中华民族和中国人民的整体利益,是每一个中华儿女的共同期盼。历史告诉我们,每个人的前途命运都与国家和民族的前途命运紧密相连。国家好,民族好,大家才会好。实现中华民族伟大复兴是一项光荣而艰巨的事业,需要一代又一代中国人共同为之努力。空谈误国,实干兴邦。我们这一代共产党人一定要承前启后、继往开来,把我们的党建设好,团结全体中华儿女把我们国家建设好,把我们民族发展好,继续朝着中华民族伟大复兴的目标奋勇前进。"习近平同志在2013年3月17日第十二届全国人民代表大会第一次全体会议闭幕会上进而强调："我坚信,到中国共产党成立100年时全面建成小康社会的目标一定能实现,到新中国成立100年时建成富强民主文明和谐的社会主义现代化国家的目标一定能实现,中华民族伟大复兴的梦想一定能实现。"

习近平强调的中华民族伟大复兴的"中国梦"包含两个内涵:一是国家硬实力,一是国家软实力。实现"中国梦"或中华民族的伟大复兴,既需要强有力的经济和军事实力作为保障,需要国家的独立和主权作为其政治基础;除此以外,同样还需要文化软实力的强大。如果一个国家的文化对内不能成为一种凝聚力、创造力,则不能促进经济、政治和社会的发展,对外不具有吸引力、影响力,则它不足以获得他者的认同与接受,不能在全球文明秩序中占据一定的位置,更不能在国际关系中获得话语权、为自身利益寻求合理的表达。因此,中华民族伟大复兴的"中国梦"的实现,既要依靠硬实力的增强,又要依靠在经济与文化相互交融的趋势下发展文化软实力。

中华民族伟大复兴的"中国梦"战略,是一种和平发展与和平崛起的战略。中国的和平崛起不是简单意义上的大国崛起,更不是西方意义上的大国称霸,而是希望以中华民族的智慧为世界提供有益的价值观和世界观选择,以促进和谐世界的建设为目标。按照阿伦特的说法,人们"共同生活在这个世界上,这在本质上意味着一个物质世界处于共同拥有它的人群之中,就像一张桌子放在那些坐在它周围的人群之中一样。这一世界就像一件中间物品一样,在把人类联系起来的同时,又将其分隔开来"①。人是一种"公共性存在",如果置换到国家间关系中来说的话,民族、国家依然是一种"共在"。这种公共性首先就表现为一种文化的公共性,按照公共性理念来讲,它们应该是"差异共识"为基础的交往形式中谋求世界的和谐"共生"。因此,中国的文化软实力从一种试图控制"他者"的理念转型到与众多"他者"之间相互"共生共赢"的和谐理念中。中国追求和谐世界的理念就是要倡导一种"非零和式"的"共生",在差异中寻求共识,在和谐中谋求发展。

第三节 文化软实力的中国维度

在中国共产党的十七大和十八大已经相继从国家发展战略高度制定提高我国文化软实力的重大历史任务的情形下,中国既需要参照西方发达国家的一些经验,又不能完全简单地套用西方的做法,而应该立足于中国的现实国情与文化传统,在与西方资本主义社会的文化软实力异质性对比中,凸显文化软实力的中国特色和社会主义

---

① 〔德〕汉娜·阿伦特(Hannah Arendt):《人的条件》,竺乾威译,上海人民出版社1999年版,第38页。

文化软实力的中国维度,从而建立中国化马克思主义文化软实力思想体系,或中国特色社会主义文化软实力思想体系。

一、以马克思主义为指导

与资本主义自由主义、个人主义的主流意识形态不同,作为一个社会主义国家,马克思主义是我国的指导思想。我国的社会建设与发展进程无不继承和发展了马克思及马克思主义思想家的智慧。因此,我国的文化软实力思想必然是以马克思主义为指导的文化软实力思想。但是,以马克思主义为指导,并不是简单地以马克思的某一观点、某些思想为指导,而是首先以马克思的价值立场和方法为指导。因为,一种理论的价值立场及其方法正是其真正的硬核。

一种理论的价值立场决定了这种理论的立足点、趣味及旨归。马克思理论的立足点是人类社会或社会化的人类,[①]其理论的根本旨归是人类解放。早在高中毕业论文中,马克思就认识到:"我们应该遵循的主要指针是人类的幸福和我们自身的完美。""人只有为同时代人的完美、为他们的幸福而工作,自己才能达到完美。"[②]在《关于费尔巴哈的提纲》中,马克思把立足于感性个体还是立足于整个人类看成新旧思想的分水岭:"旧唯物主义的立脚点是'市民'社会;新唯物主义的立脚点则是人类社会或社会化的人类。"[③]正因为此,马克思对"肉体受折磨,精神受摧残"的无产阶级抱有深切的同情,无情地批判他所处的资本主义社会,以实现人类解放为其理论的根本目

[①] 这意味着马克思的立足点既不是市民社会中自私自利的孤立个体,也不是抽象的类本质,而是在历史实践中生成的人类社会、处于特定社会关系中的人类个体。
[②] 〔德〕马克思、〔德〕恩格斯:《马克思恩格斯全集》第1卷,人民出版社1995年版,第459页。
[③] 〔德〕马克思、〔德〕恩格斯:《马克思恩格斯选集》第1卷,人民出版社1995年版,第61页。

的。作为以马克思的思想为指导的社会主义国家的文化软实力思想,这一指导思想的性质决定了其目的不仅是单一国家与民族的发展,而更应该立足于为人类文明做贡献、为世界发展提供思想资源。更何况,对于我们而言,以社会化的人类为立足点也是由现代社会的历史现实决定的。正如阿伦特所说,我们共在于世,"世界不是主要被理解为共有的,它对所有人来说都是公共的"。① 在全球化时代,这一点则让人感受得更为真切:全球的相关性日益加强,在个体、群体与类之间都形成了高度复杂的依赖关系,凸现了类认同的重要性。而且,由于人类已经进入了一个高度复杂的风险共享的社会,以一人之力、一国之力都不足以面对这些风险和问题。这就要求我们必须拥有一种类意识。虽然不同的国家和民族间必然存在利益和价值观的分歧,但要良好地共在于世,就必须从整个人类的利益出发,以整个人类的存续和发展为根本目的。

以马克思主义为指导的第二层含义,是以马克思的历史唯物主义方法为指导。恩格斯曾经说:"马克思的整个世界观不是教义,而是方法。它提供的不是现成的教条,而是进一步研究的出发点和供这种研究使用的方法。"②这一方法首先告诉我们,世界不是开天辟地以来就始终如一的世界,而是历史化了的世界和永远作为历史过程的世界,是一个动态、开放的世界。任何一种具体理论的解释力都是暂时的,都是与它面对和解决的历史性问题相关的。因此,必须从真实的历史出发。而在马克思看来,真实的历史不是观念史,而是从解决人的吃、穿、住等基本的物质需要的物质生产活动开始的。马克思强调不同形态的文化都产生于一定的物质生产条件和物质生产活

---

① 〔德〕汉娜·阿伦特:《人的条件》,竺乾威译,上海人民出版社 1999 年版,第 42 页。
② 〔德〕马克思、〔德〕恩格斯:《马克思恩格斯选集》第 4 卷,人民出版社 1995 年版,第 742—743 页。

动的基础上,文化的发展以物质生产的发展水平为基础。恩格斯曾经这样总结:"正像达尔文发现有机界的发展规律一样,马克思发现了人类历史的发展规律,即历来为繁茂芜杂的意识形态所掩盖着的一个简单事实:人们首先必须吃、喝、住、穿,然后才能从事政治、科学、艺术、宗教等等;所以,直接的物质的生活资料的生产,因而一个民族或一个时代的一定的经济发展阶段,便构成为基础,人们的国家制度、法的观点,艺术以至宗教观念,就是从这个基础上发展起来的,因而,也必须由这个基础来解释,而不是像过去那样做得相反。"[①]

因此,在谈到建设文化软实力的问题时应当认识到,文化总是按照生产方式及其构建的整个社会生活方式的样态去形成自己的样态,并跟随生产力的发展形态和历史水平而形成自身发展的历史形态和思想水平。文化永远也不可能逃离先在的历史可能性,而是建筑在物质生产、经济基础之上的观念及观念的产物。因而文化软实力在社会发展中的作用是有限的,其强弱从根本上是由物质生产、经济基础所决定的。因此,根据马克思的历史唯物主义方法,发展文化软实力应同时重视发展物质生产力,始终重视发展经济,以物质力量的丰富来促进文化的繁荣。

二、与传统文化相承接

在当今全球化时代,以资本为主导的发达国家直接将自身的文化输入到发展中国家,而诸多的发展中国家则将西方国家作为"标准"来度量自身的发展理念,甚至对自身的传统文化进行任意的裁剪。在中国,也存在着利用西方文化对中国传统文化做彻底批判的

[①] 〔德〕马克思、〔德〕恩格斯:《马克思恩格斯全集》第25卷,人民出版社1995年版,第594—595页。

思潮。但是,应该看到,这种"西方中心主义"的影响只是在一种"现代性"的意义上具有着先驱优势。反思西方的现代性进程,其形成的困境尚未突围,环境的污染、个人生活意义的迷茫、人际关系的疏离等问题在中国这样一个后发现代化国家里也已十分明显。在西方文化对这些问题束手无策时,中国的传统文化反而凸显了独特的智慧与魅力。对于中国而言,要建构国家软实力,就必然要超越现代性"西方中心"的解释框架,就更应该充分利用和开发传统文化资源、继承优良的民族精神传统去应对现代化过程中的问题与挑战,从而在这一过程中实现传统文化的创造性转化。

肯尼迪曾说:"在近代以前时期的各种文化中,显得最先进、感觉得出最优越的莫过于中国文明。"[1]中国拥有灿烂的传统文化,有学者把中国传统文化的最大特征归结为"内在超越性",认为在中国文化中"人格神的天转化为'形而上的实体',只有这一转化,才能下贯而为性,才能打通了性命与天道的隔阂。"[2]从而把"内在性"和"超越性"统一起来了,把"天国"和"人间"统一起来了。与西方把天国与人世、此岸与彼岸相割裂不同,这种"内在超越性"的文化相信"人皆可以为尧舜",这种重视个体内在价值的文化对充满欲望的当今社会确实具有积极的意义。正是因为中国文化的这一特征,相对西方的工具理性主义,中国文化在现代散发出一种不同的魅力,甚至有学者认为西方的问题只有诉诸中国文化才能得以解决。

中国文化的另一特征是它是一种和谐文化。中国的和谐文化强调天人合一,胸怀天下、追求民族团结,崇尚和谐和合,主张"以和为贵"、"和而不同","己所不欲,勿施于人";主张以仁爱之心待人,以诚

---

[1] 〔美〕肯尼迪(Paul Kennedy):《大国的兴衰》,天津编译中心译,四川人民出版社1988年版,第5页。

[2] 牟宗三:《中国哲学的特质》,上海古籍出版社2008年版,第22页。

待人,面对冲突时强调"以德服人"、"不战而屈人之兵"。这些文化特点融入到我们的日常生活世界中,表现为中国人的自强不息、刚健有为;在国内政治中,体现为以"礼"、"仁"为核心的秩序建构;更在邦国关系中体现为治国安邦,强调"和睦相处"、"和平共处"。中华和谐文化承认差异性、多样性,不排斥矛盾甚至冲突,最终是达成更高层次的统一与协调,实现多样统一。在以合作、说服、渗透为主要特征的软实力竞争时代,在国际矛盾日趋尖锐化的今天,这种注重"和谐"、"和而不同"的思想更能体现出合作、说服等竞争优势,更容易被别的国家认同和接受,更能发挥独特的协调、平衡和包容的作用,为化解人与自然、人与人、国与国、家与家之间的冲突,实现不同文明之间的和谐发展提出了新的思路和方法。

中国和谐文化传统不仅是今天实现民族振兴的一座资源富矿和强大精神源泉,还是当代中国继续影响世界、对人类做出新贡献的最重要的软实力优势资源之所在。在我国,和谐文化传统是我们党构建社会主义和谐社会的战略思想以文化形式外化的一种表现和展示,也是加强社会主义和谐社会建设的精神武器和具体方式。建设和谐文化,倡导和谐的价值取向,可以为社会主义和谐社会的建设提供更坚实的思想基础,引导人们正确处理社会生活中的复杂矛盾,鼓励一切有助于促进和谐的思想行为,不断增加社会生活中的和谐因素,建立健全保障社会和谐的各种法律的、制度的、道德的规范体系。建设和谐文化,既要立足国内,为和谐社会建设提供思想道德基础;同时也要放眼世界,提升中国文化的国际影响力,为和谐世界建设提供思想道德基础。

三、与中国现实相适应

任何一种文化都产生和发展于特定的社会历史现实之中。一种文化要有生命力和解释力,就必须与现实相适应。中国的文化软实力建构在时间上而言是处于社会主义初级阶段;在空间上,它又处在全球化程度加剧的过程中。前者使得文化软实力建构必须面对文化上的相对不发达,始终着眼于推动中国社会发展的主线;而后者,则使得中国文化处于与西方文化的互动过程中,始终着眼于中华民族的伟大复兴的主题。

　　胡锦涛同志在十七大报告中分析当前我国社会发展的阶段性特征时指出:"社会主义文化更加繁荣,同时人民精神文化需求日趋旺盛,人们思想活动的独立性、选择性、多变性、差异性明显增强,对发展社会主义先进文化提出了更高的要求。"而在十八大报告中,胡锦涛同志更进一步全面分析了当前我国社会存在的诸多不足,其中涉及文化方面的问题就有"一些领域存在道德失范、诚信缺失现象;一些干部领导科学发展能力不强,一些基层党组织软弱涣散,少数党员干部理想信念动摇、宗旨意识淡薄,形式主义、官僚主义问题突出,奢侈浪费现象严重;一些领域消极腐败现象易发多发,反腐败斗争形势依然严峻"等。对此,他不仅重申"建设社会主义文化强国"的目标,而且进一步指出了要解决的关键问题和工作重心:"建设社会主义文化强国,关键是增强全民族文化创造活力。要深化文化体制改革,解放和发展文化生产力,发扬学术民主、艺术民主,为人民提供广阔文化舞台,让一切文化创造源泉充分涌流,开创全民族文化创造活力持续迸发、社会文化生活更加丰富多彩、人民基本文化权益得到更好保障、人民思想道德素质和科学文化素质全面提高、中华文化国际影响力不断增强的新局面。"这就准确地分析了我国的文化现状并明确了新的形势和任务。首先,虽然中国社会发展已经取得了巨大成就,但我国文化软实力与硬实力在发展上仍存在严重的不均衡。文化的发展仍然不能适应社会经济发展的速度、规模以及广大群众不断增长的精神文化需求,我国文化软实力现状同我国日益提升的国际地位也不相适应。其次,在由传统农业社会向现代工业社会转变的过程中,一方面,与旧的经济形态、社会关系相联系的思想意识以及价值观、道德观等还会在社会上长期存在;另一方面,各种西方的后现代文化思潮、文化观念和行为方式随着中国的改革开放开始大量涌入并深刻改变了中国社会的文化构成。由于西方文化思潮的影响及马克思主义运动的现实,国内有人对马克思主义的真理性和指导地位产生了动摇,甚至产生了信仰危机。我国思想文化领域的典型特征就是旧的体系被打破,新的价值体系尚未完全建立。再次,在社会主义初级阶段,由于生产力水平仍较落后且发展不平衡,经济上以生产资料公有制和按劳分配为主体的社会主义市场经济成为基本的经济制度,社会上还大量存在着社会贫富差距较大、社会不公平现象较明显、社会压力较大等问题,并因而存在不同的阶层和利益群体及由此所带来的不同的利益观和价值观的冲突与矛盾,多样化的社会意识必然使一元化的社会主流意识形态受到冲击。当然,除此以外,中国还有诸如民族和国家统一问题、经济发展的生态环境代价高等其他具体国情。

我国的文化软实力现状由经济发展水平和复杂的社会现实所决定,文化生成和发展的特性,又决定了文化软实力的提高是一个长期的历史过程,是一项艰巨的任务,需要几代人甚至几十代人的努力。中国文化软实力的提升也必然是一个渐进的过程,需要在客观现实与远大理想之间保持必要的张力。这就需要一方面立足于中国的现实,以人民群众的现实需要为依据,面对和逐步解决"中国问题",在这一过程中实现文化软实力的提升,不断满足人民群众日益增长的精神文化需求;另一方面把实现中国文化的伟大复兴、促进人类的文明发展作为发展文化软实力的理想与最终目标。这也是真正在文化实践中坚持马克思主义指导的具体体现。

四、以社会主义核心价值体系为灵魂

社会主义核心价值体系是社会主义社会系统得以运转、社会秩序得以维持的基本精神依托,是国家文化软实力的灵魂和根本。在这一点上,塞巴夏蒂安·夏尔的说法或许有一定的合理处:"一个社会不应局限于物质生产和经济交流。它不能脱离思想概念而存在。这些思想概念不是一种'奢侈',对它可有可无,而是集体生活自身的条件。它可以帮助个体彼此照顾,具有共同目标,共同行动。没有价值体系,就没有可以再生的社会集体。"[1]价值是文化的内核,文化多元是既定的社会历史现实,对于一个国家和民族的文化软实力建设而言,以强有力的"一"去统摄和整合"多",是保证文化软实力的性质和方向的需要,也是保证文化软实力的凝聚力和创造力的需要。

中国文化软实力的"一",就是社会主义核心价值观。我们将中国特色社会主义的核心价值体系与文化软实力放在一起考量,是因为社会主义核心价值体系的建设的实质,就是中国特色社会主义文化软实力如何寻求和求证一个合理形态建构的实践过程。

在进行文化软实力建设时,坚持社会主义核心价值体系,既是历史的选择,也是现实的要求。

中国文化软实力以社会主义核心价值为核心,其题中之义,首先是必须坚持马克思主义的指导地位与社会主义共同理想。马克思主义的指导思想决定了核心价值体系的性质和方向,因而决定了中国

---

[1] 〔法〕吉尔·利波维茨基(Gilles Lipovetsky)、〔法〕塞巴夏蒂安·夏尔(Sebastian Charles):《超越现代时间》,谢强译,中国人民大学出版社2005年版,第111页。

文化软实力的性质与方向，我们只有在这一基础上，才能有效凝聚各个方面的智慧和力量，形成全民族的精神力量和精神纽带。对中国文化软实力的合理探索，必将推动中国社会主义核心价值体系的全面建构。

五、以中华民族伟大复兴的"中国梦"和世界和谐为目的

中国建设文化软实力当然是以民族复兴为目的。这一目标在目前集中到一点，就是习近平同志提出的中华民族伟大复兴的"中国梦"构想。中国文化软实力建设应当依托于与西方国家有所不同的中国自身的自觉目的。西方国家的主流意识形态是以自由主义、个人主义和资产阶级民主主义为核心的思想体系，在大工业基础上发展起来的西方发达国家具有文化上的扩张性，体现出了"文化霸权主义"和"文化殖民主义"倾向，试图通过经济的、科技的、文化的手段，向其他国家推广其价值观念和信仰。在西方社会，特别是在以资本为核心的全球化过程中，"西方中心论"明显地从自我本位出发，生发出一种蔑视"他者"的对抗意识。从西方软权力理论出发，文化软权力发展的根本目的是获取霸权，正是在这样的思维模式下，中国作为一个大国的经济发展和国际地位的提升使一些西方人持有或加重了"中国威胁论"的观点。一个国家的文化软实力的功能具有内外两个功能，其内在功能是形塑自身，外在功能则是影响甚至改变他者。中国的文化软实力建设不是一种意图向外扩张、获得世界霸权的努力，而是强调塑造自身，将文化软实力视为实现自身发展的重要方面，并以自身文化软实力的提高作为分担世界治理的公共责任的基础。换言之，中国的文化软实力是一种"自足型"的文化软实力，而不是"外在扩张"的文化霸权。正如胡锦涛同志在十八大报告中同样强调："必须坚持和平发展。和平发展是中国特色社会主义的必然选择。

要坚持开放的发展、合作的发展、共赢的发展,通过争取和平国际环境发展自己,又以自身发展维护和促进世界和平,扩大同各方利益汇合点,推动建设持久和平、共同繁荣的和谐世界。"中国的"软实力"主张是从本国的现实利益到为世界文化发展、人类和平做出贡献,也是一种在长远和根本的国家利益的双重视角下着手建构的,是以民族复兴和世界和谐为目标的。

第四节 建设中国特色社会主义文化软实力的路径

如何破解中华民族伟大复兴的自主性与以资本逻辑为基础的全球化之间的矛盾,成为建设中国特色社会主义文化软实力路径选择的根本依据。首先,必须服务于民族复兴和世界和谐的主要目标。民族复兴的前提和最终实现是民族精神的复兴。民族精神是一种社会意识,是一个民族对其社会存在、社会生活的反映,是民族文化的深层内涵。世界和谐不是一种乌托邦的理想,也不是一种现实特征的描述,而是中国作为负责任大国的切实目标定位和自觉行为及努力。其次,必须依据中国特色社会主义文化软实力的要素系统。文化软实力是一个有其自身复杂的多重性概念。"后现代性之后的现代性"中,奠基于并超越于资本逻辑的中国模式是中国特色社会主义文化软实力的总体要素。以此为逻辑整体,中国特色社会主义文化软实力是一个包括动力要素、制度要素、协同要素、形象要素、外交要素和辐射要素的独特体系。再次,必须针对中国当前面临的实际形势。现代性和全球化在相互形塑中不断推进,成为延伸至世界每一个角落的浩荡潮流。中国之应对"全球化"和"现代性"是不可回避的历史性任务;同时,"中国的和平崛起"也是中国人民自己基于当前世

界境遇的一种历史性选择。立足于以上基本依据,建设中国特色社会主义文化软实力的路径可以有如下选择:

一、立足"中国特色"资源

通观世界,一般来讲,当一个国家迅速崛起,必然会对原有的国际体系或世界格局造成一定的冲击或极大的冲击,从而容易形成新的国际冲突。中国作为一个东方大国,在从落后走向繁荣富强的发展历程中,始终受到国际"中国威胁论"的种种猜疑。这一点,实质上是在完全不了解中国发展的"和谐理念"的情形下所造成的误读。亨廷顿曾指出,"现代化并不一定意味着西方化。非西方社会在没有放弃它们自己的文化和全盘采用西方价值、体系和时间的前提下能够实现现代化"。[①] 中国的发展必然要通过自身的方式和特征,去超越现代性的西方构架模式。相应地,中国建构国家软实力也必然意味着从各个层面来系统地展现这一理念。如此,立足"中国特色"这一资源去建设文化软实力,就是必然的了。

首先,应当继承与创新中国特色的传统文化资源。中华民族具有悠久的历史和优良的传统,中华民族文化对于凝聚和团结全国各族人民,起着重要的纽带和基础作用。其中诸如以人为本,讲究诚信,强调和谐,重视教育,倡导德治等,在当今中国的改革开放和文化建设中,仍然是可以借鉴的资源。继承优秀的中国传统文化,其中最重要的就是继承、培育和弘扬民族精神。同时,又要创新,要立足于改革开放和社会主义现代化建设实践,着眼于世界科学文化发展前沿,进行文化创新,不断增强中国特色社会主义文化的吸引力和感召

---

① 〔美〕塞缪尔·亨廷顿:《文明的冲突和世界秩序的重建》,新华出版社 1998 年版,第 70 页。

力。要把中国特色社会主义文化建设同世界大势和时代主题结合起来,始终立于时代文化大潮的前列。任何一种优秀文化传统,只有与时俱进,不断扬弃与更新,才能永葆青春与活力。因此,既不能抱残守缺,故步自封,又不能全盘照搬,食洋不化。

其次,这种"中国特色"之与西方文明的不同在于,我们的文化主导思想是马克思主义。在中国社会主义"市场经济"建设主导的社会由同质一元性向异质多样性转型。于此,人们在价值观念、思维方式、生活方式、交往方式上肯定受到重大的冲击,特别在现今,由于市场经济的资本逻辑运作,使得人们的价值观有被"颠倒"的危险,资本逻辑的本意已经告诉世人,"资本来到世间,从头到脚,每个毛孔都滴着血和肮脏的东西"。[①] 其他诸多方面也面临着挑战,而这在理论上宰制了理论研究需要既看到社会主义的自身的特色优势,又要兼顾由于社会转型所带的种种问题,在矛盾中推进社会文化建设。

最后,这种"中国特色"资源将紧紧依托经济硬实力建设。这是因为,中国在总体上依旧处于社会主义初级阶段,这就要求必须以发展生产力、将国家建设成为一个经济强国为根本任务。在此特定情形下,任何国家文化软实力的载体实质上就是国家经济硬实力,只有将国家经济硬实力与国家文化软实力形成一种良性的循环和互动,才能够更好地参与到国际文化价值体系的建构中去,也才能以一个经济与文化强国的双重姿态,一并将自己的核心价值观念以及世界的核心建构加以完善。

二、总结和提升"中国经验"

"中国经验"在中国特色文化软实力建设中是具有重要的意义

[①] 〔德〕马克思、〔德〕恩格斯:《马克思恩格斯选集》第 2 卷,人民出版社 1995 年版,第 266 页。

的。这是因为，在一个国家、一个民族的历史发展进程中，实践经验应当是一笔宝贵的历史财富。从自己的成功经验中学习，往往会使自身的发展来得更直接、深刻和有效。建设文化软实力，也需要在总结和提升"中国经验"的方式上加以推进。与"中国特色"资源不同，"中国经验"是指中国改革开放三十多年来的社会建设实践。在三十多年来的改革开放进程中，中国的政治、经济、文化和社会建设都取得了举世瞩目的成就。回顾和总结这段历史，找出中国改革开放的成功经验，揭示中国发展道路的奥妙所在，不仅对中国的持续发展与繁荣有益，也对世界的进步有益。

"中国经验"被西方大多数学者概括为"中国模式"或"北京共识"，其实质就是中国作为一个发展中国家在全球化背景下实现社会现代化的一种战略选择。它是中国在改革开放过程中逐渐发展起来的一整套应对全球化挑战的发展战略和治理模式。与西方主导的发展模式相比，中国模式的成功经验在于：在处理稳定、改革和发展三者的关系方面，中国找到了平衡点：在坚持稳定的前提下，大力推动改革开放和经济发展；中国现代化进程的指导方针非常务实，即集中精力满足人民最迫切的需求，首先就是消除贫困，并在这个领域取得了显著的成绩；不断地试验、总结和汲取自己及别人的经验教训，同时不断地进行大胆而又谨慎的制度创新；拒绝"休克疗法"，推行渐进改革；确立了比较正确的优先顺序，等等。

总结和提升中国经验，首先就是要切中现实症候，把中国特色社会主义建设的经验提升为中国理论。中国的发展并不是建立在复制西方现代性道路基础之上的。建设文化软实力需要有深刻的自我领悟力，这就是对中国社会结构和运作模式、包括人们在社会转型中所引发的价值观念、思维方式以及中国人的传统文化的认知、制度性的认知等等问题做自觉而又深入的自我反思。这些问题不能单纯地满足于从西方开辟的单向道路上来获取解释,而同时更需要中国人从自己的反思角度去加以解释。真正能够合理解释这一文化历史现象的也许只有我们自己。正是通过"中国人"对"中国问题"的自觉的自我反思,才能导向真正的创造,而这一创造也必将会改写现代化和全球化的理论构架。

总结和提升"中国经验",还需要把"中国经验"作为解决现代性问题的一种有效方法和合理立场推广到世界中去。世界离不开中国,中国也离不开世界。"中国经验"既包括"世界问题的中国经验",也包括"中国问题的世界经验"。例如,几十年来,中国在解决人口和贫困问题上比较成功,为这些问题在世界范围内的解决提供了很好的经验借鉴。同时,许多问题(例如环境危机和资源配置问题)在世界范围内的合理解决,也需要中国的积极参与。"中国经验"不是故步自封的"地方性知识",而应当拥有世界性的或普世性的意义。如何能够有效地使"中国经验"迈出国门、走向世界,获得普世性意义,这就不仅是一个战术问题,而更是一个战略问题。因此,建设文化软实力时所坚持的"走出去"战略,必须具有国家和民族的战略高度。

如此说来,中国经验并不是一个静态的完成结构,而是一个动态的建构过程。这个过程今天并没有完结,而且永远也不会完结。那么,总结和提升中国经验就要在这样一种"生成论"的辩证法上来不断及时地实施理论概括。其实,如何捕捉中国经验、中国现实并不是一件十分容易的事情,我们不能"误认为那直接看得见摸得着的为现实"。既然现实中不存在我们可以随手可得的中国经验,那么从一个异质性社会的混沌体中如何能够剥离出我们所谓的中国经验,这些正需要理论上的进一步深入讨论。

三、拓展文化软实力元素

文化软实力不仅包括"中国特色"资源、"中国经验"等内容性元素,还包括狭义上讲的文化载体等形式性元素。文化事业、文化产业、文化制度及政策、文化环境、文化形象、文化传媒等的生命力、创新力、包容力、控制力、影响力、亲和力、辐射力等,都是文化软实力的重要内容。因此,建设文化软实力,还必须从拓展文化软实力的要素着手。

首先,大力繁荣文化事业。随着人们生活水平的不断提高,人民群众对文化的需求总量将会有一个大的增加,对文化产品和服务质量将会有更高的要求,求知、求乐、求美,将成为社会风尚,人们对所生活国家和地区的文化品位和文化特色提出了越来越高的要求。同时,文明、开放、充满活力的文化对外部资源具有极大的吸引力,能够极大地提高民族的集聚功能和辐射效应,增强国家的综合竞争力。其中,繁荣和发展哲学社会科学,形成具有中国特色、中国风格、中国气派的学术传统,与西方学术进行平等、有效的互动,甚至为解决全球性的问题做出更加有特色的贡献,也是中国文化软实力的重要体现。因此,繁荣文化事业,加大文化发展力度,提高人民精神生活水平是建设文化软实力的必然要求。

其次,建设文化软实力需要在文化事业单位上提升层次。文化事业单位是指在文化领域从事研究创作、精神产品生产和文化公共服务的组织机构。它的主要任务是为社会提供精神产品,满足人民对文化生活的多种需求;由政府主管部门审定资格,管理形式多样化;涵盖门类多,单位分布广。文化事业单位的主要类别是:演出事业单位,包括各类艺术表演团体等;艺术创作事业单位,包括艺术创作院所、艺术中心、音像影视中心等;图书文献事业单位,包括图书馆、档案馆、文献信息中心等;文物事业单位,包括文物保护站、文物考古队(所)、博物馆、纪念馆等;群众文化事业单位,包括群众艺术馆、文化馆(站、宫)、青少年宫、俱乐部等;广播电视事业单位,包括广播电台(站)、电视台、转播台(站)等;报纸杂志事业单位包括各类报社、杂志社等;编辑事业单位等;新闻出版事业单位,包括各类出版社、新闻中心、新闻社等;其他文化事业单位。

最后,建设文化软实力还应该注重整个国家文化环境建设。国家文化环境建设主要是围绕一个国家或地区的社会组织、社会结构、社会风俗习惯、历史传统、生活方式、教育水平、宗教信仰等方面做好工作。

四、充分发挥社会主义核心价值体系的引领作用

核心价值观和价值体系是一个国家发展模式、民族文化的"硬核"与动力所在。我国是一个拥有13亿人口、56个民族的大国,靠什么统一人们的思想、凝聚人们的力量呢?必须靠统一的指导思想、共同的理想信念、强大的精神支柱和基本的道德规范,也就是社会主义核心价值体系。信仰是指人们对某种社会发展理论、学说、主义与相应的实践制度的信服,从而自觉内化并尊崇为自己的行为准则及努力方向。马克思说过,一种"理论只要彻底,就能说服人",即能使人们自愿地按照这一理论行动,从而具有了社会凝聚力、整合力、稳定力。在这一点上,只有作为马克思主义中国化的中国特色社会主义核心价值体系才真正做到理论的"彻底性"。与此同时,更要注意列宁所倡导的正面灌输教育,正如伊斯顿所说,"合法性情感不能轻而易举地存储起来,或者,如果可以的话,任何存储都会迅速消耗掉。为保证不断输入这种情感,似乎有必要采取特殊的措施","如果没有经常的措施来灌注对典则和其当局正确性的信仰,成员们可能很快

就失去了对输出的那种'应该感'"。①

建设文化软实力,需要创新社会主义核心价值体系的表现形式,充分发挥其导向功能、规范功能和动力功能。为此,需要在下面几方面努力:

首先,进一步加强社会主义核心价值体系的理论完备性。理论自身的完备性是其合理性、合法性的基础。要对社会主义核心价值体系的组成部分、具体内涵进行更加细致的研究,更加简洁明了地阐释其内在逻辑,特别需要指出的是,鉴于核心价值体系多层次性和学理性,建议尽快提炼出更为凝练、生动的社会主义核心价值观,类似于西方资本主义核心价值观"自由、平等、博爱"的提法。这样更便于人们学习和把握,能使核心价值更好地转变为文化软实力。

其次,进一步增强核心价值体系、核心价值观对内的凝聚力。要在全社会旗帜鲜明地弘扬主旋律和社会正气,利用一些重大事件激发人们对于核心价值的自觉追求。要加强和改进思想政治、宣传教育工作,不仅以科学的理论武装人、以正确的舆论引导人、以优秀的作品鼓舞人、以崇高的精神塑造人,而且要以创新的形式吸引人,以真诚的态度打动人。要为全体中国人打造出共有的精神家园,逐渐提高"在家"的幸福感。

最后,进一步增强核心价值体系、核心价值观的对外的吸引力。随着中国的和平崛起,我们应该有更为强烈的自信,无论是在"走出去",还是"请进来"过程中,从事情自身的实质与形式,到我方人员的举手投足,都应该承载和展现一种源自内在独特价值的文化底蕴和特殊魅力。要提升运用现代传媒的能力,更加自觉地探索把核心价

---

① 〔美〕戴维·伊斯顿(Easton, D.):《政治生活的系统分析》,华夏出版社 1999 年版,第 124 页。

值体系、核心价值观内蕴于各种文化产品及活动的方式、方法,使世界在不自觉中从戒备到了解,从好感到认同,逐步扩大核心价值体系的外在辐射与影响力。

五、坚持和谐世界的外交战略

我国有优秀的文化遗产和传统,包括"和为贵"、"和而不同"、"己所不欲,勿施于人"等等这样的传统美德,还有求同存异、和平共处五项原则、国家关系不以意识形态和社会制度画线、构建和谐世界等当代的优秀思维和高超智慧成果,但却没有更加有效和普遍地向世界宣传和介绍,使其深入世界人心。对此,坚持和谐世界的外交战略,提升中国外交软实力,应该注意以下几个方面:

首先,显著提升外交话语权。如何能在波谲云诡的复杂形势与国际竞争中,把握对己有利的话语,是文化外交的重要任务。西方话语霸权下的中国文化外交,要最大限度地提高文化外交的技巧、建立有竞争力的中国话语体系、把文化外交列为国家战略的重要组成部分。

其次,进一步彰显外交政策的正当性。一方面要继续推动建设持久和平、共同繁荣的和谐世界,严格遵循联合国宪章宗旨和原则,恪守国际法和公认的国际关系准则,在国际关系中弘扬民主、和睦、协作、共赢精神,占领道德制高点,维护世界公正。另一方面要在世界舞台上,以创新的形式,利用一切机会有效宣传我们提出的和谐世界这一具有中国特色的外交理念,使之更加深入世界人心。

最后,进一步增强在国际事务处理、国家间关系中的亲和力。要继续开展不分大小、强弱进行平等的外交关系。把尊重各国历史文化传统和人民自主选择作为基本点,将心比心、急人所急,加固传统邦交友谊。强调中国的和平崛起和和谐世界追求,以实际行动驳斥西方所谓的"中国威胁论"。在与西方大国处理关系时,求同存异,有理有节,即使有重大分歧也要注意一种稳妥、镇静的方式表达,彰显大国风范。

六、塑造"中国形象"

进入 21 世纪以来,在实现中华民族伟大复兴的进程中,中国的国际形象已引起世人瞩目。中国作为发展中的社会主义大国,需要在国际社会中度身定位自己的形象目标,以赢得适合自身地位的国际认同,提高国际声望,塑造繁荣发展进步、改革创新进取、民主法治公正、文明开放现代、和平和谐稳定、谦虚包容自信、团结友爱自强、合作共赢负责的国家形象。

首先,提升执政党形象,改善政府公信力。政府是国家的代表,政府形象也是国家形象的代表。对于国内而言,政府最为重要的更加稳固地获得民众的信任,而廉洁、高效、亲民则是政府获得民众持续信任的基本要求。执政党在执政过程中的良好形象是赢得人民群众拥护和支持的重要因素。执政党形象不佳就可能导致执政危机,进而影响到整个国家的形象。执政党的形象建设根本的一条是要始终保持党的先进性,关键就在于党员,尤其是干部官员的形象建设。要通过党内民主和思想、组织、制度、作风建设,坚定党员信仰,增强党组织的凝聚力、战斗力,下大气力解决贪污腐败等民意最恶的突出问题,使人民真心实意地相信执政党是全心全意为人民服务的政党。在国际舞台上,注重维护公民权利往往是人们评价一国政府的重要观测点,政府既要保证中国经济社会的持续发展以赢得支持,也要注重培育国家形象的人文内涵,丰富国家形象的精神力量,使我国的国家形象在价值取向上更具亲和力、感召力。执政党应该以更加开放的心态,以高度的灵活性处理复杂的国际事务,把党的思想理论优势最终转变为文化软实力。

其次,建设国家文化符号标识。符号标识是形象的重要感性形式。随着国际交往的日益频繁,有必要建立国家文化标识。国家文化标识有直观、形象、不受语言文字障碍等特性,容易成为视觉传送最有效的手段。加强国家文化符号标识建设,可以提升我国优秀文化的对外传播能力。

再次,提高国民素质。国民的文化素质并不等同于国家文化软实力,但是国民文化素质又是在国家核心价值观影响之下形成的。我们要在提高国民素质方面下大功夫,使之成为国家文化软实力的组成部分。关于这个问题,本报告还在将下编中详细讨论。

第四章 中国文化软实力的指标体系与实证研究

第一节 中国特色社会主义文化软实力的要素系统

在现代化、全球化已经成为一种基本视角的背景中,中国在提升硬实力的同时,应该如何对其文化软实力加以考量呢?要构建中国特色社会主义的文化软实力,首先要对文化软实力的构成要素进行分析,简言之,就是要明确"建设什么"的问题,从而为"怎么建设"提供参考。同时还需要明确,文化软实力作为一个软实力必然是一个体系。文化软实力由多重文化元素构成,各要素间相互关联,在系统功能上又相互区分、相互制约,从而形成一个国家、民族独特的"文化软实力"系统。因而,对文化软实力的考察当然包含对其构成要素具体内容的考察,但同时又是对其逻辑体系的考察。

即便在中国的经济与文化都取得长足发展的今天,我们仍发现一个值得反思的现象,那就是,我们总是关注欧美、向欧美学习,或者再缩小一点,在人文社科研究方面,我们的研究、翻译与汲取总是一些欧美的国家占据着绝对的优势地位,唯其马首是瞻。在我们看来,这当然是因为文化软实力从根本上是由经济实力的强弱决定的,但问题是,借助其经济影响力,欧美向世界输出的不仅是产品,更是一种西方式的现代化发展模式。这种发展模式内含着资本主义意识形态与西方价值观作为其内核与动力,表现为资本主义社会的制度设计,构成了资本主义国家文化软实力的总体要素。伴随着经济上的成功,这种发展模式影响整个世界,资本主义社会的制度设计成为"民主"、"自由"的代名词,令无数国家趋之若鹜。正如萨伊德所说,"帝国主义是建立与维持一个帝国的过程和策略。在我们这个时代,直接的殖民主义在很大程度上已经消失了,但我们仍将看到,帝国主义正以其在政治、思想、经济与社会实际中特有的形式,徘徊在大众的文化领域"。[①] 资本主义发展模式及其意识形态、价值观念、制度设计就是资本主义文化软实力最重要的核心内涵,这一核心内涵还有其具体的表现形态:一方面,文化软实力必须有协调要素,即其社会的内部具有相对平衡的社会体系,在文化的内部具有平衡的文化生态状况,文化各要素间只有形成一种整体性的文化生态平衡才能表现为一种软实力。美国作为当代综合国力最为强大的国家,其政治、经济、文化与社会都高度发达,对整个世界形成了一种"全方位"的影响力,同时它还是一个移民国家,各种族、各民族间的文化差异巨大,但美国的文化同它的语言一样具有极强的融合力和曲折性,使"美国精神"成为美国人的文化与精神符号,从而成为了美国文化软实力的重要因素。另一方面,在国际交往与对国际事务的处理中,文化软实力还表现为一个国家的国际形象、外交文化及文化的对外影响力,即形象要素、外交要素和辐射要素。

实际上,以上我们是以一种"他者"的视角确定了文化软实力的各要素,人们常常认为截取构成要素是十分容易的事情,"没有哪种

[①] 转引自门洪华主编:《中国软实力方略》,浙江人民出版社 2007 年版,第 268 页。

方法比胡乱抽出一些个别事实和玩弄实例更普遍","挑选任何例子是毫不费劲的,但这没有任何意义……因为问题完全在于,每一个别情况都有具体的历史环境"。① 因此,对中国文化软实力的考察就必然要基于中国文化软实力"具体的历史环境"。在整个世界的现代化进程中,中国面对现代、前现代、后现代诸种因素共存的复杂局面创造了一种颇具魅力的现代化发展模式,拥有多民族、多形态的文化却发展出了和谐的文化生态,在国际交往与国际事务的处理中则致力于树立负责任的大国形象、寻求外交实力和对外影响力的不断增强。因此,我们认为,从他者的视角、国家的高度和中国特色的角度可以对中国文化软实力的要素系统作如下把握:

一、总体要素:发展模式

发展模式是一个国家或一个社会发展的方式、方法与道路。一种发展模式就是一种发展"范式",正如库恩所说,一种范式的核心就是意识形态与价值观,因此,一种发展模式首先蕴含着其特有的意识形态与核心价值。同时,一个国家或社会的文化传统与价值理念在对其各种发展的可能性间做取舍时起导向作用,传统文化及其价值观念就是一种发展模式的"遗传密码",一种发展模式的形成必然是一个国家与社会的传统文化、价值理念与某一发展"范式"的视域融合,其最终结果正如马克思所描述的,"在人类历史上存在着和古生物学中一样的情形。由于某种判断的盲目,甚至最杰出的人物也会根本看不到眼前的事物。后来,到了一定的时候,人们就惊奇地发现,从前没有看到的东西现在到处都露出自己的痕迹。"②其次,一种

---

① 〔俄〕列宁:《列宁全集》第43卷,人民出版社1987年版,第364页。
② 〔德〕马克思、〔德〕恩格斯:《马克思恩格斯选集》第4卷,人民出版社1995年版,第579页。

发展模式又是以制度为钢骨的社会生活和组织模式,在其意识形态与核心价值的基础上必然生成其独特的社会、经济、政治、文化的制度设计,发展模式是一个复杂的多元函数,通过其特定的制度设计使各自具有不同的目标取向和运行逻辑的社会、经济、政治和文化彼此之间形成一种相对平衡的张力关系。因而从最大范围上来说,发展模式是文化软实力其他要素的逻辑整体,是文化软实力的总体要素。

发展模式的选择直接关系到发展的成败和发展的根本目的,近代以来以工具理性为其精神实质、作为西方主导发展模式的工业化发展模式带来的后果是文化的失落、意义的丧失,以资本逻辑作为"绝对精神"的资本主义的现代性模式的目标是伴随着霸权野心的利益扩张。因此,发展模式的选择是一个国家和社会发展的核心问题,发展模式作为文化软实力的总体要素也是提升文化软实力的核心。

中国发展模式的探讨从中国走上社会主义道路算起,至今已经走过了六十多个年头,但是在这个历程的头三十年,中国的发展模式更多的是"苏联模式"而不是"中国模式"。邓小平曾经这样评价中国的发展历史:"我们过去照搬苏联搞社会主义的模式,带来很多问题。我们很早就发现了,但没有解决好。我们现在要解决好这个问题,我们要建设的是具有中国自己特色的社会主义。"[①]从 20 世纪 80 年代开始,中国就提出了建设"具有中国特色的社会主义现代化"的目标,从而走上一条"中国特色"的社会主义道路,在这种模式下中国取得了经济的高速发展与综合国力的显著增长。中国在政治制度与经济制度层面上与世界发展模式呈现出了不同的特性;利用"后发"的独特优势,"摸着石头过河",不断地试验,不断地总结和汲取自己和别人的经验教训,不断地进行大胆而又谨慎的制度创新,从而避免了很

---

① 邓小平:《邓小平文选》第 3 卷,人民出版社 1993 年版,第 261 页。

多发展中国家盲目采用西方模式而带来的发展困境的探索过程;并且以和谐发展作为根本理念。这些内容作为一个整体被认为是一种"中国模式",也有国外学者将其总结为"北京共识"。

"中国模式"或"北京共识"实质上就是中国作为一个发展中国家在全球化背景下实现社会现代化的一种战略选择,它是中国在改革开放过程中逐渐发展起来的一整套应对全球化挑战的发展战略和治理模式。"中国模式"已经作为中国特色文化软实力的总体要素散发出一种独特的魅力,表现出了极大的吸引力与影响力,这主要表现在:一方面,改革开放以来,国民的物质与文化生活水平都显著提高,国家在政治、经济、文化、社会等各方面取得了全方位的发展,"中国模式"得到了民众的普遍认同。虽然在 30 年的探索和实践过程中,中国的发展也付出了巨大代价,但是发展的实际成效使国内民众已经普遍认同了"中国特色社会主义"的发展模式,尤其是党和国家始终坚持实践原则,在实践中反思、不断推进体制改革,使广大民众坚定了坚持"中国模式"的信心与决心。另一方面,"中国模式"不仅得到了国内的积极认同,而且逐渐得到国际社会的承认并产生了国际吸引与影响力。"中国模式"的相对成功对世界一些学者鼓噪的"历史终结论"、现代化道路只有西方政治制度的说法给予了有力的回击。"中国模式"更是成为了发展中国家实现现代化的典范,中国的发展成就为发展中国家带去了希望与信心,不少发展中国家学习了中国式的经济体制改革并取得了显著的发展成效。

虽然中国的现代化是后发的,但"中国模式"作为一种成功的发展模式却是内生的,是中国从本国的现实国情、文化传统出发,对外来挑战做出积极应对而选择的发展模式。以色列著名的现代性问题专家 S. N. 艾森斯塔特认为,"现代性确实蔓延到了世界的大部分地区,但却没有产生出一种单一的文明,或一种制度模式,而是产生出了多种文明的模式,产生出了多种社会和文明发展,它们具有共同的特征,但依然趋向迥异的意识形态动态和制度发展。"[1]"中国模式"是多元化的现代化模式中"家庭相似性"的一员,它不会取代"西方模式",也不会被"西方模式"同化。严格来讲它因其历史实践性而具有不可复制性,但"中国模式"发展过程中的经验与教训已经成为了十分宝贵的财富,对于广大的发展中国家如何迎接全球化的挑战、利用自身的优势实现国家的现代化有着重要的借鉴意义。

二、动力要素:意识形态与核心价值观

正如意识形态与价值观念是一种"范式"的核心一样,意识形态和核心价值观是一个国家发展模式、民族文化的"硬核"与动力所在。法国思想家帕斯卡尔曾经区分过三种性质不同的秩序:"客观世界感性的秩序"、"思维世界的理性秩序"以及"心灵世界的精神秩序",[2]这就是说,对于任何一个社会来讲,都必须有一个"心灵世界的精神秩序",即一套明确、严整的价值目标和核心价值观念。意识形态及核心价值观在社会生活中主要以如下几种方式起作用,并因而是文化软实力的动力要素:首先,特定的意识形态及其核心价值观对全社会的价值选择、价值追求具有导向作用,并进而决定一个国家和民族的前进方向;其次,核心价值观是"多"中之"一",它在一种文化内部对不同类型、层次的多元价值观具有整合作用,使其成为一个相对和谐的文化共同体,最大限度地形成一个国家和民族的思想与文化共识;再次,核心价值观凝聚的是一个国家、一个民族的共同意志和共

---

[1] 〔以色列〕艾森斯塔特(S. N. Eisenstadt):"反思现代性·导言",《国外理论动态》2006年第4期。

[2] 〔法〕帕斯卡尔(Blaise Pascal):《思想录》,何兆武译,商务印书馆1986年版,第394—395页。

同理想,共同理想对社会意志和力量具有凝聚作用,能最大限度调动各方面的力量。最后,一个国家、民族的意识形态与核心价值观还渗透于经济、政治、文化、社会等各个领域,体现于国家的政治、经济、文化与社会的制度设计之中。"效率主要是一种手段,而合法性却提供价值判断。社会群体鉴别一个政治制度是否合法的依据,是看它的价值取向如何和它们的相吻合。"①一个国家和社会的制度设计的硬核是其价值取向,只有将其价值目标贯彻于其中才能获得其合法性,并进而达到规范和维持社会秩序、动员和整合社会力量的目的。

一个国家和民族如果没有核心价值观就失去了精神支撑,一种核心价值观的沦落和失效则意味着其蕴含于其中的发展模式、一种制度或一种文明的衰落。与之相对的是,一种代表着历史潮流与正确价值目标、具有强大感染力与吸引力、拥有崇高共同理想的社会意识形态与核心价值观则决定着社会发展的方向,是社会的凝聚力和发展的动力,因而是社会发展模式的核心和文化软实力的动力要素。

社会主义核心价值观就是"中国模式"的核心和中国文化软实力的动力要素,其对中国社会的改革与发展的动力作用主要体现在以下两个方面:一方面,社会主义核心价值观是社会主义意识形态的本质体现,作为中国文化软实力的主旋律,其基本内容体现了社会主义的基本价值追求和价值观念。事实证明,作为科学世界观和方法论的马克思主义为我们立党立国提供了根本指导,为中国的改革与发展提供了强大的思想武器。马克思曾说:"理论在一个国家实现的程度,总是决定于理论满足这个国家的需要的程度。"②"中国特色社会

---

① 〔美〕丹尼尔·贝尔:《资本主义文化矛盾》,赵一凡等译,三联书店1989年版,第232页。

② 〔德〕马克思、〔德〕恩格斯:《马克思恩格斯选集》第1卷,人民出版社1995年版,第11页。

主义共同理想"凝聚了几代共产党人不懈探索、实践的智慧与心血，它的提出正是适应了中国的"历史情境"、反映了中国自身发展的需要，并因而形成了巨大的凝聚力，成为了我们发展的巨大动力。另一方面，中华民族精神是中华民族共有的精神家园，为中华民族的复兴提供了不竭动力，大力弘扬中华民族精神是社会主义核心价值观的重要内容。张岱年先生认为：在中国思想史上，一种思想能够满足两个条件才能称为民族精神，"一是具有广远的影响，为大多数人所接受。二是能促进社会的发展，是推动社会前进的精神力量。""民族精神必然是文化学术中的精粹思想，在历史上曾经具有激励人心的作用，只有这样，才能称之为民族精神。"[1]汤因比曾经赞叹中国人比世界上任何民族都更成功地把几亿民众在政治上、文化上团结起来，在我们看来，这种向心力和凝聚力就来源于作为中华文化精粹的以爱国主义为核心、团结统一、爱好和平、勤劳勇敢、自强不息的中华民族精神。更为重要的是，当今世界是一个这样的时代，"各个相互影响的活动范围在这个发展进程中越是扩大，各民族的原始封闭状态由于日益完善的生产方式、交往以及因交往而自然形成的不同民族之间的分工消灭得越是彻底，历史也就越是成为世界历史。"[2]民族精神因而已经成为一个国家核心竞争力的一部分。在今天，每个民族都被卷入全球化的大潮中并不得不对其他民族文化开放，如果一个民族没有自己坚定的民族精神，就会被其他文化所融合、同化，甚至消亡，弘扬中华民族精神、建设中华民族共有的精神家园是当今中华民族立于世界民族之林的现实需要。

---

[1] 张岱年：《张岱年全集》第7卷，河北人民出版社1996年版，第221页。
[2] 〔德〕马克思、〔德〕恩格斯：《马克思恩格斯选集》第1卷，人民出版社1995年版，第88页。

三、制度要素:中国特色社会体制

在最一般的意义上,制度是要求大家共同遵守的办事规程或行动准则,制度来源于人类生活对于秩序的需要。用阿伦特的话来说,一个人总是作为一个"陌生者"即作为独特个体来到并生活在这个世界上,用马克思的话来说个体总是有着不同利益追求。那么,如何维护人们在共同体中的共同生活的延续正是政治思考的一个核心问题,人类的选择是建立某种制度,这是因为"在缺乏一个普遍原则的条件下,不可能确立起任何的秩序"。[①] 基于一定的文化传统,以一定的价值目标为中心,一个国家的社会、经济、政治、文化生活领域都有其特定制度,这些制度因为其共同蕴含的意识形态与价值观念作为一个总体而表现为一种社会体制,从而使整个国家表现为特定的社会形态。只有生活在合理的社会制度之下,人和共同体才能有效地发挥其功能,进而推进其价值目标的实现,并因而作为制度文化成为文化软实力的制度要素。值得注意的是,社会体制作为一定历史时期的社会管理机制,总是适应于不同国情及不同历史阶段的历史现实的,因而,一个国家的社会体制只有不断依据其现实国情进行改革、创新以适应整个社会发展的需要才能成为一个社会良性运转的保证。作为文化的重要构成要素,制度建设与创新也是文化软实力提升的重要方面。

中国特色社会主义文化软实力的制度要素是中国特色社会体制,中国特色社会体制是中国特色的经济体制、政治体制、文化体制与社会体制的总和,是社会主义事业不断推进的保障。"中国模式"的成功来源于符合中国国情与现实需要的制度设计,通过制度的创

---

① 〔德〕汉娜·阿伦特:《人的条件》,竺乾威译,上海人民出版社1999年版,第9页。

新得以更好地激发人民的积极性与创造性,整合社会力量推动社会进步。改革开放以来,我国经历了从计划经济体制向市场经济体制的转变,这一转变带来了我国经济的持续高速增长,从而使社会主义市场经济这一独特的制度设计成为了"中国模式"最重要的内容,作为"中国经验"表现出巨大的影响力和吸引力。经济体制的创新作为一种文化软实力给中国带来了经济的发展,也带来了社会生活方方面面的巨大变革,党和国家提出了制度创新的新问题与新任务,党的十七大报告就提出:"政治体制改革作为我国全面改革的重要组成部分,必须随着经济社会发展而不断深化,与人民政治参与积极性不断提高相适应。"《中共中央国务院关于深化文化体制改革的若干意见》的颁布则说明在新的历史形势下,文化体制改革事关建设社会主义先进文化、解放和发展文化生产力。此外,以改善民生为重点,包括发展社会事业、扩大公共服务、协调利益关系、完善社会管理、调处社会矛盾、促进社会公平正义等方面的改革和建设也纳入了社会建设的视野。不论是中国已经取得的体制创新成果,还是中国逐步完善的"四位一体"的社会制度体系,及其制度创新能力都是中国特色文化软实力的重要组成部分、中国社会进步与发展和增强综合国力的保障。

四、协同要素:内部的文化生态

文化生态学最初由美国人类学家史徒华将生态学的理论与方法引入人类学研究,探讨了人类文化的适应问题。事实上,文化生态是比自然生态更为复杂的系统,它既是社会系统中的子系统,与社会系统的其他子系统相互联系、相互作用,其自身的内部结构也呈现出复杂性与丰富性。一个国家的文化软实力要得到增强,必然既要求一个整体性的文化生态平衡背景,又要求其文化本身是一个相对和谐的文化体系:一方面,从文化的外部关系来看,作为观念形态的文化必须与它的经济基础相适应,与上层建筑的其他部分(如政治、法律制度)、与自然生态和人的发展相协调。文化作为社会的子系统深受其他子系统的影响,史徒华就认为文化核心与社会生产与经济活动密切相关,"与生产及经济活动最有关联的各项特质之集合,实际证明与经济活动有密切关联的社会、政治与宗教模式皆包括在文化核心之内。"[①]更为重要的是,只有与其他子系统和谐一致,而不是相互分离、相互抵消,文化才能有效地发挥其功能,才能成为一种软实力。另一方面,从文化的内部结构看,整个社会的文化由不同形态、不同民族、不同层次的文化构成,每一种文化又包含不同的要素和形式(如思想观念、价值体系、行为规范、文化产品、社会风尚、制度体制等),各文化元素、文化形态间必然存在差异甚至是冲突。因而一种文化既要具有对外来文化的学习与转化能力、能给予多元文化以发展空间,又要具有能使各种文化力量"化零为整"成为一个文化共同体的协同机制和核心价值,从而表现为各文化元素、文化形态的相对平衡、健康发展的文化生态,并作为一个和谐的文化整体发挥其吸引力。

在中国发展的历史过程中,为文化软实力的发展创造了平衡的文化生态背景,形成了自己独特的和谐文化生态,这主要表现在:一方面,党和国家是从一种社会系统论的观点看文化发展,既充分重视文化问题,又始终坚持文化唯物论,毛泽东就曾经说:"一定的文化(当作观念形态的文化)是一定社会的政治和经济的反映,又给予伟大影响和作用于一定社会的政治和经济。"[②]进入改革开放以来,中

---

① 〔英〕史徒华(J. H. Steward):《文化变迁的理论》,张恭启译,允晨文化出版社1984年版,第45页。
② 毛泽东:《毛泽东选集》第2卷,人民出版社1991年版,第663页。

国更是坚持以发展物质生产力与社会经济为基础来建设社会主义精神文明,使社会的经济、政治、文化生活形成一个有机的互动体系,相互促进。在文化越来越成为民族凝聚力、综合国力重要因素的今天,党和国家把社会主义文化建设提到一个新的高度,党的十六届六中全会通过的《关于构建社会主义和谐社会若干重大问题的决定》,强调建设和谐文化是构建社会主义和谐社会的题中之义和重要任务。

另一方面,中华文明本身是建基于多民族文化的文明,是一种多质的多民族文化形态,这种文化形态在数千年的发展中表现出了突出的文化协同与创造能力,继承了中国传统的和谐文化精神。中华文明是人类文化中唯一没有中断的文化形态,其原因在于其在与外来文化的碰撞中极强的消融力。在全球化的趋势深入发展的今天,中国认识到文化交流是推动人类社会前进的主要动力之一,中国文化以一种全球的文化生态视域,积极与世界文化进行多元开放的交流,吸纳当代世界一切有利的文化元素为我所用,使之具有中国作风、中国气派、中国特色,成为中华文化的一部分,从而实现中华文化的发展与创新。同时,中国文化是以社会主义先进文化为主流、提倡多元文化的和谐发展。随着改革开放和经济社会转型,中国的文化多样性显得更加复杂,传统的、现代的、本土的、外来的、高雅的、通俗的、精英的、大众的等等,多元文化存在是当今中国社会的现实。和谐文化的主张就是承认多元文化存在的合理性,保留各种文化间的个性差异,对多元文化采取包容的态度。同时,以马克思主义为指导的社会主义先进文化和社会主义核心价值观作为主旋律和中心,协调各种文化的发展,使之成为中国特色社会主义文化软实力的组成部分。

总之,中国的文化生态具有一种整体的创造力,在与外来文化的碰撞与创造性转化中、在对传统文化的传承与创新中实现了中国文化软实力的增强。正如鲁迅所说:"采用外国的良规,加以发挥,使我们的作品更加丰满是一条路;择取中国遗产,融合新机,使将来的作品另开生面也是一条路。"[①]虽然其时鲁迅是针对文艺创新而言,但也确实反映了中国文化软实力建设应有的方法与姿态。始终值得我们注意的是,文化软实力的建设是一个动态、开放的过程,文化软实力是在与其外部环境的相互影响中、在其文化体系内部的复杂互动中不断生成的。因而,建设中国特色文化软实力就必须要始终注意文化生态问题,是否具有和谐的文化生态决定了中国文化是否能实现文化的增量、中国文化是否能成为一种真的文化软实力。

五、形象要素:国际形象

国际形象是国际社会公众对一个国家的认识和评价,国际社会公众是认识和评价一国国际形象的主体。在国际社会中,良好的国际形象是国家信誉的标志,是一种能够影响他国意愿的无形力量。对国内而言,政府形象是国家形象的代表,在社会公众评价中起决定性作用。近年来,中国在内外事务中,政府不断提高行政能力,加强政治、经济、文化和外交建设,取得了一系列令人瞩目的成就,包括战胜冰雪灾难、汶川大地震等自然灾害,成功举办北京奥运会等。中国政府在国际赢得了"开放、负责任"形象、中国信心的中国形象、大国风范的国家形象,这些都成为了中国文化软实力的重要组成部分。

当今中国国际形象的定位是由多方面因素组成的坐标,这些因素还包括:中国文化符号,这些文化符号是经过时间洗涤之后沉淀下来的精华,是某种意义和理念的载体,这种理念和意义是通过一系列外在特征表现出来的。在国际交往与交流中,中国文化在国际公众

---

① 鲁迅:《鲁迅全集》第6卷,人民出版社1981年版,第48页。

眼中形成了一些特有民族文化符号,这些"符号"是传递中国文化、塑造中国形象的重要媒介;国民素质形象,中国国民素质实际上构成了中国国民在世界舞台上的形象。一个国家的民众素质,是与该国综合国力相一致的。值得警惕的是,虽然随着综合国力的增强,中国国民素质得到显著提高,但是在不少西方人眼里,中国人成了不文明、粗鲁的代名词,这大大损害了良好的中国形象和国际影响力。可见美国社会学家英格尔斯的观点是对的,他认为人的现代化并不是现代化过程结束后的副产品,而是现代化制度与经济赖以长期发展并取得成功的先决条件。中国的国民素质也是考量中国社会进步程度的重要砝码,是国际竞争力的重要元素,因而建设公民文化、塑造具有世界视野和影响力的中国公民形象也是增强国家综合国力、文化软实力需要认真对待的重要问题。

六、外交要素:外交软实力

外交软实力是指为推行本国外交而营造的国内国际舆论环境及其影响力。一个国家的文化软实力的强弱就体现在其营造对自身有利的国际环境、谋求自身意志实现的能力,外交政策和外交行为是外交软实力的实现手段。一个国家的外交软实力不仅渗透着浓厚的政治、意识形态色彩,更蕴藏着本国本民族的深厚文化底蕴,所以也可以把外交软实力称之为外交文化。外交软实力在整个文化软实力的提升中占据着重要的对外窗口作用,直接成为一个国家对外的"硬形象"。

具体而言,外交软实力主要体现在三个方面:

第一,外交话语权。外交就是通过某种政治哲学的劝诱,掌握话语主导权,从而使自身的行为具有合理合法性。"像枪和金钱一样,话语是一种具有其自身特征的社会力量。话语的结构提供了一个词汇表,包括比如自由、权利、男人、公民这样的一些术语。……围绕话语的斗争涉及容许收入词汇表的术语,以及使用它们的方法、时间和场合"。[①] 后现代哲学家德里达也明确指出过,真正的霸权不是来自军事或经济,而是语言和话语。长期以来,西方文化占主导地位,外交话语权也把持在西方发达国家手中。经过几代中国领导人、外交家的努力,尤其是近几十年"中国模式"创造的奇迹也为中国逐渐赢得了宝贵的话语权,在处理国际事务中,中国逐渐发挥越来越重要的国际社会的引导功能。

第二,外交政策的正当性。所谓外交政策的正当性是指一国外交政策是否在符合本国利益的同时,合乎人类共有价值,具有道德感,得到国际社会的广泛认同。新中国成立以来,中国一直奉行独立自主的和平外交政策,在国际上具有很强的生命力和影响力。近年来,中国越来越积极地承担大国责任和国际责任,对世界的和平和发展做出了很大贡献。2005年4月,胡锦涛主席在亚非峰会上首次提出建设"和谐世界"的主张。和谐世界的提法是一个真正具有中国特色的外交理念,最终理应形成中国特色外交理论体系的重要内核,使其既富有时代特征,又植根于中国传统文化;既为国际社会广泛接受,又符合中华民族的根本利益。和谐世界的先进外交理念是我国新时期外交政策的出发点,这一理念为中国外交树立了良好形象,促进中国积极参与国际事务并发挥话语权。

第三,在国际事务处理、国家间关系中的亲和力。如果是外交政策的正当性是为了保证"可信"的话,在国际关系中的亲和力则侧重于"可爱"。扶危济困、乐善好施是中华民族传统美德,作为世界上最

[①] 〔美〕赛缪尔·鲍尔斯(Samuel Bowls)、〔美〕赫伯特·金蒂斯(Herbert Gintis):《民主和资本主义》,韩水法译,商务印书馆2003年版,第200、201—210页。

大的发展中国家,中国一向重视对外援助,本着"平等"、"互利"、"尊重"、"真诚"的外交风格,以援助发展中国家、帮助它们实现发展为己任,这使得中国在广大发展中国家中具有极大的亲和力。在跨国性问题突出、国家间相互依赖的当代世界,中国是多边主义的践行者、倡导者和组织者,"多边主义成为战后国际关系实践的一项指导性原则,并且作为观念逐步深嵌于各国外交实践中"。[①] 中国在处理国际事务的过程中,积极发展多边外交,不称霸,不侵犯,互相尊重,加强国际合作,表现出了大国的风范,赢得了世界的尊重。

七、辐射要素:中国的对外影响力

软实力最终呈现为一种国内与国际的认可,既要成为本国与本民族的支撑力与凝聚力,也要向外成为一种能吸引他者、影响他者甚至改变他者的力量,为世界文化做贡献,即要具有一种辐射力。一个国家的文化影响力首先取决于其文化本身的魅力,文化本身的魅力是文化影响力的根源,只有一种文化能适应社会历史潮流,能为世界发展提供思想资源,能应对当今世界发展过程中的根本性问题,这种文化才具有影响他者、影响世界的力量。在现代社会,文化影响力的大小,也取决于文化传播能力的强弱,一种文化影响力只有通过文化传播,才能呈现于他者面前,才有可能影响他者。从这个角度说,文化的传播能力已经成为国家文化软实力的另一个决定性因素。

中国作为大国,既强调增强"硬实力",又注重培育"软实力",并借助"软实力"实现其对外的影响力,中国文明就是中国特色文化软实力辐射力的基础和资源。中华文明是具有独特魅力的文明,中国

---

① 〔美〕约翰·鲁杰(John G. Ruggie):《多边主义》,苏长和等译,浙江人民出版社2003年版,译者序第1页。

在历史上不仅向西方输出产品,更多的是输出文化。中国文化在现代社会也散发出了独特吸引力,诸如"己所不欲,勿施于人""和而不同"等中国文化理念广为世界民众所接受,成为国际规范与世界标准。改革开放以来,我国依靠文化产业、文化传播向国外展现中国的自身形象、增强中国文化的影响力。文化产品是传递中国文化的媒介,文化产业的发展必将是世界竞争的重要方面。我国文化产业虽起步较晚,但也在逐步壮大,随着经济与社会的发展,文化产业成为了中国发展最快的产业,已陆续推出了一些探索产品。在文化传播方面,中国也不再局限于传统的思想教育和新闻宣传手段,而是注重运用多种途径、新的媒介、新形式进行文化传播,帮助形成与国际地位相称的国际舆论力量。

但是必须正视的是,中国文化辐射力对内相对我国的生产力与经济发展水平、国际地位与综合国力而言,其发展是相对滞后的。对外相对于美国这样的经济和文化强国,我国的文化影响力仍然远远落后。中国的发展确实引起了西方人对中国文化的兴趣,但中国文化对大多数西方人仍是神秘的存在,更谈不上中国文化的精髓为西方人所了解与接受。因此,如何提高中国文化的辐射力是发展中国特色文化软实力必须要考量的问题。

第二节 中国文化软实力指标体系的理论基础及其建构

中国文化软实力问题不仅是一个值得深入研究的理论命题,更是一个具有重要现实指导意义的应用性课题。但对目前文献的分析显示,绝大多数探讨文献还处于理论分析或者宏观论述上,真正落实到文化软实力实际操作层面的研究还几乎处于空白,即使少量文献提出了一些具体实施方法，也都是基于常人方法论的设想。中国文化软实力的状况究竟如何？哪些方面是优势？哪些地方存在差距？文化软实力包含哪些操作性指标？哪些工作能快速有效提升我国文化软实力？以上这些问题都是当前我国文化软实力建设需要搞清楚的迫切问题，但都还处于空白。

在文化软实力操作层面的研究问题中，指标体系又是最基础性的一个问题。文化软实力包括哪些具体指标，各个指标之间的权重关系如何，只有先解决这些问题后，才能对文化软实力现状进行测量、分析优劣势、找出问题和寻找解决方案等。换句话说，指标体系研究的缺乏就会影响到科学决策依据的提供，进而制约文化软实力建设的有效推进。因此，本文旨在通过对国内学界和政界关于文化软实力的相关调查，筛选出测量我国文化软实力的指标体系，为我国文化软实力的下一步研究提供基础，以及为实际的运作提供依据。

我们首先对国内外关于文化的研究进行了文献分析，以期通过对这些前期文献的分析为本次研究提供基础的思路，并为指标体系的建立提供具体内容。然后通过文化官员和学者的问卷调查来对构建的指标体系进行筛选和结构关系建立。最后采用第二次调查来探讨指标体系的权重关系。

一、关于文化软实力测量的相关文献

对文化软实力测量的相关文献分析发现，国内外还没有专门针对文化软实力的指标体系的建构研究，只有相关的各类文化指标的研究，这些研究中"文化"概念范畴有大有小，切入角度也不一样。这些研究分别有大文化概念的指标研究、文化软实力硬指标研究、文化现代化指标研究、文化产业测量指标研究、传媒产业指标研究、传媒软实力指标测量等。对于这些前期的相关文化测量的研究，本文逐一对有代表性的文献进行了梳理,列出了八种测量方式的文献。

本研究指标体系的提出是基于对这些前期成果的分析,即通过前期文献分析来确定文化软实力指标体系的操作性定义,提出文化软实力的维度和具体测量指标。

(一)"大文化"概念的指标体系

在对文化进行测量的所有文献中,联合国教科文组织"文化与发展世界委员会"在《我们创意的多样性》(*Our Creative Diversity*)中归纳的文化指标无疑最具有影响力。他们所构建的文化指标体系包括文化活动和趋势、文化习俗和遗产、文化协定、文化贸易和交流趋势、翻译、文化环境六大方面。[1] 在这些指标下,《我们创意的多样性》细化为150多项。可是,如此庞大的文化测量在实际操作上具有极大的难度,因此以"文化软实力"直接命名的测量尚无完整实践性研究,而是作为"软实力"调查的组成部分被涉及。但这类研究由于调查内容驳杂,对文化概念的结构分析过于简单等问题,并不能较为直观地对一国文化软实力进行整体性的衡量,而显得缺乏事实说服力。

(二)文化软实力硬指标体系

有学者对文化软实力的测量研究进行了细致的理论梳理和指标建立。他认为,文化软实力硬指标体系的主体构建内容主要包括三大方面:价值指标、实物指标和相对指标。[2]

文化软实力的价值指标主要包括产出指标(2个三级指标)和投入指标(3个三级指标)。文化软实力的实物指标主要包括直观的文

---

[1] World Commission on Culture and Development, *Our Creative Diversity*, Oxford & IBH Publishing Co. / UNESCO Publishing, 1997.

[2] 杨新洪:"关于文化软实力量化指标评价问题研究",《统计研究》2008年第9期。

化事业实物指标(4个三级指标)、相关的教育事业实物指标(3个三级指标)和内核的人才科技人力实物指标(2个三级指标)。文化软实力的相对指标主要包括文化产业增加值占GDP的比重和人均文化产业增加值。

在对这三类文化软实力指标分析的基础上,该学者又提出"文化软实力综合指数"。但由于这一理论分析对文化软实力的结构建构侧重实力、实物指标,而忽视了文化的"软"性因素,因此这一研究也存在着令人遗憾的缺陷。例如对纯粹文化(如语言、文学、艺术、哲学、宗教、法律、道德等)没有进行测量,对民众的文化态度也没有进行量表分析。

(三)"文化现代化"指标体系

而以"文化现代化"为主题的测量研究则已取得显著的成果。如中国科学院中国现代化研究中心《中国现代化报告2009——文化现代化研究》就将"文化现代化"解析为"文化生活现代化"、"文化竞争力"和"文化影响力"三方面,分别予以细致的定量分析。

"文化生活现代化"的评价指标包括文化生产指标、传播指标和消费指标,由此又细分出24个三级指标。"文化竞争力"的评价指标包括文化市场竞争力、效率竞争力和资源竞争力,并细分出15个三级指标。"文化影响力"的评价指标包括文化市场影响力、资源影响力和环境影响力,并细分出15个三级指标。依据2005年世界各国的各项指标数据,认为中国的文化影响力指数在全世界排名第七,居于美国、德国、英国、法国、意大利、西班牙之后。

中国科学院中国现代化研究中心的这一研究较为全面,对纯粹文化、文化产业、文化政策等方面均有不同程度的涉及。但其研究仍存在盲点,主要表现在对文化构成的解析未能有相对一致的标准。例如在对文化资源的竞争力与影响力指标中,报刊作为重要文化资源载体均没有得到体现等等。事实上,在其研究报告中将文化现代化的定量指标列为 98 项,[①]在实际测量中,只评析了其中 54 项,有近一半的指标被忽视。

(四) 文化产业的测量评价指标体系

文化产业作为文化软实力的重要组成部分,是文化软实力中的硬指标。文化产业往往与文化设施相关联,是文化软实力的各项因素中最易被测量的部分。除了完全倚重个人态度分析的测量研究,任何对文化软实力和文化现代化进行定量分析的研究都不可避免地要涉及对文化产业的数值测定。

前述学者所构建的文化产业的测量评价指标体系是建立在国民经济统计基础上的。他按照《国民经济行业分类 GB/T4754—2002》将我国文化产业划分为 8 类 52 个具体行业,将文化产业统计评价指标体系细化为文化产业分行业的核算指标(10 项二级指标)、文化产业单位统计分析指标(5 项二级指标,27 项三级指标)、文化产业基础指标(依据企业会计制度不同分为 3 类,分别有 12 项二级指标)、文化产业的相关辅助指标(4 个二级指标,暂定 13 个三级指标,其中"国际比较"二级指标下设的三级指标待定)4 个方面。[②]

这样庞大驳杂的评价指标体系并非一种研究方式,而是以国家行为的手段,对我国文化产业具体相关指标进行国民经济统计的要求。它对数据收集的精确度和指标设置的细致度都有较高要求。而对于量化文化软实力的学术研究而言,上述学者的建议中较有价值的是"文化产业的相关辅助指标",它涉及"农村住户调查"、"城市住

[①] 中国现代化战略研究课题组:《中国现代化报告 2009——文化现代化研究》,北京大学出版社 2009 年版,第 25 页。

[②] 杨新洪:"关于设置文化软实力产业统计评价指标体系的考量意义及其路径问题",《南方论丛》2008 年第 4 期。

户调查"、"宏观经济和社会发展"和"国际比较"四个方面,既有文献统计的数据,又有调查研究的数据,可操作性强。与上述文化产业评价指标体系相类似的是另一学者所建构的文化创意产业绩效指标体系。他认为对文化创意产业的总指标体系建构可以先建立绩效总指标体系,主要包括产业规模指标、政府投入指标、经济效益指标、研究与发展指标、市场化指标、竞争力指标、人力资源指标和消费指标八大方面。然后从中挑选发展重点指标,即研发投资金额综述及成长率、文化消费占家庭总支出比重、国际贸易进出口指标、文化创意产业大专以上人力比例;政府投入文化创意产业基础建设金额等。值得重视的是,由于刘维公强调创意在文化产业中的核心地位,并反复指出这点为西方国家重视的关键,恰被内地指标体系所忽略,因此,在其指标体系中较为重视 R&D 指标,而这确实为内地学界研究所忽视。①

由上可知,上述文化产业绩效评价指标主要着眼于产业规模及其带动社会经济发展的效用,目的在于提升文化创意产业的产值,增加文化创意产业就业机会等。这与对文化软实力进行学术研究的立场有所不同。

(五)文化产业的国际竞争力模型

对文化产业进行量化评价的研究,可以国家行政学院祁述裕研究员主持的国家社会科学基金项目课题"中国文化产业国际竞争力报告"为代表。在这份报告中,他们构建了由生产要素系统、需求状况系统、相关辅助产业系统、文化企业战略系统和政府行为系统5个方面组成的文化产业的国际竞争力模型,分为17个二级指标,共有

---

① 刘维公:"文化创意产业推动绩效指标研究计划期末报告",见张京成主编:《中国创意产业发展报告(2006)》,中国经济出版社2006年版,第88—89页。

67个三级指标。[1]可以说是目前学界对文化产业的量化分析中较为全面的指标体系。从研究方法上看,他们采用了文献数据与调查(专家咨询)相结合的方式进行,以专家咨询为分层依据展开调查研究。

另外,在学者花建主编的《文化产业竞争力》中,建构的文化产业竞争力评估指标包括4个一级指标(市场拓展能力、成本控制能力、整体创新能力、可持续发展能力),和7个二级指标(产业实力、产业效益、产业关联、产业资源、产业能力、产业结构、产业环境),以及30个三级指标。[2]但他们并没有对这30个指标进行相关测量。

总体来看,目前国内学界对文化产业的量化评价指标展开的研究并不多,对文化产业进行评价分析研究难以展开的原因在于国家文化产业相关统计制度不够完善,不少数据难以收集。但从已有研究成果上看,学者们对文化产业评价所关注的重点指标是基本一致的。

(六) 传媒产业专项测量指标体系

作为文化产业中最为重要的传媒产业量化分析,也是当前对文化进行测量的重点领域。不少学者为中国传媒产业建构了评价指标体系,并就相关指标进行了测量。在崔保国主编的《中国传媒产业发展报告2007—2008》中,我国传媒产业主要分为10大类,并将各传媒产业测评指标细分为:报纸产业(3个二级指标)、杂志产业(5个二级指标)、图书产业(6个二级指标)、广播产业(5个二级指标)、电视产业(3个二级指标)、电影产业(6个二级指标)、音像产业(4个二级指标)、互联网(6个二级指标)、移动媒体产业(5个二级指标)和广告

---

[1] 该模型参照哈佛商学院迈克尔·波特(Michael E. Porter)1990年在《国家竞争优势》中提出的"国家竞争力四要素"的模型。祁述裕:《中国文化产业国际竞争力报告》,社会科学文献出版社2004年版,第48—49页。

[2] 花建等:《文化产业竞争力》,广东人民出版社2005年版,第25—27页。

业(1个二级指标)。[①]

与之类似的是祁述裕主编的《中国文化产业国际竞争力报告》中专列下篇,对包含电影业、广播电视业、音像业、报刊业、图书出版业、娱乐游戏业和广告业等7个具体行业在内的文化产业竞争力进行分别论述,其调查指标以需求状况、经营状况、生产要素状况等内容为主。

崔保国和祁述裕所使用的对传媒产业进行量化的指标体系都以传媒的不同种类为结构依据,每一种传媒行业的二级评价指标基本相同。这种测量方法的优点在于展开横向比较,对不同媒介的产业价值进行分析;同时也利于对某种媒介的历时性变迁进行分析。但其不足之处在于难以形成较为全面的,对我国传媒产业的标准化评价。

(七) 传媒产业综合实力指标体系

以胡鞍钢等人对我国传媒实力的研究为典型,对我国传媒产业的综合实力进行了标准化的研究,其所建构的传媒实力指标体系为:[②]

(1) 传播基础(电话主线数、移动电话总数、互联网主机数、邮局总数)

(2) 国内传播(日报总数、收音机总数、电视机总数、互联网用户数)

(3) 国际传播(图书出口额、国际广播语言数、全球电视受众数、互联网站数)

(4) 传媒经济(广告额、观看电影人数)

经过加权平均,胡鞍钢对我国传媒实力进行的测算。作为经济

[①] 参见崔保国主编:《中国传媒产业发展报告2007—2008》,社会科学文献出版社2008年版。

[②] 胡鞍钢、张晓群:"中国传媒迅速崛起的实证分析",《战略与管理》2004年第3期。

学的研究成果,胡鞍钢等人对传媒实力的测量是极有价值的。但其也存在着不足,主要在于对评价指标体系的建构上缺乏逻辑,难于周全。这当然是"数字可获得性"的限制之故,但也存在其对传媒经济缺乏直观把握的因素。

(八) 中国传媒软实力评测体系

喻国明、焦中栋编著的《中国传媒软实力发展报告》主要针对中国传媒软实力的现状、构建传媒软实力的途径及中国传媒软实力未来的发展路径进行调查研究,探讨我国传媒在国际上的真实表达力、吸引力、影响力和竞争力,为我国传媒发展与改革提供理论基础。

该报告对于传媒软实力的评测主要分为两大部分,即国际测评部分和国内测评部分。国际测评中,选择了56个传媒指标,其中规模指标占28项,水平指标占28项。全面覆盖各类传媒(报纸、杂志、图书、电视广播、电影、电话、电信、个人电脑和互联网)的基础实力和生产能力。国内测评中,主要针对我国各个省(自治区、直辖市)的传媒发展指数进行了评测,大致分为两个大维度和九个二级维度指标如下:①

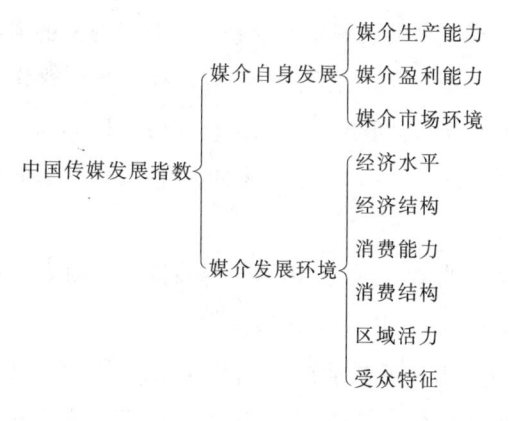

中国传媒发展指数
- 媒介自身发展
  - 媒介生产能力
  - 媒介盈利能力
  - 媒介市场环境
- 媒介发展环境
  - 经济水平
  - 经济结构
  - 消费能力
  - 消费结构
  - 区域活力
  - 受众特征

---

① 喻国明、焦中栋:《中国传媒软实力发展报告》,同心出版社2009年版。

最后，根据我国的具体国情，该报告提出了构建我国软实力的权力模式、发展模式以及产权模式和地域模式。

上面不同的测量方式是基于不同的研究主题，文化概念的范围有大有小。研究的深度也不一样，有些还停留在指标建构的设想层面，有些已经运用到实际的研究中。这些研究是本次指标体系建构思路的重要来源渠道和文献基础。但同时需要特别指出上面的指标体系研究都没有解决的一个关键问题：对于指标之间的权重关系要么没有解决，要么是主观设定。这样，整个指标体系的维度之间的关系都无法确定，我们得到的只是一个个的指标大小。也就是说，指标体系的建立一方面要找出构成研究主题的维度和具体指标，另外一方面能够通过合适方法解决维度之间、指标之间的权重关系，这样能够将指标体系的研究深入到一个新的层次。这也是本次研究的目的所在。

二、国家文化软实力指标体系的初步提出

（一）从指标体系角度考虑国家文化软实力概念

文化软实力是指由国家的各种符号表意系统向外部释放的那种柔性而又厚实的吸引力和感染力。建设指标体系，要在操作化定义层面上，将中国文化软实力概念理解为中国文化对海外民众的一种吸引和感染的作用关系，相应的主体就是国家的文化，客体就是海外民众，具体如图4-1所示：

从上述的示意图图示来看，连接主客体的传播渠道扮演着桥梁作用，传播渠道的强弱直接影响国家文化软实力的实现程度。本文认为从狭义角度可以将文化软实力理解为"对外文化传播力"。具体内容包括文化传播渠道的多少、渠道的传播效果。换言之，文化软实力的实现是基于文化传播渠道的状况。如果一个国家的对外文化传

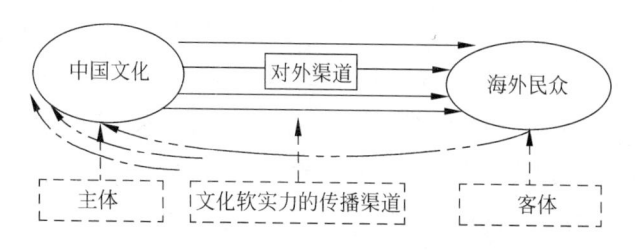

图 4-1 文化软实力概念的作用关系示意图

播渠道数量多,包含的内容多元,每条渠道都有实际对应的受众群体,那么,这个国家文化软实力的实现程度就高,文化力量的体现就更立体。反之,如果一个国家的对外文化传播渠道单一,渠道的实际传播效果弱,那么不管这个国家有多么深厚的历史文化积淀,或者有多么强烈的对外传播愿望,实际体现出来的文化实力是不大的。

文化软实力是一个国家的对外文化传播渠道的实力。进一步对于指标体系的建构来说,就需要理清有哪些传播渠道?传播渠道之间有什么样的结构关系?每条传播渠道之间以及有不同结构关系的传播渠道之间的权重关系如何?这些基础的理论命题是本文所要解决的问题。

(二) 从指标构成考虑国家文化软实力的维度划分

前面已界定,本节在狭义范畴内探讨文化软实力的指标体系。由此,首先要解决概念外延是什么的问题,也就是说文化软实力包含有哪些具体的维度?然后才能根据各个维度来建立指标。即指标体系的确立流程是:"概念——维度——指标"。

文化软实力的维度有不同划分角度。如从传播形式可以分为大众传播、组织传播和人际传播等;从文化内容可以分为传统戏剧文化的对外传播、文学作品的海外影响、艺术作品传播、影视作品对外播放等;从受众的接收角度可以按照地域、人群结构特点、族群等来划分。

本节从传播主体角度来对文化软实力的维度进行划分。一是基于本研究的应用性特点,指标体系的建构要为对策建议服务,需要从主体角度来分析问题;二是本研究理解文化软实力概念为主体对客体产生作用的关系概念,分析的出发点从主体出发。

程曼丽在《国际传播主体探析》一文中,将国际传播多元化主体划分为四类:政府、企业、社会组织和个人。作者认为,政府作为国际文化传播的主体,代表着国家进行对外文化传播,在各种传播主体中处于主导地位。企业参与文化传播,可分为四种类型,即国内业务企业、国内承担对外任务的企业、跨国企业和纯国际组织。个人参与国际传播是通过互联网实现的。[1]

借鉴上述学者的研究成果,本研究将国家文化软实力划分为三个维度:政府层面、企业层面、社会组织层面和个人层面。政府层面,指以官方为主体或者官方主导的对外文化传播活动;企业层面,指企业的对外文化产品贸易或者对外企业品牌、产品的推广;社会组织和个人的传播,拟合为一个层面,称"社会组织层面/个人层面",这是因为两者在很多情况下是交叉的,两者各自在我国当前的发展还都相对较弱,故整合为一个维度。总之,我们构建文化软实力指标体系所使用的三个分析单位是:政府层面、企业层面、社会组织层面/个人层面。

(三) 国家文化软实力指标体系的提出

通过对前期文献资料的分析、开放式问卷调查和研究小组多次讨论,对三个维度的具体指标进行了初步确立。

政府层面的文化软实力主要从外宣媒体的海外发展、官方组织

---

[1] 程曼丽:"国际传播主体探析",《中国传媒报告》2005年第4期。

的对外交流活动和政府的海外形象推广来进行分析。其中,外宣媒体的海外发展主要包括外宣报刊、外宣广播的海外发展、外宣网络媒体的全球状况。官方组织的对外交流活动主要包括政府举办的大型文化活动、艺术活动和体育活动。

企业层面的文化软实力主要通过企业的海外商业广告、版权贸易份额、艺术商品与艺术商业服务贸易、传媒贸易、文化贸易总额等来体现。其中,艺术商品与艺术商业服务贸易主要包括中国音乐、杂技、舞蹈、武术、传统艺术、美术、民间工艺等的海外商业演出情况,绘画、雕塑等视觉艺术出口数量及金额、遗产物品出口数量以及设计艺术的商品服务。传媒贸易主要体现在电影的出口数量、金额及版权交易情况,广播节目、电视节目的海外覆盖人口和版权交易情况,中文网站的全球比例,中国媒体的海外投资,中国报纸、期刊的海外发行量,通讯社的海外信息服务、图书出口数量及版权交易情况,明信片、图片等印刷品出口数量,音像、电子出版物、网络游戏、动画等的出口数量、金额及版权交易情况,中国广告、宣传服务的出口金额,中国广告的海外投放情况等。

社会组织层面的文化软实力主要通过其文化、学术、艺术、体育、宗教交流,以及中国参加的跨国界组织和联合国的文化活动次数来体现。其中,社会组织的文化交流活动主要包括社会组织的海外大型文化展览、文化活动、中国文化节和遗产物品的海外展览;学术交流活动主要包括社会组织在中国举办的国际学术交流活动、中国参加的海外学术交流会议、孔子学院的海外数量及规模、设置汉学专业的国外著名学校数量;艺术交流活动主要包括社会组织的艺术团体海外演出和海外文化艺术展览。个人层面的文化软实力主要从外国来华留学生人数、全球汉语学习人数、中国学者在 SSCI 上发表的论文数量和入境旅游人数及产品消费额来分析。此外,该层面的文化软实力还包括世界有形和无形文化遗产的数量,以及西方国家主流传统媒体和主流网站对中国的正面报道数量,以及中国获得世界艺术文化奖项的次数等。

由此,在三个维度下面初步提出101个指标,具体指标体系如表4-1所示。

表4-1 国家文化软实力指标体系测评量表

大维度	分析维度	细分维度	指标
政府层面		外宣媒体海外发展	1.外宣报刊的海外发展
			3.外宣广播的海外发展
			4.外宣网络媒体的全球状况
	官方组织的对外交流活动	官方在海外举办或参加的文化展览	5.官方在海外举办或参加的图书展
			6.官方在海外举办或参加的美术展
			7.官方在海外举办或参加的书法展
			8.官方在海外举办或参加的剪纸、泥塑等民间艺术展
			9.官方在海外举办的遗产物品展(如古董文物展)
		官方在海外举办或参加的文化演出	10.官方在海外举办或参加的音乐演出
			11.官方在海外举办或参加的舞蹈演出
			12.官方在海外举办或参加的杂技演出
			13.官方在海外举办或参加的武术演出
			14.官方在海外举办或参加的京剧、昆曲等传统戏曲演出
		官方在海外举办或参加的中国文化节/年	15.官方在海外举办或参加的中国文化节/年(综合性文化活动)
		官方在海外参加的国际博览会	16.官方在海外参加的国际博览会

续表

大维度	分析维度	细分维度	指标
政府层面	官方组织的对外交流活动	官方在国内举办的文化展览	17.官方在国内举办的国际图书展
			18.官方在国内举办的国际美术展
			19.官方在国内举办的国际书法展
			20.官方在国内举办的海外民俗展
		官方在国内举办的文化演出	21.官方在国内举办的国际音乐演出
			22.官方在国内举办的国际舞蹈演出
			23.官方在国内举办的国际杂技演出
			24.官方在国内举办的国际武术演出
			25.官方在国内举办的海外民俗文化演出
		官方在国内举办的国际博览会	26.官方在国内举办的国际博览会
		官方参加的体育活动	27.官方代表团参加的大型世界体育活动
			28.官方在国内举办的大型世界体育活动
		政府的海外形象推广	29.政府在海外媒体投放的形象广告
			30.中国政府领导人的海外形象塑造
企业层面		文化贸易份额	31.文化贸易总额
			32.文化贸易顺逆差情况
		艺术商品及艺术商业服务	33.绘画、雕塑等视觉艺术出口数量/金额
			34.遗产物品出口数量/金额(如古董的拍卖)
			35.中国音乐的海外商业演出情况
			36.中国杂技的海外商业演出情况
			37.中国舞蹈的海外商业演出情况
			38.中国武术的海外商业演出情况
			39.中国京剧、昆曲等传统戏曲的海外商业演出情况
			40.中国书展、美术展、民间工艺展等海外商业展览情况
			41.设计艺术的海外商业服务

续表

大维度	分析维度	细分维度	指标
企业层面	传媒	电影	42.电影出口数量/金额
			43.电影海外版权交易
		广播	44.广播节目海外覆盖人口
			45.广播节目海外版权交易
		电视	46.电视节目海外覆盖人口
			47.电视节目海外版权交易
		中文网站	48.中文网站在全球互联网中所占比例
		媒体海外投资	49.中国媒体的海外投资
		中文报纸、期刊发行量	50.中文报纸海外发行量
			51.中文期刊海外发行量
		通讯社海外信息服务	52.新华社等通讯社的海外信息服务
		图书	53.图书出口数量
			54.图书海外版权交易
		印刷品	55.明信片、图片等印刷品出口数量
		音像及电子出版物	56.VCD、DVD等音像及电子出版物出口数量/金额
			57.VCD、DVD等音像及电子出版物海外版权交易
		网络游戏	58.网络游戏出口数量/金额
			59.网络游戏海外版权交易情况
		动画	60.动画出口数量/金额
			61.动画海外版权交易情况
		海外商业广告、产权交易	62.中国企业的海外商业广告投放情况
			63.中国文化企业的海外知识产权交易情况
社会组织层面/个人层面	社会组织的文化交流活动	社会团体等在海外举办或参加的文化展览	64.社会团体等在海外举办或参加的图书展
			65.社会团体等在海外举办或参加的美术展
			66.社会团体等在海外举办或参加的书法展
			67.社会团体等在海外举办或参加的剪纸、泥塑等民间艺术展

续表

大维度	分析维度	细分维度	指标
社会组织层面/个人层面	社会组织的文化交流活动	社会团体等在海外举办或参加的文化演出	68. 社会团体等在海外举办或参加的音乐演出
			69. 社会团体等在海外举办或参加的舞蹈演出
			70. 社会团体等在海外举办或参加的杂技演出
			71. 社会团体等在海外举办或参加的武术演出
			72. 社会团体等在海外举办或参加的京剧、昆曲等传统戏曲演出
		社会团体等在海外举办或参加的中国文化节/年	73. 社会团体等在海外举办或参加的中国文化节/年
		社会团体等在国内举办的文化展览	74. 社会团体等在国内举办的国际图书展
			75. 社会团体等在国内举办的国际美术展
			76. 社会团体等在国内举办的国际书法展
			77. 社会团体等在国内举办的海外民俗展
		社会团体等在国内举办的文化演出	78. 社会团体等在国内举办的国际音乐演出
			79. 社会团体等在国内举办的国际舞蹈演出
			80. 社会团体等在国内举办的国际杂技演出
			81. 社会团体等在国内举办的国际武术演出
			82. 社会团体等在国内举办的海外民俗文化演出
		社会团体等在国内举办的国际文化节/年	83. 社会团体等在国内举办的国际文化节/年
		国际学术交流活动	84. 社会团体等在中国举办的国际学术交流活动
		学习汉语学校数量规模	85. 孔子学院的海外数量及规模
			86. 设置汉语专业的国外著名学校数量
		体育交流	87. 社会团体等的海外体育交流活动
		宗教交流	88. 佛教、道教团体的海外交流活动

续表

大维度	分析维度	细分维度	指标
社会组织层面/个人层面	社会组织的文化交流活动	跨国界组织交流（如东盟）	89.中国参与的跨国界组织的文化活动次数
		全球性组织交流（如联合国）	90.中国参与的联合国的文化活动次数
		教育	91.外国来华留学生人数
			92.全球汉语学习人数
		学术交流	93.中国学者参加的海外学术交流会议
			94.中国学者在国际人文社会科学学术期刊（SSCI）上发表的论文数量
		旅游	95.入境旅游人数
			96.入境旅游产品消费额
		世界文化遗产数量	97.世界物质文化遗产数量
			98.世界非物质文化遗产数量
		海外媒体的正面报道数量	99.西方国家主流传统媒体对中国的正面报道数量
			100.西方国家主流网站对中国的正面报道数量
		中国获奖情况	101.中国获得世界艺术文化奖项的次数

第三节 中国文化软实力指标体系建构的实证研究

一、研究方法

（一）分析思路

以上基于理论分析而得出的国家文化软实力指标体系建构框架，仍有必要在实证基础上提出其各项影响因子的权重，才能使其具有量化中国文化软实力的操作性意义。因此,课题组针对这一指标体系,展开了德菲尔法(专家咨询法)的实证调查,以确定指标体系所涉主要维度的因子模型与指标权重。实证研究要达到三个目的:一是寻求政府层面、企业层面、社会/个人层面三个大维度的权重关系,二是确定文化软实力三个大维度层面下的细分维度构成和权重关系,三是探求每个维度的具体指标构成。通过两次调查来解决这三个问题:第一次通过文化官员和文化学者的调查来分别解决三个维度的指标体系构成,再根据第一次调查的细分维度构成开展第二次调查,确定三个大维度之间的权重关系。

(二) 调查方法

首先,对北京师范大学文学院、艺术与传媒学院四个班的本科生、研究生进行了开放式问卷,收集他们对于文化软实力应该包括哪些指标的看法。同时,进行了大量的文献分析,分析已有文化软实力相关研究文献的指标构成。最后,结合上述两个方面的前期成果,课题小组开展了多次小组讨论,提出了文化软实力的初步指标体系(见上表)。然后,课题组展开两次较大规模的调查对指标体系进行测评。

第一次调查对象分三个部分:一是针对中央部委的调查,包括中宣部、文化部、国务院港澳事务办公室、外交部、新闻出版总署等相关官员接受了问卷调查。二是高校,包括中央党校、清华大学、中国人民大学、北京师范大学、外交学院、劳动关系学院等高校的人文社科学者。三是研究机构,主要是中国社科院和艺术研究院。调查执行时间从 2009 年 10 月至 2010 年 3 月,回收有效问卷 283 人份。其中学校 125 人份,政府部门 104 人份,科研院所 36 人份,其他企业研究者 11 人份。

第二次调查对象主要是北京师范大学全日制文科博士生。包括艺术与传媒学院、文学院、哲学与社会科学学院、法学院和政治学与国际关系学院。调查执行时间是 2010 年 4 月。调查回收有效问卷 176 人份。

本次调查主要采用绝对测量法。绝对测量法是让受访学者和官员对每一项文化软实力指标的代表性进行十分量表的程度打分。具体问题是："下面是一些文化指标，从您个人角度出发，请您对每一个指标能够代表'文化软实力'的程度进行打分。（1 表示这个文化软实力指标完全不能代表中国，10 表示这个文化软实力指标能代表最多）。"

编制量表进行调查的基本设计思路是：每一个题项所表述的是人们在评价"多大程度上能够代表中国文化软实力"可能会考虑的某一因素。据此将所有题项编制成量表对相关学者和政府官员进行调查，让其用 1—10 给每一题项打分，分数代表的是题项对于中国文化软实力评判的重要程度：从 1 到 10 的分数代表从"非常不重要"到"非常重要"，6 分为及格分，10 分为满分。这样通过考察相关学者和政府官员对不同题项重要程度的看法，可以找出在他们看来最为重要的题项，而这些题项就是确立中国文化软实力测评指标的重要参考依据，也就是初步指标。

（三）样本情况

第一次样本构成情况如表 4-2 所示。
第二次样本构成情况如表 4-3 所示。

二、三个维度的因子模型构成

本部分首先采用第一次调查（文化官员和学者的调查）数据来分别对政府层面、企业层面、社会组织/个人层面三个维度的指标构成进行筛选与确定。具体测量文化官员和学者对本研究所提出的 101 个

表 4-2 文化软实力指标构成问卷结果一览表(样本一)

性别构成	男	61.9%
	女	38.1%
	合计	100%
学历构成	大专	2.8%
	大学本科	24.6%
	硕士、博士	72.6%
	合计	100%
工作单位	学校	44.6%
	研究所/院	14.3%
	政府部门	37.1%
	企业	3.9%
	合计	100%
年龄构成	19—29 岁	10.2%
	30—39 岁	44.2%
	40—49 岁	31.0%
	50—59 岁	12.8%
	60 岁以上	1.8%
	合计	100%

表 4-3 文化软实力指标构成问卷结果一览表(样本二)

性别构成	男	51.7%
	女	48.3%
	合计	100%
年龄构成	19—29 岁	60.3%
	30—39 岁	37.4%
	40 岁以上	2.3%
	合计	100%

指标在中国文化软实力上的代表程度，1 分代表最低，10 分代表最高。根据调查打分结果进行因子分析（采用主成分法[principal components]和方差最大化旋转[varimax]），对每一个维度的细分维度构成进行分析，并对指标进行筛选。指标的筛选主要是依据每个题项的因子负荷值大小，从统计意义上来讲因子负荷表示每个观测变量与公因子之间的相关程度，因子负荷的绝对值越大，表示变量与公因子的关系越密切，因子负荷低则表示与公共因子关系不密切。

（一）政府层面的因子模型

将政府层面的 30 个文化软实力指标作为相关变量，进行模型的验证。采用主成分分析（principal components analysis）和方差最大化旋转，不限制因子数目，抽取特征值大于 1 的公因子，共得到 4 个因子，分别命名为：官方在国内举办的国际文化艺术展演、官方在海外举办的国际文化艺术展演、政府外宣和政府参与的大型国际文化体育活动。解释度 79.08%。将"中国政府领导人的海外形象塑造"和"政府在海外媒体投放的形象广告"两题项负荷值不高的指标归入因子 F3 中。

在第一个因子所涉的 9 项指标中，基本是以官方在国内举办的各种国际展览和文化演出。如负载值较大的指标"官方在国内举办的海外民俗展"和"官方在国内举办的国际音乐演出"，所以将其命名为"官方在国内举办的国际文化艺术展演"。

在第二因子所涉及的 11 项指标中，基本是以官方在海外举办的各种国际展览和文化演出。如负载值较大的指标"官方在海外举办或参加的舞蹈演出"、"官方在海外举办或参加的杂技演出"和"官方在海外举办或参加的音乐演出"，所以将其命名为"官方在海外举办的文化艺术展演"。

第三个因子的 6 项指标都与政府外宣有关，如负载值较大的指标政府外宣报刊、电视、广播的发展。负载值较小的政府海外形象和政府领导人形象也涉及政府外宣内容,故命名为"政府外宣"。

第四个因子所涉 4 项指标中,负载值较高的官方举办和官方代表团参加的大型世界体育活动和国际博览会,都属于大型的文化体育活动。故命名为"政府参与的大型国际文化体育活动"。

量表结果如表 4-4 所示。

表 4-4 政府层面的因子模型量表

	F1 官方在国内举办的国际文化艺术展演	F2 官方在海外举办的文化艺术展演	F3 政府外宣	F4 政府参与的大型国际文化体育活动
官方在国内举办的海外民俗展	0.825			
官方在国内举办的国际音乐演出	0.794			
官方在国内举办的海外民俗文化演出	0.790			
官方在国内举办的国际书法展	0.789			
官方在国内举办的国际舞蹈演出	0.788			
官方在国内举办的国际杂技演出	0.786			
官方在国内举办的国际美术展	0.781			
官方在国内举办的国际武术演出	0.774			
官方在国内举办的国际图书展	0.712			
官方在海外举办或参加的舞蹈演出		0.793		

续表

	F1 官方在国内举办的国际文化艺术展演	F2 官方在海外举办的文化艺术展演	F3 政府外宣	F4 政府参与的大型国际文化体育活动
官方在海外举办或参加的杂技演出		0.773		
官方在海外举办或参加的音乐演出		0.770		
官方在海外举办或参加的京剧、昆曲等传统戏曲演出		0.733		
官方在海外举办或参加的武术演出		0.729		
官方在海外举办的遗产物品展（如古董文物展）		0.713		
官方在海外举办或参加的剪纸、泥塑等民间艺术展		0.624		
官方在海外举办或参加的书法展		0.621		
官方在海外举办或参加的美术展		0.611		
官方在海外举办或参加的中国文化节/年（综合性文化活动）		0.573		
官方在海外举办或参加的图书展		0.554		
外宣报刊的海外发展			0.898	
外宣电视的海外发展			0.882	

续表

	F1 官方在国内举办的国际文化艺术展演	F2 官方在海外举办的文化艺术展演	F3 政府外宣	F4 政府参与的大型国际文化体育活动
外宣广播的海外发展			0.856	
外宣网络媒体的全球状况			0.837	
政府在海外媒体投放的形象广告			0.517	
中国政府领导人的海外形象塑造			0.471	
官方在国内举办的大型世界体育活动				0.788
官方代表团参加的大型世界体育活动				0.779
官方在国内举办的国际博览会				0.604
官方在海外参加的国际博览会				0.570

(二)企业层面因子模型

同样将企业层面的33个文化软实力指标作为相关变量,进行模型的验证。抽取特征值大于1的公因子,共得到3个因子。由于"文化贸易总额"和"文化贸易顺逆差情况"两个变量在因子负荷矩阵中第1个因子上的负荷值要小于在第3个因子上的负荷值,"中国文化企业的海外知识产权交易情况"在因子负荷矩阵中第3个因子上的负荷值要小于在第1个因子上的负荷值,但区别都并不明显。因此,将"文化贸易总额"和"文化贸易顺逆差情况"从第3个因子中删去,将"中国文化企业的海外知识产权交易情况"从第1个因子中删去。

对剩下的 30 个变量进行主成分分析和方差最大化旋转。解释度为 79.55%。量表结果如表 4-5 所示。

表 4-5 企业层面的因子模型量表之一

企业层面相关变量	因子得分		
	1	2	3
绘画、雕塑等视觉艺术出口数量/金额	0.421	0.615	0.302
遗产物品出口数量/金额(如古董的拍卖)	0.226	0.729	0.130
中国音乐的海外商业演出情况	0.310	0.784	0.344
中国杂技的海外商业演出情况	0.156	0.919	0.136
中国舞蹈的海外商业演出情况	0.218	0.887	0.226
中国武术的海外商业演出情况	0.137	0.881	0.184
中国京剧、昆曲等传统戏曲的海外商业演出情况	0.307	0.804	0.215
中国书展、美术展、民间工艺展等海外商业展览情况	0.285	0.821	0.236
设计艺术的海外商业服务	0.334	0.587	0.522
电影出口数量/金额	0.430	0.387	0.713
电影海外版权交易	0.416	0.376	0.767
广播节目海外覆盖人口	0.467	0.269	0.691
广播节目海外版权交易	0.497	0.292	0.735
电视节目海外覆盖人口	0.508	0.203	0.714
电视节目海外版权交易	0.470	0.300	0.769
中文网站在全球互联网中所占比例	0.741	0.246	0.212
中国媒体的海外投资	0.827	0.248	0.285
中文报纸海外发行量	0.882	0.133	0.214
中文期刊海外发行量	0.874	0.167	0.233
新华社等通讯社的海外信息服务	0.763	0.245	0.284
图书出口数量	0.774	0.291	0.384
图书海外版权交易	0.723	0.283	0.458
明信片、图片等印刷品出口数量	0.698	0.341	0.213

续表

企业层面相关变量	因子得分		
	1	2	3
VCD、DVD等音像及电子出版物出口数量/金额	0.718	0.291	0.461
VCD、DVD等音像及电子出版物海外版权交易	0.700	0.303	0.489
网络游戏出口数量/金额	0.724	0.273	0.435
网络游戏海外版权交易情况	0.748	0.272	0.406
动画出口数量/金额	0.719	0.310	0.462
动画海外版权交易情况	0.741	0.298	0.442
中国企业的海外商业广告投放情况	0.702	0.329	0.319

由于第1个因子涉及的各个指标数量较多,于是我们进一步对第1个因子的各个指标单独进行主成分分析和方差最大化旋转,由此又细分出了两个因子维度(具体参见表4-6)。

表4-6 企业层面的因子模型量表之二

企业层面相关变量	因子得分	
	1	2
中文网站在全球互联网中所占比例	0.348	0.781
中国媒体的海外投资	0.499	0.790
中文报纸海外发行量	0.422	0.850
中文期刊海外发行量	0.453	0.833
新华社等通讯社的海外信息服务	0.526	0.682
图书出口数量	0.655	0.642
图书海外版权交易	0.681	0.587
明信片、图片等印刷品出口数量	0.644	0.478

续表

企业层面相关变量	因子得分	
	1	2
VCD、DVD等音像及电子出版物出口数量/金额	0.801	0.466
VCD、DVD等音像及电子出版物海外版权交易	0.828	0.434
网络游戏出口数量/金额	0.836	0.400
网络游戏海外版权交易情况	0.833	0.416
动画出口数量/金额	0.830	0.434
动画海外版权交易情况	0.824	0.453
中国企业的海外商业广告投放情况	0.718	0.454

最终我们得出了企业层面的四个因子。

第五个因子的5项指标中,负载值较高的是纸媒的海外市场,包括报纸、期刊的海外发行量和媒体的海外投资,其次为互联网的海外发展,最后是通讯社的海外信息服务。故将其命名为"纸媒、互联网、通讯社的海外市场"。

第六个因子的10项指标都是文化产品,包括网络游戏,动画,DVD、VCD等音像制品,图书,明信片等。因此,将这一因子命名为"文化产品的海外市场"。

第七个因子的9项指标中,负载值较大的均是海外商业演出和展览情况,其次为"设计艺术的海外商业服务",故将其命名为"艺术商品与艺术商业服务"。

第八个因子的6项指标均是电视、电影和广播的海外发展情况,包括版权交易及覆盖人口,故将其命名为"广播影视媒体的海外市场"。

量表结果如表4-7。

表 4-7 企业层面的因子模型量表之三

企业层面相关变量 \ 企业层面相关因子	F5 纸媒、互联网、通讯社的海外市场	F6 文化产品的海外市场	F7 艺术商品与艺术商业服务	F8 广播影视媒体的海外市场
中文报纸海外发行量	0.850			
中文期刊海外发行量	0.833			
中国媒体的海外投资	0.790			
中文网站在全球互联网中所占比例	0.781			
新华社等通讯社的海外信息服务	0.682			
网络游戏出口数量/金额		0.836		
网络游戏海外版权交易情况		0.833		
动画出口数量/金额		0.830		
VCD、DVD 等音像及电子出版物海外版权交易		0.828		
动画海外版权交易情况		0.824		
VCD、DVD 等音像及电子出版物出口数量/金额		0.801		
中国企业的海外商业广告投放情况		0.718		
图书海外版权交易		0.681		
图书出口数量		0.655		
明信片、图片等印刷品出口数量		0.644		
中国杂技的海外商业演出情况			0.919	
中国舞蹈的海外商业演出情况			0.887	
中国武术的海外商业演出情况			0.881	
中国书展、美术展、民间工艺展等海外商业展览情况			0.821	

续表

企业层面相关变量 \ 企业层面相关因子	F5 纸媒、互联网、通讯社的海外市场	F6 文化产品的海外市场	F7 艺术商品与艺术商业服务	F8 广播影视媒体的海外市场
中国京剧、昆曲等传统戏曲的海外商业演出情况			0.804	
中国音乐的海外商业演出情况			0.784	
遗产物品出口数量/金额（如古董的拍卖）			0.729	
绘画、雕塑等视觉艺术出口数量/金额			0.615	
设计艺术的海外商业服务			0.587	
电视节目海外版权交易				0.769
电影海外版权交易				0.767
广播节目海外版权交易				0.735
电视节目海外覆盖人口				0.714
电影出口数量/金额				0.713
广播节目海外覆盖人口				0.691

（三）社会团体/个人层面因子分析

同样将社会团体/个人层面的 38 个文化软实力指标作为相关变量，进行模型的验证。采用主成分分析和方差最大化旋转，抽取特征值大于 1 的公因子，共得到 5 个因子。解释度 79.688%。量表结果如表 4-8。

表 4-8 社会团体/个人层面的因子模型量表之一

社会团体/个人层面相关变量	因子得分					
	1	2	3	4	5
社会团体等在海外举办或参加的图书展	0.316	0.780	0.224	0.133	0.263

续表

社会团体/个人层面相关变量	因子得分				
	1	2	3	4	5
社会团体等在海外举办或参加的美术展	0.425	0.759	0.185	0.158	0.226
社会团体等在海外举办或参加的书法展	0.338	0.787	0.230	0.186	0.205
社会团体等在海外举办或参加的剪纸、泥塑等民间艺术展	0.387	0.798	0.187	0.185	0.141
社会团体等在海外举办或参加的音乐演出	0.407	0.800	0.202	0.104	0.148
社会团体等在海外举办或参加的舞蹈演出	0.440	0.789	0.187	0.126	0.163
社会团体等在海外举办或参加的杂技演出	0.423	0.798	0.159	0.186	0.017
社会团体等在海外举办或参加的武术演出	0.388	0.792	0.234	0.170	0.002
社会团体等在海外举办或参加的京剧、昆曲等传统戏曲演出	0.433	0.751	0.225	0.107	0.085
社会团体等在海外举办或参加的中国文化节/年	0.405	0.646	0.335	0.124	0.252
社会团体等在国内举办的国际图书展	0.798	0.297	0.264	0.167	0.144
社会团体等在国内举办的国际美术展	0.825	0.313	0.237	0.128	0.142
社会团体等在国内举办的国际书法展	0.777	0.363	0.230	0.154	0.154
社会团体等在国内举办的海外民俗展	0.812	0.383	0.195	0.117	0.142
社会团体等在国内举办的国际音乐演出	0.826	0.362	0.203	0.136	0.120

续表

社会团体/个人层面相关变量	因子得分				
	1	2	3	4	5
社会团体等在国内举办的国际舞蹈演出	0.809	0.378	0.229	0.143	0.120
社会团体等在国内举办的国际杂技演出	0.812	0.400	0.196	0.146	0.010
社会团体等在国内举办的国际武术演出	0.771	0.397	0.195	0.144	0.040
社会团体等在国内举办的海外民俗文化演出	0.775	0.411	0.119	0.242	0.115
社会团体等在国内举办的国际文化节/年	0.697	0.369	0.163	0.302	0.160
社会团体等在中国举办的国际学术交流活动	0.556	0.440	0.348	0.165	0.179
孔子学院的海外数量及规模	0.224	0.232	0.650	0.322	0.029
设置汉学专业的国外著名学校数量	0.256	0.183	0.726	0.138	0.239
佛教、道教团体的海外交流活动	0.402	0.244	0.647	0.007	0.117
中国参与的跨国界组织的文化活动次数	0.320	0.248	0.729	0.148	0.270
中国参与的联合国的文化活动次数	0.345	0.282	0.671	0.140	0.255
外国来华留学生人数	0.077	0.166	0.669	0.406	0.317
全球汉语学习人数	0.063	0.164	0.628	0.416	0.346
中国学者参加的海外学术交流会议	0.222	0.316	0.490	0.288	0.385
中国学者在国际人文社会科学学术期刊(SSCI)上发表的论文数量	0.166	0.218	0.302	0.380	0.531
入境旅游人数	0.094	0.190	0.348	0.778	0.156

续表

社会团体/个人层面相关变量	因子得分				
	1	2	3	4	5
入境旅游产品消费额	0.199	0.109	0.260	0.763	0.178
世界物质文化遗产数量	0.236	0.169	0.141	0.802	0.250
世界非物质文化遗产数量	0.278	0.181	0.104	0.773	0.281
西方国家主流传统媒体对中国的正面报道数量	0.093	0.120	0.252	0.180	0.865
西方国家主流网站对中国的正面报道数量	0.073	0.156	0.221	0.215	0.862
中国获得世界艺术文化奖项的次数	0.252	0.184	0.223	0.308	0.707

由于第 3 个因子涉及的指标较多，于是进一步将第 3 个因子的各个指标题项得分单独进行主成分分析和方差最大化旋转，由此又细分出了两个因子维度（具体参见表 4-9）。

表 4-9　社会团体/个人层面的因子模型量表之二

社会团体/个人层面相关变量	因子得分	
	1	2
孔子学院的海外数量及规模	0.535	0.499
设置汉学专业的国外著名学校数量	0.565	0.601
外国来华留学生人数	0.295	0.884
全球汉语学习人数	0.242	0.908
佛教、道教团体的海外交流活动	0.878	0.151
中国参与的跨国界组织的文化活动次数	0.831	0.409
中国参与的联合国的文化活动次数	0.815	0.374

由此最终得出了企业层面的 6 个因子。将负荷值不突出的"中国学者参加的海外学术交流会议"指标列入因子 F14 中。

第九个因子的 11 项指标中,基本是以社会团体在国内举办的各种国际展览和文化演出。如负载值较大的指标"社会团体等在国内举办的国际音乐演出"和"社会团体等在国内举办的国际美术展",所以将其命名为"社会团体在国内举办的文化艺术展演"。

第十个因子的 10 项指标中,基本是以社会团体在海外举办或参加的各种国际展览和文化演出。如负载值较大的指标"社会团体等在海外举办或参加的音乐演出"和"社会团体等在海外举办或参加的剪纸、泥塑和民间艺术展",所以将其命名为"社会团体举办的海外文化艺术展演"。

第十一个因子的 4 项指标基本都是与汉语学习相关,包括全球汉语学习人数,来华留学生人数,设置汉学专业学校和孔子学院的数量等。故命名为"汉语的国际推广"。

第十二个因子的 3 项指标中,均与中国的对外交流有关,如负载值最大的"佛教、道教团体的海外交流",此外还有中国参与跨国界组织和联合国的交流活动,故将其命名为"中外思想文化交流"。

第十三个因子的 4 项指标均是中国的旅游情况。包括中国物质文化遗产和非物质文化遗产的数量,以及来华旅游人数和产品消费情况。故命名为"旅游"。

第十四个因子的 5 项指标中,基本都与西方对中国的评价有关。如负载值最大的西方传统媒体和主流网络对中国的正面报道数量。中国获得国际奖项的情况也在一定程度上反映了中国的国际认可度。故将其命名为"中国文化的国际认可度"。

由此,分别将这 6 个因子分别命名为:社会团体在国内举办的国际文化艺术展演、社会团体举办的海外文化艺术展演、汉语的国际推广、中外思想文化交流、旅游、中国文化的国际认可度。

表 4-10　社会团体/个人层面的因子模型量表之三

	F9 社会团体在国内举办的国际文化艺术展演	F10 社会团体举办的海外文化艺术展演	F11 汉语的国际推广	F12 中外思想文化交流	F13 旅游	F14 中国文化的国际认可度
社会团体等在国内举办的国际音乐演出	0.826					
社会团体等在国内举办的国际美术展	0.825					
社会团体等在国内举办的海外民俗展	0.812					
社会团体等在国内举办的国际杂技演出	0.812					
社会团体等在国内举办的国际舞蹈演出	0.809					
社会团体等在国内举办的国际图书展	0.798					
社会团体等在国内举办的国际书法展	0.777					
社会团体等在国内举办的海外民俗文化演出	0.775					
社会团体等在国内举办的国际武术演出	0.771					
社会团体等在国内举办的国际文化节/年	0.697					
社会团体等在中国举办的国际学术交流活动	0.556					

续表

	F9 社会团体在国内举办的国际文化艺术展演	F10 社会团体举办的海外文化艺术展演	F11 汉语的国际推广	F12 中外思想文化交流	F13 旅游	F14 中国文化的国际认可度
社会团体等在海外举办或参加的音乐演出		0.800				
社会团体等在海外举办或参加的剪纸、泥塑等民间艺术展		0.798				
社会团体等在海外举办或参加的杂技演出		0.798				
社会团体等在海外举办或参加的武术演出		0.792				
社会团体等在海外举办或参加的舞蹈演出		0.789				
社会团体等在海外举办或参加的书法展		0.787				
社会团体等在海外举办或参加的图书展		0.780				
社会团体等在海外举办或参加的美术展		0.759				
社会团体等在海外举办或参加的京剧、昆曲等传统戏曲演出		0.751				

续表

	F9 社会团体在国内举办的国际文化艺术展演	F10 社会团体举办的海外文化艺术展演	F11 汉语的国际推广	F12 中外思想文化交流	F13 旅游	F14 中国文化的国际认可度
社会团体等在海外举办或参加的中国文化节/年		0.646				
全球汉语学习人数			0.908			
外国来华留学生人数			0.884			
设置汉学专业的国外著名学校数量			0.601			
孔子学院的海外数量及规模			0.499			
佛教、道教团体的海外交流活动				0.878		
中国参与的跨国界组织的文化活动次数				0.831		
中国参与的联合国的文化活动次数				0.815		
世界物质文化遗产数量					0.802	
入境旅游人数					0.778	
世界非物质文化遗产数量					0.773	
入境旅游产品消费额					0.763	
西方国家主流传统媒体对中国的正面报道数量						0.865

续表

	F9 社会团体在国内举办的国际文化艺术展演	F10 社会团体举办的海外文化艺术展演	F11 汉语的国际推广	F12 中外思想文化交流	F13 旅游	F14 中国文化的国际认可度
西方国家主流网站对中国的正面报道数量						0.862
中国获得世界艺术文化奖项的次数						0.707
中国学者在国际人文社会科学学术期刊(SSCI)上发表的论文数量						0.531
中国学者参加的海外学术交流会议						0.385

根据以上表 4-10 可得出本次调查中国文化软实力 14 个分析维度为：F1 官方在国内举办的国际文化艺术展演；F2 官方在海外举办的文化艺术展演；F3 政府外宣；F4 政府参与的大型国际文化体育活动；F5 纸媒、互联网、通讯社的海外市场；F6 文化产品的海外市场；F7 艺术商品及艺术商业服务；F8 广播影视媒体的海外市场；F9 社会团体在国内举办的国际文化艺术展演；F10 社会团体举办的海外文化艺术展演；F11 汉语的国际推广；F12 中外思想文化交流；F13 旅游；F14 中国文化的国际认可度。（以下部分内容以 F1—14 表示）

三、细分维度与指标的权重

前面的因子模型分别对三个维度的指标进行了筛选，解决了指标构成问题。本部分需要解决三个维度下面各个因子(细分维度)的权重，也就是说在政府层面和企业层面分别有 4 个因子，在社会组

表 4-11 维度与指标的权重分析一览表

因子(细分维度)	题 项	N	平均值	因子得分系数*	加权后各题项因子负荷	总因子负荷
政府外宣	外宣报刊的海外发展	282	5.7943	0.177671	1.029479	6.444354
	外宣电视的海外发展	281	6.5516	0.183874	1.204669	
	外宣广播的海外发展	282	6.0142	0.169621	1.020135	
	外宣网络媒体的全球状况	281	6.9324	0.174223	1.207784	
	政府在海外媒体投放的形象广告	279	6.4086	0.151147	0.968641	
	中国政府领导人的海外形象塑造	282	7.0780	0.143211	1.013647	
官方在海外举办的文化艺术展演	官方在海外举办或参加的图书展	281	5.8612	0.086535	0.507199	6.150519
	官方在海外举办或参加的美术展	280	5.8071	0.091927	0.533829	
	官方在海外举办或参加的书法展	281	5.5445	0.090632	0.502509	
	官方在海外举办或参加的剪纸、泥塑等民间艺术展	281	5.7544	0.091712	0.527748	
	官方在海外举办的遗产物品展(如古董文物展)	281	6.5018	0.091279	0.593478	
	官方在海外举办或参加的音乐演出	279	6.2652	0.096176	0.602562	
	官方在海外举办或参加的舞蹈演出	281	6.1851	0.096776	0.598569	
	官方在海外举办或参加的杂技演出	280	6.2321	0.094488	0.588859	
	官方在海外举办或参加的武术演出	281	6.3559	0.089935	0.571618	
	官方在海外举办或参加的京剧、昆曲等传统戏曲演出	281	6.2633	0.091869	0.575403	
	官方在海外举办或参加的中国文化节/年(综合性文化活动)	281	6.9751	0.078672	0.548745	

* 因子得分系数的英文表达是:Component score coefficient matrix。

续表

因子(细分维度)	题 项	N	平均值	因子得分系数	加权后各题项因子负荷	总因子负荷
官方在国内举办的文化艺术展演	官方在国内举办的国际图书展	282	5.8440	0.10307	0.602341	5.830814
	官方在国内举办的国际美术展	282	5.8546	0.111625	0.65352	
	官方在国内举办的国际书法展	281	5.4199	0.108704	0.589165	
	官方在国内举办的海外民俗展	282	5.6383	0.114388	0.644954	
	官方在国内举办的国际音乐演出	282	6.1525	0.113486	0.698223	
	官方在国内举办的国际舞蹈演出	282	5.9645	0.115025	0.686067	
	官方在国内举办的国际杂技演出	281	5.8932	0.113244	0.66737	
	官方在国内举办的国际武术演出	280	5.7964	0.110934	0.643018	
	官方在国内举办的海外民俗文化演出	280	5.8786	0.109917	0.646158	
政府参与的大型国际文化体育活动	官方代表团参加的大型世界体育活动	281	7.2989	0.227929	1.663631	6.967572
	官方在国内举办的大型世界体育活动	281	7.2171	0.249668	1.801879	
	官方在国内举办的国际博览会	280	6.6214	0.264532	1.751572	
	官方在海外参加的国际博览会	280	6.7929	0.257694	1.75049	

续表

因子(细分维度)	题项	N	平均值	因子得分系数	加权后各题项因子负荷	总因子负荷
艺术商品与艺术商业服务	绘画、雕塑等视觉艺术出口数量/金额	274	6.1971	0.101943	0.631751	6.267956
	遗产物品出口数量/金额(如古董的拍卖)	277	5.9314	0.098386	0.583567	
	中国音乐的海外商业演出情况	278	6.3669	0.115822	0.737427	
	中国杂技的海外商业演出情况	279	6.2581	0.117383	0.734595	
	中国舞蹈的海外商业演出情况	279	6.3011	0.120225	0.75755	
	中国武术的海外商业演出情况	279	6.3728	0.113979	0.726365	
	中国京剧、昆曲等传统戏曲的海外商业演出情况	278	6.2842	0.113626	0.714049	
	中国书展、美术展、民间工艺展等海外商业展览情况	279	6.3656	0.115712	0.736576	
	设计艺术的海外商业服务	278	6.3022	0.102516	0.646076	
广播影视媒体的海外市场	电影出口数量/金额	279	6.7849	0.162766	1.104351	6.719523
	电影海外版权交易	279	6.7778	0.168606	1.142778	
	广播节目海外覆盖人口	279	6.6703	0.16077	1.072384	
	广播节目海外版权交易	279	6.4875	0.1708	1.108065	
	电视节目海外覆盖人口	278	6.8705	0.165707	1.13849	
	电视节目海外版权交易	278	6.7302	0.171385	1.153455	

续表

因子(细分维度)	题项	N	平均值	因子得分系数	加权后各题项因子负荷	总因子负荷
纸媒、互联网、通讯社的海外市场	中文网站在全球互联网中所占比例	279	6.6667	0.187961	1.25308	6.454008
	中国媒体的海外投资	278	6.3453	0.206747	1.311872	
	中文报纸海外发行量	280	6.3107	0.207437	1.309073	
	中文期刊海外发行量	280	6.2500	0.207423	1.296394	
	新华社等通讯社的海外信息服务	278	6.7302	0.190721	1.28359	
	图书出口数量	279	6.5842	0.100463	0.661468	
	图书海外版权交易	278	6.4784	0.099859	0.646927	
	明信片、图片等印刷品出口数量	275	5.6473	0.089401	0.504874	
	VCD、DVD等音像及电子出版物出口数量/金额	276	6.3007	0.103026	0.649136	
文化产品的海外市场	VCD、DVD等音像及电子出版物海外版权交易	276	6.3080	0.103651	0.653831	6.246961
	网络游戏出口数量/金额	278	6.1403	0.101061	0.620545	
	网络游戏海外版权交易情况	277	6.1083	0.101943	0.622698	
	动画出口数量/金额	278	6.3165	0.103113	0.651313	
	动画海外版权交易情况	276	6.2210	0.103652	0.644819	
	中国企业的海外商业广告投放情况	276	6.3043	0.093801	0.59135	

续表

因子(细分维度)	题 项	N	平均值	因子得分系数	加权后各题项因子负荷	总因子负荷
社会团体举办的海外文化艺术展演	社会团体等在海外举办或参加的图书展	279	5.9140	0.098945	0.585161	5.97609
	社会团体等在海外举办或参加的美术展	279	5.8781	0.1009	0.5931	
	社会团体等在海外举办或参加的书法展	278	5.7266	0.100711	0.576732	
	社会团体等在海外举办或参加的剪纸、泥塑等民间艺术展	278	5.7878	0.101887	0.589702	
	社会团体等在海外举办或参加的音乐演出	279	6.0394	0.101879	0.615288	
	社会团体等在海外举办或参加的舞蹈演出	279	6.0215	0.102859	0.619365	
	社会团体等在海外举办或参加的杂技演出	279	5.9821	0.100512	0.601273	
	社会团体等在海外举办或参加的武术演出	279	6.0143	0.099696	0.599602	
	社会团体等在海外举办或参加的京剧、昆曲等传统戏曲演出	278	6.0144	0.098434	0.592021	
	社会团体等在海外举办或参加的中国文化节/年	279	6.4265	0.093962	0.603847	

续表

因子(细分维度)	题 项	N	平均值	因子得分系数	加权后各题项因子负荷	总因子负荷
社会团体在国内举办的国际文化艺术展演	社会团体等在国内举办的国际图书展	281	5.6370	0.091501	0.515791	5.823759
	社会团体等在国内举办的国际美术展	281	5.7402	0.093208	0.535033	
	社会团体等在国内举办的国际书法展	280	5.5714	0.091802	0.511466	
	社会团体等在国内举办的海外民俗展	281	5.5658	0.093902	0.52264	
	社会团体等在国内举办的国际音乐演出	281	5.9075	0.094013	0.555382	
	社会团体等在国内举办的国际舞蹈演出	281	5.8292	0.094219	0.549221	
	社会团体等在国内举办的国际杂技演出	281	5.8327	0.093213	0.543683	
	社会团体等在国内举办的国际武术演出	281	5.7758	0.089941	0.519481	
	社会团体等在国内举办的海外民俗文化演出	280	5.7821	0.092099	0.532526	
	社会团体等在国内举办的国际文化节/年	281	6.1068	0.086875	0.530528	
	社会团体等在中国举办的国际学术交流活动	279	6.3943	0.079447	0.508008	

续表

因子(细分维度)	题 项	N	平均值	因子得分系数	加权后各题项因子负荷	总因子负荷
汉语的国际推广	孔子学院的海外数量及规模	280	6.8179	0.230168	1.569262	7.109503
	设置汉学专业的国外著名学校数量	278	6.8669	0.252722	1.735417	
	外国来华留学生人数	280	7.2821	0.258713	1.883974	
	全球汉语学习人数	280	7.4393	0.258203	1.92085	
中外思想文化交流	佛教、道教团体的海外交流活动	278	6.4065	0.311316	1.994446	6.685004
	中国参与的跨国界组织的文化活动次数	278	6.7734	0.348223	2.358654	
	中国参与的联合国的文化活动次数	279	6.8530	0.340275	2.331905	
旅游情况	入境旅游人数	278	7.1043	0.248257	1.763692	7.004549
	入境旅游产品消费额	277	6.7978	0.243013	1.651954	
	世界物质文化遗产数量	279	7.0323	0.256125	1.801148	
	世界非物质文化遗产数量	279	7.0789	0.252547	1.787755	
中国文化的国际认可度	西方国家主流传统媒体对中国的正面报道数量	280	7.0429	0.178339	1.256024	6.827435
	西方国家主流网站对中国的正面报道数量	281	6.9893	0.193574	1.352947	
	中国获得世界艺术文化奖项的次数	280	6.7286	0.210267	1.414803	
	中国学者参加的海外学术交流会议	280	6.9893	0.211846	1.480655	
	中国学者在国际人文社会科学学术期刊(SSCI)上发表的论文数量	281	6.4199	0.206079	1.323007	

织/个人层面有 6 个因子,这些同一个维度下面因子之间的权重关系需要进一步探讨。

具体的计算分两步。首先计算每个因子(细分维度)的总因子负荷。这是通过具体指标的得分系数和代表性得分的平均值两项相乘来计算每个题项的因子负荷,然后将各题项的负荷相加就是总因子负荷。其次,分别在政府层面、企业层面、社会组织/个人层面通过各个因子的总负荷来计算权重。

下面是第一步的计算情况。通过每个指标的代表性平均值、因子得分系数两项获得每个题项的加权后因子负荷,然后相加即得到每个因子的总负荷。具体参见表 4-11。

由此可知政府层面、企业层面、社会团体/个人及其他层面各个因子的总负荷情况(参见表 4-12)。

表 4-12 政府层面、企业层面、社会团体/个人等因子总负荷一览表

指标构成	因子	权重
政府层面	F1 官方在国内举办的国际文化艺术展演	5.83
	F2 官方在海外举办的文化艺术展演	6.15
	F3 政府外宣	6.44
	F4 政府参与的大型国际文化体育活动	6.97
企业层面	F5 纸媒、互联网、通讯社的海外市场	6.45
	F6 文化产品的海外市场	6.25
	F7 艺术商品与艺术商业服务	6.27
	F8 广播影视媒体的海外市场	6.72
社会团体/个人层面	F9 社会团体在国内举办的国际文化艺术展演	5.82
	F10 社会团体举办的海外文化艺术展演	5.98
	F11 汉语的国际推广	7.11
	F12 中外思想文化交流	6.68
	F13 旅游	7.00
	F14 中国文化的国际认可度	6.83

第二步是对各个因子的权重进行计算。

政府层面主要包括 4 个因子。F1、F2、F3、F4 对应的权重我们分别用 W_i、W_{ii}、W_{iii}、W_{iv} 来表示。$b_1 = 5.83, b_2 = 6.15, b_3 = 6.44, b_4 = 6.97$,那么根据公式,$W_i = \dfrac{b_1}{\sqrt{b_1^2 + b_2^2 + b_3^2 + b_4^2}}$

可得 $W_i = 0.458$

同理可得 $W_{ii} = 0.483, W_{iii} = 0.506, W_{iv} = 0.548$

企业层面主要包括 4 个因子。F5、F6、F7、F8 对应的权重我们分别用 W_{2i}、W_{2ii}、W_{2iii}、W_{2iv} 来表示。$b_5 = 6.45, b_6 = 6.25, b_7 = 6.27, b_8 = 6.72$,那么根据公式,$W_{2i} = \dfrac{b_5}{\sqrt{b_5^2 + b_6^2 + b_7^2 + b_8^2}}$

可得 $W_{2i} = 0.502$

同理可得 $W_{2ii} = 0.486, W_{2iii} = 0.488, W_{2iv} = 0.523$

社会层面主要包括了 6 个因子。F9、F10、F11、F12、F13、F14 对应的权重我们分别用 W_{3i}、W_{3ii}、W_{3iii}、W_{3iv}、W_{3v}、W_{3vi} 来表示。$b_9 = 5.82, b_{10} = 5.98, b_{11} = 7.11, b_{12} = 6.68, b_{13} = 7.00, b_{14} = 6.83$,那么根据公式,$W_{3i} = \dfrac{b_9}{\sqrt{b_9^2 + b_{10}^2 + b_{11}^2 + b_{12}^2 + b_{13}^2 + b_{14}^2}}$

可得 $W_{3i} = 0.361$

同理可得 $W_{3ii} = 0.371$、$W_{3iii} = 0.441$、$W_{3iv} = 0.414$、$W_{3v} = 0.434$、$W_{3vi} = 0.423$

由此我们得出了 14 个因子的权重如表 4-13。

表 4-13　政府层面、企业层面、社会团体/个人等因子权重之一

指标构成	因　子	权重
政府层面	F1 官方在国内举办的国际文化艺术展演	0.458
	F2 官方在海外举办的文化艺术展演	0.483
	F3 政府外宣	0.506
	F4 政府参与的大型国际文化体育活动	0.548
企业层面	F5 纸媒、互联网、通讯社的海外市场	0.502
	F6 文化产品的海外市场	0.486
	F7 艺术商品与艺术商业服务	0.488
	F8 广播影视媒体的海外市场	0.523
社会团体/个人及其他层面	F9 社会团体在国内举办的国际文化艺术展演	0.361
	F10 社会团体举办的海外文化艺术展演	0.371
	F11 汉语的国际推广	0.441
	F12 中外思想文化交流	0.414
	F13 旅游	0.434
	F14 中国文化的国际认可度	0.423

四、三个维度之间的权重关系

前面通过第一次调查分别解决了政府层面、企业层面、社会组织/个人层面的指标构成和权重关系。现在一个问题是：政府层面、企业层面、社会组织/个人层面三个维度对于文化软实力的权重如何？由此，本研究开展了第二次调查，将第一次调查数据分析所获得十四个因子列为题项，让被访者回答这十四个题项各自对于文化软实力的代表性打分，打分采用十分制，最后得分十四个因子的平均值。将这十四个题项的平均值和第一次调查所获得的权重进行最小偏二乘回归法计算来获得三个维度之间的权重关系。

下表是第二次调查获得的十四个因子的平均值，以及第一次调查所获得的权重。

表 4-14　政府层面、企业层面、社会团体/个人等因子权重之二

指标构成	因子	第二次调查平均值*	第一次调查权重
政府层面	F1 官方在国内举办的国际文化艺术展演	5.2898	0.458
	F2 官方在海外举办的文化艺术展演	5.4489	0.483
	F3 政府外宣	5.4148	0.506
	F4 政府参与的大型国际文化体育活动	6.7330	0.548
企业层面	F5 纸媒、互联网、通讯社的海外市场	6.2614	0.502
	F6 文化产品的海外市场	6.2343	0.486
	F7 艺术商品及艺术商业服务	6.4773	0.488
	F8 广播影视媒体的海外市场	6.2457	0.523
社会团体/个人及其他层面	F9 社会团体在国内举办的国际文化艺术展演	5.9545	0.361
	F10 社会团体举办的海外文化艺术展演	6.2571	0.371
	F11 汉语的国际推广	6.8864	0.441
	F12 中外思想文化交流	6.7943	0.414
	F13 旅游	6.6149	0.434
	F14 中国文化的国际认可度	7.2273	0.423

*第二次调查 14 个题项对文化软实力的代表性采用十分制,最高 10 分,最低 1 分。

根据上面表 4-14 的数据,我们假设 $Y^* = W_1 Y_1 + W_2 Y_2 + W_3 Y_3$,$Y^*$ 无限接近于 Y,用相关系数衡量,同时固定 $W_1^2 + W_2^2 + W_3^2 = 1$ 的情况下,$Var_{(Y^*)}$ 尽可能大,根据偏二乘回归优化可得,

$$Cov_{(Y, Y^*)} = \sqrt{Var_{(Y)} \cdot Var_{(Y^*)}} \cdot Cor_{(Y, Y^*)}$$

最后得出政府层面、企业层面、社会组织/个人层面三个维度的权重指数依次为:0.7350953、0.4173889 和 0.5342484。

结果如下图 4-2 所示。

五、结论:文化软实力指标体系的构成解读

上面通过两次调查确定了文化软实力指标体系的构成,本部分

```
文化软实力 ┬─ 政府层面          ┬─ 官方在国内举办的国际文化艺术展演
          │  (0.7350953)       ├─ 官方在海外举办的文化艺术展演
          │                    ├─ 政府外宣
          │                    └─ 政府参与的大型国际文化体育活动
          │
          ├─ 企业层面          ┬─ 纸媒、互联网、通讯社的海外市场
          │  (0.4173889)       ├─ 文化产品的海外市场
          │                    ├─ 艺术商品与艺术商业服务
          │                    └─ 广播影视媒体的海外市场
          │
          └─ 社会/个人层面     ┬─ 社会团体在国内举办的国际文化艺术展演
             (0.5342484)       ├─ 社会团体举办的海外文化艺术展演
                               ├─ 汉语的国际推广
                               ├─ 中外思想文化交流
                               ├─ 旅游
                               └─ 中国文化的国际认可度
```

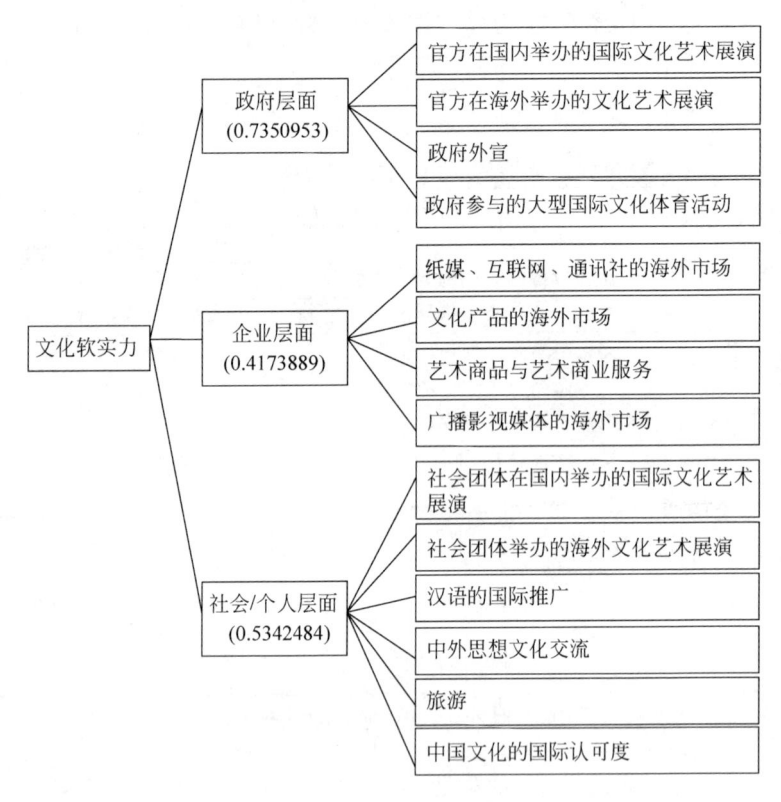

图 4-2 政府层面、企业层面、社会组织/个人层面权重指数示意图

对于结果做一简单总结与描述。

第一，在政府、企业、社会组织/个人三个维度之间，政府维度在文化软实力上的权重是最高的，其后依次是社会组织/个人、企业。分析显示，政府、企业、社会组织/个人三个维度之间的权重关系分别为：0.735、0.417和0.534，这是三个维度对文化软实力贡献程度的一个比值。从数据比值来看，一方面在文化软实力建设进程中，政府处于最重头的地位；另外一方面，社会组织/个人、企业虽然在比值上不及政府的权重，但也有相当的比例。

目前我国文化软实力建设在政府维度上的支持和力度是很大的,如政府主导的CCTV9在美国的落地,制作国家形象宣传片,参与大型国际文化体育活动,等等。企业维度也随着我国经济实力的增强,企业的文化推广、企业品牌建设、企业的文化收购、文化艺术品的海外市场影响等等开始变得频繁,并将随之逐渐产生文化影响力和感染力。

但我国在社会组织/个人维度的建设相对还有待重视。根据前期的文献查阅可以发现,我国文化软实力建设很多时候主要表现为单一的政府行为,对社会组织/个人维度的重视程度远不如政府维度,甚至不如企业维度。虽然在权重上面社会组织/个人维度是高过企业维度的。这点是我国文化软实力建设最需要得到加强并将能取得好效果的短板。

第二,政府、企业、社会组织/个人每一个维度可以进一步划分为四个或者六个细分维度,这些细分维度对于每一个大的维度有一个权重值。

政府维度的内容包括四个细分维度,权重从高到低依次是:政府参与的大型国际文化体育活动、政府外宣、官方在海外举办的文化艺术展演、官方在国内举办的国际文化艺术展演。政府维度的这些内容都是当前我国正在推进的工作。

企业维度包括的具体内容也是四个方面,具体权重从高到低依次是:广播影视媒体的海外市场、纸媒/互联网/通讯社的海外市场、艺术商品与艺术商业服务、文化产品的海外市场。媒体的海外市场拓展占据了前两位,这说明在我国文化官员和文化学者眼中媒体的海外市场发展具有较大文化传播功能,这种功能相对比文化产品和艺术产品的权重还要高。

但目前我国媒体在面对海外市场发展还非常微弱,一定意义上可以说是处于空白。这里最为关键的一点是我国传统媒体的报纸、电视、杂志等还不具有独立的市场主体地位,一方面这种机制使得传统媒体没有自觉性的海外扩张行为,另外一方面是在开展国际传媒市场的兼并与收购中会受到很大的制约,无法在运作机制上与海外市场对接。而我国网络媒体的发展基本市场是在国内,大型网站都倾向在海外上市。我国传统媒体由于在过去十多年中受到体制制约在网站发展上基本没有大的作为,海外的文化影响力更无从谈起。

在开展的文化体制改革中对传媒机制的改革正在改变这一现实。有需要提出的一点是我国文化软实力的建设将会受制于这种改革的进度。进度快,我国传媒参与国际竞争的时间和成效就会大;速度慢,我国传媒参与国际传媒市场竞争的时间就要延后,成效就会降低。

社会组织/个人维度的细分维度从高到低依次是:汉语国际推广、旅游、中国文化的国际认可度、中外思想文化交流、社会团体举办的海外文化艺术展演、社会团体在国内举办的国际文化艺术展演。这些细分维度中汉语国际推广在最近一些年开始得到大力支持,如在全球建设孔子学院等。

这里需要注意的是中国文化的国际认可度,也就是国际上媒体对我国正面报道的数量等指标还处于较低水平,这点从英美等主流报纸和海外大型新闻网站都可以查找。如何改变这一点进而让海外民众对我国文化增加好感对于我们文化的传播至关重要。否则,这些主流媒体的报道就会影响它们的受众对中国的认知。

具体的维度与细分维度构成关系如表4-13所示。

第三,每一个细分维度的测量都是通过具体的指标来实现的。也就是说每一个细分维度都由具体的测量指标构成,并且每个指标对细分维度有一定的贡献权重。指标的权重是由代表性的平均值和因子负荷两项相乘所得的加权后各指标题项的因子负荷值来获得。

整个文化软实力指标体系的构成关系如表4-15。

表 4-15 文化软实力指标体系的构成关系一览表

主题	维度及权重	细分维度及权重	指 标	指标权重
文化软实力指标体系	政府层面 0.735	政府外宣 (0.506)	外宣报刊的海外发展	1.029
			外宣电视的海外发展	1.205
			外宣广播的海外发展	1.020
			外宣网络媒体的全球状况	1.208
			政府在海外媒体投放的形象广告	0.969
			中国政府领导人的海外形象塑造	1.014
		官方在海外举办的文化艺术展演 (0.483)	官方在海外举办或参加的图书展	0.507
			官方在海外举办或参加的美术展	0.534
			官方在海外举办或参加的书法展	0.503
			官方在海外举办或参加的剪纸、泥塑等民间艺术展	0.528
			官方在海外举办或参加的遗产物展(如古董文物展)	0.593
			官方在海外举办或参加的音乐演出	0.603
			官方在海外举办或参加的舞蹈演出	0.599
			官方在海外举办或参加的杂技演出	0.589
			官方在海外举办或参加的武术演出	0.572
			官方在海外举办或参加的京剧、昆曲等传统戏曲演出	0.575
			官方在海外举办或参加中国文化节/年(综合性文化活动)	0.549

续表

主题	维度及权重	细分维度及权重	指　标	指标权重
文化软实力指标体系	政府层面 0.735	官方在国内举办的国际文化艺术展演 (0.458)	官方在国内举办的国际图书展	0.602
			官方在国内举办的国际美术展	0.654
			官方在国内举办的国际书法展	0.589
			官方在国内举办的海外民俗展	0.645
			官方在国内举办的国际音乐演出	0.698
			官方在国内举办的国际舞蹈演出	0.686
			官方在国内举办的国际杂技演出	0.667
			官方在国内举办的国际武术演出	0.643
			官方在国内举办的海外民俗文化演出	0.646
		政府参与的大型国际文化体育活动 (0.548)	官方代表团参加的大型世界体育活动	1.664
			官方在国内举办的大型世界体育活动	1.802
			官方在国内举办的国际博览会	1.752
			官方在海外参加的国际博览会	1.750

续表

主题	维度及权重	细分维度及权重	指标	指标权重
文化软实力指标体系	企业层面 (0.417)	艺术商品与艺术服务 (0.488)	绘画、雕塑等视觉艺术出口数量/金额	0.632
			遗产物品出口数量/金额(如古董的拍卖)	0.584
			中国音乐的海外商业演出情况	0.737
			中国杂技的海外商业演出情况	0.735
			中国舞蹈的海外商业演出情况	0.758
			中国武术的海外商业演出情况	0.726
			中国京剧、昆曲等传统戏曲的海外商业演出情况	0.714
			中国书法展、美术展、民间工艺展等海外商业展览情况	0.737
			设计艺术的海外商业服务	0.646
		广播影视媒体的海外市场 (0.523)	电影出口数量/金额	1.104
			电影海外版权交易	1.143
			广播节目海外版权覆盖人口	1.072
			广播节目海外版权交易	1.108
			电视节目海外版权覆盖人口	1.138
			电视节目海外版权交易	1.153
		纸媒、互联网、通讯社的海外市场 (0.502)	中文网站在全球互联网中所占比例	1.253
			中国媒体的海外投资	1.312
			中文报纸海外发行量	1.309
			中文期刊海外发行量	1.296
			新华社等通讯社的海外信息服务	1.284

续表

主题及权重	维度及权重	细分维度及权重	指　　标	指标权重
文化软实力指标体系	企业层面 (0.417)	文化产品的海外市场 (0.486)	图书出口数量	0.661
			图书海外版权交易	0.647
			明信片、图片等印刷品出口数量	0.505
			VCD、DVD等音像及电子出版物出口数量/金额	0.649
			VCD、DVD等音像及电子出版物海外版权交易	0.654
			网络游戏出口数量/金额	0.621
			网络游戏海外版权交易情况	0.623
			动画出口数量/金额	0.651
			中国企业的海外商业广告投放情况	0.645
	社会组织/个人层面 (0.534)	社会团举办的海外文化艺术展演 (0.371)	社会团体等在海外举办或参加的图书展	0.591
			社会团体等在海外举办或参加的美术展	0.585
			社会团体等在海外举办或参加的书法展	0.593
			社会团体等在海外举办或参加的剪纸、泥塑等民间艺术展	0.577
			社会团体等在海外举办或参加的音乐演出	0.590
			社会团体等在海外举办或参加的舞蹈演出	0.615
			社会团体等在海外举办或参加的杂技演出	0.619
			社会团体等在海外举办或参加的武术演出	0.601
			社会团体等在海外举办或参加的京剧、昆曲等传统戏曲演出	0.600
			社会团体等在海外举办或参加的中国文化节/年	0.592
				0.604

续表

主题	维度及权重	细分维度及权重	指标	指标权重
文化软实力指标体系（0.534）	社会组织/个人层面（0.534）	社会团体在国内举办的国际文化艺术展演（0.361）	社会团体等在国内举办的国际图书展	0.516
			社会团体等在国内举办的国际美术展	0.535
			社会团体等在国内举办的国际书法展	0.511
			社会团体等在国内举办的海外民俗展	0.523
			社会团体等在国内举办的国际音乐演出	0.555
			社会团体等在国内举办的国际舞蹈演出	0.549
			社会团体等在国内举办的国际杂技演出	0.544
			社会团体等在国内举办的国际武术演出	0.519
			社会团体等在国内举办的海外民俗文化演出	0.533
			社会团体等在国内举办的国际文化节/年	0.531
			社会团体等在中国举办的国际学术交流活动	0.508
		汉语的国际推广（0.441）	孔子学院的海外数量及规模	1.569
			设置汉学专业的国外著名学校数量	1.735
			外国来华留学生人数	1.884
			全球汉语学习人数	1.921
		中外思想文化交流（0.414）	佛教、道教团体的海外交流活动	1.994
			中国参与的跨国界组织的文化活动次数	2.359
			中国参与的联合国的文化活动次数	2.332

续表

主题	维度及权重	细分维度及权重	指标	指标权重
文化软实力指标体系	社会组织/个人层面（0.534）	旅游（0.434）	入境旅游人数	1.764
			入境旅游产品消费额	1.652
			世界物质文化遗产数量	1.801
			世界非物质文化遗产数量	1.788
		中国文化的国际认可度（0.423）	西方国家主流传统媒体对中国的正面报道数量	1.256
			西方国家主流网站对中国的正面报道数量	1.353
			中国获得世界艺术文化奖项的次数	1.415
			中国学者参加的海外学术交流会议	1.481
			中国学者在国际人文社会科学学术期刊(SSCI)上发表的论文数量	1.323

第五章　中国文化符号与软实力发展

在我们探索和采用的中国文化软实力层面构造中,文化符号系统处在最外显的层面。正如第二章已经指出的那样,文化被视为符号表意系统,这主要是来自德国哲学家卡西尔(Ernst Cassier)的主张。当卡西尔将动物与人类以"信号"(sign)和"符号"(symbol)相区分时,神话、宗教、语言、艺术、历史和科学等主要处理人类生存意义的形态,便被纳入符号表意系统即文化之中,从而使文化与符号系统之间在理论上建立起了牢不可破的关联。[①] 这一思路在20世纪中后期哲学的"语言论转向"潮流中更获得了支持,从那时以来至今,从符号角度讨论文化问题仍是学界的热点之一。符号学、符号理论不但促进了语言、文学、艺术等学科的发展,也对社会学、传播学、经济学等领域有重大意义。

但是,随着政治学与国际关系学,尤其是"文明冲突论"影响下的地缘政治学之视角伸展进文化领域,这一关系人类精神层面的问题领域便开始出现了一种微妙而又重要的改变:文化不再仅仅作为符号表意系统而被言说,而是被视为与政治、经济、军事等相并列的一种"实力"或"权力"了。它不仅在精神上发挥着看不见的作用,而且

[①] 〔德〕恩斯特·卡西尔:《人论——人类文化哲学导引》,甘阳译,上海译文出版社1985年版,第41、72、281、288页。

其现实物质层面的重要性也得到了新的认识和重视。这既是对作为认识对象客体的"文化"在观念上的一次创新,也是人类自我审视、自我反思的认识论变革。不妨将这种改变简约地概括为从"文化符号论"向"文化实力论"的转向:"与文化符号论把文化看作特定民族的生活方式的符号显现不同,文化实力论把文化视为特定国家实力的体现。"①与这一观念变革相联系的认识论趋势是"特定民族生活方式→特定国家实力",亦即是"文化"的符号价值需重置于国家层面加以考量,符号与政治、经济、军事等关系国家政策和发展战略的相关方面需再做关联。只有在这一意义上展开的文化符号讨论,才能继承"文化符号论"以来诸多学科研究成果,并将其运用到政治与国际关系学的"文化实力论"研究之中,使其往前推进,进而针对文化软实力的实际问题提出应对之策。

本章首先从文化符号与软实力的关联入手展开讨论,借助"中国梦"的符号意义去分析二者的连接渠道,进而探讨文化实力论对国家发展战略的重要影响。其次讨论文化创新与软实力的作用之道,为在大国风范下,将文化符号视为软实力表现形式及其创新意义提供思路。最后两节以具体调查研究和个案分析入手,分别考察中国文化软实力的符号资源现状与北京"世界城市"的文化符号建设问题。

第一节　符号与软实力的关联路径及"中国梦"的软实力价值

符号作为文化的表征,是现代语言学开创者索绪尔(Ferdinand de Saussure)以来形成的符号学(或结构主义)传统的一种基本认

---

① 王一川:"电影软实力及其效果层面",《当代电影》2008年第2期。

定。这种传统熟练地使用"能指/所指"、"历时/共时"、"深层/表层"、"组合/聚合"等术语,将纷繁复杂的文化世界进行理论抽衍和逻辑分析,在文学艺术领域产生了众多富有启发意义的成果。而面对"文化实力论"的巨大转向,这一传统又重新被西方马克思主义所激活,产生了以阿尔都塞为代表的"结构主义的马克思主义"。在关切国家政治和经济领域的马克思主义那里,文化符号出现了与软实力的理论关联。这一关联表现为政治与经济两条路径,通过西方马克思主义以来对符号权力、符号资本的分析,文化的实力属性得到了理论确证——尽管确证方式多半以知识批判或精神反思的姿态进行,但它却恰恰说明了"文化实力论"从一开始就具有极大的思想震撼力和社会影响力,成为人文社会科学研究不可忽视的对象。

一、文化符号与软实力的政治关联:符号权力论

符号作为文化软实力的外显层面,对人的注意力有吸引和凝聚的作用。人们的注意力(或称"注意力资源"、"眼球经济")是有限的,因此其分配便具有政治意味。从这个角度说,也可以认为"符号处于软实力的核心",而"随着软实力的发展成为趋势,当代世界正在持续增长的现象乃是符号的战争"。[①] 而在"战争"双方的"软实力"对抗中,作为常规武器的"符号"就显得尤为重要了。

这一观点同样来自于现代哲学的"语言论转向",经过索绪尔、维特根斯坦、乔姆斯基等阐释之后,在法国思想家福柯(Michel Foucault)那里得到集中显现。福柯把社会话语视为一种权力分配,话

[①] Fraim, John, *Battle of Symbols: Global Dynamics of Advertising, Entertainment and Media*, Einsiedeln Switzerland: Daimon Verlag 2003, p. 34.

语秩序、话语实践构成了整个社会微观权力分配的基础。他指出，"物"与"词"（符号）之间的关系充斥着种种权力的作用，使"事物本身背负起越来越多的属性、标志和隐喻"；这些属性、标志和隐喻即是符号的作用，让事物"最终丧失了自身的形式，意义不再能被直觉所解读，形象不再表明自身"。[1] 尽管针对福柯的知识考古学和话语权力分析仍有诸多批评，但福柯已经在社会语言学意义上指出了话语、知识等符号形式与权力之间存在不可分割的密切关系。

而这一符号权力论思路显然也与西方马克思主义在20世纪的发展有关。在葛兰西那里，意识形态是一种文化霸权或译文化领导权（culture hegemony），它是"一种在艺术、法律、经济行为和所有个体及集体生活中含蓄显露出来的世界观"，分布于哲学、宗教、民间传说等之中。[2] 文化霸权由政党、教会、工会、学校、学术文化团体和新闻媒介等构成的市民社会（civil society）所控制，[3] 而这些文化符号生产、传播机构所进行的工作在很大程度上都属于今天所谓"文化软实力"的范畴。尽管按照葛兰西的理论，文化霸权的对外功能是强大的斗争（阵地战）而非柔性的吸引，但联系葛兰西所受到的列宁的影响看，文化霸权更具有"对内凝聚"的功能。[4] 可以说，"文化霸权"与

---

[1] 〔法〕福柯（Michel Foucault）：《疯癫与文明》，刘北成、杨远婴译，生活·读书·新知三联书店2009年版，第15页。

[2] Gramsci, Antonio, *Selections from the Prison Notebooks*, London: Lawrence & Wishart, 1971, p. 328.

[3] 〔意〕安东尼奥·葛兰西：《葛兰西文选》，中央编译局国际共运史研究所编译，人民出版社1992年版，第439页。

[4] 葛兰西在莫斯科读到列宁指示包括"文化任务不可能像政治和军事那样迅速解决"，"斗争有两方面，一面粉碎资产阶级制度残余，一面重新教育群众"，"无论在政治停滞时期或狂风暴雨的革命时期，扩大对群众影响这项工作始终是必要的"。这里的"教育群众"、"扩大对群众的影响"都可视为文化霸权的"对内凝聚"作用。转引自赵一凡：《葛兰西：西马之战略》，《中国图书评论》2007年第2期。

"文化软实力"是两种不同立场或时代语境对一种对象的不同表述。对此,"软实力"理论的倡导者约瑟夫·奈(Joseph Nye)似乎有清晰的认识:"霸权是俄罗斯、中国领导人使用的责骂词。在美国这等软实力超强的国家,这个词不常用。它可代表美国优势,但不表示支配与控制"。①

与福柯基本同时的阿尔都塞承接葛兰西,将文化霸权向着符号/话语理论的方向推得更远。②他把宗教、教育、家庭、传媒、文学、艺术、体育等均视为"意识形态国家机器",③它们不断生产出具有某种意识形态的"主体",产生一种"询唤"(interpellation)效果:这极类似于软实力的"对内整合"功能,这就是赋予个体以集体性认同。尽管阿尔都塞据此批判资本主义文化,但文化符号及其教育功能所具有的确认自我身份的意义却从理论上得到了揭示。在此基础之上,阿尔都塞的学生米歇尔·拜肖(Michel Pêcheux)指认符号语义学具有斗争意义,语言符号是权力冲突的重要场域。④

事实上,揭示以符号为代表的文化与权力的隐匿关系,是20世纪左翼思想家的重要工作,至法国社会学家布迪厄(Pierre Bourdieu)而集大成。他标举符号/象征权力(symbolic power),即"通过言语认识特定事物的权力,使人们'眼见为实'的权力,确定或改变世界

---

① 〔美〕约瑟夫·奈:《美国霸权的困惑》,郑志国译,世界知识出版社2002年版,第15页。

② 阿尔都塞对葛兰西的直接继承,可参见 Althusser, *Lenin and Philosophy and Other Essays*, Trans. Ben Brewster, London: New Left Books, 1971, p. 142. 关于福柯和阿尔都塞的区别,参见沃尔夫:"意识形态国家机器、消费主义和美国资本主义:左派的教训",吴昕炜译,《学术研究》2008年第6期。

③ Althusser, *Lenin and Philosophy and Other Essays*, Trans. Ben Brewster, London: New Left Books, 1971, p. 96.

④ 参见 Pêcheux, Michel, *Language, Semantics and Ideology: Stating the Obvious*, Trans. Harbans Nagpal, London and Basingstoke: Macmillan, 1982.

的视野,从而确定或改变对于世界的实践乃至世界本身的权力",[1]乃是社会交往过程中极为重要的因素,可以谋取符号利益(symbolic benefits),区分社会阶层,甚至具有硬实力所无法获得的合法性——因而也成为硬实力所必须依靠和掩盖的交换关系。比此前马克思主义者的论述更进一步的是,布迪厄深入说明了阿尔都塞意义上的"意识形态国家机器"(如学校、家庭、社会环境等)如何作用于个体,使之形成惯习系统和性情倾向,以制造"占位感",达到社会结构与心智结构之间的同构。在他看来,"国家"是最具有符号权力的机构,它通过设立种种科层体制而使符号化(transfigured)的权力得以施展,形成了"合法化符号权力的垄断"。[2] 由此,符号权力便从此前的"市民社会"(葛兰西)或"意识形态国家机器"(阿尔都塞)等民间层面,转移到了政治性的"国家"层面。

更重要的是,布迪厄进一步看到了符号权力或符号暴力(symbolic violence)在某些情况下"可以发挥与政治暴力、警察暴力同样的作用",而"马克思主义传统的一个巨大缺陷,就是没有为这些'软性'的暴力形式留出余地,而这些形式即使在经济领域中也发挥作用。"[3]换言之,布迪厄已然看到了"硬实力"(政治、警察)和"软实力"的异同,并指出其所应具有的意义。由此,文化、符号、国家、软性等属性得到了初步统合,"国家文化软实力"概念初具雏形。

从西方马克思主义到布迪厄,视符号为权力表达的批判路径,让

---

[1] Bourdieu, *Language and Symbolic Power*, Cambridge: Harvard University Press, 1991, p.170.

[2] 参见包亚明编:《文化资本与社会炼金术:布迪厄访谈录》,上海人民出版社1997年版,第158页。

[3] 〔法〕布迪厄、〔法〕华康德:《实践与反思》,李猛、李康译,中央编译出版社1998年版,第69页。

文化与实力取得了隐匿的关联，为文化软实力理论奠定了基础。① 但显而易见的是，上述左翼思想家对符号及其权力的阐述都主要建立在对资本主义国家政治权力批判的立场之上："符号权力被定义为这样一种权力：它强加并灌输各种分类系统，使人把支配结构看作自然而言的，从而接受它们"。② 因此，知识界的行动是首先"视话语为我们强加于事物的一种暴力"；其次，对其进行"批判性分析"和"谱系分析"，前者应对"包围话语的制度"，后者则针对"话语在其间有效形成的序列"。③ 如此一来，文化符号就一直被呈现为待解构、待批评的负面力量，与之相关的软性实力也就成了资本主义国家对内整合所端赖的体制性权力，"强加于各种现实建构原则的特定符号权力，成了政治权力的一个主要向度"。④

这并非其后由约瑟夫·奈所开启的"文化软实力"理论的题中应有之义。相反，奈自谓"软实力"乃是一种积极正面的权力，是"一种可控的吸引力"。⑤ 这就意味着葛兰西、阿尔都塞、福柯、布迪厄等人所延续的符号权力批判传统在后冷战时代被再次反转：现代民族国家开始作为主体，对内进行民众整合，对外则进行柔性吸引。这一新的符号"战争"，不再是葛兰西所言的面向国家机器所展开的"阵地

---

① 关于布迪厄与约瑟夫·奈在文化软实力理论上的影响关系，可参见 Noya, Javier, "The symbolic power of nations", *Place Branding* 2. 1 (Jan. 2006), pp. 53—67.
② 〔法〕布迪厄、〔法〕华康德：《实践与反思》，李猛、李康译，中央编译出版社1998年版，第69页。
③ 参见〔法〕福柯："话语的秩序"，肖涛译，载许宝强等编：《语言与翻译的政治》，中央编译出版社2001年版，第1—31页。
④ 〔法〕布迪厄、〔法〕华康德：《实践与反思》，李猛、李康译，中央编译出版社1998年版，第87页。
⑤ Nye, Joseph, "Notes for a soft—power research agenda", In *Power in World Politics*, edited by Felix Berenskoetter and M. J. Williams, New York: Routledge 2007, pp. 162—163.

战",而是以国家为主体,在国家与民众、国家与国家之间进行的文化传播、交融与创新。晚近以来的"软实力"理论为文化符号与权力之间的关系打开了新的路径:符号必然成为权力的表征,符号与受众资源关系到微观权力的分配,那么通过有序的议程设置,便有可能使特定语境中的国家文化软实力实现符号结构的最优化配置,并以相应的发展战略而形成长效机制。由西方马克思主义者所开启的符号权力批判论传统,则反过来成为了符号权力建构论的理论基础。[①] 这无疑是一件颇为有趣的事情。

二、文化符号与软实力的经济关联:符号资本论

文化符号的实力显现,除具有政治意味的权力路径外,还表现为对经济的影响:文化符号作为经济学的研究对象,进入商品市场交换领域,通过符号与物质资源的转移,会引起国家之间实力的变化。20世纪中叶以来,在国际范围内普遍出现了售卖文化的"新经济"现象。[②] 依据"文化"的多重含义,这一现象可以有不同命名:从文化的信息传播角度,可称为"信息经济"或"知识经济";从文化的感性效果角度,可称为"体验经济";从文化的受众资源角度,可称为"注意力经济";此外,还有非物质经济、软经济、服务经济、文化经济、审美经济等不同表述。这些命名既有交叉,又各有其独特领域。而如果从文化的符号属性出发,则可以将其称为"符号经济"(symbolic economy)。这一从文化角度出发的有关符号的经济学属性界定,不同于狭义金融学意义上专指资本运作的"符号经济"

[①] 中国传统对符号与权力的论述,参见黄亚平:《典籍符号与权力话语》,中国社会科学出版社2004年版,第23—31页。

[②] 参见 Leadbeater, Charles, *Living on Thin Air: The New Economy*, Harmondsworth: Viking 1999.

(symbol economy),后者更倾向于马克思所言"虚拟经济"(fictitious economy)。①

马克思的"虚拟经济"是一个批判性极强的概念。他认为债权、证券、股票等"作为纸质复本,这些证券只是幻想的,它们的价值额的涨落,和它们有权代表的现实资本的价值变动完全无关",②因此,虚拟经济乃是"一切资本主义生产方式的国家","都周期地患一种狂想病,企图不用生产过程作中介而赚到钱"。③ 这一"周期性"的揭示,将金融危机的根源归因虚拟经济,间接承认了虚拟经济的实力。晚近以来的世界经济发展,尤其是金融自由化的浪潮也印证了这一观点。党的十六大报告首次提出"正确处理虚拟经济和实体经济的关系"问题,恰说明马克思意义上的批判在当代语境中必须接受一次新的反转与认识:有效利用和控制虚拟经济可以产生极大实力。

从文化符号参与市场运作的角度来看"符号经济",相同的问题依然存在。鲍德里亚(Jean Baudrillard)正是从马克思对"虚拟经济"的批判性分析中发现其"忽视",进而延续其批判立场,进一步展开新的分析。他首先认定当代语境为"消费社会",以区别于马克思主义经典作家所批判的工业时代。在此基础上,他承续索绪尔与拉康的理论,将符号交换理论与人的欲望增殖联系起来,指认符号体系具有激发人的消费欲望的实力,并最终以"拟像"(simulation,又译"类

---

① 金融学上将符号经济作为与实体经济(real economy)相对立的概念,专指"资本运作、外汇率及信用流通",参见〔美〕彼得·德鲁克(Peter F. Drucker):《管理的前沿》,许斌译,企业管理出版社1988年版,第38页。关于马克思对虚拟资本、虚拟经济的论述,参见〔德〕马克思、〔德〕恩格斯《马克思恩格斯全集》(第25卷),人民出版社1974年版,第528—529页。
② 〔德〕马克思:《资本论》第3卷,人民出版社2004年版,第541页。
③ 〔德〕马克思:《资本论》第2卷,人民出版社2004年版,第67—68页。

象")作为符号发展的极致:"它不需要原物或实体,而是以模型来产生真实:一种超真实(hyperreal)。"①这赋予了文化符号体系以极高的控制性地位:符号甚至具有操纵真实、支配主体的"实力"。以"符号交换"为特征的"符号经济",突显的是"符号价值"(sign value),以独立于传统经济的使用价值。

值得注意的是,英译鲍德里亚的"符号经济"多为"economy of sign",这不同于主流经济学讨论文化意义上的"符号经济"时多用的"symbolic economy"。前者泛指融入日常生活实践之中的符号,而后者则是指由文化、创意所带来的知识增殖,是一种"文明化"的经济现象。② 换言之,从不同立场考察符号经济,所得到的结论也大不相同:继承了马克思批判精神的鲍德里亚所进行的符号政治经济学分析,仍将符号的经济学特征回复到政治学意义上,借助意识形态理论展开符号学判断:"符号绝非与其意涵相对立的客观,它是最意识形态的术语。"③这就是说,从批判立场(政治经济学)出发,符号与软实力之间的经济关联又会重新回到政治关联之上。这固然有深刻的反思价值,但却有可能取消符号资本的独立性,混淆经济与政治的差异。④

---

① 〔美〕贝斯特(Steven Best)、〔美〕凯尔纳(Douglas Kellner):《后现代理论:批判的质疑》,朱元鸿等译,巨流出版社1994年版,第150页。
② Allen, John ,"Symbolic economies: The 'culturalization' of economic knowledge", In *Cultural Economy*, edited by Paul du gay & Pryke, Michael, London: Sage Publications, 2002, pp. 39—59. 但这两个术语的区分并不严格,斯科特・拉什等在讨论文化符号经济时,交替使用这两个术语,参见 Lash, Scott & Urry, John, *Economies of Signs and Space*, London: Sage Publications, 1994.
③ Baudrillard, Jean, *For a Critique of the Political Economy of Sign*, St. Louis: Telos Press, 1981, p. 159.
④ 国内学者对文化符号的经济价值展开的政治经济学批判可参见刘方喜:"符号经济与剩余价值的流传:新艺术政治经济学批判",《中外文化与文论》2011年第2期。

谈论符号资本,意味着将文化符号视为一种特定的经济要素,参与市场交换,从而构成"文化经济"。[1] 一般认为,这一现象进入主流经济学视野,始于1966年普林斯顿大学经济学教授威廉·鲍莫尔(William Baumol)与威廉·博文(William Bowen)合著《表演艺术:经济困境》的出版。[2] 此后,"文化经济学"作为经济学分支之一的国际影响渐成大观。[3] 它在产业经济学上表现为"文化产业"——这一概念的提出,同样来自于批判立场的法兰克福学派。但法兰克福学派在对"文化产业"的异化作用展开批判的同时,却忽略了资本与文化符号的互动关系。正如鲍莫尔所指出的那样:"全国非盈利演艺组织的收入缺口,在当前经济标准下似乎显得微不足道;但对某个特定的演艺组织而言,这数额不大的资金缺口就意味着生与死的差异,至少是文艺演出令人满意还是难以接受之间的差异。"[4] 毫无疑问,文化符号(如文艺演出)与经济资本之间同样具有某种隐匿关系,它可以使文化符号"令人满意",从而实现软实力"内凝外吸"功效;也可以通过文化符号的市场化运作,使经济资本得到增殖,进一步提高文化

---

[1] "符号资本"不同于布迪厄从权力角度定义的"文化资本"。在布迪厄看来,文化资本是个体据以获得社会认同的文化资历,包括文凭、知识等。参见 Bourdieu, "The forms of Capital", In *Handbook of theory and research for the sociology of education*, edited by Richardson, John, New York: Greenwood Press 1986, pp. 241—258.

[2] 鲍莫尔等用了大量笔墨来说明经济资本对演艺产业的重要意义,第一章第五节讨论演艺公司的资金成本问题,第三章都用来讨论不同来源的资本在演艺产业中的作用,篇幅可占全书的1/3。参见 Baumol, William & Bowen, William, *Performing Arts—The Economic Dilemma*, New York: The Twentieth Century Fund, 1966.

[3] 文化经济学已经拥有一个独立的国际学会(即 ACEI,始于1979年,改组于1992年)、一本专业期刊(即 Journal of Cultural Economics,始于1973年)和一项常设的国际学术会议(每两年举办一次,首办于1979年)。参见 Dolgin, Alexander, *The Economics of Symbolic Exchange*, Heidelberg: Springer 2009, p. 4, 72.

[4] Baumol, William & Bowen, William, *Performing Arts—The Economic Dilemma*, New York: The Twentieth Century Fund 1966, p. 157.

的软实力效果。它关系着文化的命脉。

与"符号权力论"相似,"符号资本论"所开示的文化符号与软实力之间的关联主要来自左倾的批判立场:从马克思到鲍德里亚、詹明信,都秉持主体追求而对文化符号所具有的经济属性倍加警惕。但这一立场同时提示了文化符号左右社会经济与政治的巨大"实力"可能。毋宁说,在信息技术高度发达、文化符号无孔不入的今天,经济、政治作为传统范畴已经被符号化了;它们的运作、生产和再生产都离不开虚拟的符号形态,同时也成为人类文化的重要资源——经济或政治事件在今天被人们当作"文化"现象而加以谈论、消费,已变得司空见惯了。在这个意义上,鲍德里亚所言"权力变成了符号,并在符号的基础上被创造出来"[1]便成了文化经济的哲学问题。

在全球产业转移、产业结构调整、生态问题等日益受到关注的今天,"退二进三"的文化符号资本运作已属必然。在这一形势下,文化与软实力之间的两条关联路径之审视与反思都应该出现相应的变化,才能使我国文化软实力发展既得到战略提高,又充分满足于国民文化需求,尤其是其自由而全面发展的实现——后者正是左倾文化批评家所汲汲追求的。文化与实力经由政治和经济两条路径的联姻作为社会理性选择,真的加剧了人类异化、阻碍了人类远景的追求么?

美国政治学家大卫·布莱尼指出:"经济学家与文化批评家都在试图隐瞒这样一个暧昧的问题":"技术理性(technical rationality)的体制化是当代社会财富创造的核心,极大地促进了人类自由、平等与

---

[1] Baudrillard, *Forget Baudrillard : an interview with Sylvere Lotringer*, New York: Semiotext(e) 1987, p. 59.

个性化的进程;而同样明显的是,工具理性(instrumental reason)的反社会实践并不能从宏大的社会目标与意义系统中分离出来。"[1]换言之,如果我国文化软实力发展战略能够对文化符号及其相关产业、体制问题进行有效而充分的调整和分配,那么"文化"就有可能推动我国自由、平等的社会进程,对内凝聚多方共识,对外吸引各国关注,真正实现中华民族的伟大复兴。

三、"中国梦"文化符号的软实力路径及其意义

中华民族的伟大复兴,在十二届全国人大一次会议上被习近平总书记凝练地概括为"中国梦"。这一带有典型符号特色的表述,不但可以视为是中国文化软实力发展的最高要求,也应该被认为是中华民族复兴之路顶层设计的符号表征,凝聚为中国特色社会主义道路、理论与制度的集中表达。在今后相当长的一个时期内,"中国梦"将是我国政治、经济、文化和社会建设的重要指导理念,因此,从文化符号与软实力的关联路径上对"中国梦"做进一步深入的阐释,就显得极为必要且迫切。

把"中国梦"视为文化软实力的符号表征,根据符号学原理,可以分为能指与所指两个层面。从所指上看,文化符号的表征对象一般都是确定的。"中国梦"在很大程度上也具有确定的经济指标作为其所指表征,例如,十八大报告指出,到 2020 年"实现国内生产总值和城乡居民人均收入比 2010 年翻一番";学者林毅夫提到中国经济发展增速能够长达 20 年平稳保持在 8% 左右;[2]以及胡鞍钢等在人口、

---

[1] Blaney, David & Inayatullah, Naeem, "Undressing the Wound of Wealth: Political Economy as a Cultural Project", In *Cultural Political Economy*, edited by Best, Jacqueline & Paterson, Matthew, New York: Routledge 2010, pp. 29—47.

[2] 参见 http://finance.people.com.cn/stock/n/2013/0426/c67815—21287299.html。

人均寿命、水资源、失业率等系列指标上做了具体分析。① 但就"中国梦"的能指而言,却是一个相对模糊的概念;② 它概指对中国人精神面貌及中国文化发展前景的整体想象——根据习近平总书记的概括,这一文化想象的内涵是"有梦想,有机会,有奋斗,一切美好的东西都能够创造出来",而阐释这一内涵的外延则包括文学、电影、艺术、新媒体传播等具体文化产品与社会文化现象。作为文化符号,"中国梦"既需要现实政治、经济改革,又需要整套文化想象为支撑,而这一套想象又通过上述权力、资本路径,与文化软实力发生关联。

从"中国梦"符号的文化政治内涵来看,它需要在文学艺术创作中倡导社会民主、正义,需要在高扬主旋律的同时,对社会底层、普通民众的日常生活予以足够的关照,从而形成对社会权力分配的公平想象。以电影为例,在主旋律与现实主义相关联处,通过类型互渗与诗意启蒙,努力使电影既反映、又反思"中国梦",从而表现出一种强大的思想力量,实现对内整合与对外吸引,是我国电影软实力构建"中国梦"的重要方向。《钢的琴》就试图把握底层生活梦想,以个人理想、集体主义和社会现实之间的碰撞烘托出个性且富有情趣的"中国梦";《一九四二》则通过对华夏族群生存的人性探讨,以"彻悟"和

---

① 参见胡鞍钢等:《2030 中国:迈向共同富裕》,中国人民大学出版社 2011 年版;胡鞍钢:《中国 2020:一个新型超级大国》,浙江人民出版社 2012 年版。

② 此处使用的"能指"并非传统结构主义语言学意义上的"音响形象",后结构主义者曾指出,单纯的物质性的音响形象会使"能指的存在仿佛是专门为了引导人们接近所指,因此似乎淹没在它所传达的概念与意义之中";因此,此处所使用的能指是指更宏大层面对"中国梦"的文化想象。参见〔瑞士〕索绪尔(Ferdinand de Saussure):《普通语言学教程》,高名凯译,商务印书馆 1999 年版,第 101 页;Culler, Jonathan, *On Deconstruction*, New York: Cornell University Press 1982, p.99.

"认亲"模式获得新生,来展示一种宏大且带有悲剧性气息的"中国梦"。① 文化符号多具社会权力想象性分配效果,不但有助于释放负面情绪,凝聚民族共识,重建社会信任,还可通过刻画民族、个体的形象来实现跨文化传播,获得软实力效果。

从"中国梦"符号的文化经济效果来看,我国文化市场潜力巨大,但文学艺术在打造"中国梦"的同时却难以彰显"符号经济"。电影《钢的琴》与《一九四二》票房远不如《泰囧》;但《泰囧》在国内票房高达12.6亿,在美国却仅有5.7万美元,也说明了缺乏足够民族独创性(中国道路、中国精神)的电影软实力在对外吸引上的弱势。② "中国梦"的文化构建,需要在注重社会想象和诗意救赎的同时,提升其可赏质,让商业、艺术和主旋律等艺术类型实现相互交融——这是"中国梦"符号经济价值实现的关键;还需要注重提升公众艺术素养,使其具有足够的艺术辨识力来对进入市场流通的艺术品及其营销进行祛魅,批判过分夸大的符号价值,又提高文化支出,促使健康的文化消费成为国民经济较为重要的组成部分。另外,还有待于文化市场体制改革的推进,引导资本进入符号流通领域,使文化产业真正成为提升我国文化软实力的主要方式。③

习近平总书记指出:"中国梦是民族的梦,也是每个中国人的梦","归根到底是人民的梦,必须紧紧依靠人民来实现,必须不断为人民造福。"这就为"中国梦"的文化软实力建构路径指出了方向:在文化政治上,"中国梦"的文化想象必须注重对"每个中国人"——尤

---

① 王一川:"新世纪中国电影类型化的动因、特征及问题",《当代电影》2011年第9期;王一川:"当前中国现实主义范式及其三重景观",《社会科学》2012年第12期;王一川:"死地上的族群生存实验——《一九四二》中的人生境界探求",《当代电影》2013年第1期。
② "《泰囧》美国引思考:票房惨败 国片入美陷窘",《人民日报》2013年2月28日。
③ 叶朗:"文化创意产业是大审美经济",《北京商报》2008年1月7日。

其社会底层和普通民众生活梦想的书写，对其进行想象性"赋权"；在文化经济上，逐步建立多渠道艺术市场（如艺术院线），丰富艺术成果，让"中国梦"的文化建构既具有充分的多样性，又能够普惠公众，提升其艺术素养，使文化体制改革的成果为更广大的人民所共享。

从字面来看，"中国"与"梦"之间本具有某种现实与理想的张力，因而具有极大的阐释空间。这种阐释空间可以吸纳诸多文化因素、现象进行软实力的"筑梦"整合。"中国梦"的符号能指不但应该在上述政治、经济两个方面与软实力建立关联，还应发挥文化濡染与凝聚的社会意义，实现"内凝外吸"（凝聚中国力量，走中国道路）的社会效果。

"中国梦"的文化符号要使民众紧密团结、万众一心，就必须创造出更多反映普通民众生活状态与精神诉求的文化产品，尊重民意的文化符号表达（如微博、微电影、网络新语词等），鼓励民众积极进行文化创作与发言，疏导民间积累的负面情绪（如吐槽、抱怨）。晚近"屌丝"一词频引争议，它的符号价值可视为对某一社会弱势阶层的概括。若相应利用新媒体文化中的"治愈系"（如筷子兄弟的电影《老男孩》）和"小清新"等文化符号加以引导，用不断更新和发展的新媒体文化来"凝聚中国力量"，让中国未来一代在青年时期面对社会转型时期特有的时代机遇和个体压力，坚定相信"中国人民共同享有人生出彩的机会，共同享有梦想成真的机会，共同享有同祖国和时代一起成长与进步的机会"，就有可能最大程度上实现内在凝聚。

在对外吸引上，"中国梦"的首要问题是协调大国意识形态冲突——包括中国文化如何获得认同、走向世界，这典型地表现在与"美国梦"的比照、竞争之上。中国国际形象自2009年始逐渐上升，但在欧洲、北美和部分亚洲国家却相反呈负面走势,这与美国的国际形象并不相同。[1] 美国文化符号具有无可争议的软实力,尤其通过文化产业打造"美国梦"。[2] 从符号学上看,"中国梦"与"美国梦"是替代性的纵聚合关系,但是符号学研究也说明了,正是依据对等(相当)原则将不同选项从选择轴引申到了组合轴才产生了丰富的诗意。[3] 因此,无论从世界文化多样性还是各国文化的参照性角度来说,"中国梦"都需要与"美国梦"共存,并且应该通过弘扬中国精神、走中国道路,来补充和丰富"美国梦"作为西方意识形态的单一状况。这是"中国梦"获得国际认同的基础。

有西方评论家指出,中国政府"加强软实力建设","将大规模投资用于扩张其全球文化形象,发展对外宣传与公众外交",但"还远远不够"。[4] 从符号与软实力的关联来看,造成这一问题的原因或在于"中国梦"的文化想象系统仍待建构,它的对外吸引能力还需要在丰富、完善自身内涵与外延的基础上,与中国经济、社会发展同步提升。一句话,"中国梦"作为符号的文化软实力的集中表述形式,不但能指与所指要协调发展,其"对内整合"与"对外吸引"也要以前者为基础而同时兼修。这是文化符号与文化软实力在政治、经济两条关联路径上所能给予中国当前文化建设的启发。

---

[1] Shambaugh, David, *China Goes Global: The Partial Power*, Oxford University Press, 2013, pp. 10—11.

[2] "美国梦"始见于1931年,它同样具有多面性,"每一个年龄段的人都有自己的美国梦"。参见 Samuel, Lawrence, *The American Dream: A Cultural History*, Syracuse: Syracuse University Press 2012, p. 181.

[3] 参见〔俄〕雅各布斯:"语言学与诗学",滕守尧译,载赵毅衡选编:《符号学文学论文集》,百花文艺出版社2004年版,第169—184页。

[4] Shambaugh, David, *Falling Out of Love with China*, in *New York Times*, March 19, 2013.

第二节　文化符号创新、大国风范与软实力的作用之道

晚近以来，建设"创新型国家"逐渐成为了社会共识，在其凝聚和感召下，科技体制、机关作风、人才培养等方面都出现了"创新"机制改革；十八大报告更将"创新驱动发展战略"作为"完善社会主义市场经济体制"的重要方面。这一过程与中国产业结构调整的进度基本同构：正是在呼唤高新技术产业和现代服务业的经济进程中，"创新"才成为社会整体诉求。可以说，"创新"意识在新世纪的觉醒，是中国社会、经济发展的内在要求，是由经济基础所决定的。它在不同层面表现为不同取向：在社会发展层面，它呼吁"资源节约型、环境友好型"社会；在经济上，要求推动产业结构升级，转变增长方式；在科技上，要求增强自主创新能力，实现跨越式发展。最终，"把全社会智慧和力量凝聚到创新发展上来"，到2020年建成"创新型国家"。

从国家强调改革创新精神的立意和规划上看，已然有了清晰的发展方向。但作为一种国家和社会风尚，"创新"必会成为反作用于经济基础的意识形态。换言之，"创新"一旦成为社会共识，便形成了一种新的"文化"——一种显现为符号表征的文化。从文化角度讨论"创新"问题，将"文化创新"或"文化符号创新"作为实施中国文化软实力发展战略的重要内容，有着极大的意义。文化符号创新不但可以通过政治和经济（产业）两条路径影响整个国家文化软实力，而且对大国风范的形成与发挥，尤其在国际公共外交与文化传播过程中软实力的竞争关系有促进作用。

一、文化符号创新:路径、资源与产业效果

文化创新,是指在既有文化基础上,经过人的智慧加工和生产实践活动,形成新的文化;也指在创新思潮影响下,"激发全民族创新精神"之后所形成的社会生活方式。它既在物质层面上表示某种具体的创新行为(科技、体制、教育、金融等),也可以指在此之上的社会文化现象(日常生活)——后者集中反映于文学艺术领域,即文化产业或事业所涵括的"内容"。[①] 而与之相关的"符号创新"则是"文化创新"的典型反映,以语言、品牌、文本、人物、事件等具体而凝练的象征标识着文化的变迁和演进。如果说,文化创新表现为符号创新,那么,符号创新则彰显文化创新。

由于"文化"一词本身的双层含义以及含义之间的勾连关系,文化创新表现为两种演进路径:从具体的创新行为出发,当其在各领域中频繁涌现,由点及面而形成社会整体的创新意识,它就会表现在日常生活之中,进而成为文学艺术所描摹的对象,形成新的文化符号;逆推这一路径,则可以从文学艺术的符号形式创新入手,使其"百花齐放,百家争鸣",形成社会生活风尚,最终落实于具体的创新行为之中。无论上述何种演进路径,文化创新都是以社会生活为枢纽,实现物质基础与上层建筑之间的转化。因此,文化创新关系着整个社会发展和日常生活变革,可谓最大的创新。它不仅为国家所提倡的创新意识、创新精神的落地提供基础(如文化产业),更重要的是它所形成的社会意识形态和凝练的文化符号会对整个国家的现代化进程产生巨大而深远的影响。从中国近百年发展历史看,一切科技创新、制

[①] 〔英〕雷蒙·威廉斯说:"文化的意义问题是由工业、民主和阶级等重大转变所直接决定的,而艺术的转变则正好密切地回应了这一点。"参见 Williams, Raymond, *Culture & Society* 1780—1950, London: Penguin 1961, p.16.

度创新、产业创新、教育创新等都融入了文化创新的浩荡潮流中,从而形成文化意义上的现代中国,文化创新始终是推动中国现代社会变革的基本驱动。

由此观之,"创新"乃是现代性的内核之一,符号则是其表征。文化现代性不仅表现为对现代化进程的反思,同时也是对既有思想资源的整合、创新,这本是一体两面的关系;只有建立在反思和创新基础上,文化现代性的理论建构活动才能成为社会进步的精神动力与智力支持——也只有在此基础上形成的文化符号,才能代表现代中国形象。具体而言,中国文化/符号创新必须对既有传统加以继承、融合,在古典文化、现代文化和外来文化三个"文化传统"之间实现贯通:一方面,中国古典文化/符号传统需要经过现代性激活、阐释,才能进入现代生活而发挥作用;另一方面,中国近百年的现代传统,即文化现代性的理论资源及其实践成果同样需要得到重新肯定与再认识——晚近以来,学界对"现代学"的讨论就是一种典型的努力。[①] 而在此二者之上,中国古典文化/符号和现代文化/符号传统还应融入世界文化/符号潮流之中,对其进行世界性(全球化)的审视,包括现代媒介的改编、与西方认识论的互释、跨文化传播的译介等。只有经过如是整合之后的新文化/符号,才兼具现代意义和全球视野,才值得视为当代中国形象,面对世界发挥"柔性而又厚实"的软实力作用。抱残守缺的保守主义、狭隘的民族主义或地域主义都可能对文化/符号创新造成损害,更难以与现代产业结构调整和全球产业变迁的经济语境相结合。以

[①] 参见刘小枫:"现代学的问题意识",《读书》1994 年第 5 期;王一川:"现代文学研究需要新眼光:中国现代学刍议",《文汇报》1998 年 5 月 13 日;刘小枫:《现代性社会理论绪论》,上海三联书店 1998 年版,第 2 页;王一川:《中国现代学引论》,北京大学出版社 2009 年版等。

流行文化为例,具有典型中国特色的"KTV"(Karaoke)作为一种文化符号,已经遍布世界,它即是带有古典民(秧)歌文化、现代延安合唱文化与日本流行音乐三个传统的新文化;随着全球华人离散,KTV文化符号在欧美国家开花落叶,成为当代华人亚文化产业的一个重要代表。

从产业效果来看,文化/符号创新是我国加快转变经济发展方式的现实要求与社会表现。在产业经济调整中,率先得到发展的正是与文化软实力密切相关的文化产业及其所代表的现代服务业。而文化产业之所以不同于传统产业,在于"它不再关注于'价格',而将'品质、创新和创意'当作表现形式"——这种表现形式也同样凝聚于文化符号(品牌)之中。文化产业与传统产业是迥然不同的两种市场:前者的核心因素是"有赖于产品与服务的更新换代"的"创新",因而是不同于工业时代"旧式竞争"的"新式竞争"。[1] 内容产业的竞争集中体现了文化创新的第二条路径——从文学艺术等文化象征(符号)形式入手,通过阐释古典文化、重塑现代文化、吸收外来文化,把"创新"凝聚成文化产品(符号),进一步形成文化软实力,影响社会生活。

值得指出的是,发展文化产业不等于文化/符号创新,它只是文化创新演进路径的一个起点。文化/符号创新的最终成就应当表现为三个文化传统的整合、社会日常生活的变化、全民创新精神的激发和文化软实力的持续作用。这就需要在产业之外,扩大文化的社会影响,使多种文化拥有更多"涵化"空间:"在一个领域的文化与另一个领域的文化相融合时,新的文化综合体已不是原来任何一方的生

---

[1] Pratt, Andy and Jeffcutt, Paul, *Creativity, Innovation and the Cultural Economy*, New York: Routledge 2009, p.3.

活方式,而是另一生活方式。"①而让这种新的"生活方式"成为日常生活,并进入文化内容,形成文化的日常生活符号,是需要相对宽松的社会舆论空间和管理政策支持的。

二、大国风范:文化/符号创新的条件及其语言表现

在现代民族国家的语境中,文化/符号往往具有国族特征。对国家的想象会影响人们的社会生活及其对所处文化环境的认识。在中国 GDP 超过日本位居世界第二的时代,"大国"已成为中国处于世界的基本标签。它深刻影响着世界各国对中国/中国人的认识,也成为中国/中国人自我认识的某种依据。但与此相反的是,中国近百年来的现代文化传统中,由于政权合法性因素而强调的"苦难"叙事,始终是中国人自我想象的底色——过往的屈辱史与今天的"大国"身份耦合而成当代中国(人)对自我形象的复杂判断。这使得中国民众在应对国际问题时往往出现不同声音。2012 年反日游行中,"怒砸日本车"与"呼吁理性爱国"并存即可视为这种文化心态的矛盾表现。

单一的文化视角未必能圆满解释处于特定语境中的民众情绪。但就国家文化/符号创新所需的"兼容并蓄"胸怀而言,"大国风范"必不可少。它既是国家文化管理政策制定与执行的精神气度,也是一个国家民众对待文化现象的社会心态。国家风范是"文化容器",对文化创新的过程、表现和结果起着监督、维护和鼓励的作用。若社会未能形成一种开放、包容的文化心态,偏激的民族情绪就有可能使文化/符号创新受阻。以唐、宋文化形态为例:唐代中国文化呈现出外

---

① 许倬云:"另类考古学",转引自梁元生、黎明钊:《江山风雨晦、长河万古流》,见许倬云:《我者与他者:中国历史上的内外分际》,三联书店 2010 年版,第 10 页。

展性的一面,充分接纳各族、各国文化,"胡姬酒肆"是市井景象,诸如"菩萨蛮"、"苏幕遮"、"苏合香"等教坊词牌文化符号都来自西域;而国力已弱的宋代文化则出现内生性的特征,文化资源不再向外整合,而是转向社会内部、底层挖掘,出现了世俗化趋势,方言入诗词到宋代就很常见,如"渠"、"勃姑"等字。在中国已经成为"大国"的今天,其文化外展性的一面已有较为坚实的经济基础,应该逐渐成为当代中国道路自信、理论自信、制度自信和文化自信的表现。

世界文化史上由于多种文化交融而出现的文化创新,不胜枚举;正是亚非文明与古希腊源头共同创造了今天的"西方文化":"希腊语有一半以上的词汇来自埃及语或闪米特语。"[1]语言是一种典型的文化符号,也是"创新"现象较为频繁的文化领域,尤其在全球化与信息化的今天,外来语、网络语和欧式语法已经成为了现代汉语的日常生态。在语言文化创新方面,充分接纳外来文化的"大国风范"意义重大。两种语言交流的过程中,常见的跨语际传播是翻译。季羡林先生对中国文化曾有一个有名的比喻:"中华文化这一条长河,有水满的时候,也有水少的时候;但却从未枯竭。原因就是有新水注入。注入的次数大大小小是颇多的。最大的有两次,一次是从印度来的水,一次是从西方来的水。而这两次的大注入依靠的都是翻译。"[2]这个比喻形象地说明了文化创新与语言开放或创新的不可分离的紧密关系。

总体来看,中国两次汉译外国著作的高潮都发生在国家强盛、大国风范典型的历史时期:"印度来的"佛经翻译主要发生在汉唐,"到

---

[1] 刘禾:《语际书写:现代思想史写作批判纲要》,上海三联书店1999年版,第12页。
[2] 季羡林:"《中国翻译词典》序",《中国翻译》1995年第6期。

唐代臻于极盛,北宋已经式微";"西方来的"传教士翻译主要发生在清代初年。尽管其中一次是"互补性的平等交流",另一次是"相对先进的西方文化与相对落后的中华文化之间的交流",[1]但这两次汉译外国著作的高潮之发生并产生巨大的社会影响,都与当时中国"大国风范"有着密切的关系。而在信息全球化的今天,跨语际传播已不限于翻译,而甚至成为日常生活的一种普遍现象;特别是英语教学进入基础教育之后(始于20世纪20年代,期间中断,80年代重新恢复),掌握英语的中国人越来越多,社会生活中中英双语夹杂使用极为常见。虽然这一过程与跨国公司进驻中国、劳动市场输出、知识移民潮等经济趋势相关,但作为语言文化现象无疑值得重视。影片《中国合伙人》所讲述的"新梦想"公司的故事,典型地反映了它的故事原型"新东方"外语教育培训公司在满足中国青年的极其旺盛的英语能力提升需求方面的巨大成功。2011年"hold住"这一中英混搭语之一跃成为该年度全国流行语,也从一个侧面显示了英语在当代中国社会各阶层群体中,特别是网民中的流行程度。

"语言关系总是符号权力的关系。"[2]沿着"翻译—英汉对照—英汉夹杂"的发展,"跨语际书写"在作为文化/符号创新枢纽的日常生活中已然常见:英汉夹杂的口语实践、网络即时通讯的文字传播、公共空间与商业空间中相关标语和资讯的设置等等,甚至成了一种社会风尚。它在一定程度上促进了两种语言的交融,形成了一种新的语言文化。尽管这一现象及其背后的逻辑仍值得反思与警惕,但它确实推动了中国文化和文化符号的国际化趋向。如果能在有益层面加以引导,则有可能成为一种文化/符号创新的萌芽,使中国文化软

---

[1] 马祖毅等:《中国翻译通史》(古代部分),湖北教育出版社2006年版,第67页、第3页。
[2] 〔法〕布迪厄、〔法〕华康德:《实践与反思》,李猛、李康译,中央编译出版社1998年版,第189页。

实力的传播更为自然、有序而易于接受。

跨语际书写的文化现象在文学艺术领域也有所反映。香港电影《青春梦工场》中,"狼狗"训斥青年人的一番话从粤语过渡到英语,又从英语过渡到粤语,一气呵成,在网络上广为流传;荣获印度国家电影最佳影片奖的《三傻大闹宝莱坞》中,演员台词也在印地语与英语之间自由转换。而印度和香港电影的国际化程度也远较中国内地电影高。另外,与"跨语际书写"文化现象相关的典型是海外中国城(Chinatown),在英美海外华人聚集区英汉夹杂的文化符号和生活现象比国内更为常见。但必须指出,香港、印度都曾为殖民地,英美海外中国城的历史和环境,都决定了其跨语际语言文化现象是本地语在英语强势作用下屈服、抵抗和消解,而非平等交流的结果。因此,它们并非当代中国文化融合、创新的典范,但仍不失为中国文化国际化提供借鉴与经验。

引导本地语与国际通用语的交融,不是轻视母语的"语言世界主义"(linguistic cosmopolitanism),而更倾向于"多语主义"(multilingualism),即多种语言文化符号并存共生的相对和谐局面。事实上,英语作为国际通用语言,自身纯洁性已出现了极大问题——汉语、日语、印地语等对英语的渗透、调侃早已是后殖民文化研究中文化抗争的重要例子。但英语"洋泾浜化"并没有使其语言符号所承载的"英美文化"弱化;相反,"洋泾浜化"丰富了英语的表达能力,使其尝试表达其他国家文化所特有的概念、情感,也推动了英语文化符号与产品(好莱坞电影等)的创作和传播。这对于英语来说,也是一种增强其对外吸引力的文化软实力创新。

语言文化符号的创新处于社会文化的表层,也是最重要的文化创新现象,它对文学艺术和整个社会生活都有重大影响。2006年前后,德国汉学家顾彬关于"中国当代作家不懂外语,所以写不出好作品"的观点成为一时文化论争的焦点。这一观点未必是无的放矢,它实质上揭示出了在当代考虑文学、文化问题所必须面临的全球化语境。"地球村"使中国已经不再是"地球之一国",而是"全球之一地","民族国家现代性体验"已经转向了"以全球流动为特征的全球地方化体验",而这种体验在文学艺术上则"呈现为对民族国家现代性体验的消解、背离或缅怀以及对全球流动性体验的向往、怀疑和抵抗等复杂姿态"——这一现代学判断更为中国文化/符号创新提供了宏观方向。① 进一步而言,中国文化符号及其软实力要随着现代性体验而实现"全球流动",必然会被他者的眼光所打量、取舍。东方学研究证明,强势的西方世界惯于对异质文化符号进行剪裁、删改,使其(东方文化)失却本来面貌。这种文化符号接受环节的巨大问题,在全球化的今天有可能前移到文化符号生产和传播环节得到处理,即文化在地化或地方化的交融与创新。

文化/符号创新意味着整合旧有、他者文化,需要大国风范的胸襟,需要管理者和社会公众在语言、宗教、民族、传媒、文艺、学术,甚至服饰、建筑等文化符号问题上秉持高度宽容和谨慎态度。这既是由资本全球性流动的经济基础所决定的,也符合流动性的全球地方化体验。"只有当我们不把文化的他异性和差异性当成危险的陌生性,而是当成某种激起我们好奇心的东西来体验,我们见到街道外的陌生人才不至于惕惕怵怵";② 这种社会心态就是大国风范的文化显现。

值得说明的是,文化本身既有安全问题,同时还纠缠着民族、国家和身份认同等复杂因素。这一话题在后殖民语境中已经被文化研

---

① 王一川:《中国现代学引论》,北京大学出版社 2009 年版,第 223—224 页。
② 〔德〕佩茨沃德:《符号、文化、城市:文化批评哲学五题》,邓文华译,四川人民出版社 2008 年版,第 44 页。

究广泛讨论。但正如论者所言,"非西方文化的能动作用"绝不仅只有"抵抗"一途;①抵抗、消解或反讽之外,更需要针对文化符号的洋为中用、吐故纳新。在这一过程中,自愿、主动、民间化等姿态都可以在很大程度上保证交流、融合的平等。坚持中国文化/符号本位,主动吸纳他者文化/符号,这是文化软实力发挥国际影响的重要前提。

三、场域与民主:软实力如何发挥作用?

文化创新、文化走出去、文化软实力等命题,都暗设着"文化"所具有的斗争属性;这一点早在中国共产党创建之初就是其制定文化政策的认识论基础。②佩茨沃德对布迪厄的文化界定所做的重新阐释,也指出文化是"一个为符号商品争取社会承认的动态化斗争"。③事实上,以符号为表征标志的文化软实力作为一种"力",也始终处于生成、对抗、较量、交融的过程之中。在国际文化话语权的竞争舞台上,一国文化软实力的作用场域不是真空,而是始终与他国的文化软实力相互发生作用的。就具体文化软实力的象征符号(外显层)而言,它必然发生在本土或他国的现实场域之中;而"大国风范",就是对"多元文化主义"的相对包容,使其国家文化场域成为不同国家文化软实力(包括符号、传媒与制度层面)之间相互作用、斗争、融合、创新的场所。

中国文化软实力(符号)在他国发挥作用,孔子学院、文化年、华

---

① 刘禾:《跨语际实践》,宋伟杰等译,三联书店 2002 年版,第 2 页。
② 林玮:"中国共产党 90 年来文化政策重心的四次转移",《四川省委党校学报》2012 年第 2 期。
③ 〔德〕佩茨沃德:《符号、文化、城市:文化批评哲学五题》,邓文华译,四川人民出版社 2008 年版,第 56 页。

语文学艺术的翻译、国家形象宣传片等都是案例;他国文化软实力(符号)在中国发挥作用,英语、美剧、日本动漫、韩国"骑马舞"("江南style")也比比皆是。以受众个体而言,多种文化符号的可选择性,就意味着软实力的竞争性;而文化软实力也只有在与他国文化软实力的具体对抗、交融中,才能显出对内凝聚、对外吸引的符号学效果。另外,在文化产业的语境中,文化软实力往往还影响着硬实力(经济)的消长。

集中体现软实"力"对比、较量的场域,是国际性文化展览、节庆和赛会。"展览、节庆和赛会为特定产业的制度安排和不同价值观的谈判、妥协和强化提供了空间场所","在展览会上伴随贸易往来而创造出经济价值的,是其他各种价值——物质的、社会的、时间的、空间的;这些价值与文化产品(包括艺术品、时尚收藏品、图书、电影、电视节目等)一起进入谈判空间,决定其经济价值"。[1] 在国际性的文化展览等活动中,不同国家文化符号及其背后所代表的制度和意识形态(价值观)都处于同一场域中竞争,或作用于感官,或诉诸精神,纷纷开展对参观者注意力的争夺之中。而"大国风范"保证了这些不同文化符号与价值观在同一时空场域中的杂然前呈,也显现了其对自身文化软实力能量、内涵、效用的高度自信——而这正是一种文化民主的现实表达。北京奥运会、上海世博会都是"大国风范"开创文化软实力竞争场域的范例。

另外,作为日常生活的文化及其软实力并不只在特定物理场所发挥作用。它与其他文化的碰撞、交融可以发生在随时、随地。只要文化载体(人、器具)处于流动、传播的过程中,文化创新及其软实力

---

[1] Moeran, Brian and Pedersen, Jesper, *Negotiating Values in the Creative Industries: Fairs, Festivals and Competitive Events*, New York: Cambridge University Press 2011, p.10.

效应就有可能发生。因此,中国文化/符号创新既可能发生在国内,也可能发生在海外;既应欢迎其他文化/符号走进国门,在中国文化场域中一比高低,也需要走出国门,在其他国家的文化场域内与之较量。由此可以说,"中国文化走出去"命题中的"文化",绝非土生土长的中国文化,而是经过在国内与其他文化相融合、创新后产生的"新文化";同时,它在海外传播的过程中,又会得到新的反馈、融合与生成,变成一种以中国为本位、底色而又带有某种普遍性的"世界文化"。

在海外华人聚居区,这种不中不西的"新文化"及其符号表征很常见。尽管它的出现有历史原因和文化霸权的作用,但文化创新的发生却是自然的和难以逆转的。更为重要的是,文化符号生产与传播者秉持宽容心态,主动通过翻译、注释、视觉传播等方法,充分利用新媒体等工具和渠道,介入文化融合的过程,是有可能改变其变化方向、趋势和文化折扣度的。日常生活意义上的文化,其生产、传播者不仅指艺术家、文化从业人员,而是包括海外华人、华侨在内的全体中国民众。这就是说,中国文化软实力的主体,并非文化管理者(它是宏观战略的制定者和维持者)单元;而是以文化从业人员为代表的广大中国民众。他们对语言、宗教、民族、艺术等全部生活符号领域的体验、感知与创新,构成了整个"中国文化"及其软实力。也正因为此,十八大报告提出"艺术民主、学术民主"的"文化民主问题"才具有极为重要的双重意义:从客体来说,它在整个日常生活领域内展开,以大国风范包容、促进多种文化符号及其软实力的竞争、融合;就主体而言,它提倡所有中国民众参与文化创新,鼓励其在日常生活、生产中具有国际视野,积极主动进行跨文化、跨语际交流。这种"文化民主"是文化/符号创新的前提、基础和保证,可以有效地推动整个社会民主进程;同时,这也是对"国家文化软实力"作为国民生活方式的价值系统及其符号形式向外部释放的柔性吸引力在最大程度、最大范围的表现。

　　两百多年前,歌德曾经提出"世界文学"的概念,那时候,欧洲民族主义正处于初发阶段。这一概念在几经批判之后,又随着文化史的兴起而重新进入人们的视野。① 流动、旅行、移民、离散(diaspora)等话题是当前学术的热点。一个全球化流动性体验成为主流的时代正在到来。中国文化/符号创新、大国风范与文化软实力的作用都将在这一语境中展开。萨尔曼·拉什迪曾说,我们应当"庆贺杂种性、非纯粹性、融合和转变,从中产生新的意料不到的人种、文化、思想[……]杂烩、混融是新事物产生的方式"。② 霍米·巴巴以"混杂性"(hybridity)来说明这种状态,他将其视为一种反抗文化霸权的策略与工具,也是一种"实力"(power)的象征。③ 但以从未彻底沦为殖民地的中国视之,这一学术概念的阐释效果尚有待商榷;而更不同于后殖民主义理论所关注的其他第三世界国家的是,中国近年经济发展举世瞩目、文化产业总产值逐年提高。"混杂性"如不仅是一种文化反抗策略,而是顺势而为文化创新、文化走出去的主动方式,那么中国文化软实力有可能藉由此途而走向国际化的新境地。总之,文化/符号创新是社会改革创新的最大显现,也是经济发展方式转型的有力推动,而大国风范是文化创新的重要保障。建立在创新基础上的文化软实力,具有典型的民主属性,可以为中国社会进步与国际影响力的提升提供文化驱动。

---

　　① Damrosch, David, *What Is World Literature*, Princeton: Princeton University Press 2003, pp. 4—5.

　　② Salman Rushdie, *Imaginary homelands: essays and criticism 1981—1991*, London: Granta Books 1992, p. 394.

　　③ Bhabha, Homi K. *The Location of Culture*, New York: Routledge1994, p. 112.

第三节 个案分析:从大学生文化符号观看中国文化软实力资源现状

文化符号与文化软实力的关系极其密切,讨论文化软实力的前提之一便是对作为软实力资源的我国文化符号现状进行调查和分析。因此,开展"全国大学生眼中最具代表性的中外文化符号"调查,是实施"我国文化软实力发展战略研究"项目的必要步骤,也是讨论我国文化软实力发展战略的重要个案。透过作为软实力显豁而重要的载体的文化符号,无论是中国文化符号还是外国文化符号,可以较有代表性地看出我国文化软实力的基本资源和发展现状。

一、大学生的文化符号观与中国文化软实力的资源

如本报告上编所指出,从胡锦涛同志在党的十七大做的报告第七部分的论述语境理解,国家文化软实力主要体现为四层含义:核心价值系统的吸引力(建设社会主义核心价值体系,增强社会主义意识形态的吸引力和凝聚力)、社会行为模式的凝聚力(建设和谐文化,培育文明风尚)、传统典范及遗产的影响力(弘扬中华文化,建设中华民族共有精神家园)、文化传播机制的感染力(推进文化创新,增强文化发展活力)。这四个层面相互交融、渗透,每一层在实际运行中,都会形成各自一系列凝练、集中而突出的符号象征形式。就体现中国文化软实力的文化符号来说,第一层面有毛泽东、邓小平等;第二层面有雷锋、钱学森等;第三层面有汉语、孔子、京剧、长城、兵马俑等;第四层面有春晚、贺岁片、张艺谋、赵本山、冯小刚等。不言而喻,这些富于象征意味的知名文化符号,都很容易让无论外国人还是中国人自己很快联想到中国、中国文化。

于是,从大学生对那些知名度颇高的中国文化符号的自我认同入手,去了解他们对中国文化软实力的自我看法,应当是有效的。考察一个国家的文化软实力,固然主要是看这个国家的文化在外国人心目中的感染效果,这一点无可否认,因为,正像外国学者已经指出的那样,"中国如何看待自己并不重要,真正的关键在于国际社会如何看待中国。"①但是,与此同时,也要看这个国家的文化在本国国民心目中的自我认同及感染效果,因为本国国民对自身文化的自我认同会极大地影响这种文化的自信力、对外传输方式及其效果。正像这位旁观者已建议的那样,完整地说,重要的环节实际上在于两方面:"别国如何看待中国以及中国如何看待自己。"他进一步建议说,"在我看来,中国有必要设计一套全新的理念,以向世人恰如其分地展示自己的国家形象。所谓的全新理念并不是要抛弃民族的传统文化,而是要想办法借助文化艺术、商业产品等,让世人看到一个令人耳目一新的中国,从而进一步完善和巩固中国的传统声誉。"②在校大学生作为一个国家的文化认同的精英群体和未来文化建设的中坚力量,其对本国文化符号和外国文化符号的体验和认同,会影响到家文化软实力的自我认同及外向型传播效果。由于如此,在我国在校大学生中进行中外文化符号调研,了解他们对中国文化软实力和外国文化软实力的感知和判断,可以从一个特定的方面帮助我们了解我国文化软实力的现状和未来趋势以及大学生精英群体对本国国家文化软实力的自我认同,使得我们在制订我国文化软实力发展战略时更具有现实感和针对性,同时还能致力于让我们的高等人才培

---

① 〔美〕雷默(Joshua Cooper Ramo):"淡色中国",〔美〕雷默等:《中国形象——外国学者眼里的中国》,沈晓雷等译,社会科学文献出版社 2008 年第二版,第 7 页。

② 〔美〕雷默:"淡色中国",〔美〕雷默等:《中国形象——外国学者眼里的中国》,沈晓雷等译,社会科学文献出版社 2008 年第二版,第 7、13 页。

养改革措施更适应大学生的成长和成才。

由此,本次调查针对以下问题展开了调查和探讨:A,我国大学生对最具代表性中国文化符号的评价;B,不同区域、性别等人口特征差异下的大学生对中国文化符号代表性的评价;C,大学生认可的最具代表性文化符号的结构特征;D,我国大学生最具推广价值的中外文化符号的评价。

二、调查方法

(一) 调查指标与测量方式

1. 调查指标的确立

首先是确定哪些中国文化符号进入调研范围。课题组在北京师范大学本科生"文学概论"、"艺术学概论"课上分别采用开放式问卷方式,收集大学生认为可以代表中国文化符号的内容,一共收到120份有效问卷。然后由课题组专家对收集到的文化符号进行调整和补充,最终确定本次调查所使用的270个中国文化符号。

进而确定哪些外国文化符号进入调研范围。外国文化符号的选择先由3位文学专业研究生提出初步选项,提出了500个外国文化符号的调查选项。然后由"我国文化软实力发展战略研究"课题组内外征集5位专家意见进行调整和补充。五位专家的学科背景涉及文学、艺术学、传播学、文化人类学。最后确定了286个外国文化符号调查题目。

2. 测量方式

本次调查对中国文化符号采用绝对测量法和相对测量法两种方式进行测量,对外国文化符号的测量则采用相对测量法。

绝对测量法是让受访大学生对每一项文化符号的代表性进行五分量表的程度打分。具体问题是:"在向社会及世界各国宣传中国文化时,注重选择最具代表性的中国文化符号加以推广,十分必要。请您对下列文化符号的代表性作出评估(1 表示这个文化符号完全不能代表中国,5 表示这个文化符号能代表最多)。"

相对测量法是让受访大学生在所有选项中分别选出十项中外文化符号。对中国文化符号的测量从代表性和推广价值两个方面来测量。所测量题目分别是:"在上面所列文化符号中,如果选择 10 项最具代表性的中国文化符号,您会选择哪 10 项?"、"在上面所列文化符号中,如果选择 10 项最具推广价值的中国文化符号,您会选择哪 10 项?"对于外国文化符号的相对测量题目是:"外国文化符号中,您认为最具有推广价值的 10 项内容是哪些?"

(二) 抽样方案

本次问卷调查采取多阶段整群抽样,共涉全国公办高校 24 所,发放问卷 1960 份,回收 1892 份,其中有效问卷为 1878 份,回收率为 96.53%,有效率为 99.26%。

抽样方案设计,采用分层的三阶抽样,各阶段内抽样单位为:

第一阶段:大区域配额分配样本。按照地理和经济发展程度将我国划分为华北沿海、东北地区、华东沿海、华南沿海、中部六省、西南地区和西北地区七个单位,根据各个区域的大学生人数配额分配样本。每个区域单独是一个分析单位。高校学生人数是根据 2008 年各省国民经济与社会发展统计公报公布的公办高校数和在读大学生人数。

第二阶段:在每个区域内按照各高校人数进行不等概抽样,抽取高校样本 24 个,其中列入国家 211 重点工程的大学 11 所,占高校样本的 45.83%,地方省属高校 17 所,占高校样本的 70.83%。

第三阶段:在每所高校随机进行以班为单位的整群抽样。具体各区域高校抽取样本分布如表 5-1(高校排名不分先后):

表 5-1　中国文化符号代表性调查抽样高校一览表

地　区	抽取学校及样本份数	
华北沿海	中国人民大学(100)	北京邮电大学(100)
	北京航空航天大学(100)	北京工商大学(150)
东北地区	吉林大学(115)	哈尔滨工业大学(50)
华东沿海	上海交通大学(100)	浙江师范大学(100)
	苏州大学(40)	华侨大学(60)
华南沿海	中山大学(50)	广西师范学院(100)
中部六省	河南大学(150)	郧阳医学院(60)
	湖南大学(100)	湖南工程学院(60)
	太原理工大学(100)	中原工学院(50)
西南地区	四川大学(60)	四川外国语学院(100)
	云南民族大学(30)	重庆工商大学(50)
西北地区	陕西师范大学(100)	新疆财经大学(35)

(三) 样本构成的基本描述

本次问卷调查回收的有效样本为 1878 份,部分问卷样本存在不同程度的信息丢失。据问卷信息统计,受访大学生中,男生为 1031 人,女生为 738 人。样本年龄分布从 17 岁到 37 岁不等,其中 20 岁以下(不含 20 岁)的大学生为 341 人,30 岁以上(含 30 岁)的为 20 人,80.8% 的样本年龄集中于 20—30 岁。

受访大学生中,家庭位于东北的有 153 人,家庭位于北部沿海的为 274 人,家居东部沿海的为 226 人,南部沿海的为 100 人,中部黄河流域的为 295 人,中部长江流域的为 254 人,西南地区的为 292 人,西北地区为 188 人,家居港澳台地区的为 6 人,另有留学生 1 人;而所就读的高校位于东北的受访大学生为 153 人,就读于北部沿海高校的受访大学生为 416 人,就读于东部沿海的为 223 人,就读于南部沿海的有 87 人,就读于中部黄河流域的为 242 人,就读于中部长江流域的 219 人,就读于西南的有 330 人,就读于西北有 112 人。

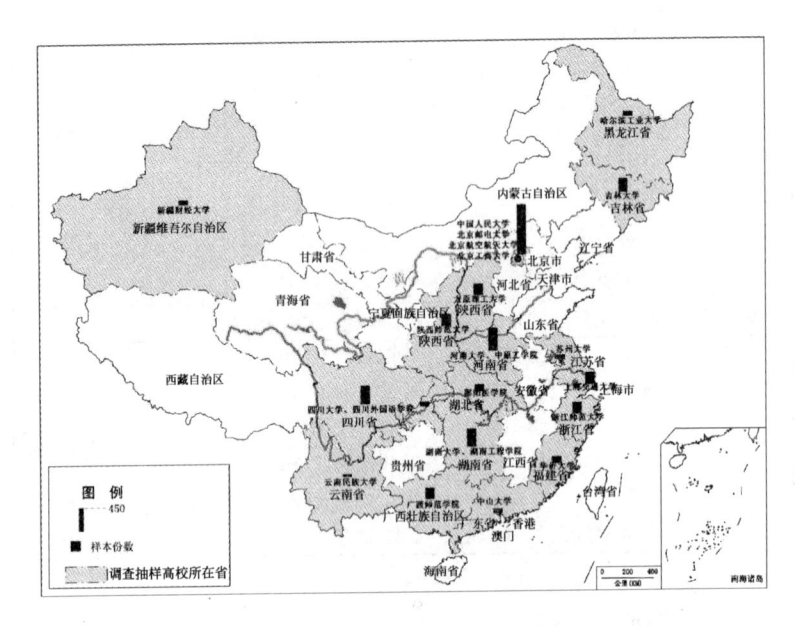

图 5-1 中国文化符号代表性调查抽样高校分布示意图①

在这些大学生中,家庭来自农村的为 897 人,家庭来自城市为 887 人;共产党员为 322 人,无党派人士为 1376 人;所在高校是教育部 211 重点高校的为 859 人,就读于非教育部 211 重点高校的为 913 人。

从专业分布看,受访者中理科大学生 224 人,工科大学生为 452 人,人文社会科学专业的大学生为 1047 人,医科大学生为 56 人,另有农林学科专业的大学生 4 人;从大学生的就读年级看,受访者中大学一年级学生为 677 人,大学二年级学生为 433 人,大学三年级学生

---

① 图 5-1《中国文化符号代表性调查抽样高校分布示意图》,底图来源:国家基础地理信息系统《2000 年中国行政区划数字地图(1∶400 万)》,北京师范大学地理与遥感科学学院提供,本项研究实验室 2012 年修订,国家测绘局审图号:GS(2012)342。地图编绘:赖彦斌。地图数据整理协助:赵娜。

为377人,大学四年级学生为176人,另有一年级硕士研究生68人,二年级硕士研究生37人,三年级硕士研究生10人,一年级博士研究生3人,二年级博士研究生3人,博士三年级及以上的大学生4人。

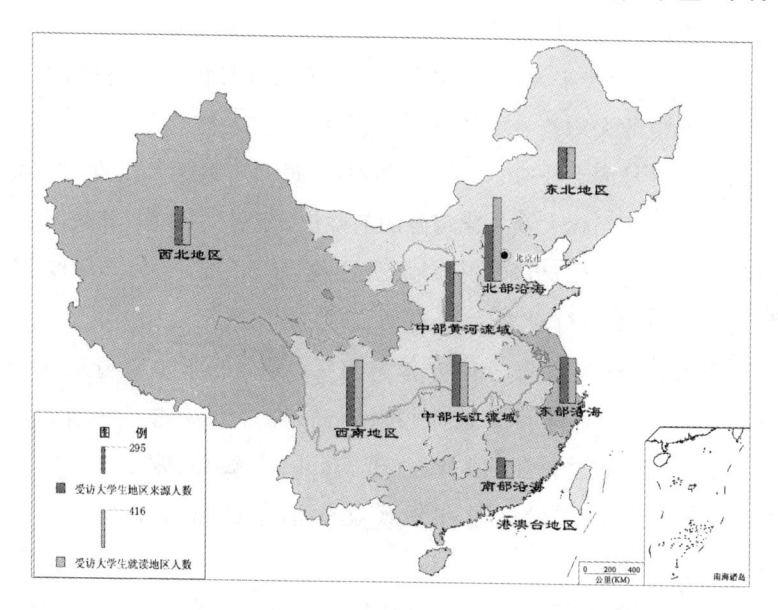

图 5-2 中国文化符号代表性调查抽样受访大学生地区分布示意图①

三、最具代表性的中国文化符号绝对值测量结果

首先,全国大学生对最具代表性中国文化符号的评分结果显示,汉语/汉字、孔子在270个选项中得分高居前两位,3到10位的依次是:书法、长城、五星红旗、中医、毛泽东、故宫、邓小平、兵马俑。

其次,依据该项调查对文化符号四个层面划分,得分最高的前五

---

① 图5-2《中国文化符号代表性调查抽样受访大学生地区分布示意图》,底图来源:国家基础地理信息系统《2000年中国行政区划数字地图(1:400万)》,北京师范大学地理与遥感科学学院提供,本项研究实验室2012年修订,国家测绘局审图号:GS(2012)342。地图编绘:赖彦斌。地图数据整理协助:赵娜。

十项中,最多的是第三层传统典范及遗产的符号,如汉字、书法、长城等;其余是第一层核心价值系统吸引力的符号,如五星红旗、毛泽东、邓小平等。第二层社会行为模式凝聚力的符号和第四层文化传播机制感染力的符号则没有进入前五十名。

第三,进一步来说,现代和当代文化人物符号得分普遍靠后。得分前五十位的人物符号主要是两类:传统历史人物的孔子、孟子、屈原和政治符号的毛泽东、邓小平、孙中山,以及有政治和文化双重特征的鲁迅。而当代大众文化符号的刘晓庆、韩寒、小沈阳、郭敬明、陈凯歌、崔健、罗大佑、巩俐、冯小刚、周杰伦、于丹、易中天、李泽厚、宋祖英、邓丽君等得分较靠后,都在两百位以后。

第四,文学形象符号得分普遍靠后,得分较低。调查结果显示,文学形象符号的得分整体相对不高,在270项选项中普遍在200位以后。如林黛玉、段誉、张生、喜儿、令狐冲、宋江、西施、武松、贾宝玉等等古代文学和现代文学形象的得分都在五分制的2.5分以下。

第五,科学家符号得分居于中间。袁隆平、陈景润在270个选项中分别居于63和156位,在五分制中的得分分别是3.64和3分。

第六,当代新科技符号得分在中间线以上,但排序不高。联想、王选、百度在五分制中的得分分别是2.72、2.66、2.65分,都在中间线以上。在270个选项中的位次较靠后,分别是190、192、193位。

第七,非物质文化符号远多于物质文化符号。前者为21项,占入选50项文化符号的42%;后者为9项,占入选文化符号的18%。

第八,得分前五十名中,现代和当代文化符号数量相对较少,且分数离散程度相对较高。① 在前50项得分最高的中国文化符号中,代表当代中国文化建设成就的仅有"五星红旗"、"毛泽东"、"邓小平"、"国歌"、"北京奥运会"、"鲁迅"和"神舟飞船"7项,古今比例略显失调。入选的现代和当代中国文化符号大都带有较强的民族国家象征,主要为是政治文化符号。其中除了"毛泽东"($\sigma=0.954$)和"邓小平"($\sigma=0.964$)外,其余文化符号的评分标准差均大于1,其中"国歌"($\sigma=1.119$)、"北京奥运会"($\sigma=1.117$)、"神舟飞船"($\sigma=1.136$)3项的标准差甚至超过了1.1,大学生对这些现代和当代文化符号的评分离散程度较高。

第九,日常生活类非物质文化符号的评价差异较大。从数据标准差看,"瓷器"($\sigma=1.405$)的标准差最大,其余日常生活类非物质文化符号也有与之类似的情况,包括"十二生肖"($\sigma=1.114$)、"筷子"($\sigma=1.104$)、"唐装"($\sigma=1.089$)等。(前50项相关数据见表5-2)

表5-2 大学生眼中中国文化符号代表性评分结果排行(前50项)

排序	中国文化符号	平均得分	标准差	样本数
1	汉语/汉字	4.607738	0.786187	1861
2	孔子	4.606496	0.712997	1878
3	书法	4.378233	0.907733	1856
4	长城	4.308887	0.963382	1868
5	五星红旗	4.295161	1.053429	1860
6	中医	4.243011	0.960253	1860
7	毛泽东	4.232296	0.953682	1864

---

① 需做说明的是,本次调查所涉中外文化符号的传统、现代和当代历史划分基本以1900年为界,产生于20世纪之后的文化符号被认为是"现代和当代文化符号",此前的则称为"传统文化符号",人物符号和文化现象则分别以其取得主要贡献和历史繁荣的时期为划分依据。

续表

排序	中国文化符号	平均得分	标准差	样本数
8	故宫	4.225080	0.954590	1866
9	邓小平	4.195384	0.964148	1863
10	兵马俑	4.189738	0.955044	1871
11	黄河	4.160772	1.039635	1866
12	《论语》	4.159506	0.990451	1862
13	圆明园	4.144159	0.994953	1866
14	文房四宝	4.120968	1.010377	1860
15	敦煌莫高窟	4.103374	0.975325	1867
16	《史记》	4.101558	0.99185	1861
17	造纸术	4.095545	1.022568	1863
18	古典诗词	4.094441	0.997966	1853
19	京剧	4.094421	1.004387	1864
20	茶	4.083871	1.015458	1860
21	功夫	4.083781	1.024401	1862
22	甲骨文	4.075888	1.030577	1858
23	熊猫	4.067313	1.088385	1857
24	指南针	4.063475	1.046937	1859
25	长江	4.063271	1.083562	1865
26	印刷术	4.058602	1.045138	1860
27	《义勇军进行曲》	4.058442	1.119229	1848
28	火药	4.044015	1.061582	1863
29	丝绸	4.04086	1.023893	1860
30	孟子	4.035925	0.894845	1865
31	北京奥运会	4.03014	1.117326	1858
32	中餐(面条、饺子等)	4.017761	1.072095	1858
33	旗袍	3.994629	1.055664	1862
34	瓷器	3.984383	1.405145	1857
35	中国结	3.974636	1.072886	1853
36	老子	3.955176	0.962244	1874
37	筷子	3.938644	1.103918	1858
38	颐和园	3.921306	1.023932	1868
39	《红楼梦》	3.916174	1.095672	1861

续表

排序	中国文化符号	平均得分	标准差	样本数
40	鲁迅	3.908847	1.005485	1865
41	屈原	3.895811	0.954017	1862
42	天坛	3.883521	1.050733	1863
43	唐装	3.87547	1.088735	1863
44	太极八卦	3.864125	1.06647	1862
45	神舟飞船	3.857988	1.136182	1859
46	十二生肖	3.856526	1.114066	1854
47	中秋节	3.844744	1.077195	1855
48	《孙子兵法》	3.833512	1.090822	1862
49	刺绣	3.822894	1.069672	1852
50	孙中山	3.822676	0.972051	1861

注：灰色背景的选项为数据离散程度较大的选项。

四、不同群体大学生对中国文化符号代表性的打分

根据问卷收集的受访大学生人口学统计信息，将受访大学生划分为不同群体，通过把不同群体及其对中国文化符号代表性的判断进行关联，对不同群体的大学生眼中的中国文化符号代表性进行描述，并针对少数个体进行更深层次的探讨。

（一）大学生对中国文化符号代表性评分的社会性别分析

调查回收的1878份有效问卷中，男生为1031人，占54.9%，女生为738人，占39.3%。对入选前50项的中国文化符号评分结果进行方差检验，设定各文化符号的概率P值的显著性水平α为0.05，则概率P值小于显著性水平，即可以被认定为大学生性别差异对选项判定结果有显著差异。根据这一检验结果（参见表3）及男女大学生评分的平均值，可以看出如下特征：

第一，不同性别的大学生对中国文化符号的代表性评价差异较

为明显。从方差检验看,概论 P 值小于 0.05 的文化符号达 27 项,占入选 50 项文化符号的一半以上;其中,差异极为明显的文化符号(F 值>12,P 值=0.000)的多达 16 项,占前 50 项文化符号的 32%。因此,可以认为性别差异对大学生的文化符号代表性判断具有明显的影响。另外,从这 50 项文化符号的平均分看,女生对其评价普遍高于男生。

第二,不同性别的大学生对传统文化符号的争议要大于对现代和当代文化符号。从文化属性上看,差异较大的 27 项文化符号中,传统文化符号为 21 项(包括传统非物质文化符号 9 项,传统物质文化符号 5 项,传统科技发明 4 项,传统典籍符号 2 项,传统人物 1 项),占 77.8%;而差异较大的现代和当代文化符号仅为 6 项,占 22.2%。

第三,具有性别差异色彩的文化符号争议明显,并呈现古今不同。从方差分析的 F 值来看,"旗袍"(F 值=64.703,P 值=0.000)的男女差异最为显著。"旗袍"是带有明显女性意识的文化符号,与之类似的还有"京剧"[1](F 值=26.652,P 值=0.000)、"刺绣"(F 值=27.149,P 值=0.000)、"古典诗词"(F 值=15.258,P 值=0.000)、《红楼梦》"(F 值=12.316,P 值=0.000)等,它们都在女性人群中引起了较高的关注;而在入选文化符号的评分平均值上,男生评分的均值高于女生的是"《孙子兵法》"。从这些文化符号中可以看出,在对传统文化的性别审美中,大学生普遍愿意认同与自己性别属性一致的传统文化符号。而从大学生对差异显著的现代和当代文化符号的评价结果看,"异性相吸"的文化价值判断倾向则较为明显。

---

[1] "京剧"的性别差异特征解释可参见黄育馥的解释假设,黄育馥:《京剧·跷和中国的性别关系》,三联书店 1998 年版,第 124—127 页。另外,在对文化符号排序的相对测量中,女生对"京剧"的排序比男生高 20 位。

女生评分高于男生且评价差异显著的现代和当代文化符号主要是带有政治或竞技色彩的现代和当代文化符号,如"五星红旗"(F 值= 38.878,P 值= 0.000)、"北京奥运会"(F 值= 32.442,P 值= 0.000)、"国歌"(F 值= 8.885,P 值= 0.003)、"神舟飞船"(F 值= 4.480,P 值= 0.034)等。

表 5-3 不同性别的大学生眼中最具代表性的中国文化符号评分方差检验

性别 文化符号	男生评分	女生评分	男女评分的方差检验 F 值	Sig.
旗袍	3.765	4.165	64.703	0
五星红旗	4.111	4.423	38.878	0
北京奥运会	3.847	4.15	32.442	0
刺绣	3.672	3.938	27.149	0
唐装	3.724	3.992	27.085	0
京剧	3.945	4.193	26.652	0
甲骨文	3.949	4.171	20.295	0
中国结	3.843	4.067	19.158	0
颐和园	3.801	4.006	17.694	0
火药	3.918	4.131	17.615	0
古典诗词	3.973	4.16	15.258	0
圆明园	4.04	4.218	13.982	0
造纸术	3.991	4.17	13.466	0
天坛	3.777	3.958	12.924	0
文房四宝	4.019	4.191	12.528	0
《红楼梦》	3.801	3.986	12.316	0
孙中山	4.582	4.622	9.004	0.003
国歌	3.966	4.126	8.885	0.003
指南针	3.978	4.124	8.388	0.004
印刷术	3.974	4.114	7.73	0.005
敦煌莫高窟	4.023	4.151	7.528	0.006
书法	4.312	4.427	6.87	0.009
故宫	4.159	4.278	6.843	0.009

续表

性别 文化符号	男生评分	女生评分	男女评分的方差检验 F值	Sig.
孔子	4.55	4.638	6.45	0.011
鲁迅	3.839	3.954	5.613	0.018
《史记》	4.03	4.138	5.139	0.024
神舟飞船	3.793	3.908	4.48	0.034
太极八卦	3.803	3.901	3.702	0.055
《孙子兵法》	3.883	3.783	3.637	0.057
熊猫	4.014	4.111	3.455	0.063
长城	4.261	4.342	3.055	0.081
《论语》	4.105	4.185	2.818	0.093
中医	4.206	4.276	2.341	0.126
丝绸	4.004	4.07	1.795	0.18
孟子	3.997	4.051	1.545	0.214
邓小平	4.161	4.216	1.45	0.229
汉语（汉字）	4.582	4.622	1.149	0.284
兵马俑	4.161	4.209	1.111	0.292
茶	4.051	4.102	1.099	0.295
中秋节	3.802	3.851	0.907	0.341
中餐（面条、饺子等）	3.989	4.034	0.768	0.381
黄河	4.133	4.177	0.767	0.381
十二生肖	3.84	3.875	0.439	0.508
功夫	4.073	4.093	0.175	0.676
屈原	3.889	3.907	0.142	0.706
毛泽东	4.22	4.234	0.09	0.765
长江	4.052	4.067	0.079	0.778
老子	3.947	3.953	0.02	0.889
筷子	3.942	3.939	0.003	0.955
瓷器	3.986	3.989	0.002	0.965

注：设定方差检验概率P值的显著性水平α为0.05，表中灰色背景为检验显著项。

(二) 大学生对中国文化符号代表性评分的城乡家庭背景分析

本次问卷调查回收的 1878 份有效问卷中，家庭来自农村的为 887 人，占受访者的 47.2%，家庭来自城市为 897 人，占受访者的 47.8%。对入选前 50 名的文化符号评分结果进行方差检验，设定各文化符号的概率 P 值的显著性水平 α 为 0.05，则概率 P 值小于显著性水平，即可以被认定为大学生家庭所在地的城乡差异对选项判定结果有显著差异。根据这一检验的结果（参见表 4），可以看出与不同性别大学生对中国文化符号代表性评分结果相比，家庭来自城市或农村的大学生在对中国文化符号代表性的判断上更为接近。大学生家庭所在地的城乡差异在对中国文化符号的代表性评分中表现出如下若干特点：

第一，家庭所在地的城乡差异对大学生的文化符号代表性整体判断有一定影响。经过方差检验，概率 P 值小于显著性水平 0.05 的文化符号为 24 项，不到入选文化符号的一半。其中，差异极为明显的文化符号（F 值＞12，P 值＝0.000）的为 4 项，占前 50 项文化符号的 8%。另外，从平均分来看，性别差异显著的 24 项文化符号全部都是家庭来自城市的大学生评价高于家庭来自农村的大学生。

第二，家庭所在地的城乡差异对大学生中国文化符号代表性的判断影响较大的集中在传统文化符号和非物质文化符号上，对现代和当代文化符号没有明显的评价差异。从方差检验差异极为显著的 4 项文化符号看，均为传统文化符号，其中差异效果最为显著的是"中餐"（F 值＝27.696，P 值＝0.000），与之相关的是"筷子"（F 值＝14.136，P 值＝0.000）。另外还包括"老子"（F 值＝14.377，P 值＝0.000）和"京剧"（F 值＝13.188，P 值＝0.000）。从文化属性看，家庭所在地的城乡差异所造成评价不同的 24 项文化符号中，传统文化符号为 22 项（包括传统非物质文化符号 13 项，传统物质文化符号为

1项,传统科技发明3项,传统典籍符号为4项,传统人物为1项),占91.7%,没有现代和当代文化符号;物质文化符号也仅有"故宫"(F值=4.896,P值=0.027)一项。

第三,家庭所在地为农村的大学生对文化符号的评分均值低于家庭来自城市的大学生。从平均分上看,入选的前50项文化符号中,除"邓小平"、"孔子"、"毛泽东"三项外,其余选项均为家庭来自城市的大学生高于家庭所在地为农村的大学生。而这三项文化符号都是历史人物。

表5-4 家庭来自农村、城市的大学生眼中最具代表性的中国文化符号评分方差检验

文化符号 \ 家庭来自	城市评分	农村评分	F值	Sig.
中餐	4.149	3.882	27.696	0
老子	4.036	3.863	14.377	0
筷子	4.042	3.847	14.136	0
京剧	4.176	4.002	13.188	0
《史记》	4.173	4.015	11.299	0.001
熊猫	4.158	3.984	11.283	0.001
中医	4.323	4.173	10.974	0.001
《红楼梦》	3.997	3.827	10.636	0.001
丝绸	4.121	3.965	10.269	0.001
太极八卦	3.941	3.779	10.205	0.001
《论语》	4.226	4.08	9.591	0.002
刺绣	3.901	3.757	7.993	0.005
旗袍	4.069	3.93	7.692	0.006
瓷器	4.083	3.898	7.589	0.006
十二生肖	3.93	3.786	7.453	0.006
火药	4.108	3.974	7.023	0.008
书法	4.437	4.324	6.787	0.009
指南针	4.127	4.001	6.468	0.011

续表

文化符号 家庭来自	城市评分	农村评分	城乡评分的方差检验 F值	Sig.
《孙子兵法》	3.886	3.762	5.729	0.017
长江	4.124	4.002	5.593	0.018
故宫	4.277	4.177	4.896	0.027
唐装	3.935	3.826	4.561	0.033
印刷术	4.107	4.006	4.165	0.041
汉语/汉字	4.645	4.569	4.119	0.043
造纸术	4.142	4.047	3.823	0.051
古典诗词	4.137	4.024	3.786	0.052
文房四宝	4.163	4.072	3.576	0.059
天坛	3.928	3.834	3.563	0.059
五星红旗	4.34	4.246	3.514	0.061
功夫	4.124	4.04	2.949	0.086
圆明园	4.181	4.103	2.75	0.097
甲骨文	4.119	4.042	2.479	0.116
邓小平	4.157	4.226	2.307	0.129
中秋节	3.866	3.789	2.227	0.136
兵马俑	4.221	4.155	2.051	0.152
中国结	4.011	3.94	1.944	0.163
颐和园	3.954	3.887	1.895	0.169
敦煌莫高窟	4.129	4.072	1.528	0.217
鲁迅	3.933	3.877	1.386	0.239
黄河	4.19	4.132	1.374	0.241
长城	4.328	4.289	0.742	0.389
屈原	3.916	3.879	0.653	0.419
神舟飞船	3.88	3.838	0.609	0.435
孟子	4.042	4.018	0.32	0.572
孔子	4.595	4.61	0.199	0.656
孙中山	3.827	3.806	0.197	0.658
毛泽东	4.225	4.234	0.04	0.824
国歌	4.062	4.055	0.014	0.905
北京奥运会	4.024	4.02	0.005	0.946

注:设定方差检验概率 P-值的显著性水平 α 为 0.05,表中灰色背景为检验显著项。

五、最具代表性的中国文化符号因子分析

根据本次调查第一题的评分结果,利用 SPSS 软件对前 50 名文化符号的得分原始数据进行因子分析处理,经过初始化后的相关阵,发现某些文化符号选项(变量)之间存在着较为明显的相关性,而与另外一些文化符号选项的相关关系则较弱,而量表各题项间有共同因素存在,说明对其进行因子(主成分)分析是合适的。

(一)因子分析:得分前 50 个选项呈现 7 个因子

将前 50 名的文化符号作为相关变量,进行模型的验证。采用主成分分析法和方差最大化旋转,不限制因子数目,抽取特征值大于 1 的公因子,共得到 7 个因子。经过旋转后的因子解释度如表 5-5。

表 5-5　经过旋转后的主成分解释度一览表

选取的因子	特征值	累计方差贡献率(%)
1	22.101	44.203
2	2.762	49.726
3	2.070	53.865
4	1.811	57.486
5	1.567	60.620
6	1.151	62.923
7	1.052	65.027

因子分析的结果显示,指标 V19"京剧"(注:V19 表示该项变量在原"大学生眼中最具代表性的中国文化符号"的排序为第 19 位,下同。)在第三个因子 F3 上的负荷值要小于第一个因子 F1 上的负荷值;指标 V23"熊猫"在第四个因子 F4 上的负荷值要小于在第一个因子 F1 上的负荷值;指标 V9"邓小平"在第三个因子 F3 上的负荷值要远小于在第七个因子 F7 上的负荷值;指标 V7"毛泽东"在第三

个因子 F3 上的负荷值要大于在第七个因子 F7 上的负荷值,但区别并不明显。因此,将指标 V19 和 V9 从 F3 中删除,将指标 V23 从 F4 中删除;而从命名的角度,将 V7 列入 F7 中。旋转后的因子分析载荷阵如表 5-6。

第一个因子的解释度为 44.203%,其所涉的 21 项指标中,基本是以非物质文化遗产为主体的中国传统文化符号。如负载值较大的指标 V6"中医"、V15"文房四宝"、V37"筷子"等,因此将因子 F1 命名为"非物质文化遗产"。其中,指标 V23"熊猫"并不太符合这一因子命名,但在经过最大化旋转之后的因子分析中,"熊猫"的贡献率基本在第一因子上,所以暂且将其纳入因子 F1 进行考量。

在第二因子的解释度为 5.523%,其所涉的 9 项指标中,基本是物质文化遗产,包括长江、黄河等自然遗产。按照联合国教科文组织 1972 年通过的《保护世界文化和自然遗产公约》规定,世界遗产分为"世界文化遗产"、"世界自然遗产"、"世界文化与自然遗产"和"文化景观"四类。在因子 F2 的各项指标中,属于中国列入《世界遗产名录》的文化遗产有:V8"故宫"、V38"颐和园"、V42"天坛"、V10"兵马俑"、V4"长城"和 V15"莫高窟"。因此,根据这些主要负载值指标的属性,将 F2 因子命名为"物质文化遗产"。而作为自然遗产的 V11"黄河"与 V25"长江"的负载值并不高,同时它们在中国语境中具有浓厚的文化色彩,因而一并列为物质文化符号进行分析。

第三因子的解释度为 4.139%,其所涉的 4 项指标完全符合英国科技史学家李约瑟(Joseph Needham)所归约的"中国四大发明",这是中国人耳熟能详的文化符号,因此将这一因子命名为"四大发明"。

第四因子的解释度为 3.621%,其所涉 4 项指标中,负载值较高的 V5"五星红旗"和 V27"国歌"可视为新中国的标志,是现代和当代

表 5-6 最具代表性的中国文化符号(前 50 项)因子分析矩阵

主成分 指标	F1 非物质文化遗产	F2 物质文化遗产	F3 四大发明	F4 新中国标志与成就	F5 古代典籍	F6 古代思想文化名人	F7 现代政治文化名人
V6 中医	0.728357						
V15 文房四宝	0.724264						
V37 筷子	0.702583						
V46 十二生肖	0.697091						
V29 丝绸	0.691288						
V35 中国结	0.688100						
V4 书法	0.683117						
V20 茶	0.672438						
V43 唐装	0.651232						
V33 旗袍	0.642140						
V49 刺绣	0.633774						
V32 中餐	0.613749						
V22 甲骨文	0.592756						
V44 太极八卦	0.587370						
V21 功夫	0.564129						
V1 汉语(汉字)	0.520663						

续表

主成分 指标	F1 非物质文化资产遗产	F2 物质文化遗产	F3 四大发明	F4 新中国标志与成就	F5 古代典籍	F6 古代思想文化名人	F7 现代政治文化名人
V34 瓷器	0.512884						
V19 京剧	0.512227						
V18 古典诗词	0.477857						
V23 熊猫	0.472108						
V47 中秋节	0.451909						
V8 故宫		0.768706977					
V38 颐和园		0.744761953					
V13 圆明园		0.742681243					
V42 天坛		0.736636509					
V10 兵马俑		0.731146268					
V4 长城		0.718981919					
V11 黄河		0.675990480					
V15 莫高窟		0.649523334					
V25 长江		0.647433171					
V28 火药			0.759946				
V24 指南针			0.745167				
V26 印刷术			0.742912				

续表

主成分 指标	F1 非物质文化遗产	F2 物质文化遗产	F3 四大发明	F4 新中国标志与成就	F5 古代典籍	F6 古代思想文化名人	F7 现代政治文化名人
V17 造纸术			0.742187				
V5 五星红旗				0.763438			
V31 北京奥运会				0.700899			
V27 国歌				0.647638			
V45 神舟飞船				0.485338			
V16《史记》					0.714595		
V12《论语》					0.674316		
V48《孙子兵法》					0.597964		
V39《红楼梦》					0.591428		
V30 孟子						0.78518	
V36 老子						0.72988	
V2 孔子						0.69065	
V41 屈原						0.60038	
V50 孙中山							0.61508
V9 邓小平							0.56750
V7 毛泽东							0.48946
V40 鲁迅							0.39013

中国的政治文化符号；V31"北京奥运会"与V45"神舟飞船"则是近年来为中国树立国际形象的象征性标志。因此，将这一因子命名为"新中国标志与成就"。

第五因子的解释度为3.134%，其所涉的4项指标均为中国古代名著，包括儒家经典、小说、史书、兵书等不同类型的文化符号，故而命名为"古代典籍"。此处"典籍"一词取"书籍"之意。

第六因子的解释度为2.302%，其所涉的4项指标都是中国古代思想文化名人，包括儒家、道家代表（V41"屈原"亦可视为儒家）。因此，将这一因子命名为"古代思想文化名人"。

第七因子的解释度为2.104%，其所涉的4项指标均是近代以来中国政界和思想界产生过重要影响的历史人物，将其命名为"现代政治文化名人"。

（二）因子的影响因素分析

根据本次问卷调查所收集的人口学特征，可以对以上7个因子的影响因素进行回归分析，以判断不同类别的大学生对中国文化符号的评价差异。以年龄、性别、家庭所在地的城乡不同、政治面貌、专业、上学年级和就读高校所在地为自变量，建立7个多元回归方程。其中，对各种定性因素进行了虚拟变量的处理（"专业"和"大学所在区域"分别以"人文社会科学"和"南部"为基准组）。分析数据如表5-7所示。

经过对回归方程的显著性检验可知，7个回归方程中有两项模型显著性水平偏低，即"物质文化符号"（含9项指标）和"古代典籍"（含4项指标），回归分析所涉的自变量无法对其进行有效的解释。因此，将其剔除。在剩下的5项因变量中，有4项模型的检验结果极为显著。从具有显著性的变量可以发现，对各因子产生影响的因素各不相同：

1. 非物质文化符号：经过对回归系数的检验，"年龄"、"家庭所在地的城乡差异"和"专业"中的"理科—人文社会科学"三项人口特征的回归系数对"非物质文化符号"造成明显的影响，影响的程度依次是"年龄"＞"家庭所在地的城乡差异"＞"理科—人文社会科学"。其中，"年龄"和"理科—人文社会科学"的影响呈负相关，即年龄越小的受访者对非物质文化符号的评价越高，理科大学生对非物质文化符号的评价高于人文社会科学专业的大学生；"家庭所在地的城乡差异"呈正相关，家在城市的大学生对非物质文化符号的评价要高于家在乡村的大学生。

2. 四大发明：经过检验，人口特征中"政治面貌"和"专业"中的"工科—人文社会科学"两项自变量对"四大发明"这一因子的影响显著，"工科—人文社会科学"因素的作用要大于"政治面貌"。受访大学生中，共产党员对"四大发明"的评价高于非党员的评价；工科大学生对"四大发明"的评价高于人文社会科学专业的大学生。

3. 新中国标志与成就：经过检验，人口特征中有6项指标对"新中国标志与成就"这一因子造成较为显著的影响，按照影响程度的高低排列，分别是"性别"＞"大学所在区域"中的"中部黄河流域—南部"＞"中部长江流域—南部"＞"西北—南部"＞"专业"中的"工科—人文社会科学"＞"大学所在区域"中的"东北—南部"。从评价检验结果看，女性大学生对"新中国标志与成就"的评价要高于男性大学生；人文社会科学专业的大学生要高于工科大学生；而南部地区高校的大学生要低于就读于东北地区、中部地区（包括黄河流域和长江流域）、西北地区高校的大学生。

4. 古代思想文化名人：经检验，就读高校的地域特征"东北—南部"、"北部沿海—南部"、"西北—南部"，以及"上学年级"这四项人口特征指标对"古代思想文化名人"这一因子产生显著影响，影响的程度依次是"大学所在区域"中的"北部沿海—南部"＞"上学年级"＞"东北—南部"＞"西北—南部"。就读高校位于南部地区的大学生对"古代思想文化名人"的评价要高于东北地区、北部沿海和西北地区的大学生；上学年级越高，对"古代思想文化名人"的评价越高。

5. 现代政治文化名人：经过检验，"性别"和高校所在地域中的"东部沿海—南部"两项自变量对"现代政治文化名人"有显著影响，其中"性别"差异的影响要大于就读高校所在地"东部沿海—南部"差异的影响。男性大学生对"现代政治文化名人"的评价要高于女性大学生；东部沿海地区高校的大学生对"现代政治文化名人"的评价要高于南部地区高校大学生。

经过如上分析，可以看出对大学生"中国文化符号代表性"评价产生影响的因素是极为多元的。这一点从调查结果中，自变量对因子的解释度（R^2）较小也可以看出来。在 5 项回归分析显著的因子中，"新中国标志与成就"一项的解释度最大，所涉自变量也只能解释本次调查对"新中国标志与成就"各项文化符号评价差异的 5.2%；进入回归分析的自变量合计能够解释大学生对中国文化符号代表性的评判差异的 12.9%。可见，除了调查中所涉的 7 项人口特征外，还有不少随机因素在产生作用。

六、最具推广价值的中外文化符号的相对测量

对"最具推广价值的中外文化符号"进行相对测量是通过让受访大学生在所有中外文化符号中分别选出十个最具推广价值的选项，然后根据各选项所得票数的排行做出的。对 270 项中国文化符号的投票设置于受访者对"最具代表性的中国文化符号"进行评分之后，这样一方面便于大学生根据评分印象对中国文化符号进行投票，另一方面也有利于受访大学生有意识地在"代表性"与"推广价值"之间

表 5-7 因子影响因素的回归分析表（只显示有显著性的影响因素）

	非物质文化遗产	物质文化遗产	四大发明	新中国标志与成就	古代典籍	古代思想文化名人	现代政治文化名人
性别							
非标准回归系数(B)				-0.327			0.258
B的标准误差				0.059			0.060
标准回归系数(Beta)				-0.160			0.126
T值				-5.505*			4.309*
年龄							
非标准回归系数(B)	-0.040						
B的标准误差	0.019						
标准回归系数(Beta)	-0.085						
T值	-2.056*						
家庭城乡差异							
非标准回归系数(B)	0.124						
B的标准误差	0.052						
标准回归系数(Beta)	0.062						
T值	2.360*						
政治面貌							
非标准回归系数(B)			0.194				
B的标准误差			0.067				
标准回归系数(Beta)			0.077				

续表

	非物质文化遗产	物质文化遗产	四大发明	新中国标志与成就	古代典籍	古代思想文化名人	现代政治文化名人
T值			2.880*				
理科—人文社会科学							
非标准回归系数(B)	-0.247						
B的标准误差	0.085						
标准回归系数(Beta)	-0.083						
T值	-2.899*						
工科—人文社会科学							
非标准回归系数(B)			-0.209	0.218			
B的标准误差			0.074	0.073			
标准回归系数(Beta)			-0.091	0.094			
T值			-2.826*	2.965*			
上学年级							
非标准回归系数(B)						0.082	
B的标准误差						0.031	
标准回归系数(Beta)						0.111	
T值						2.594*	
大学区域:东北—南部							
非标准回归系数(B)				0.331		-0.356	
B的标准误差				0.154		0.157	

续表

	非物质文化遗产	物质文化遗产	四大发明	新中国标志与成就	古代典籍	古代思想文化名人	现代政治文化名人
标准回归系数(Beta)				0.090		-0.097	
T值				2.146*		-2.272*	
北部沿海—南部							
非标准回归系数(B)						-0.278	
B的标准误差						0.130	
标准回归系数(Beta)						-0.117	
T值						-2.141*	
东部沿海—南部							
非标准回归系数(B)							0.283
B的标准误差							0.136
标准回归系数(Beta)							0.094
T值							2.083*
中部黄河流域—南部							
非标准回归系数(B)				0.406			
B的标准误差				0.135			
标准回归系数(Beta)				0.137			
T值				3.004*			
中部长江流域—南部							

续表

	非物质文化遗产	物质文化遗产	四大发明	新中国标志与成就	古代典籍	古代思想文化名人	现代政治文化名人
非标准回归系数(B)	0.861	0.094		0.351			
B的标准误差	0.383	0.388		0.135			
标准回归系数(Beta)	0.012	0.001		0.116			
T值	2.595*						
西南—南部							
非标准回归系数(B)							
B的标准误差							
标准回归系数(Beta)							
T值							
西北—南部							
非标准回归系数(B)			−0.553	0.446		−0.328	
B的标准误差			0.382	0.150		0.153	
标准回归系数(Beta)			0.019	0.109		−0.080	
T值				2.976*		−2.147*	
常数							
非标准回归系数(B)	0.383		−0.434	0.380	0.069	0.099	
B的标准误差	0.012		0.380	0.389	0.387	0.384	
R2修正值	0.003	0.515	0.052	0.006	0.016	0.030	
模型显著水平	0.993	1.004	0.000	0.000	0.065	0.000	0.000
因变量预测值的标准误差			0.990	0.984	1.006	1.001	0.993

做出区分。而对外国文化符号推广价值的投票则是在问卷的第四题中,根据不同国籍罗列出 286 个外国文化符号,要求受访者从中挑选"最具推广价值的十项"。从相对测量的结果看,受访大学生对"最具推广价值"的中外文化符号的认知是多元的,270 项中国文化符号和 286 项外国文化符号全部均有票数;换言之,大学生认为此次调查所涉的文化符号均具不同程度的推广价值。

在本次调查的问卷设计理论中,文化符号的"推广价值"与"代表性"之间存在明显差异,二者对中国文化符号的意指有所不同。最具推广价值的文化符号,在其能指和所指的代表性特征之外,还必须具有能与异质文化相沟通、对话的属性,表现为一种能够"共享世界"的主体间性,即所谓编码者与解码者之间的"彼此可进入性"。[①] 因此,"最具推广价值"的文化符号往往是人无我有、人有我异(优)的,也是异质文化所必需的基本文化。民族特色、地方风情色彩过于浓重的文化符号,一般并不适合普遍推广。从相对测量的调查数据看,大学生较好地领会了"推广价值"的意义。

(一) 最具推广价值的中国文化符号投票结果:"孔子"第一

根据中国文化符号推广价值相对测量结果,"最具推广价值的中国文化符号"前 10 名分别是:"孔子"、"汉语/汉字"、"中医"、"书法"、"功夫"、"中餐"、"京剧"、"长城"、"古典诗词"、"茶"。从前 50 名整体情况来看(参见表 5-8),大学生对中国文化符号推广价值的认知有如下一些特征:

第一,与"最具代表性的中国文化符号"评分排行前 50 项相比,有 37 个文化符号在"最具推广价值"的相对测量中再次入选,占

[①] 见〔英〕尼古拉斯·布宁(Nicholas Bunnin)、余纪元编著:《西方哲学英汉对照辞典》"主体间性"条,王柯平等译,人民出版社 2001 年版,第 519 页。

71.2%,而票数百分比超过 1% 的前 24 项文化符号均曾出现在"最具代表性的中国文化符号"排行前 50 名的榜单中。

第二,非物质文化符号、传统文化符号更具推广价值。从文化符号的类型看,"最具推广价值的中国文化符号"前 50 名中人物符号有 11 项,非物质文化符号为 26 项,物质文化符号 10 项,古典典籍 5 项。从文化符号的历史属性看,包括传统文化符号 39 项,现代和当代文化符号 10 项,另有自然文化符号 3 项。这也造成了物质文化符号和现代和当代文化符号的推广价值偏低的问题。

第三,最具推广价值文化符号的选择集中度不高,选项之间的得票率比较分散。第一名"孔子"的得票率仅为 4.24%。从投票的百分比来看,前 50 名中国文化符号依次之间的票数差距并不明显。最为显著的投票差异在第 3 名"中医"与第 4 名"书法"、第 9 名"古典诗词"与第 10 名"茶"之间,二者都存在 0.5% 左右的票数差距。

第四,现代和当代中国文化符号入选的数目少、名次低。在与"最具代表性的中国文化符号"评分排行前 50 名的选项一致的 27 项文化符号中,被大学生认为兼具代表性与推广价值的现代和当代中国文化符号仅有 6 项,分别为"毛泽东"(第 30 名)、"鲁迅"(并列第 31 名)、"邓小平"(并列第 33 名)、"北京奥运会"(第 39 名)、"五星红旗"(第 41 名)、"国歌"(第 42 名);除此之外,大学生还认为"姚明"(第 40 名)、"李小龙"(并列第 46 名)、"鸟巢"(并列第 46 名)、"袁隆平"(并列第 49 名)4 项文化符号具有较高的推广价值。这 10 项现代和当代文化符号中,除了"毛泽东"之外,全部都在 30 名之后。

第五,文学艺术和科技符号的推广价值评价也不高。从入选的文学艺术符号看,文艺作品占有较高比例,"书法"、"古典诗词"、"《红楼梦》"(并列第 21 名)、"传统绘画"(并列第 25 名)等选项名次还比较高,而现代和当代文学艺术作品则集体缺席;艺术家符号入选的数目和名次均偏低,仅有"鲁迅"和"李白"(第 38 名)两项;文学艺术虚构形象仅有"孙悟空"(第 43 名)一项。从科技符号看,传统文化符号中,中国古代四大发明全部落选;现代和当代科技符号也仅有"袁隆平"一项入选。

表 5-8 最具推广价值的中国文化符号投票结果排行(前 50 名)

排序	中国文化符号	中选百分比
1	孔子	4.24%
2	汉语/汉字	3.87%
3	中医	3.45%
4	书法	2.81%
5	功夫	2.57%
6	中餐	2.51%
7	京剧	2.42%
8	长城	2.24%
9	古典诗词	2.24%
10	茶	1.82%
11	刺绣	1.48%
11	旗袍	1.48%
13	《论语》	1.31%
14	太极八卦	1.28%
15	故宫	1.25%
16	唐装	1.23%
17	敦煌莫高窟	1.18%
18	兵马俑	1.14%
19	丝绸	1.13%
20	文房四宝	1.11%
21	瓷器	1.10%
21	《红楼梦》	1.10%
23	《孙子兵法》	1.08%
24	老子	1.03%
25	传统绘画	0.98%
25	中秋节	0.98%

续表

排序	中国文化符号	中选百分比
27	中国结	0.96%
28	熊猫	0.95%
29	黄河	0.92%
30	毛泽东	0.91%
31	鲁迅	0.91%
31	少林寺	0.91%
33	邓小平	0.88%
33	传统音乐	0.88%
35	圆明园	0.83%
36	长江	0.83%
37	孟子	0.82%
38	李白	0.80%
39	北京奥运会	0.79%
40	姚明	0.76%
41	五星红旗	0.71%
42	《义勇军进行曲》	0.70%
43	孙悟空	0.64%
44	围棋	0.63%
45	筷子	0.63%
46	李小龙	0.61%
46	鸟巢	0.61%
48	庄子	0.60%
49	袁隆平	0.58%
49	皮影戏	0.58%
49	《史记》	0.58%
50	《易经》	0.58%

(注：因出现票数相等的并列情况，故实际入选文化符号为52项)

(二) 最具推广价值的外国文化符号投票结果："莎士比亚"第一

中国大学生是外国文化符号推广的重要受众群体之一，他们对外国文化符号推广价值的排序可以作为我国文化符号的对外推广战略的参照系,因而对我国文化软实力建设有重要参考价值。从受访大学生对"最具推广价值的外国文化符号"的投票结果看(参见表5-9),前10名分别是:"莎士比亚"、"金字塔"、"《圣经》"、"林肯"、"好莱坞"、"希腊神话"、"佛教"、"奥林匹克"、"哈佛大学"、"贝多芬"。从相对测量的整体结果看,对外国最具推广价值文化符号的评价具有如下特征:

第一,入选的外国文化符号整体具有多元化特征,受访大学生认为最具推广价值的50项外国文化符号中,包括人物符号16项、非物质文化符号23项(46%),物质文化符号5项(10%),人文著作6项。其中,宗教、体育、经济金融等类型的文化符号都是"最具推广价值的中国文化符号"前50名中所没有的。

第二,入选的外国文化符号中现代和当代文化符号少于古代文化符号。从所涉文化符号的历史属性看,现代和当代文化符号为17项,传统文化符号为33项;现代和当代文化符号占34%,高于"最具推广价值的中国文化符号"前50名中现代和当代文化符号占20%的比例,但仍少于占66%的古代文化符号。

第三,入选的外国文化符号在推广价值上的个体差异不大。从受访大学生对外国文化符号推广价值的投票百分比看,投票差距最大的是第三名"《圣经》"与第四名"林肯"之间,差距为0.68%,而其余各选项之间的票数差距并不明显。

第四,文学艺术类文化符号推广价值突出。从入选的外国文化符号看,文艺类文化符号多达18项,占36%。其中,艺术家、作家符号为5项,文艺作品符号为5项;现代和当代文艺符号也有5项。

第五,入选的外国文化符号整体得票率偏低,大学生对外国文化符号的推广价值认识趋于多元化。本次调查所涉286项外国文化符号均有得票,而名列第一的"莎士比亚"也仅获得2.94%的支持率,甚至低于"最具推广价值的中国文化符号"第一名的"孔子"。这说明我国大学生对外国文化符号的推广价值认识并未形成高度趋同现象。

表5-9 最具推广价值的外国文化符号投票结果排行(前50项)

排序	符号	百分比
1	莎士比亚	2.94%
2	金字塔	2.66%
3	《圣经》	2.47%
4	林肯	1.79%
5	好莱坞	1.73%
6	希腊神话	1.54%
7	佛教	1.52%
8	奥林匹克	1.48%
9	哈佛大学	1.41%
10	贝多芬	1.40%
11	卢浮宫	1.39%
11	动漫文化	1.39%
13	马克思	1.32%
14	《钢铁是怎样炼成的》	1.31%
15	拿破仑	1.25%
16	爱因斯坦	1.23%
17	NBA	1.06%
18	硅谷	1.04%
18	文艺复兴	1.04%
20	雨果	1.00%
21	乔丹	0.99%
21	英语	0.99%
21	绅士风度	0.99%
24	列宁	0.98%
25	《蒙娜·丽莎》	0.94%
26	自由女神像	0.93%
27	葡萄酒	0.90%

续表

排序	符号	百分比
28	牛顿	0.87%
29	达·芬奇	0.86%
30	安徒生	0.82%
31	埃菲尔铁塔	0.81%
32	迪斯尼	0.79%
33	悉尼歌剧院	0.79%
34	戛纳电影节	0.76%
35	列夫·托尔斯泰	0.75%
36	奥巴马	0.74%
37	《共产党宣言》	0.71%
37	《阿甘正传》	0.71%
39	牛津大学	0.71%
39	感恩节	0.71%
39	维也纳新年音乐会	0.71%
42	《一千零一夜》	0.70%
43	华尔街	0.69%
44	百老汇	0.68%
44	柏拉图	0.68%
46	启蒙主义	0.67%
47	普罗旺斯	0.66%
48	宫崎骏	0.66%
48	樱花	0.66%
50	橄榄枝	0.65%

(三) 中外最具推广价值的文化符号相对测量结果排行比较

比较受访大学生对中外"最具推广价值的文化符号"排行,参照外国文化符号的传播经验,可以为我国文化软实力的发展战略和中国文化符号推广提供借鉴。从以上两项相对测量的投票结果看,中外"最具推广价值的文化符号"排行的前50名具有以下共同特征:

首先,人文领域内的历史人物符号居首。受访大学生把"最具推广价值的中外文化符号"分别给予了"孔子"和"莎士比亚",二者都是在世界人文思想史上影响巨大的人物。

其次,"最具推广价值的中外文化符号"排行中各项文化符号之间的得票差异都不大,而前三名的认同度都普遍高于其他选项。

再次,入选的传统文化符号多于现代和当代文化符号,非物质文化符号多于物质文化符号。

从受访大学生对中外"最具推广价值的文化符号"排行前50名的差异看,二者还是存在着明显的不同的,主要表现在:

第一,"最具推广价值的外国文化符号"前50名中,宗教、政治等具有典型意识形态属性的文化符号较多。"《圣经》"(第3名)、"林肯"(311票,第4名)、"佛教"(第7名)、"马克思"(229票,第13名)、"列宁"(170票,第24名)、"《共产党宣言》"(并列第39名)等,其中不少选项的排名还很靠前,而这是中国文化符号推广价值排行中所缺乏的。在中国文化符号推广价值排行中,"毛泽东"(第30名)仅获152票、"邓小平"(并列第33名)获147票,而它们在最具代表性的中国文化符号排行中分别是第4和第6,这说明受访大学生认为,尽管现代和当代中国政治人物的文化符号可以代表中国,但它们的推广价值并不足够高。另外,"佛教"(第83名)及"禅宗"(第75名)在中国文化符号的推广价值的测量中仅得58票、63票。尽管"佛教"是经过长期中国本土化的文化符号,但在大学生看来,汉代的"佛教东传"在更大意义上仍是外国文化的推广行为;而中国化色彩更为浓厚的"禅宗"得票数多于"佛教",也可以说明文化符号的原创性对其推广价值是极为重要的。

第二,外国文化符号中世界级艺术家获得中国大学生的普遍认同。"贝多芬"(第10名)、"雨果"(第20名)、"达·芬奇"(第29名)等,而作为艺术家的"莎士比亚"名登榜首,显示了外国艺术的独特文化价值。而在中国排行中,如果"鲁迅"(第 31 名)不作为纯粹艺术家列入考量的话,第一位中国艺术家"李白"的推广价值仅获第 38 名的成绩。

第三,带有强烈民族国家特色的文化符号认同度较高。从入选的 50 项外国文化符号看,推广"美国梦"的"好莱坞"(第 5 名)、推广希腊竞技体育和和平精神的"奥林匹克"(第 8 名)、推广美国民主价值观的"自由女神"(第 26 名)以及带有日本特色的"动漫文化"(第 11 名)、"宫崎骏"(第 48 名)等的入选,说明了打造具有自身文化特色的现代和当代文化符号在国家文化软实力发展战略中的重要意义。

第四,"哈佛大学"(245 票,第 9 名)、"牛津大学"(124 票,第 39 名)作为国家高等教育及知识界的文化象征入选"最具推广价值的外国文化符号"。相比之下,在中国文化符号的推广价值排行中,"北大清华"(78 票)这一两校合并的选项仅名列第 61。说明中国大学的品牌文化建设和中国学术机构的品牌价值,及其世界推广都有待进一步提升。

第五,"最具推广价值的外国文化符号"排行的前 50 项中,不少文化符号都兼具文化、娱乐、商业和意识形态等属性中的多重身份。"好莱坞"、"NBA"(第 17 名)、"英语"(第 21 名)、"迪斯尼"(第 32 名)、"百老汇"(第 44 名)等文化符号的输出,可以实现文化软实力与经济、政治硬实力之间的力量转化。这种转化与布迪厄对于文化资本、社会资本和经济资本之间的相互转化有着极为相似之处,这种转化是以经济资本为根源的。[①]

[①] 参见 Bourdieu, "The forms of Capital", In *Handbook of theory and research for the sociology of education*, edited by John Richardson, New York: Greenwood Press 1986, pp. 241—258.

七、结论与分析

一个国家的文化符号是该国文化软实力的一种显豁而影响力广泛的象征形式。调查我国在校大学生对中外文化符号代表性和推广价值的感知,不仅可以反映当代大学生的文化素养、审美趣味和价值观念,而且可以在一定程度上见出中国文化软实力的构成因素及其特征,为我国文化软实力的建设提供参照与思考。

第一,大学生对中国文化符号的感知呈现出一种高度的趋同性和理性化趋势。从对"大学生眼中最具代表性的中国文化符号"绝对测量结果可以看出,大学生所认同的中国文化符号集中在传统文化、政治文化和非物质文化符号上。这一点在因子分析所归纳出的 7 个因子中表现得更为清晰。而从对因子的回归分析看,大学生对中国文化符号代表性的认识与其人口特征的关联很小。同时,更值得注意的是,其社会身份因素如性别、年龄、专业、高校所在区域等对他们对中国文化符号的认识和选择居然都没有体现出显著的影响;而另一方面,中国现代和当代文化符号,尤其是大学生日常生活中主要的文化消费对象(如娱乐文化、媒介文化等)和日益多元化的物质文化符号,居然也没能进入他们的认同和选择视野。这两方面在一定程度上都可以说明,当代大学生对中国文化符号代表性的认识具有一种趋同性和理性化倾向。事实上,根据学者的研究,我国文化现代化水平已经实现了初等发达国家水平,文化传播水平也较高。[①] 在这一基本状况下,大学生对中国文化符号的这种认识和选择就显得过于理性化了,且没能体现出预期的多样性特质。对于此现象,我们可

---

① 参见中国现代化战略研究课题组等编著:《中国现代化报告·2009:文化现代化研究》,北京大学出版社 2009 年版,第 269—271 页。

以提出一种主要的原因假设：一方面，中国当代大学生已经生存在一个日趋多样化的时代，传统生活方式与新的生活方式、个体与社会、中国与西方等之间交织成复杂多样、令人难以选择的生活情境。另一方面，面对这种多样化生活情境，中国当代大学生往往可以有灵活的多样化选择。他们诚然可能在感性上热烈地喜好某些时尚文化符号如周杰伦等，但同时又可以在理性上认同另一些文化符号如中国传统文化符号。他们一方面可以感性、开放、趋时，具有年轻一代大学生特有的追新入时的强烈需求；另一方面又可以理性、守成、稳重，具有令人感觉沉稳的社会责任感和建设意向。也就是说，他们的日常感性喜好与他们的理性的文化价值认同似乎可以相互分离、分立和共生，从而在个体人格上呈现出一种特殊的二元构造——即感性的入时需求与理性的责任意向既相互对立又相互共生。而比较起来，20世纪80年代在校大学生群体则往往具有另一种情形：他们的日常感性喜好与理性的文化价值认同总是大体一致的，这一方面是因为那时的生活状况总体上还是一体化的或一元化的，不存在今天这种多样化或多元化局面；另一方面，那时的大学生在文化价值观方面也总是一体化的或一元化的，还没有出现今天这种全球化加剧时代古今中外多元价值观相互并存的复杂状况。这种对比虽然可能还有待于充分展开和深入，但至少可以见出，这是一种令人深思的有趣的矛盾现象，这使我们对80后、90后大学生不能不做出新的实事求是的认识和判断。

这也许可以说明，当代大学生目前存在着一种隐性的双重文化人格或多重文化人格。人格（personality）一般被视为一个人的思维、情绪和行为的特征性模式，以及这些模式背后的或隐或显的心理机制。① 单从心理学上说,双重人格是多重人格的一种形态。一般把一个人具有两个或以上相对独立而又相互对立的亚人格称为多重人格,而双重人格正是多重人格之一种,体现出一种内在分离和矛盾的心理障碍。而文化上的双重人格或多重人格则又不同。我们所谓隐性的双重文化人格或多重文化人格,是指大学生个体并存着两个或以上相对独立而又相互对立的文化认同取向。例如,当代大学生本来少有接触京剧、中药、刺绣等古代文化遗产的,而且他们自己未必喜欢它们。但这并不妨碍他们在选中国文化符号时颇富理性地选择了它们,而此时,他们自己的日常感性喜好则被暂时隐匿了起来或者干脆放弃。他们自己在日常生活中喜好什么呢?根据俄罗斯研究者的旁观,"当世界越来越钟爱营养健康的中餐时,中国消费者却对汉堡包、炸鸡腿和用转基因土豆做成的薯条趋之若鹜。……中国有数万年轻人赴西方大学深造。数百万人在本国学习英语。在掌握现代化知识的同时,他们还学到了西方的世界观、生活态度和行为方式。……中国年轻人播放器里的音乐是其西方同龄人正在听的音乐。他们观看同样的好莱坞特效大片、肥皂剧和电视娱乐节目。美国的电影和体育明星在中国受欢迎的程度不亚于本国。中国有的城市还准备建迪斯尼乐园"。② 这位外国研究者的观察至少部分地是准确的。但让他没有想到的是,即便是这些被他视为"生活方式西化"的"中国年轻人",当他们理性地选择中国文化符号时,却又表现得那么"中国化"或"传统化"。这到底是表明他们富于理性、头脑清醒,还是表明他们精于世故或深谙人生策略?对此双重文化人格现

---

① 〔美〕珀文(Lawrence A. Pervin)、〔美〕约翰(Oliver P. John):《人格手册:理论与研究》(第二版),黄希庭译,华东师范大学出版社2003年版,第509页。
② 〔俄〕雅科夫·贝尔:"中国:没有围墙",据袁殿池编选:《海外望神州——外国人眼中的中国改革开放》,人民文学出版社2008年版,第7页。

象,确实需要进行分析和研究。心理学家认识到,"人格是存在于文化背景中的","文化在理解人格当中起着举足轻重的作用"。如果说,当代大学生在感性层面倾向于把自己看作独立的、独特的人,可以我行我素,从而体现出一种"个体主义文化"的人格;那么,他们在理性层面则倾向于把自己看作更大群体即家庭或国家的所有物,从而带有"集体主义文化"的人格特征。[①] 这样,在大学生的内心就至少同时并存着个体主义文化和集体主义文化两种人格倾向,这两者在当代大学生心理上是如何相互冲突、共存和调和的?我们既需要联系当前现实文化状况去理解这种双重文化人格,又需要通过这种双重文化人格去理解当前现实文化状况。[②]

基于以上分析,我们不妨进一步提出两种文化人格的理论假设:当代大学生与 20 世纪 80 年代大学生有可能存在着不同的文化人格特征。如果说,80 年代大学生有着一种固体型文化人格,其表露在外的言谈举止与内心理想之间可以大体稳固而一致,宛如那明确、坚固而沉稳的固体物质;那么可以说,当代大学生则具有一种流体型文化人格,其外在言谈举止与内心理想之间可以形成灵活而流变的关系,恰似那流动起伏、变化多姿、随物赋形的流体物质。

第二,与中国古代文化符号受到推崇相比,中国现代和当代文化符号的影响力亟待提升,这种厚古薄今现象令人深思。如前所述,中国现代和当代文化符号入选数目少且名次低。在"最具代表性的中国文化符号"评分排行与"最具推广价值的中国文化符号"投票结果前 50 名选项相同的 27 项文化符号中,大学生认为兼具代表性与推

[①] 参见〔美〕伯格(Jerry M. Burger):《人格心理学》(第六版),陈会昌等译,中国轻工业出版社 2004 年版,第 8 页。

[②] 关于人格与文化的关系,参见〔美〕珀文、〔美〕约翰:《人格手册:理论与研究》(第二版),黄希庭译,华东师范大学出版社 2003 年版,第 506 页。

广价值的中国现代和当代文化符号仅6项,即"毛泽东"(第30名)、"鲁迅"(并列第31名)、"邓小平"(并列第33名)、"北京奥运会"(第39名)、"五星红旗"(第41名)、"国歌"(第42名);此外随后还有"姚明"(第40名)、"李小龙"(并列第46名)、"鸟巢"(并列第46名)、"袁隆平"(并列第49名)4项被提及。这10项除"毛泽东"外全部在30名之后。这说明现代和当代中国文化符号的威信和价值远远没有得到大学生的足够认同。如何继续弘扬和宣传中国现代和当代文化符号,使其增强在大学生乃至更广泛的国民群体心目中的吸引力,是需要进一步研究和建设的课题。

第三,中国文化已经形成了代表性的核心符号,而推广价值有待提高。从大学生对中国文化符号的评分测量结果可以看出,大学生对前10项文化符号的认同是很集中的。"孔子"、"汉语/汉字"、"中医"、"书法"等选项,在很大程度上可以代表中国形象,中国传统文化的代表性意义在大学生看来是毋庸置疑的。但就整体而言,大学生对富有推广价值的中国文化符号的认识就较为分散,在相对测量中,大学生对各选项都有不同程度的认同,尚未形成推广认同度较高的核心文化符号。

第四,富有代表性和推广价值的中国文化符号出现类型集中化趋势,文艺类、科技类、经济品牌类、媒介类等文化符号建设亟待加强。从大学生对中国文化符号代表性及其推广价值的认识测量结果看,二者的重合程度为74%,大量文化符号是兼具代表性与推广价值的。这些文化符号在类型上较为单一,从侧面反映了大学生对文化构成因素的认识存在偏颇。入选最具代表性的前50名中国文化符号中,音乐、绘画以及当代媒介艺术文化集体缺失;传统科技类文化符号("四大发明")被认为只具有代表性而无推广价值,当代科技文化符号仅"袁隆平"(97票,第49名)以低票入选最具推广价值的文化符号前50名;各种当代经济品牌文化符号和媒介类符号(如电影、电视作品、人物等)无一入选。这一方面说明当前中国文化建设存在薄弱环节,另一方面也说明大学生的文化认同取向的多元化有所欠缺。

第五,富有代表性的中国文化符号和富有推广价值的中国文化符号分别侧重传承价值与宣传价值,其产业属性和意识形态属性均有待提高。从大学生所选的"最具代表性的中国文化符号"和"最具推广价值的中国文化符号"来看,前者注重中国的民族性和历史感,大多是具有传承意义、影响中国人精神与生活的经典文化符号,而后者则主要是表征中华民族特性的,适于跨文化认知与传播的文化符号,二者的产业属性和意识形态属性均不够明显。"文化软实力"不仅指代生活方式和文化模式,更重要的在于其文化所负载的价值观输出及其带来的"实力"转变,这是美国"麦当劳"文化符号取得成功的重要启示。从当代大学生的认识看,一方面可以说明他们对中国文化符号的品牌效应(如"百度"、"联想"等)认识不足,另一方面也说明中国文化建设还有待于实现由"符号"向"实力"的转化。

八、思考与探讨

从上述现象及其分析,可以就当前中国文化软实力发展战略研究,以及当前社会有关大学生及其他青年群体的关切、研究和管理,提供一些初步的对策建议。

第一,把位居前列的中国文化符号纳入中国文化软实力发展战略规划中,有重点、有计划地向内和向外同时推广,并打造成国内国际知名的文化品牌。全国大学生眼中最具代表性和最具推广价值的前五十位中国文化符号,是可以成为我国政府文化管理部门、文化产业生产与营销部门的重点内推和外推资源的。特别是全国大学生眼中最具代表性的中国文化符号中位居前十的汉语/汉字、孔子、书法、长城、五星红旗、中医、毛泽东、故宫、邓小平、兵马俑,和全国大学生眼中最具推广价值的中国文化符号中位列前十的孔子、汉语/汉字、中医、书法、功夫、中餐、京剧、长城、古典诗词、茶,更是需要引起高度重视。

第二,在继续扩大中国古代文化符号的吸引力的同时,采取特别措施着力发掘、宣传和推广中国现代文化符号的吸引力,培育中国现代文化符号的成功品牌。从这次调查看,与中国古代文化符号受到高度认同和推崇相比,中国现代文化符号的认知度和承认度都较低,这与五四以来、近六十年以来,特别是改革开放三十年以来中国现代文化发展状况是严重不符的,必须引起我们的高度关注。建议政府文化部门、教育部门、新闻传播部门、文化产业生产与贸易部门以及相关研究机构,切实采取措施加强中国现代文化符号的宣传、教育和推广工作,使我国青少年一代以及外国居民对中国现代文化有新的真正准确的体认。

第三,在各层次教育阶段,特别是大中小学教学中,大力加强文化想象力和文化创造力的培育,造就多样化而又自主的国民文化素养。针对大学生在对中国文化符号的感知中呈现的高度趋同性和理性化趋势,有必要培育一种在多样化中寻求灵活性、自主性和独特个性的文化创造力。问题虽然表现在大学生身上,但其根源实际上必须回溯到儿童时代,从而国民文化创造力培育必须从儿童抓起。

第四,认真考察和深入研究当代大学生的隐性的双重文化人格,努力开发和利用其有利于文化建设与创造的一面,使其成为中国现代文化软实力推广的积极力量。

第四节　个案分析:北京文化符号与"世界城市"软实力建设

从文化符号出发考察文化软实力,一方面是为文化软实力的发挥寻找落脚点,同时也是为提升文化软实力提供具体路径。以城市文化软实力为例,既可以通过考察该城市的文化符号来衡量、确定其软实力的相关指标,也可以文化符号为具体入手点,辨析、抓住富有影响力与感染力的若干文化符号,来凝聚城市文化精神,形成城市文化形象,树立城市文化品格,提升城市文化软实力。本节以北京建设"世界城市"的文化符号和文化软实力为个案,讨论其现状、规划与方向。

《北京城市总体规划(2004年至2020年)》设定北京将在2050年建成"世界城市",而城市文化精神与文化软实力必然是极为重要的方面。根据北京市政府于2010年1月发布的《政府工作报告及计划报告、财政报告名词解释》,"世界城市"是指国际大都市的高端形态,对全球的经济、政治、文化等方面有重要的影响力。目前公认的世界城市有纽约、伦敦、东京。其具体特征表现为国际金融中心、决策控制中心、国际活动聚集地、信息发布中心和高端人才聚集中心五个方面。除这五个方面外,"世界城市"还需具备以下五项支撑条件:一是具有一定的经济规模,二是经济高度服务化、聚集世界高端企业总部,三是区域经济合作紧密,四是国际交通便利,五是科技教育发达,生活居住条件优越。如果说,这五方面和五条件作为硬性指标,构成了"世界城市"的硬实力体系,那么,以这五方面和五条件为基础而生长起来和传播出来的柔性的城市吸引力及感染力,应当构成"世界城市"的文化软实力体系。而这一软实力既具体显现为城市文化符号,又在文化符号基础上凝练成某种抽象的、带有体验性的城市文化精神。

一、文化符号、城市精神与"世界城市"记忆

城市是人类文化的一种高度凝聚形式。刘易斯·芒福德(Lewis Mumford)早就指出城市的这种文化符号特征:"城市既是人类解决共同生活问题的一种物质手段;同时,城市又是记述人类这种共同生活方式和这种有利环境条件下所产生的一致性的一种象征符号。所以,如同人类所创造的语言本身一样,城市也是人类最了不起的艺术创造。"[①]对城市的这种文化符号特征,他后来又有更简洁的说法:"大城市是人类至今创造的最好的记忆器官。"[②]这个观点应当来自他对爱默生(R. W. Emerson)有关城市是"靠记忆而存在的"这一论断的一种改造。[③] 这一点也为当代学者所呼应和发挥:"城市总是有自己的文化,它们创造了别具一格的文化产品、人文景观、建筑及独特生活方式。甚至我们可以带着文化主义的腔调说,城市中的那些空间构形、建筑物的布局设计,本身恰恰是具体文化符号的表现。"[④]由此可见,城市在保存、唤醒和开拓人类的文化精神及其特征方面具有突出的象征符号功能。

城市的文化符号,顾名思义,是城市创造的一系列富有创意的文

---

① 〔美〕刘易斯·芒福德:《城市文化》,宋俊玲、李翔宁、周鸣浩译,中国建筑工业出版社2009年版,第4页。
② 〔美〕刘易斯·芒福德:《城市发展史》,宋俊玲、倪文彦译,中国建筑工业出版社2005年版,第574页。
③ 〔美〕刘易斯·芒福德:《城市发展史》,宋俊玲、倪文彦译,中国建筑工业出版社2005年版,第105页。
④ 〔英〕迈克·费瑟斯通(Mike Featherstone):《消费文化与后现代主义》,刘精明译,译林出版社2000年版,第139页。

化符号。根据我们对文化软实力构造层面的设定,一座城市的文化软实力同样可以从四个层面去看:第一层为城市文化理念及其精神,属于城市文化的最深邃而又至关重要的核心部分,但微妙而又难以把握,代表城市文化的最内隐的层面;第二层为城市文化体制,属于城市文化的活力的发动机,代表城市文化的内显层面;第三层为城市文化传播系统,属于城市文化的显现平台,代表城市文化的外隐层面;第四层为城市文化符号,属于城市文化的显现平台上最显豁的因子,堪称城市文化软实力的"窗口",代表城市文化的外显层面。上述四个层面相比较,正是善于外显的第四个层面即城市文化符号尤其能向该城市内外居民显示其固有的文化软实力。城市文化符号,是能代表特定城市文化精神及其特征的一系列具有高度影响力的象征形式系统,属于城市文化软实力的最显豁的外显层面,可以着力展现该城市符号表意系统及代表性形象的吸引力。

而就城市文化软实力建设来说,城市文化符号具有自身的特定功能。"文化既不是城市物质改革无足轻重的附属品,也不是划分社会角色的纯符号性范畴。相反,文化符号具有物质上的重要意义;而且当城市不再那么依赖传统的生产资源和技术时,文化符号的物质意义就显得更加重要。无论奥兰多、北亚当斯,还是纽约或洛杉矶,城市表现出服务经济中富有创造性的力量,文化是对这种表现的委婉说法。"[①]对城市文化符号的功能,不妨从符号的本性、时间、空间、结构和影响力等维度上做简要分析。第一,在符号的本性维度上,城市文化符号能把不可见的意念、理念或设计等加以视觉呈现或感性显现,也就是物质化或物态化。这是一种把人的内在不可见意念或

[①] 〔美〕朱克英(Sharon Zukin):《城市文化》,张廷佺、杨东霞、谈瀛洲译,上海世纪出版股份有限公司 2005 年版,第 261—262 页。

创意加以外在化,使之为人们感觉可以把握的东西的过程。例如城市的地标性建筑。第二,在符号的时间维度上,城市文化符号能延长不易保存的东西的存在时间,使之长久化或永久化。城市的历史遗迹及带有纪念性质的建筑等正起到这种功能。第三,在符号的空间维度上,城市文化符号能让原来并无联系的两个或多个地点及其文化特性通过象征形式的呈现而建立起联系,并且体现出一种普遍可理解性,例如博物馆、美术馆等。第四,在符号的结构维度上,城市文化符号能让人们从表层结构深入到深层结构中,去体认那种带有信仰或神圣意味的深邃的意义,例如那些宗教性、政治性建筑,如教堂、会堂等。第五,在符号的影响力维度上,城市文化符号能把个人意念或创意扩展成为群体的自觉的日常言行,具有一种习俗化或惯例化的力量,例如城市的方言习俗。刘易斯·芒福德说得好:"城市的重要功能之一,还在于将个人的选择和设计化为城市建设,将各种思想转化为共同的习俗和惯例。"[1]总的来说,城市的文化符号应当对本市居民具有一种特殊而又强盛的感染力。科特金指出:"一个伟大城市所依靠的是城市居民对他们的城市所产生的那份特殊的深深眷恋,一份让这个地方有别于其他地方的独特感情。最终必须通过一种共同享有的认同意识将全体城市居民凝聚在一起。"[2]同理,这样的独具认同魅力的城市文化符号,也能向外部居民或外国居民释放出独特的吸引力,诱使他们前来观光、旅游。

可以这么说,城市符号从以上不同角度表现出的带有"记忆"性质的感染力、眷恋、独特感情等描述,都可视为是对"城市文化精神"

---

[1] 〔美〕刘易斯·芒福德:《城市发展史》,宋俊玲、倪文彦译,中国建筑工业出版社 2005 年版,第 119 页。

[2] 〔美〕乔尔·科特金(Joel Kotkin):《全球城市史》(修订版),王旭等译,社会科学文献出版社 2010 年版,第 243 页。

不同维度的表达。城市文化精神大致是指城市生活方式及其符号表意系统所呈现的一种微妙而又重要的理念、气质或禀赋,代表了城市文化的最核心和最幽微的层面。这种城市文化精神往往不是靠理智而是依赖于感性的体验去把握。在林语堂的长篇小说《京华烟云》中,主人公姚木兰自幼就受到北京城市文化精神的濡染或熏陶。日常生活中接触到的北京城市文化符号,都在潜移默化地养育她的文化性格。"北京的紫禁城,古代的学府、佛教、道教、西藏喇嘛、回教的寺院及其典礼,孔庙、天坛;社会上及富有之家的宴会酬酢,礼品的馈赠;古代宝塔、桥梁、楼阁、牌坊、皇后的陵寝,诗人的庭园,这些地方的每块砖,每片瓦,都充满了传闻、历史、神秘。这些地方的光怪陆离之气,雄壮典丽之美,都已沁入她的心肺。"北京城市文化精神对个人的塑造和感染,是通过城市文化符号及其"沁入她的心肺"这样非强制而又令人愉快的体验方式——即文化软实力的濡染方式,在受众不知不觉中实现的。

对北京城市文化精神做出概括,是讨论作为其外显形式的城市符号的基础。限于北京都城历史遗产的丰富、当代首都地位的权威、历代论者的分歧和建设"世界城市"进程中的指标协调等方面问题,其城市文化精神的分析颇为复杂且困难。仍以《京华烟云》为例,它所展示的就更多的是现代学者对北京城所代表的古典文化精神及其现代遗韵的一种缅怀和想象:"现在是穷冬苦寒,北京的冬季真是无与伦比,也许这个福地的其他月份,可以与之比肩,因为在北京,四季非常分明,每一季皆有其极美之处,其极美之处又互相差异之特色。在北京,人生活在文化之中,却同时又生活在大自然之内,城市生活极高度之舒适与园林生活之美,融合为一体,保存而未失,犹如在有理想的城市,头脑思想得到刺激,心灵情绪得到宁静。到底是什么神灵之手构成这种方式的生活,使人间最理想的生活得以在此实现了呢?千真万确,北京的自然就美,城内点缀着湖泊公园,城外环绕着清澈的玉泉河,远处有紫色的西山耸立于云端。天空的颜色也功劳不小。天空若不是那么晶莹深蓝,玉泉河的水就不会那么清澈翠绿,西山的山腰就不会有那么浓艳的淡紫。设计这座城市的是个巧夺天工的巨匠,造出的这座城市,普天之下,地球之上,没有别的城市可与比拟。"这里毫无保留地赞美北京城的自然、园林等方面的"普天之下、地球之上"的无可比拟的城市文化"设计"。小说家的分析是,北京城"既富有人文的精神,又富有崇高华严的气质与家居生活的舒适。人间地上,岂有他处可以与之分庭抗礼?"这被视为人文精神与生活舒适的完美结合体。其根源在于,"北京城之为人类的创造,并非一人之功,是集数代生来就深知生活之美的人所共同创造的。天气、地理、历史、民风、建筑、艺术,众美皆备,集合而使之成为今日之美。在北京城的生活上,人的因素最为重要。北京的男女老幼说话的腔调上,都显而易见的平静安闲,就足以证明此种人文与生活的舒适愉快。因为说话的腔调儿,就是全民精神上的声音"。这里高度概括地告诉我们,北京城市之美是一种集数代之工,包含"天气、地理、历史、民风、建筑、艺术"等众多元素/符号在内的"众美皆备"的"集合之美"。

重要的是,这些北京文化符号不仅本身具有无形的吸引力,而且其下面还蕴蓄着和濡染着那种更加内隐的生活价值系统——北京城市文化精神。"但是木兰是在北京长大的,陶醉在北京城内丰富的生活里,那种丰富的生活,对当地的居民就犹如伟大的慈母,对儿女的请求,温和而仁厚,对儿女的愿望,无不有求必应,对儿女的任性,无不宽容包涵,又像一棵千年老树,虫子在各枝丫上做巢居住,各自安居,于其他各枝丫上居民的生活情况,茫然无所知。"也就是说,北京城市生活所蕴含的生活价值系统,正是通过对文化符号的日常体验而缓慢地濡染进个体身心的。所以,从北京的一系列文化符号中,"木兰学到了容忍宽大,学到了亲切和蔼,学到了温文尔雅,就像我们童年时在故乡生活里学到的东西一样"。在林语堂的描绘中,我们可以抽取出他对北京城市文化精神的一些并非明言而又确实在场的特定体验和描述:温和、仁厚、包容、典雅。

这样,北京文化符号的作用体现在,以潜移默化的方式塑造北京居民的文化性格,特别是个人对北京城市文化中最内隐的生活价值系统(城市文化精神)的独特体验。"木兰的想象就深受幼年在北京生活的影响。她学会了北京的摇篮曲,摇篮曲中对人生聪敏微妙的看法也影响了她。她年幼时,身后拉着美丽的兔儿爷灯笼车,全神贯注的看放烟火,看走马灯,看傀儡戏。她听过瞎子唱曲子,说古代的英雄好汉,古代的才子佳人的风流韵事,听把北京话的声韵节奏提高到美妙极点的大鼓书。从那些说白的朗诵歌唱,她体会出语言之美,从每天的说话,她不知不觉学会了北京话平静自然舒服悦耳的腔调儿。由一年的节日,她知道了春夏秋冬的特性,这一年的节日就像日历一样由始至终调节人的生活一样,并且使人在生活上能贴近大自然的运行节奏。"

从文化符号角度概括北京城市文化精神,可以简要地分为三点:第一,方正、通达。北京城具有一种注重政治规范、伦理和睦、行事合理等的文化品格。无论是四合院、胡同等剩余型文化符号,还是天安门广场、人民大会堂等主流型文化符号,都可以代表这种北京文化精神。第二,开放、宽厚。正像《京华烟云》里描绘的那样,北京城有开放的胸襟、宽容的精神和仁厚的品格。第三,侃平。北京市民善于说话,见多识广,侃侃而谈,更能通过善侃而实现内心的平衡。老舍《茶馆》里的掌柜王利发、王朔小说《顽主》等里的大院"顽主"、刘恒《贫嘴张大民的幸福生活》里的胡同平民张大民、葛优饰演的冯氏贺岁片系列里的北京市民等文化符号,都是其代表。

从城市文化精神角度考察北京文化符号,则可以雷蒙·威廉斯对文化形态的分类做出表述与判断。威廉斯指出,一个特定时期的文化往往可能同时存在三种形态:主流的(dominant)、新生的(emergent)和剩余的(residual)。[①] 而从文化符号的表意系统的内涵及其文化资源构成来看,城市文化符号便可能有三种维度:剩余型、主流型和新生型。第一种是从城市主流价值系统中获取资源和构思的文化符号群,代表城市主流价值秩序,可称为主流型文化符号,例如天安门广场、人民大会堂、人民英雄纪念碑等;第二种是从城市新兴价值系统中获取资源和构思的文化符号群,代表城市新生力量或新元素,可称为新生型文化符号,如鸟巢、水立方、什刹海酒吧街、798 等;第三种是从城市剩余价值系统中获取资源和构思的文化符号群,代表城市历史文化传统,可称为剩余型文化符号,如天坛、故宫、颐和园、胡同、四合院等。这样的分类是相对的和简单的,三类之间实际上也存在相互交叉和渗透,不便截然分开。北京要建设"世界城市",这三方面的城市文化符号及其文化精神都应涉及,并做合理规划。北京既是一座世界文化历史名城,又是面向全球开放的大国首都,还是一个正在建设中的新兴"世界城市",这些因素决定了它的城市文化符号和文化精神难免具有多维交融特性。

前引爱默生所言"城市是靠记忆而存在的",这种记忆在很大程度上即是城市文化精神。从文化符号与软实力角度,可以补充的是"城市是靠符号来记忆的":一座城市往往依靠它的一系列显豁的文化符号在人们内心深处刻下特别的记忆,在他们心中建构起不可磨

[①] Williams, Raymond, *Marxism and Literature*, Oxford: Oxford University Press 1977, pp. 121—127.

灭的温馨印记。以至于一提起这座城市,人们总会首先想到它的显豁而又感人的文化符号。城市文化符号是濡染城市记忆的窗口,是城市的文化精神或灵魂的象征。"世界城市"应当是靠具有世界吸引力的文化符号来记忆,它所特有的文化符号系统,会"润物细无声"地塑造着人们对这座"世界城市"的最鲜明而又最深刻的个人记忆。北京城靠什么样的文化符号去塑造人们的"世界城市"记忆?显然,要回答这个问题,首先需要对北京城市文化符号的现状有着一些了解。

二、从大学生眼中的北京文化符号看北京城市软实力现状

根据上一节所述的"全国在校大学生中外文化符号观"调查,我们对当前80后、90后大学生眼中最具代表性和推广价值的中外文化符号有了一次初步的了解。其中,部分调查结果涉及北京城市文化符号。于此可从一个特定的侧面,去了解当前北京城市文化符号建设现状。

在我们的问卷调查中,全国大学生对最具推广价值的中国文化符号共选出270项,其前150项中专属于北京的城市文化符号状况如表5-10和附图4所示。

表5-10 最具推广价值的北京文化符号

排序	符号名称	得票	百分比
7	京剧	404	2.42%
8	长城	374	2.24%
15	故宫	209	1.25%
35	圆明园	139	0.83%
39	北京奥运会	131	0.79%
47	鸟巢	101	0.61%
54	神舟飞船	88	0.53%
59	胡同文化	82	0.49%

续表

排序	符号名称	得票	百分比
61	北大清华	78	0.47%
65	CCTV	71	0.43%
68	联想	70	0.42%
72	春晚	66	0.40%
85	百家讲坛	58	0.35%
87	水立方	57	0.34%
103	颐和园	43	0.26%
115	天坛	35	0.21%
128	同仁堂	32	0.19%
137	同一首歌	25	0.15%

在大学生列出的可以向国外推广的最有价值的18项北京城市文化符号中，可以看到以下若干种类（数量由多到少依次是）：第一类历史或博物类文化符号有7项，即京剧、长城、故宫、圆明园、颐和园、天坛、胡同文化；第二类大众传媒或时尚类文化符号有4项，即CCTV、春晚、百家讲坛、同一首歌；第三类体育类文化符号有3项，即北京奥运会、鸟巢、水立方；第四类产业品牌类文化符号有2项，即联想、同仁堂；第五类高科技类文化符号有神舟飞船；第六类高等教育类文化符号有北大清华。这里最丰富的文化符号是属于历史或博物类的，其次是大众传媒或时尚类的，再次是体育类及产业品牌类，最后是高科技和高等教育类。不过，这里的第二、三、四类文化符号也可大体称为如今人们习惯于称呼的创意文化符号，其比例达到了9项，为18项中的一半。可见创意文化已在整个北京城市文化符号系统中占有了半壁江山。

这典型地说明建设"世界城市"需要在摒弃传统高耗能、高污染、高投入等产业之后，转而突出创意产业及其文化符号制作。"创意"一词历来充满歧义及争议，通常包含两方面内涵或两个标准：一是必须产生出新东西,二是必须产生出有价值或有用的东西。"在实践中,这两个标准彼此对立在情理之中,也有可能因此导致互相矛盾的评价或个人冲突。"①由于如此,创意具有一种双重性。把这样的双重内涵合起来说,创意当是指某种有价值的新东西的创造过程,也就是指创造出有价值的新东西的过程。对此,可参考上文所述"文化符号创新"的相关问题。

还可以从时间的古今演变角度,分析出以下三种情况:

第一,属于故都北京的文化符号(大致对应"剩余型文化符号")有京剧、长城、故宫、圆明园、颐和园、天坛,共6项,占18项的33%。可见蕴藉久远的历史文化符号在北京城市文化符号中的分量。提起北京城市文化软实力,不能不提到它的这些至今富有象征力量的历史文化符号。

第二,属于现都北京的文化符号(主流型文化符号+新生型文化符号)有北京奥运会、鸟巢、神舟飞船、北大清华、CCTV、联想、春晚、百家讲坛、水立方、同一首歌,共10项,占18项的56%。可见现当代文化符号在北京城市文化符号系统中占一半以上分量。这一事实表明,北京城市文化符号建设具有充沛的当代活力,是一种富于生命力的鲜活的城市文化。不过,仔细分析,这里面光中央电视台生产的文化符号就多达4项,占到10项中的40%——这说明文化符号的生产形态较为单一。好在北京奥运会一次活动就贡献了多达3项城市文化符号,可见其文化软实力建设中的实际效果已十分可观,很划算。这样的富于影响力和软实力显示度的带有创意文化色彩的世界性大型活动的举办,有助于在短时间内大力提升北京城市形象及其

---

① 〔英〕克里斯·比尔顿(Chris Bilton):《创意与管理》,向勇译,新世界出版社2010年版,第6页。

魅力。

第三,在故都北京和现都北京都活跃着的文化符号偏少,只有胡同文化、同仁堂。它们仅占18项中的11%。可见来自久远的历史文化符号在当代文化生态环境中具有一种脆弱性。事实上,这种文化符号才往往是最具北京特色的。以排名较靠前的"胡同文化"为例,作家汪曾祺曾描述道:"北京城像一块大豆腐,四方四正。城里有大街、有胡同,大街、胡同都是正南正北,正东正西。……大街、胡同把北京切成一个又一个方块。这种方正不但影响了北京人的生活,也影响北京人的思想。"胡同作为典范的北京城市文化符号,不仅规范北京市民的"生活",而且更塑造他们的"思想"。汪曾祺老人进一步分析说:"胡同是贯通大街的网络。……胡同和四合院是一体。胡同两边是若干四合院连接起来的。胡同、四合院,是北京市民的居住方式,也是北京市民的文化形态。我们通常说的北京市民文化,就是指的胡同文化。胡同文化是北京文化的重要组成部分,即使不是最主要的部分。"这些有关胡同文化的论述,精辟地传达了城市文化符号在城市文化软实力系统中的地位和作用。胡同文化符号作为北京城市文化的最显豁层面,并非城市文化软实力各层面中内涵最少的,而是它的最外露部分。这个最外露部分的作用在于,它不仅规范市民的日常生活,而且塑造他们的思想。它可以最经常和最广泛地传播北京城市文化形象,而且还同时把北京城市文化的其他三个更内在的层面的软实力有力地播散出来。构建北京城市文化软实力,正需要着力注意对诸如"胡同文化"、"同仁堂"等文化符号的再造与创新。

从上面的调查结果,可以在一个侧面上见出北京城市文化符号所表现的文化软实力特征:第一,在时间维度上,历史性与当代性并置。例如既有古老的长城,也有新的鸟巢。第二,在空间维度上,国家性与地方性交汇。例如属于国家电视台的 CCTV 与属于北京地方的水立方在这里交融起来。第三,在深层属性上,物质性与非物质性共存。前者如神舟飞船、联想,后者如京剧。当然,一次并非专门的北京城市文化符号调查结果只能作为暂时的参考,不能说明更多。

三、大学生眼中"世界城市"文化符号的启示

北京的"世界城市"所必备的文化软实力建设,需要以当今公认的处在领先位置的"世界城市"为样板。世界上具有优良的城市形象、城市文化活力充沛的城市,无不具有特定的独具吸引力的文化符号:伦敦是"充满选择机会的城市",巴黎是"时装之都"、"文化艺术之都"和"浪漫之都",维也纳的头号标签是"音乐之乡",东京属于"东西文化交汇之城",罗马是"古典文化集萃的城市",香港是"世界最自由和最安全的城市"等。① 这些"世界城市"无不以其独具魅力的文化符号而在世界城市之林中大放异彩。

他山之石可以攻玉。为了更加清醒地认识文化符号建设在北京的"世界城市"建设中的地位和作用,不妨再来看大学生对外国城市文化符号的选择情况,以便从中发掘出对北京城市文化符号建设的可能的启示。在总数 270 项的大学生眼中最具推广价值的外国文化符号投票中,进入前 150 位的外国城市文化符号,见表 5-11。

在这里,一向公认为"世界城市"之首的纽约,其最具推广价值的文化符号有 3 项:自由女神像、华尔街、百老汇。它们都进入前 50 位。在"世界城市"中历来名列前茅的伦敦,其城市文化符号有 2 项进入前 100 位:大英博物馆、大本钟钟楼。作为有名的"世界城市"的

---

① 陆绮雯、吴名遂:"城市符号是文化资本——张鸿雁教授的'城市文化资本'论",《解放日报》2010 年 7 月 24 日第 9 版。

表 5-11　最具推广价值的外国文化符号一览表

排序	符号名称	得票	百分比
5	好莱坞	300	1.73%
9	哈佛大学	245	1.41%
11	卢浮宫	241	1.39%
11	动漫文化	241	1.39%
26	自由女神像	162	0.93%
31	埃菲尔铁塔	141	0.81%
32	迪斯尼	137	0.79%
33	悉尼歌剧院	138	0.79%
34	戛纳电影节	132	0.76%
39	牛津大学	124	0.71%
41	维也纳新年音乐会	124	0.71%
43	华尔街	120	0.69%
44	百老汇	118	0.68%
47	普罗旺斯	114	0.66%
48	宫崎骏	114	0.66%
48	樱花	114	0.66%
51	时尚之都巴黎	111	0.64%
53	米兰时装周	107	0.62%
57	唐人街	95	0.55%
59	大英博物馆	94	0.54%
98	大本钟钟楼	51	0.29%
100	威尼斯	50	0.29%
103	白宫	48	0.28%
107	慕尼黑啤酒节	48	0.28%
117	雅典卫城	43	0.25%
127	香榭丽舍大街	38	0.22%
134	柏林墙	36	0.21%

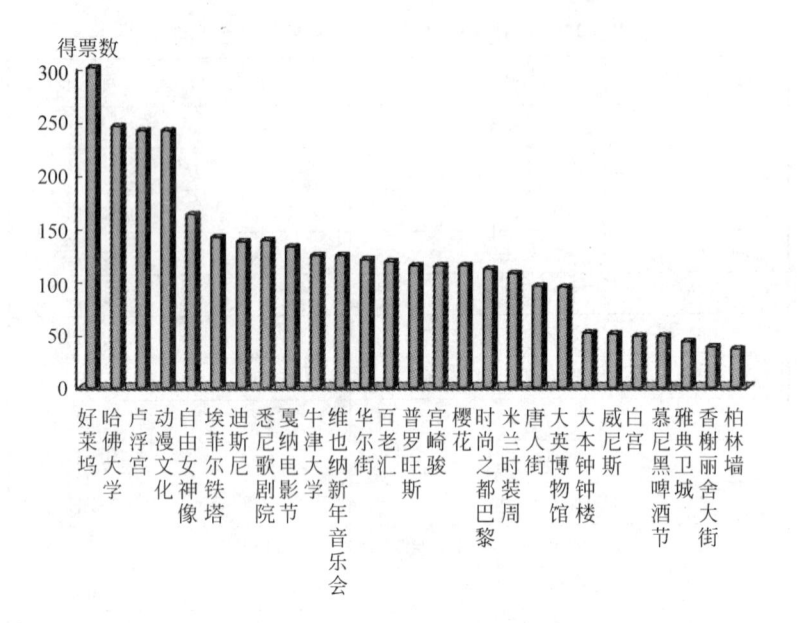

图 5-3 最具推广价值的外国文化符号投票结果示意图

巴黎,则有多达 4 项进入前 130 位:卢浮宫、埃菲尔铁塔、时尚之都巴黎、香榭丽舍大街。其中,卢浮宫和埃菲尔铁塔分别高居第 11 和 31 位。就亚洲城市来说,在"世界城市"中排名最高的东京,有多达 3 项进入前 50 位:动漫文化、宫崎骏、樱花(当然,这三项可能代表了整个日本)。

在上面这四座公认的"世界城市"中,中国大学生眼中最具"世界城市"象征意味的文化符号可以分为如下五类(数量由多到少依次是):第一类是历史或博物类文化符号 4 项,即卢浮宫、香榭丽舍大街、大英博物馆、大本钟钟楼;第二类是时尚类文化符号 3 项,即时尚之都巴黎、动漫文化、宫崎骏;第三类是艺术类文化符号 3 项,即自由女神像、百老汇、埃菲尔铁塔;第四类是金融类文化符号即华尔街;第五类是自然类文化符号即樱花。在这些城市文化符号中,历史或博物类、时尚类、艺术类三类文化符号占据的分量最重,而金融类和自然类文化符号分量最轻。需要看到,这里的时尚类和艺术类文化符号又是可称为创意文化符号的,它们也占到半壁江山。这样的分类以及比例,大抵可以客观上反映"世界城市"文化符号的实际分布状况。它表明,从一座城市的历史文化、时尚文化、艺术文化、金融文化和自然文化等文化资源中,都可能生长出最具城市象征意味的文化符号来。相对而言,最快捷和最高效的文化符号是"创意文化符号"。

四、北京作为"世界城市"的文化符号建设

我们看到,一座"世界城市"的公认的典范标志中,必定包含具有推广价值的城市文化符号系统。北京在迈向"世界城市"的过程中,一方面应加强已有的城市文化符号的维护和传播,另一方面,更应有意识地新建一系列足以代表北京的"世界城市"特征的新型城市文化符号——这些文化符号又与北京"方正、通达、开放、宽厚、侃平"的城市文化精神密切相关。未来的北京,需要创造哪些足以称得上"世界城市"的城市文化符号呢?

对此,首先可以纳入一种空间维度与时间维度相交融的结合视角。就时间而言,上述"主流型"、"新生型"和"剩余型"的文化符号分类已做概括,在此可以简单归纳为(一)"新北京,老符号",即日新月异的北京城也需要"发现"和竖立生活传统中存在的文化符号。如汪曾祺老人所说的"北京城像一块大豆腐"之"大豆腐"形象,就是可以加以彰显的能代表北京城市建筑园林特色的文化符号。(二)"新北京,新符号"。作为新兴"世界城市"的北京,应当新建一系列同这个"新"相应的文化符号,既应体现北京地方特色,又让这种地方特色具有世界影响力。正是这种具有地方特色而又具备世界影响力的新型城市文化符号,才能与"世界城市"相匹配。

从空间维度看,北京城市具有三点特性:一是地方性,即北京具有独特地理位置及其形成的文化特性。它位于华北平原西北边缘,毗邻渤海湾,北靠辽东半岛,南临山东半岛;它西接太行山山脉余脉的西山,北部是燕山山脉的军都山,两山在南口关沟相交,形成向东南展开的半圆形小平原即"北京小平原"。北京城的生活方式及其符号表意系统就是在这块小平原上创造出来的。二是全国性,即北京具有全国文化中心地位和文化代表性。北京有着3000余年建城史和八百多年建都史。自秦汉以来一直是中国北方军事、商业重镇。在西周时成为燕国都城,金朝成为中都,元朝成为大都。至清末,北京已为当时世界最大城市之一。由于扮演首都角色,北京就同时具有了全国文化中心的独特位置和文化代表的特定地位。三是全球性或世界性,即北京具有与全球各国文化交流和互动的特性。北京自清末以来同世界各国发生了越来越广泛的文化交流和联系,自20世纪80年代以来这种交流和联系的深度和广度日益拓展。特别随着"新北京,新奥运"等口号成为现实,北京城的面向全球开放的文化特性获得新的有力凸显。

这就提示我们在建设北京"世界城市"的过程中需要"全球符号与地方符号并重"。北京需要在发展三种文化符号即全球符号、全国符号和地方符号的过程中,注意加强对全球符号和地方符号的城市文化符号建设。北京作为全国首都,其全国符号建设是不言而喻的,对于北京市来说,更应当注重的一方面是在全世界具有代表性和号召力的全球符号,这是"世界城市"必需的世界普遍性的标志;另一方面是属于北京地方独有而又能产生世界影响力的地方符号,这是北京作为"世界城市"必需的地方特异性的显豁标志。前者即北京作为"世界城市"必有的国际金融中心、决策控制中心、国际活动聚集地、信息发布中心和高端人才聚集中心所必然携带的那种全世界普遍的文化符号。而所谓地方符号,则是属于北京城市独有的本土地域文化符号,如北京话、葛优、冯小刚等。要一手抓全球文化符号建设,一手抓地方文化符号建设,两手并用。

从城市文化符号的具体特性来看,有以下四点。

(一)城市文化符号的内涵突出"东方风格"

这就是要能充分凸显北京作为东方都城和中国历史名城的独特的地缘文化景观及其精神风貌。具体地说,在打造新的北京城市文化符号时,要综合地考虑北京的既往历史、当前现实和未来发展新趋势,让这座城市承载的剩余历史遗迹、主流价值风范和新兴气象同时彰显出来。除了前述汪曾祺的"大豆腐"形象,还包括"798"、什刹海酒吧街等时尚生活符号所代表的新兴创意资源。

(二)城市文化符号的生成途径应"官民并举"

这就是采取北京市政府规划和民间创意并举的多渠道策略。政府的有意识的构思、投入和组织固然重要,民间人士、民间组织的个人或群体创意更有特殊的重要意义,因为它们更具灵活性、自主性,还可以随时加以变通。作为市政府主导并向全体市民公开的政府行为,正在建设中的"世界城市",不能是没有个性的千篇一律的"世界城市",也不能是自然而然形成的"世界城市",而应当是有意识地或自觉地筹划和实施的既具有普遍性又拥有独特性的"世界城市"。这样的事先张扬的"世界城市"建设,更需要也更有理由把城市文化符号及其文化精神建设包容其中,让更多的北京市民及外地居民,都理解并参与其中,共同为北京城市文化精神建设出力。目前这样的工作亟待展开和逐渐深入。

(三)城市文化符号的布局要"圈层组合"

这里的圈和层分别是指城市文化符号建设需要依赖的城市空间

布局和社会阶层布局。在城市空间布局方面,中心文化聚集圈、边缘文化聚集圈及可变动聚集圈等之间可以各有其重心和功能。在城市社会阶层布局方面,可以分别兼顾公务阶层、商务阶层、文化阶层、市民阶层、学生阶层、民工阶层、农民阶层等不同社会阶层的兴趣特点,为他们分别提供可以投寄其不同认同目标的文化符号。对此,可以听取科特金先生的告诫:"为了避免繁荣期短暂的缺陷,城市必须要注重那些长久以来对形成商业中心至关重要的基本因素。繁华的城市不应该仅仅为漂泊族提供各类消遣,城市还应当有尽职尽责的市民,他们的经济和家庭利益与城市命运密不可分。一个成功的城市不仅仅是新潮俱乐部、展览馆和酒店的所在地,也应当是专门化的产业、小企业、学校以及能够为后代不断创新的社区所在地。"[①]一个富有活力的"世界城市"必然需要同时兼顾多方的文化符号诉求。

(四)城市文化符号的功能要"兼顾实用与休闲"

这是指既要顾及北京作为"世界城市"必有的国际金融中心、决策控制中心、国际活动聚集地、信息发布中心和高端人才聚集中心等功能所必需的具有实用性的文化符号,又要拓展属于北京城市独有的带有休闲或审美意味的文化符号,如类似什刹海酒吧街、天桥演艺园区等的建设。

另外,值得指出的是,根据全国大学生文化符号观调查,北京城市文化符号的发展应以"创意符号优先",着力打造兼具故都与现都风格,既有感兴意蕴,又有科技含量的文化符号。

当然,根据我们对城市文化软实力的分层理解,上述城市文化符号建设是依赖于文化传媒层、文化制度层和文化价值层的建设的。

[①] 〔美〕乔尔·科特金:《全球城市史》(修订版),王旭等译,社会科学文献出版社2010年版,第237页。

从这个角度来看,首先,应利用文化传媒加强北京城市文化符号建设。一方面,北京众多中央和地方的大众传媒机构,应合力为北京城市文化符号建设做出积极贡献;另一方面,其实,生活在北京的每个居民,包括大学生群体,也是整个城市文化传媒系统的一部分,更需要对北京文化符号建设贡献实际行动。个人言行、面对面接触、口口相传等,都可能构成外部居民眼中的北京城市文化符号。你每天都在为北京文化符号做出贡献,或直接或间接,或隐蔽或外露,或积极或消极,或正面或负面。市民是最好的文化传媒。在人际传播上,在幼儿园、中小学教育和社区文化建设中,注意利用北京历史或博物类文化符号和创意类文化符号进行体验北京的市民文化素养教育,直到为其营造符号化生活环境。例如,通过对历史或博物类文化符号(长城、颐和园、天坛、地坛等)与创意类文化符号(鸟巢、水立方、后海、三里屯、798等)的比较分析,让青少年认识和体验北京文化符号,就像《京华烟云》里描写的姚木兰幼年生活那样。这可以通过中小学校本教育、研究性学习和相关社区、NGO组织的活动来实现。

其次,应在文化体制层面上支持北京文化符号建设。建议从文化体制上重点实施文化品牌战略,有意识地打造北京知名文化品牌,直到它们成长为具有世界影响力的北京城市文化符号。光有联想、798等知名文化品牌还远远不够,还需要通过文化体制的扎扎实实改革,更加自觉地规划和实施更多的新型文化品牌的开发和推广。这就需要通过建立产业基金、组织园区建设等具体政策,引导产业资本向富有城市文化符号意味的项目、企业倾斜。

再次,特别重要的是,在文化价值层面上实施"北京文化价值系统"的开发和传播。应当利用北京城在历史、政治、经济、科技、教育、文化产业、商业、交通等领域的长期积累和地缘优势,建设、发现、强化、提升北京城市生活价值系统的独有理念。例如,北京话腔调儿所透露出来的"平静安闲"的北京生活方式,北京人特有的调侃及其所要达到的心理平衡(即"侃平")等,都需要积极地发现和建设。这一问题应当作为独立研究项目,加以深入讨论和分析。

最后,北京城市文化符号建设,实际上是与北京城市的文化传媒、文化体制和文化价值等建设是相互联系和共同作用的,它们只不过是同一个整体中的不同方面而已。北京的"世界城市"软实力建设,需要各方面的协同努力。

北京城市文化符号建设已是刻不容缓的事。北京建成"世界城市"要多久?——根据《北京城市总体规划(2004—2020)》设定的2050年尚有不足40年的时间。中国社会科学院多年来一直在做世界城市500强排名。据其2009—2010年统计,纽约、东京、伦敦位列全球城市综合竞争力三甲。巴黎、芝加哥、旧金山、洛杉矶、新加坡、首尔、香港依次列第4到10位。前10名中,美国城市占4席,可见其总体实力不可动摇。北京从第66位升至59位,不仅距纽约、东京、伦敦和巴黎还很遥远,离香港也不近。排名第10的香港是目前中国名列前茅的"世界城市"。[①] 北京与之差距较大。不过,北京目前专心致志地做好自己的城市文化符号建设及相关工作,正是逐步缩小差距的一条必由之路。如今的北京,能唤起人们内心深处的深长记忆的城市文化符号还有多少?它们是在逐年递增还是递减,抑或是有减少有增加?不妨看看二十多年前汪曾祺老人的观察:"北京的胡同在衰败,没落。除了少数'宅门'还在那里挺着,大部分民居的房屋都已经很残破,有的地基柱础甚至已经下沉,只有多半截还露在地面上。有些四合院门外还保存已失原形的拴马桩、上马石,记录着失去的荣华。有打不上水来的井眼、磨圆了棱角的石头棋盘,供人凭

[①] http://www.xinhuanet.com/chinanews/2010—06/27/content_20178315.htm

吊。西风残照,衰草离披,满目荒凉,毫无生气。"这里毫不掩饰他对北京文化符号的悲观情怀。"看看这些胡同的照片,不禁使人产生怀旧情绪,甚至有些伤感。但是这是无可奈何的事。在商品经济大潮的席卷之下,胡同和胡同文化总有一天会消失的。也许像西安的虾蟆陵,南京的乌衣巷,还会保留一两个名目,使人怅望低徊。"他最后的结论是:"再见吧,胡同。"①汪曾祺老人的悲剧性感叹虽然有其根据,但或许过于悲观了。如今的北京,有些文化符号确实在无可挽回地走向消逝,但有些文化符号还在顽强地坚挺着,更有些文化符号在强势生长,如北京奥运会、鸟巢、水立方等。在北京加快"世界城市"建设步伐的今天,更有理由对它的城市文化符号的保护和建设抱有足够的信心和期待。

当然,信心不能仅仅来自乐观主义情怀,而更应来自清醒的理性认识,特别是高远的愿景与务实的谋划相结合的有力实施。美国学者朱克英说:"我们的研究都跟城市规划、民主和市场经济有关,但对我来说'文化'这一概念本身已变得更加突出,更加问题化。"她的指认说明就城市文化及其符号表征而言,今天可能更需要冷静而又审慎地面对已变得"问题化"了的"文化",从而实施城市的"文化策略"。因为,"不管正确与否,文化策略已成为城市生存的关键"。② 像北京这样历史悠久而又锐意开放的东方大都市,在迈向"世界城市"这一新的宏伟发展目标时,是不能不首先参酌西方先发"世界城市"的经验和教训的,据此慎重地制定城市文化符号发展规划。

---

① 汪曾祺:"胡同文化"(1993),《汪曾祺全集》第6卷,北京师范大学出版社1998年版,第21页。
② 〔美〕朱克英:《城市文化》,张廷佺、杨东霞、谈瀛洲译,上海世纪出版股份有限公司2005年版,第4、265页。

第六章 文化传媒与文化软实力

根据前面的论述,文化传媒系统层面是国家文化软实力层面构造中的外隐层面,是表达和传递文化符号系统的载体或工具,意味着把最高的文化价值系统(含生活方式、文明风尚等)转化为文化符号系统的产品生产及其传播能力。而作为现代社会的一种结构性因素,各类文化传媒已渗透到社会生活的各个方面,对经济建设、政治建设、文化建设、社会建设和生态建设产生重要的影响,也在国际文化竞争中发挥着不可忽视的作用。同时,文化传媒作为文化产业的核心,无论在构筑、塑造国家形象方面,还是在对外输出电影、电视、书刊等文化产品方面,作用和地位都日益突出。

第一节 文化传媒:软实力资源与软实力传播中介

软实力理论虽然起源于政治学科,但其与文化传媒有着密切的联系。文化传媒本身是一种重要的"软实力资源",同时又作为其他"软实力资源"与"软实力建构效果"之间的传播中介工具来发挥作用。把文化传媒作为"资源"来分析其与软实力的关系,意味着文化传媒本身的实力与规模等有形因素将得到关注;而将其视为"传播中介"来分析其与软实力的关系时,各类文化传媒所传播的内容、传播的渠道、传播的策略与传播效果等无形的因素则被放置于讨论的中心。

一、作为软实力"资源"的文化传媒

在传播媒介高度发达的当代社会,国家文化软实力的高低强弱,在很大程度上取决于文化传媒的实力。

约瑟夫·奈是把大众传媒视为文化软实力资源的重要组成部分的。在他所描述的美国文化软实力各项指标中,美国的电影和电视节目制作理念明确,并有强大的生产能力,成为全球影视第一出口大国;美国的书籍出版最多,音乐销售量最大、互联网主机最多,美国人文科学期刊发表的这方面文章也最多;这些统计数据均在他所设定的软实力定义的范畴之内。[①]

我国学者胡鞍钢、张晓群将传媒视为一种国家实力,同综合国力一样,传媒实力依赖于一些有形资源。作为衡量一国传媒总体力量的体系,传媒实力既要对传媒载体本身进行衡量,也要对传媒所产生的宏观效果进行衡量,这种衡量应该是综合性的。他们还认为一个国家的传媒实力应当由以下四个方面体现:传播基础、国内传播、国际传播、传媒经济(主要以其发展状况和社会作用为依据)。在传播基础设施方面,他们选取了电话主线数、移动电话总数、互联网主机数和邮局总数作为衡量传播基础的四个指标;在国内传播方面,选取了日报、收音机、电视机和互联网总户四种主要媒介的使用总量作为国内传播的衡量指标;在国际传播方面,选取了图书出口额、国际广播语言数、全球电视受众数和互联网站数四个指标来衡量;在传媒经

[①] 〔美〕约瑟夫·奈:《软力量——世界政坛的成功之道》,吴晓辉、钱程译,东方出版社2005年版。

济方面,选取广告额和观看电影人数作为指标衡量。[1]

学者喻国明、焦中栋在《中国传媒软实力发展报告》将传媒直接视为一种国家软实力。因为在国际关系中,传媒本身就是一种实实在在的力量,这种力量不断改变着一个国家的实力和国际地位,影响着国与国之间的关系。一方面,作为国家软实力的文化传媒具有硬实力的某种属性,表现在传媒基础设施和产业发展实力上;传媒产业不仅是国民经济活动中非常活跃的组成部分,而且是一个国家参与国际竞争的重要途径。另一方面,作为国家软实力的文化传媒,其实力还体现在对国内的动员力和国外的影响力,通过信息传播设置文化"议程",影响受众的态度和行为。该报告中提出衡量一国传媒软实力的标准:一是国家传媒硬件指标,对报纸、杂志、图书、电视广播、电影、电话、电信、个人电脑、互联网等硬件方面的评估从"规模实力"和"水平实力"两个维度进行,"规模实力"衡量一个国家传媒的整体实力,由总量指标构成;"水平实力"衡量一个国家的传媒的人均占有率和普及水平,由平均指标构成;二是传媒体系渗透力和影响力所达到的实际效果,包括表达力、吸引力、影响力和竞争力,这四种力量是前后关联,互相影响的。但是由于这方面的指标很难量化,该报告在建立中国传媒软实力评测指标的时候并未将其考虑在内。[2]

二、作为软实力"传播中介"的文化传媒

文化是一个国家软实力的基础,文化的吸引力是软实力的重要组成部分,软实力的说服作用、渗透能力很大程度上是通过一个国家

---

[1] 胡鞍钢、张晓群:"国际视角下中国传媒实力的实证分析——兼与黄旦、屠正锋先生商榷",《清华大学学报》2007年第3期,第126—132页。
[2] 喻国明、焦中栋:《中国传媒软实力发展报告》,同心出版社2009年版,第32—48页。

主导文化和理念来展现的。但是,目前学者们普遍认为并不是所有的文化要素都可以转化为软实力的。文化要素只是一种"软实力资源",大量文化要素只有通过大众传媒的广泛传播并得到信息接收国的普遍认同后,才能产生真正的吸引力。约瑟夫·奈也强调软实力不仅依赖于文化和理念的普适性,同时也依赖于该国的传播渠道,只有传播渠道才能对如何解释问题拥有影响力。[1]

传播是文化软实力资源转化为文化软实力效果的关键所在。现代社会是信息社会,在信息社会考量国家文化的影响力,不仅取决于其内容,同时取决于其对外传播的方式与渠道,文化的传播能力是衡量国家文化软实力的重要指标。李智认为:"一国文化面向国际社会的对外传播主要通过两条途径来实现:一是人际传播(表现为各种跨国人际交往和对外文化交流活动);一是大众传播(是指运用涉外或国际大众传媒对外传播文化信息)。相比而言,在文化的对外传播上,无论就传播的广度还是深度,大众传播都要优于人际传播,大众传媒大容量、高速度、高密度、超时空的信息传输能使各种文化信息资源最大限度地在世界范围内得到展示和共享。"[2]如果一个国家的大众传媒对外传播渠道数量多,包含的内容多元,每条渠道都有实际对应的受众群体,那么,这个国家文化软实力的实现程度就高,文化力量的体现就更立体。反之,如果一个国家的大众传媒对外传播渠道单一,渠道的实际传播效果弱,那么不管这个国家有多么深厚的历史文化积淀,或者有多么强烈的对外传播愿望,实际体现出来的文化吸引力是不大的。值得注意的是,当大众传媒达到一定的规模和水

---

[1] 〔美〕约瑟夫·奈:《硬权力与软权力》,门洪华译,北京大学出版社2005年版,第100—105页。

[2] 李智:"文化软权力化与中国对外传播战略",《北京行政学院学报》2010年第3期,第107—108页。

平时,文化信息的扩散和广为传播才有可能实现;而随着一国传媒业的由小到大,由弱渐强,国家的信息传播能力也必然经历一个逐步提升的过程。

随着新媒介的发展,大众传媒进行的跨国交流日益频繁,已经成为传播一国文化软实力的重要渠道。吴立斌认为,在国际传播中,大众传播有媒体放大功能,它能营造的拟态效应,让目标国受众"在心理上产生一种以局部替代整体、以虚拟代替现实的印象"。美国等西方国家在冷战结束之后,正是"通过传播领域的扩展,通过发挥新闻媒体在国际报道中的作用,进一步垄断了对世界重大问题的议程设置权,巩固了其国际话语权地位"。[1]一个国家的国际话语权的获得,在很大程度上,取决于该国对国际传播力的掌控程度,充分利用新媒介的传播技术,不但意味着传播成本的下降,也意味着传播途径的直接和有效。

大众传媒的国际传播是一种大规模、高投入、技术含量高的活动,对资金、设备、人员、技术都要求较高,这就必须依仗国家综合国力的发展与强大,这样才能给予高成本的经济投入和高知识的技术支持。国家综合国力中的其他诸多因素,如参与国际事务、融入国际社会的国际意识,国内教育、科技、文化的普及、发展程度,国内人均收入水平等,也都在直接影响着其"国际传播力"的大小。

改革开放三十多年来,我国文化传媒业飞速发展,已经形成了一定的规模,具备了相当的实力,形成了由报纸、杂志、广播、电视这些传统媒体,以网络手机为代表的新媒体和各种类型的户外媒体所构成的全方位、多层次的传媒架构,国家的信息传播能力日益增强,为

---

[1] 吴立斌:"中国媒体的国际传播及影响力研究",中央党校2011年博士学位论文,第267—271页。

中国文化软实力的提升奠定了良好的基础。但是毋庸讳言,中国的国际传播能力还比较滞后,面对这种局势,发展大众传媒,提升国际传播能力,使国家社会经济发展与国际话语权、国家文化影响力相适应,应该是建设国家文化软实力的重大战略对策。

第二节 中国文化传媒的实力分析

中国文化传媒实力的增长经历了一个较长的过程,分析这段历史,总结中国文化传媒实力的内涵及其产业化目标、产业化结构与产业化规模等认识的变化,揭示这方面实践的经验得失,有助于提升中国文化软实力。

一、中国文化传媒的产业化发展历程

改革开放以前,新中国的文化传媒基本是按事业机构的方式开办的,经费由党政部门提供,盈亏归公,没有经济指标、经营责任,不缴税金;宣传按上级指令,其他内容也由上级指导。改革开放以来,中国文化传媒的产业化发展主要从两个方面起步:一是企业化管理,以企业的方式进行传媒内部管理;二是市场化运作,资源从市场上获得,效益在市场上实现。[①] 这两种方式相辅相成,共同促进传媒机构积极参与市场竞争,探索集团化运营、上市融资和资本运营的新道路,扩大规模,增强影响,提升效益。

1979年,以《人民日报》为首的首都7家报社经财政部批准,开始实行"事业单位企业化管理"的运营模式,启动了我国文化传媒业市场化的进程。1979年1月28日,上海电视台播出了中国内地电

[①] 谢金文:《中国传媒产业概论》,上海交通大学出版社2007年版,第14—17页。

视第一条广告。1983年,国家广播电视部根据党的第十二次全国代表大会的要求,召开了中国第十一届广播电视工作会议,会议明确提出:媒介应"以新闻改革为突破口,开展多种经营"的方针。在这一方针的指引下,我国广播电视媒介得到了快速发展,特别是地县级广播电视媒介基本上是白手起家,从无到有,从小到大。我国现在的广播电视规模和架构基本上就是在这一方针指引下形成的。[①] 1984年10月,中共十二届三中全会通过了《关于经济体制改革的决定》,提出"社会主义经济是有计划的商品经济",传媒机构的企业化程度由此进一步提高,并纷纷开展传媒业务以外的其他经营。1993年,报社与其他企业一样开始执行财政部该年颁布的《企业财务通则》和《企业会计准则》。由此,中国传媒面向市场,实行企业化管理,逐步走上了健康的道路,从发行上的公费订阅到自费订阅,从计划生产到市场竞争,从纯粹的事业单位到庞大的经济实体。广告收入已经成为传媒经济的主要来源。2002年底党的十六大正式提出发展文化产业,为传媒业的产业化改革提供了新的条件和动力。2003年中央确定9个省市,共35个宣传文化单位作为文化改革试点,这次改革在体制上的主要突破,是区分事业性传媒和经营性传媒的不同性质,进行不同的改革,让事业性传媒搞活内部机制,跟市场接轨,也可把其中的经营性资产剥离出来成立公司;让经营性传媒由事业单位转制为企业,有的可进行股份制改造。由此,中国传媒业成为了我国经济建设中一支不可或缺的生力军。当前,国家相关部门出台了传媒单位"转制改企"的三年时间表和路线图,但是尚未出台相应的实施细则,导致全国各地的"转制改企"方案五花八门,对转制后的企业运作产生了不利影响。

[①] 周鸿铎:"中国传媒经济发展历程",《现代传播》2009年第6期,第93页。

自20世纪90年代中期以来,中国文化传媒市场化、产业化发展的另一大标志是集团化运营。1996年,广州日报报业集团(事业型)成立。1999年,国家批准成立了江苏无锡广电集团(事业型)。同年,黑龙江牡丹江市政府批准成立了牡丹江广电集团,也是中国改革开放后最早的、当时唯一的一家产业型广播电视传媒集团。进入21世纪,中国加入WTO,传媒生存环境发生了重要的转变,来自国际传媒的挑战,使传媒集团化成为我国业界的关键词,传媒业的竞争态势由过去单一传媒竞争转向集团间综合实力的竞争,传媒的规模经营要求尤为迫切。报业集团的发展走向成熟化,一向各自为政的广电行业的集团化也开始在政府引导下呈现蓬勃发展的趋势。2000年,中国第一家省级广电集团——湖南广播影视集团(事业型)成立。2001年12月,国家广电总局利用行政手段组建了"中国广播电影电视集团"。2005年,国家广电总局明确提出,不再审批事业型广电集团,并对事业型广电传媒集团实行产业化改造,国家级的"中国广播影视集团"宣布解体[①];2006年1月12日,中共中央、国务院发布《关于深化文化体制改革的若干意见》,明确了文化传媒领域产业化发展的指导思想、原则要求和目标任务。国家相关部委关于文化传媒产业领域(如有线网络、内容制作、报刊发行等)投融资、公司化运营、非公资本持股比例等关键事项的政策出现重要变化。这些重要举措都产生了明显的社会效益。

自1996年以来,中国先后建立了近百家传媒集团,分属报业系统、出版系统、期刊系统和广电系统。据有些学者分析,"虽然大多数传媒集团是在行业内发展,但也有少数传媒集团是跨行业经营的,如牡丹江传媒集团就是集报纸、广播、电视、期刊、网络等于一身的,上

[①] 周鸿铎:"中国传媒经济六十年成长报告",《传媒》2009年第10期。

海文化广播影视集团等还尝试打破地区分割和报业、广播电视业的行业分割,进行跨地区联合与跨行业经营。"[1]国家重点培育发展实力雄厚、具有较强竞争力和影响力的大型文化企业和企业集团,支持大型国有文化企业和企业集团实行跨地区、跨行业兼并重组,支持同一地区的媒体下属经营性公司之间互相参股,我国传媒企业集团发展迅速,也取得了良好的收效。

总之,改革开放以来,中国文化传媒业逐步经历了承包责任制、集团化改制、外来资本兼并与重组等文化体制整体改制的渐进过程,形成了市场竞争与行政垄断并存的多元制度环境。2013年,国家广电总局和新闻出版总署加大了改革幅度,实行了大部制合并调整,设立了报刊刊号审批制度、扩大了传媒机构的转企改制范围,改进了网络媒体审查方式。这些举措的实施,对国内传媒产业格局的良性发展产生了积极影响。

二、中国文化传媒实力分析:基于规模、影响力和公信力的视角

传媒实力是衡量一个国家传媒系统的总体水平的总量概念。研究一个国家的传媒实力,基于整体数据的规模、影响力和公信力应受到重视。在国际对比中,在某种意义上,它们是国与国之间的整体实力的较量。

(一) 规模视角下的中国文化传媒实力分析

中国政府主管部门根据我国传媒产业的发展状况,于2005年对传媒产业的类别和结构做了新的界定。按照新界定,中国传媒产业包括十个大类,即新闻业、报纸产业、期刊产业、出版业、电视产业、广

---

[1] 尹韵公:"中国传媒产业的发展现状与未来走势",《新闻战线》2009年第1期。

播产业、电影产业、新媒体产业、广告业、传媒服务业等。

随着中国经济的飞速发展和综合国力的增强,我国文化传媒业在持续十多年的高速增长后,已有相当大的规模。据国家统计局统计公报显示,2012年各类广播电视播出机构共有2579座。有线电视用户2.14亿户,有线数字电视用户1.43亿户。年末广播节目综合人口覆盖率为97.5%;电视节目综合人口覆盖率为98.2%。全年生产电视剧506部17703集,电视动画片222838分钟。全年生产故事影片745部,科教、纪录、动画和特种影片148部。出版各类报纸476亿份,各类期刊34亿册,图书81亿册(张)。①

当前的传媒产业主要由传统媒体、网络媒体与移动媒体三大板块构成,以此交叉融合演变出无数的新媒体形态。网络媒体与移动媒体发展快速,正在逐步成为传媒业发展的主要方向和动力;而相较于此,报业、期刊、广播、电视等传统媒体尽管保持一定比例的增长,但在总体产业格局中的比重正在下降,整个中国传媒市场结构也正发生着改变。在国家和地方政府主导下的传媒机构通过集团化改制和兼并重组等,经济规模迅速增长,形成了具有垄断地位的市场结构。

在媒介整合及三网融合的大背景下,中国视听新媒体业,包括在线视频、手机电视、互联网电视在内,正在进入井喷式增长的"快速发展期"。据统计,2012年中国视听新媒体产业规模达300亿元,②其中,2012年中国在线视频行业总收入92.6亿元,同比增长47.6%。

---

① 国家统计局:《中华人民共和国2012年国民经济和社会发展统计公报》,http://www.stats.gov.cn/tjgb/ndtjgb/qgndtjgb/t20130221_402874525.htm,下载时间:2013年2月22日。

② 国家广电总局:《2012中国网络视听产业报告》,http://news.xinhuanet.com/fortune/2012—12/06/c_113935578.htm,2012年12月6日。

其中,2012年广告收入67.2亿元,同比增长58.1%,占中国在线视频行业总体收入比例最高,达到72.6%,而版权分销收入减少至12.8%,视频增值服务占2.9%,其他业务占至11.7%。[1] 专业视频网站、互联网行业巨头、电信运营商、传统媒体进一步加大对各类视听新媒体的资金、技术、品牌及人员的投入,移动终端的视听业务、OTT TV业务、一云多屏业务成为市场竞争的热点,市场集中度继续升高,领军型企业所占市场份额不断扩大,并购力度进一步加大,战略联盟和网台联动活动频繁,跨行业合作更加广泛深入,行业整合进入新阶段,产品差异化程度加大,内容同质化现象有所改变,盈利模式趋于多元化,以各类平台为核心的、纵横交错的价值网络正在建构之中。

(二) 影响力视角下的中国文化传媒实力分析

一般认为,传媒具有商业与社会文化两种属性。从传媒的社会文化属性看,它存在的意义和价值,在于它的"内凝外吸"的影响力。传媒的影响力是国家传媒实力的辐射性成果。

传媒拥有大众传播的独特权力,总能实施对社会的控制。一方面,传媒以其事实传播作用于大众的认识视野,通过为公众设置"议事日程"等方式使其所强化的报道题材和事件引起人们的重视;另一方面,传媒带有倾向性的事实传播和观点传播造成了新闻舆论,它以导向性、显著性、持续性动员和控制着社会舆论。[2] 所以传媒影响力的核心宗旨,是强调传播主体对接受主体的主动控制,争取获得传播效果最大化和最优化。传媒影响力的发生和建构与受众密切相

---

[1] 艾瑞咨询:《2012中国Q4及年度中国在线视频核心数据发布》,http://news.iresearch.cn/zt/192600.shtml#a2,下载时间:2012年12月6日。

[2] 钟虎妹:"从媒介机理来看新闻影响力及影响力经济",《东北师大学报(哲学社会科学版)》2008年第2期,第110—113页。

关:首先,与受众接触是影响力发生的起点;其次,持续不断的接触是影响力发生的实质;最后,必须要从重视受众规模向重视受众社会阶层属性转变。因此,传媒影响力论强调对社会主流人群的影响,强调抓住社会的主流人群,把握社会发展和领域发展的制高点,在内容制作上拥有明确的社会发展"问题单",这些能力和到位化的操作是提升传媒社会影响力的至关重要之点。①

喻国明在《关于传媒影响力的诠释——对于传媒产业本质的一种探讨》中提出,传媒之于市场的价值大小,关键在于它通过其受众所产生的对于社会实践和社会发展的影响力。② 他认为"影响力的产生和发展是由媒体内在运行规律所决定的,是媒体本质特性的外在表现,这种综合影响力又可以分为两类:传媒社会影响力和传媒市场影响力。媒介的社会影响力与市场影响力应该是统一的。一个在受众中有影响力的媒体是由二者共同组成,不可偏废。一般地说,媒介市场影响力大的媒体具有良好的社会效益和经济效益,媒介在市场上竞争力也就强,对国家的发展、对人民物质和精神生活水平的提高、对参与国际媒体市场竞争都将起到积极的推动作用。媒介市场影响力弱的媒体,其社会效益和经济效益必然差,效益差的媒体缺乏市场竞争力。对媒介的市场影响力过度追求会使媒介的社会影响力削弱。比如说,对媒介市场占有率、对视听率、发行量的盲目追求,会导致媒介产品趋向同质化。内容同质化是对媒介资源的浪费,受众可选择性的丧失,进而导致媒介社会影响力的削弱"。③

---

① 喻国明:"关于传媒影响力的诠释——对传媒产业本质的一种探讨",《新闻战线》2003 年第 6 期,第 24—27 页。

② 张军华:"传媒影响力:在传播效率与传播公正之间",《河北大学学报(哲学社会科学版)》2001 年第 4 期,第 106—110 页。

③ 华文:"媒介影响力经济探析",《国际新闻界》2003 年第 1 期,第 78—83 页。

据郑丽勇的调查研究,从影响力的角度,解析当前中国传媒业发展格局,可以运用媒介影响力乘法指数模型,从广度、深度、力度和高度等四个维度,对传媒影响力进行综合评价。这方面的调研成果显示,当前传媒影响力在不同种类、不同性质、不同级别和不同区域的分布都呈现出显著的非均衡态势。就种类而言,电视传媒影响力值总计为27096.02,占全部传媒影响力总值的67.2%,报纸影响力值总计为5423.15,占总体的13.4%,网络传媒影响力值总计为4107.69,占总体的10.2%,新闻类杂志影响力值总计为710.77,占总体的1.8%,广播影响力值总计为2985.63,占总体的7.4%。其中,电视占据了传媒总体影响力三分之二的份额,在当前传媒业占据绝对主导地位。报纸已经无法与电视相提并论,只能与网络、广播一起归入二线阵营。网络传媒虽然近年来发展迅猛、声势浩大,但其影响力在总量上尚不及报纸,更无法撼动电视的主导地位。不过,网络传媒作为新兴媒介还处于快速成长期,超越报纸只是时间问题。就行政级别格局而言,调查显示,目前中央级传媒和省级传媒的影响力份额基本相当,两者一起切割了总体影响力90%的份额,影响力总量上省级传媒略领先中央级传媒。中央级传媒的特点是单体规模比较大。

就媒体的性质而言,调查显示,从党的主流媒体与非主流媒体各自的影响力分布来看,主流媒体的影响力均值为196.6624,远高于非主流媒体的59.9884,主流媒体影响力值分布的离散趋势也十分显著,标准差和极差分别为508.43和3760.70,比非主流媒体139.63的标准差以及1442.11的极差高出数倍,说明主流媒体中虽有很多强势优势媒体、拥有极高的影响力,但发展水平较低的媒体也不少,整体呈现出非均衡的态势,两极分化较为严重。[①]

(三)公信力视角下的中国文化传媒实力分析

"公信力"的核心是社会信任。传媒公信力是大众传媒内在品质和外在形象在社会公众心中的综合体现,是衡量媒体权威性、信誉度和社会影响力的标准,也是体现一个国家文化软实力的重要指标。

媒介公信力评价是公众通过社会体验所形成的:对于媒介作为社会公共产品所应承担的社会职能的信用程度的感知、认同基础上的评价。美国学者菲利普·梅耶(Philip Meyer)在研究媒介公信力指标体系时,将媒介的公信力考察确定为两个维度:相信维度(believability)和社区关联维度(community affiliation)。[②] 一些学者据此又将这两个维度量化为不同的测量指标。维度指的是传媒专业主义标准的实现程度,包括真实、客观、及时、公正等专业技术标准,以及拒绝煽情、尊重他人隐私、减少伤害、更正与答辩权的履行等职业道德或规范标准;而社区关联维度指的是传媒对于社会群体及个人的功能性标准的实现程度,如公众知情权的满足、舆论监督的实现程度、关注公共利益和社会福祉、贴近百姓生活、与公众有良好的互动沟通等。这两个维度的各项指标,就是公众对传媒的社会期待,其满足程度与传媒的公信力呈正相关关系。

2013年北京师范大学传播效果实验室发布《"转型期的中国传媒公信力"调查报告》,涵盖包括北京、上海、南京、武汉、广州、重庆、沈阳、西安、深圳、成都、天津、杭州等全国十二个城市的报纸、电视、

[①] 郑丽勇:"当前我国新闻影响力格局解析——基于北京、上海等16个城市376个传媒的影响力实证调查",《中国出版》2011年第7期,第62—66页。

[②] 张洪忠:《大众媒介公信力理论研究》,人民出版社2006年版,第15—52页。

网站的公信力,具体包括《人民日报》在内的全国主要74家综合性日报,中央电视台、湖南卫视、凤凰卫视等电视台,人民网、新华网、新浪、腾讯、搜狐、网易、凤凰网、雅虎等主要八家门户网站。①

报告显示,中国媒体生态格局正处于结构性转变之中。一方面在覆盖率上虽然电视、报纸还有优势,但新媒介增长趋势明显。电视的覆盖率最高,在六大城市的覆盖率均排第一,在80%上下;报纸覆盖率在六大城市中排名第二;网络覆盖率排名第三,介于54.20%与40.30%之间;手机和广播的覆盖率均处于10%至15%的范围内;杂志覆盖率最低,均在10%以下。另一方面,这种结构正处于变化之中。一是新媒体的手机覆盖率排名明显上升,而传统媒体的覆盖率呈现降低趋势,尤其杂志覆盖率减少明显。二是媒体受众开始出现分层特点,如2012年调查数据显示六条渠道受众年龄分层明显,电视、广播、报纸三条传统媒介渠道的受众平均年龄偏高,网络、手机两条新媒介渠道受众平均年龄偏低,传统媒介渠道杂志的受众平均年龄偏低。

报告认为,在公信力上,传统渠道的电视、报纸公信力还具有优势,但新媒体公信力上升明显。在绝对公信力方面,电视、报纸明显居于前两位;在相对公信力上,居于前三位的电视、报纸、网络占据主要份额。

在上述有关电视的公信力调查中,中央电视台独领风骚,远超地方电视台,在每个城市均排名第一,大体份额在40%—80%;凤凰卫视的公信力排名整体靠前,在六个城市中均排名第二。

该调查也显示,新媒介渠道的网络和手机公信力呈现上升趋势。

---

① 张洪忠:《2012年转型期的中国传媒公信力调查报告》,2013年5月2日。北京师范大学网,http://www.bnu.edu.cn/xzhd/51364.htm,下载时间:2013年6月1日。

在绝对公信力指标上,网络和手机的相对公信力得分与2009年相比在部分城市都有上升,而传统媒体的电视、报纸则是全面下降。在相对公信力上,网络已经仅次于电视、报纸排在第三位,并在个别城市甚至超过了报纸。同时,网络和手机绝对公信力与年龄则呈现负相关关系,即年龄小的群体更愿意通过新媒介渠道了解新闻事件。这与电视刚好相反,也就是说随着年轻人的成长,网络和手机的绝对公信力还可能继续上升,而电视则很难。

此外,市场强势媒体的公信力地位正在明显提升,市场影响力对媒体公信力的影响越来越大。2012年的数据显示,在政治取向权重下降、市场取向权重增加的情况下,党报和政府网站公信力有明显下降。党报在相对公信力上全面明显下降,从得分到名次与2009年调查相比都非常明显。特别是《人民日报》的相对公信力无论得分还是名次都大幅度下降;政府网站的新华网和人民网下降也明显。这种状况是到了必须根本治理和扭转的时候了。

三、海外华文媒体的文化软实力分析

我国海外华文媒体的建设,经历了曲折漫长发展的历程。海外华文媒体的发展,在很大程度上,与所在国的政治文化政策,乃至世界传播环境的变迁息息相关。尽管如此,正确评估我国海外华文媒体的能力与功能,促进其加速发展,仍是国家文化软实力建设的任务之一。

(一)海外华文媒体的发展历程

1815年8月5日由英国传教士在马六甲创办的《察世俗每月统计传》是"华文报纸第一种";1854年在美国旧金山创刊的《金山日新录》,是世界上第一份近代化的华文报纸。1894年,中国在中日甲午战争中失败使许多侨居海外的华人猛然警醒,康有为、梁启超的维新变法主张也对海外华侨产生了巨大影响,华文报纸在这样的时代背景下,又得到发展。① 自19世纪50年代至20世纪30年代,华侨报刊独占鳌头。20世纪30年代以后,华文广播开始出现并逐步发展。二战后,世界进入相对和平稳定的建设时期。随着华侨社会转变为华人社会,人们的注意力也从持续多年的党争、政争转移到当地社会和经济活动中来,对政治不再像从前那样热心了。随着华侨纷纷加入当地国籍,华侨报刊也逐步蜕变为当地华侨华人族群的报刊,成为当地多元文化的组成部分。但是,不久之后,许多地区的华文报刊在短时间内萎缩,华文报刊开始相对集中在东南亚和北美洲两个地区,但其创办及拥有者多为台、港移民。②

20世纪70年代末以来,随着我国对外开放的不断深入,海外的中国新移民人数的增加,新移民报刊迅速崛起,绝大多数国家都采取多元文化政策,对包括华文媒体在内的其他少数族裔媒体采取宽容的态度,允许自由发展,海外华文传媒迎来了发展的黄金时期。特别是进入21世纪,随着中国综合国力、国际影响力不断增强,海外华文媒体越来越受到关注,承担起传播中华民族文化、增进各民族间的了解、客观报道中国国情使命。与此同时,随着国际政治格局的变化,华文传媒受众的心态也发生了变化,读者对中国内地各方面信息的关注和对具有民族特色内容的需求日益提高,如菲律宾的《联合日报》每周定期刊登对中国内地各项改革政策的评论,有时直接使用来自中国内地的电讯稿和特稿。法国的《欧洲日报》不但开始采用中国

---

① 廖一:"文化冲突与融合中的海外华文媒体发展",《社会科学战线》2008年第12期,第150—151页。

② 程曼丽:"关于海外华文传媒的战略性思考",《国际新闻界》2001年第3期。

新闻社的稿件,而且一稿多用①。

程曼丽将改革开放后海外华文传媒的发展归纳为三个时期,兹概述如下。

第一个时期,1978—1988年。在这一时期,海外华文媒体弥有较浓重的港台文化气息,报刊的本地新闻版面一般由各华文报自己采编,国际新闻、海峡两岸和香港新闻及知识性、休闲性文章多采用美联社、路透社、法新社、新华社、中新社、香港中国通讯社的电讯稿。20世纪80年代初,台湾联合报系在巴黎创办了《欧洲日报》,部分来法华人创办了《欧洲时报》,两报几乎同期面世,使得欧洲华文传媒进入一个全新的繁荣期。《欧洲时报》现已成为欧洲最具影响力的华文日报。

第二个时期,1989—1999年。在这一时期,海外华文媒体与祖国联系更加密切,内地风格逐渐显现,沟通交流成为共识。20世纪80年代末期特别是90年代以后,出现了一批由新移民创办并以新移民(以及海外留学人员)为读者对象的报刊。这类报刊以日本、澳大利亚为多,在北美、欧洲亦有不少。在美国,20世纪80年代以后就有内地移民及留学生创办的报刊出现,它们多为周报和期刊,虽然多数寿命不长,但此起彼伏,保持着相当的规模。在欧洲,比利时、匈牙利、西班牙等国的华人团体也都出版有华文报刊。在内地移民报刊的影响下,就连一些有港台背景的报纸也在版面风格上做出调整,以争取更多的读者。如澳大利亚华文报纸《澳洲新报》原为香港《新报》的澳洲版,在悉尼独立出版后,20世纪90年代初期由直排该为横排,并且增加了对内地的报道量。新移民报刊加深了华侨华人及国外受

---

① 程曼丽:"关于海外华文传媒的战略性思考",《国际新闻界》2001年第3期,第25—30页。

众对中国的了解,加强了海外与中国的信息联系。另外,电子媒体和国际互联网的出现,使得海外华文媒体突破地域局限成为可能。先是于20世纪80年代末期海外出现留学生网络杂志,到90年代中期在北美、欧洲和日本已有30余种。印刷媒体所创办的网站和一些中文门户网站已有了很高知名度。因此,无论是中国内地新闻界还是海外华文媒体,都在着力开发、利用互联网资源,力求形成全球华人信息传播网络,在未来的世界新闻传播格局中占得优势,占得先机。

第三个时期,2000年至今。进入21世纪,海外华文传媒步入持续稳定发展的黄金时代,影响力不断提升,跨界融合已成趋势。传统华侨华人聚居区的华文媒体稳定发展。新加坡的《联合早报》和马来西亚《星洲日报》、《南洋商报》、《光华日报》等报纸,都有很大的发行量。北美地区有多份华文报纸,在读者中有很大影响力。印度尼西亚自2000年以来创办华文报刊多份,到目前有12家。2008年6月,马来西亚星洲媒体集团、南洋报业集团与香港明报集团合并,成立了"世界华文媒体",号称大中华区域外最大的华文传媒集团。华文媒体在所在国的社会影响力也在提升。有的华文媒体进入主流社会并与之合作,为史所未见。在美国,包括所有英文报纸在内的美国报纸中,发行最多的华文报纸《世界日报》列二十几位。[1]

近二三十年来,中国台湾地区、港澳地区许多居民移往欧美和澳大利亚,东南亚地区的华人也出现再移民。新移民的大量增加,对各类新闻和信息需求殷切,催生世界各地新移民华文报刊的出现并推动其发展。据统计,目前美国华文报纸近百家,其中三分之一以上为中国内地新移民所办;加拿大有30家左右的华文报纸,其中70%为

---

[1] 程曼丽、武慧媛:"改革开放30年海外华文传媒发展与变迁",《新闻学论集》第21辑,经济日报出版社2008年版,第94—106页。

20世纪90年代到加拿大的中国新移民所办;20世纪80年代澳洲华文报刊只有在悉尼出版的两三家,如今已达20多家,绝大部分为新移民所办;日本现有华文报刊30种,其中80%为近年赴日的中国新移民所办。

目前,海外华文传媒已逐步走上了集团化的趋势,其发展趋势与报业发展的国际化趋势相吻合。海外华文传媒的集团化有两种情况:一是随着本地华人办报者经济实力的不断增强而形成的以一报为主,同时出版多种报刊及媒体的集团。如马来西亚的南洋报业控股有限公司,办有《新生活报》,同时又办有《风采》《淑女》《健康》《休闲》等12种期刊;二是港台报业集团在海外的拓展。如香港星岛集团有限公司不仅在本岛出版《星岛日报》,还在世界各地出版了不同版本的《星岛日报》海外版。中国台湾的联合报系除了在本岛发行的《联合报》等外,还在美国、加拿大和欧洲出版《世界日报》,在泰国出版《星岛日报》。①

中国内地也有《人民日报·海外版》和《新民晚报》在海外发行,但规模和覆盖面尚不如港台报业集团。不过新近的变化表明,国内报业集团已经出现与海外华文媒体建立合作伙伴关系、共谋发展的势头。例如,近年《新民晚报》就已经发展了若干个海外合作伙伴,包括意大利的《新华时报》、匈牙利的《欧亚新闻报》、荷兰的《华侨新天地报》、泰国的《亚洲日报》等。各报之间通过人员交流和信息互换共享资源,形成办报强势。目前,这种合作形式正在为越来越多的内地媒体和媒体集团所采用。另外,值得说明的是,以海外华文报业为背景的"世界中文报业协会",过去一直是中国内地以外的华人地区的

---

① 孙玉双、王豆豆:"海外华文传媒的现状及发展趋势",《记者摇篮》2011年第2期,第21页。

报业联合组织,从 2004 年起,该组织正式吸纳内地地区的报业参与,《深圳特区报》《新民晚报》和《华商报》等都已成为它的会员。

(二)海外华文媒体在文化软实力传播中的作用

海外华人一直是国际受众中一个重要且特殊的组成部分。他们分布在 140 多个国家和地区,与中华民族一脉相承,保持着血缘亲情。他们融入所在国的当地社会,是中国文化软实力传播的不可分离的重要对象。随着全球华人流动数量的不断增加,加上近年世界很多国家学中文的热潮的兴起,华文传媒已遍及全球。

据统计,180 多年来,在海外共有 50 多个国家和地区出现了华文报刊,累计总数 4000 多种。目前仍在出版的印刷媒体有 500 多种,其中每天出版的日报 100 多家,定期出版的期报 180 多家,各类刊物 230 多种。目前海外华语广播电台 70 多家,华语电视台几十家,网络媒体则难以统计。[1]

当前,西方国家的传媒正在推行"全球化"战略。中国若要在这场传媒全球化的浪潮中掌握信息传播的主动权,应该借助海外华文传媒作为载体,建立我国在国际传播中的优势。

1. 平衡舆论,提升中国国家形象

中国改革开放、经济增长后,越来越引起西方世界的关注。但中西双方长期存在着制度和文化上的差别,在政治参与、人权问题等众多事务上目前仍存在着较大的分歧。在全球传媒话语权的格局中,西方传媒仍踞主流地位,中国的话语权不多。西方认同和接受中国话语仍有不小的距离。[2] 近年来,西方主流媒体还不时地抛出"中国

---

[1] 廖一:"文化冲突与融合中的海外华文媒体发展",《社会科学战线》2008 年第 12 期,第 150 页。

[2] 刘虎:"海外华文传媒与中国国家形象的提升",《宁波大学学报(人文科学版)》2009 年第 4 期,第 75—77 页。

威胁论"、"中国崩溃论"的言论,反映出他们对中国崛起的担忧与疑虑。中国为赢得更多的国际舆论话语权,付出了很多努力,包括花费了大量的人力和财力,但结果并不理想。在这种情况下,华文媒体的作用是不可忽视的。他们在各自的所在国媒体中,属于少数族裔媒体,在全球话语空间中所占的份额还很少,但他们是所在国多元文化的一部分,将他们的声音与中国本土的舆论相比,他们有地理和心理上的优势。他们熟悉和适应西方国家的语境,被认为可以客观地报道中国的发展,能够向国际社会真实地介绍说明当代中国,因而发挥他们手中的媒体的作用,会产生特殊的说服力,有助于塑造中国的对外形象。

许多海外华文媒体开辟了中国要闻栏目,并在重要版面和时段突出处理,2008年北京奥运会期间,来自15家海外华文媒体的31名记者不仅关注各项赛事,还系统报道中国改革开放以来的发展情况。[①] 在涉及中国的报道中,海外华文传媒没有止步于一般的政策性、成就性、典型性及重大事件的报道,而是全面地将触角深入到发展中遇到的矛盾和问题,这样的报道策略更符合中国的真实面貌,也更能取得良好的传播效果。在近年发生的拉萨"3·14"事件和乌鲁木齐"7·5"事件中,西方媒体记者在未到现场的情况下,却发出了铺天盖地的歪曲实事的报道,在公众中制造了极大的混乱。全球各地的华文媒体迅速回击,有力地澄清了事实。法国的华文报纸《欧洲时报》和美国的华文报纸《侨报》都做了揭示真相的报道,在平衡西方单极舆论方面承担了比较关键的角色。

华文媒体的局限性是受众面窄、规模小,缺乏宏观的舆论领导

---

① 叶虎:"海外华文传媒与中国国家形象塑造",《当代亚太》2010年第2期,第134—147页。

力。最近一段时期,随着形势的需要,许多海外华文传媒也发生了变化,他们不再只出版普通的中文读物,而是向所在国外语人群广泛传播中国新闻。每当有海外媒体对中国国内事件进行扭曲报道时,这些华文媒体便能据理力争,发表正确的信息予以纠正,让海外友好人士迅速了解事件的真相。华文媒体是向世界传递中国正面形象的有生力量。

2. 传播中华文化

向世界传播中华文化是中国强国之路面临的重要课题,也是提升中国文化软实力的题中之义。在历史上,中国曾在亚太地区保持了很长时间的强盛局面,这也造就了直到今天依然存在于广大亚太地区的中华文化圈。但中国长期存在的文化输出的短板的局面,也妨碍了中国文化强国地位的巩固,需要予以扭转。[1]

近年来,日益增多的海外华人人口已然构建起一个日益庞大的新"中华文化圈",遍及世界各个角落。广大海外华侨虽然部分已成为所在国的公民,但仍然保留着华夏文明的历史记忆,传承着中国的民俗。"新美国传媒"于 2005 年和 2009 年对美国少数族裔媒体做了两次调查,结果显示,包括美国华文媒体在内的美国少数族裔媒体的消费人口增长 16%,达到 5700 万。华文报纸的读者覆盖了 70%的华裔成年人,有 54%的华人经常浏览中文网站。[2]据新加坡《联合早报》报道,2009 年该报便联同教育部和华文教研中心出版了《报纸要你好看——读报教育教学手册》,协助中学教师将报章素材转为教

---

[1] 郭凯平:"中国的强国之路与华文媒体的国际化",《第五届世界华文传媒论坛论文集》2009 年 9 月 19 日,第 95—96 页。

[2] 中国新闻网,沙蒙:《美国少数族裔传媒异军突起令主流媒体刮目相看》,2013 年 3 月 15 日。http://www.chinanews.com/hr/hr—mzhrxw/news/2009/07—05/1761463.shtm

材,在课堂上进行系统化和生动的读报教育课。① 广大华人依赖华文媒体了解和学习中华文化,与中华故土进行着远隔重洋的精神沟通。

3. 推动中国媒体"走出去"

海外华文媒体的最大特点是扎根社区,是海外华人社会的精神支柱。当地政府和当地主流媒体都十分重视华文媒体的作用。

随着中国对外开放力度的加大,中国媒体走出去已成必然之势。海外华文传媒为我国文化的对外辐射奠定了历史基础,也发挥了不可替代的现实作用,我国政府应予以高度重视,让它们继续成为连通中外媒体的桥梁和纽带。

2005年以来,安徽日报报业集团先后与美国《侨报》、法国《欧洲时报》和澳大利亚《华厦周报》合作,创办《魅力安徽》专版向三国的华人介绍安徽改革开放的进展情况;中国新闻社上海分社与美国《侨报》合作开辟《今日上海》专版;美国鹰龙传媒公司与中国中央人民广播电台在北京举办奥运会期间联合制作多档大型连线节目;上海文广新闻传媒集团在美国举办宣传世博会的广播节目展播周活动;2009年9月"世界华文媒体合作联盟"在上海成立等等,这些举措都增加了中国媒体的对外影响。

在中国文化软实力的建设过程中,要积极促进中国主流媒体与海外华人媒体的合作,要帮助海外华文媒体改善发展条件,提升海外华文媒体的整体水平,要搭建全球华人媒体协助平台,推动中国媒体走出去,实现中国传媒业在海外的有序发展。

---

① 彭伟步、焦彦晨:"海外华文传媒的文化影响力与中国文化软实力的建设",《新闻界》2011年第5期,第124—127页。

四、我国官方传播渠道在重大公共事件中的公信力研究

重大公共卫生事件与每个个体切身利益相关，是一个被社会普遍关注的问题，尤其在 2003 年"非典"之后显得更为突出。在 2009 年"甲型 H1N1 流感"肆虐全球过程中，我国社会上接连不断出现有关甲型流感的各种信息，比如有说甲型流感的危害性非常可怕，有说甲型流感的危害性不大，有说注射甲型流感疫苗会导致死亡，有说甲型流感的疫情在多个地区存在瞒报情况等等。

不同的媒介渠道对甲流信息的传播发挥着不同的作用。手机、互联网的普及为普通民众参与大规模信息传播提供了可能，传统的报纸、广播、电视等继续传递政府的声音，电话、交通工具的快速发展使人际传播的范围和规模得到拓展。不同渠道对信息传播不可避免地会出现差异，这种差异直接带来民众对媒介的信任差异。也就是不同媒介的公信力会不一样。

媒介公信力（credibility），一般被视为在公众与媒介的相互作用关系中媒介赢得公众信任的能力。在媒介公信力研究方面，美国学者的研究占主流，研究方法以实证研究为主。国外关于媒介公信力的研究集中在"可信度"（credibility）方面，主要分为"来源可信度"（source credibility）和"媒介可信度"（media credibility）两大领域，包括信源可信度、内容可信度、渠道可信度。总体来看，目前对于媒介渠道公信力的研究基本上是按照渠道特质来划分，如将传播渠道分为报纸、电视、广播、网络等。

本节个案从媒介"政治属性"角度来对我国传媒公信力进行考察。我国内地的报纸、电视、广播等大众传播媒体都肩负着党的"喉舌"的责任，具有共同的官方属性，即官方媒体；而网络论坛、人际传播等则可视为非官方媒体。本个案的问题意识包括：在甲型 H1N1

流感信息传播过程中,官方渠道与非官方渠道的相对公信力状况是怎样的?报纸广播电视等国内官方渠道与网络手机等新兴媒体以及境外媒体相比,人们更相信哪种媒体?信任官方渠道的受众在年龄、性别、职业和学历的构成上有何特点?人们对于甲型 H1N1 流感的了解程度对传播渠道的信任度有怎样的影响?

(一) 研究方法

1. 测量方法

本个案调查采用相对公信力测量法,即问受访者在几种选择中最相信哪一选项。调查问卷设计了两个问题:"T1:社会上关于甲型 H1N1 流感疫苗有很多说法,比如会导致死亡或者有副作用,你最相信下列哪种渠道的说法?(单选)"(以下简称 T1);"T2:社会上关于甲型 H1N1 流感死亡病例是否瞒报也有许多说法,你最相信下列哪种渠道的说法?(单选)"(以下简称 T2)。两道问题可以互相印证并考察数据的信度。

在问题的备选答案中均设置 6 个选项,分别是国内报纸广播电视、国内网络论坛、手机短信、境外媒体、周围认识的人、都不信。把整个传播体系分为国内官方渠道传播,非官方渠道传播等不同渠道,考察不同传播渠道的相对公信力(如下表 6-1 所示)。

表 6-1 传播体系划分

考察主题	考察维度	考察指标
传播渠道的相对公信力	国内官办媒介渠道	国内报纸、广播、电视
	非官办媒介渠道	国内网络论坛
		手机短信
		周围认识的人
		境外媒体

2. 抽样方法

调查的执行时间为 2009 年 12 月 16 日至 2009 年 12 月 26 日，选取了北京、上海、广州三个城市的居民，采用 RDD 抽样法，通过 CATI 系统（电脑辅助电话调查系统）对其进行抽样问卷调查。最终获得北京有效问卷 609 份，上海有效问卷 606 份，广州有效问卷 608 份。本次调查对三地受访电话家庭的推断误差在 ±4% 左右。

表 6-2　本次调查样本的基本分布情况

类　　别		北京(%)	上海(%)	广州(%)
性别	男	47.1	50.8	52.0
	女	52.9	49.2	48.0
	合计	100.0	100.0	100.0
学历	初中及以下	22.5	32.8	24.0
	高中、中专及职高	27.4	29.0	34.2
	大专	14.9	16.0	16.8
	本科以上	35.1	22.1	25.0
	合计	100.0	100.0	100.0
年龄段	19 岁以下	8.9	11.0	15.0
	20—29 岁	27.5	18.4	26.5
	30—39 岁	15.7	18.6	23.5
	40—49 岁	14.9	12.0	15.2
	50—59 岁	16.2	16.2	8.3
	60 岁以上	16.8	23.7	11.5
	合计	100.0	100.0	100.0
职业	工人/待业下岗人员	18.4	22.4	21.3
	学生	17.4	13.2	17.1
	商业服务人员	14.4	11.7	22.7
	企业文员/管理人员/企业主	10.5	10.9	10.7
	机关单位人员/教师/医生	16.3	16.2	13.3
	离退休人员	21.0	22.8	11.1
	其他	2.0	2.8	3.9
	合计	100.0	100.0	100.0

(二) 研究发现

1. 甲型 H1N1 流感信息传播中不同传播渠道的公信力状况

官方渠道的相对公信力最高,选择信任官方渠道的居民比例占半数;非官方渠道比例最高只有 17%。T1、T2 两题的调查结果均显示,国内报纸电视广播等官方渠道的相对公信力最高。无论在北京、上海还是广州,国内电视报纸广播等官方媒体的相对公信力远远高于非官方渠道。在所调查的两题中,北京官方渠道的相对公信力超过四成,分别为 43.3%、43.8%;上海、广州均超过一半的比例,分别为 56.1%、53.8% 和 56.3%、54.1%。

整个非官方渠道的比例比较低,在 T1、T2 调查中北京为 17%、13.8%,上海为 12.1%、11.7%,广州为 11.8%、13.8%。(具体见表 6-3)

官方渠道的相对公信力存在一定地域差异:北京低于上海、广州。T1、T2 两题数据均显示,官方渠道相对公信力有地域差异,北京地区低于上海、广州两地。据 T1 调查得出国内报纸电视广播的相对公信力在北京地区比上海和广州两地分别低 12.8% 和 13%。据 T2 调查得出国内报纸电视广播的公信力在北京比上海和广州两地分别低 10% 和 10.3%。(具体见表 6-3)

在所考察的四种非官方渠道中人际传播相对公信力最高。据 T1、T2 两项调查结果显示,人际传播即"周围认识的人"的相对公信力在整个传播渠道中居第二位,在非官方渠道中最高。据 T1 调查得出,人际传播的相对公信力在北京、上海、广州三地分别占 11.7%、7.9%、7.2%;T2 调查中北京、上海、广州三地分别占 7.4%、6.1%、6.9%,均远远高于国内网络论坛、手机短信和境外媒体所占的比例。(具体见表 6-3)

任何渠道都不信任的居民有较高比例,三地均超过三成,且在地域上存在一定差异。T1、T2 两题的调查结果均显示,超过三成的受访者不相信来自任何传播渠道的信息,其比例远远高过非官方渠道的比例总和,在整个传播渠道中与官方渠道的相对公信力形成"两高"。据 T1、T2 两项数据统计,在所有受访者中有超过 30% 的人不相信任何传播渠道,其中北京地区分别为 39.7%、42.4%,只略低于国内报纸电视广播等官方渠道的公信力;上海和广州分别是 31.8%、34.5% 和 31.9%、32.1%,远高于除官方传播媒体外的其他传播渠道。(具体见表 6-3)

表 6-3 甲型 H1N1 流感信息传播中不同传播渠道的公信力状况

调查问卷 \ 调查选项		官方渠道	非官方渠道				都不信(%)	合计(%)
		国内报纸电视广播(%)	周围认识的人(%)	国内网络论坛(%)	手机短信(%)	境外媒体(%)		
T1:社会上关于甲型H1N1流感疫苗有很多说法,如会导致死亡或者有副作用,你最相信下列哪种渠道的说法?(以下简称 T1)	北京	43.3	11.7	5.1	0.0	0.2	39.7	100
	上海	56.1	7.9	3.0	0.2	1.0	31.8	100
	广州	56.3	7.2	3.9	0.2	0.5	31.9	100
T2:社会上关于甲型H1N1流感死亡病例是否瞒报也有许多说法,你最相信下列哪种渠道的说法?(以下简称 T2)	北京	43.8	7.4	5.9	0.0	0.5	42.4	100
	上海	53.8	6.1	4.8	0.0	0.8	34.5	100
	广州	54.1	6.9	5.6	0.5	0.8	32.1	100

据 T1、T2 两题数据显示,虽然北京、上海、广州三地均有超过三成的居民不相信任何传播渠道,但在不相信任何传播渠道的居民中,北京地区比例最高,分别占 39.7%、42.4%,比上海和广州两地高出

近10%。在甲型 H1N1 流感信息传播中,北京居民相对而言比上海、广州两地的居民更不相信任何传播渠道。(具体见表6-3)

2. 甲型 H1N1 流感信息传播中,最信任官方渠道居民的性别、年龄、学历、职业构成:

如表6-4所示,国内网络论坛、手机短信、境外媒体及周围认识的人等非官方渠道所占的比例都很小,为了便于清晰地展示调查结果,下文分析时,将所有非官方渠道合并成一项。

(1)性别差异:北京女性比例高于男性,上海男性比例高于女性,广州地区性别差异不显著。

将受访者的性别与所选择最相信渠道做交叉分析,两项调查均发现,在甲型 H1N1 流感信息传播中,选择相信国内报纸电视广播等官方渠道的居民,北京女性比例高于男性,上海男性比例高于女性,广州地区性别差异不显著。据 T1、T2 调查得出,北京地区女性比例分别为47.5%、47.8%,男性比例分别为38.7%、39.4%,女性比男性高八个百分点。上海地区男性比例分别为58.4%、56.5%,女性分别为53.7%、51.0%,男性比女性高五个百分点。广州地区男女的性别差异并不显著。另外选择任何渠道都不相信的居民中上海男性比例比女性高五六个百分点,北京女性比例比男性高五六个百分点,广州地区性别差异仍不显著。

表6-4 信任不同传播渠道居民的性别构成情况

地点	性别	官方渠道(国内报纸电视广播说法)(%)	非官方渠道(国内网络论坛、手机短信、境外媒体、周围认识的人)(%)	都不信(%)	合计(%)	个案数
	T1					
北京	男	38.7	18.1	43.2	100	287
	女	47.5	15.8	36.7	100	322

续表

地点	性别	官方渠道(国内报纸电视广播说法)(%)	非官方渠道(国内网络论坛、手机短信、境外媒体、周围认识的人)(%)	都不信(%)	合计(%)	个案数
\multicolumn{7}{c}{T1}
上海	男	58.4	13.0	28.6	100	308
	女	53.7	11.1	35.2	100	298
广州	男	57.0	10.1	32.9	100	316
	女	55.5	13.7	30.8	100	292
\multicolumn{7}{c}{T2}
北京	男	39.4	15.7	45.0	100	287
	女	47.8	12.1	40.1	100	322
上海	男	56.5	11.7	31.8	100	308
	女	51.0	11.8	37.3	100	298
广州	男	54.4	13.0	32.6	100	316
	女	53.8	14.7	31.5	100	292

(2) 年龄差异：总体上信任官方渠道的人数比例随年龄段的增大呈升高趋势；信任比例最低点所处的年龄段在北京、上海、广州分别为20—29岁、40—49岁、30—39岁。

将受访者的年龄与所选择最相信渠道做交叉分析发现，在甲型H1N1流感信息传播中，信任官方渠道的人数比例总体上随年龄段的增大呈升高趋势；信任比例最低点所处的年龄段在北京、上海、广州分别为20—29岁、40—49岁、30—39岁。

具体来说，相信官方渠道的居民中，北京地区年龄在60岁以上群体中比例最大，50—59岁次之，40—49岁的排在第三位，30—39岁的排第四位。上海地区年龄在60岁以上的人比例最大，50—59岁的次之，30—39岁的人居第三位，20—29岁的人居第四位，50岁以上的人数比例远高于50岁以下的人数；广州地区年龄在60岁以上的人比例最大,50—59岁的次之,19岁以下的排在第三位,20—29岁的居第四位。(具体见表 6-5)可见最信任官方渠道的居民中,50岁以上的比例最大,且年龄越大,信任官方渠道的人数比例也越大。

北京、上海、广州三地信任官方渠道居民比例最低点所处的年龄段分别为 20—29 岁、40—49 岁、30—39 岁,选择国内报纸电视广播的人群中,北京地区 20—29 岁居民所占的比例最小,上海地区 40—49 岁的居民所占的比例最小,广州则是 30—39 岁的居民比例最小。

表 6-5　信任不同传播渠道居民的年龄构成情况

地点	年龄	官方媒体(国内报纸电视广播)(%)	非官方媒体(国内网络论坛、手机短信、境外媒体、周围认识的人的说法)(%)	都不信(%)	合计(%)
北京	19 岁以下	35.9	32.1	32.1	100
北京	20—29 岁	33.5	25.0	41.5	100
北京	30—39 岁	38.3	14.9	46.8	100
北京	40—49 岁	46.1	12.4	41.6	100
北京	50—59 岁	50.5	10.3	39.2	100
北京	60 岁以上	**56.0**	9.0	35.0	100
上海	19 岁以下	51.5	15.2	33.3	100
上海	20—29 岁	52.7	20.9	26.4	100
上海	30—39 岁	54.1	16.2	29.7	100
上海	40—49 岁	51.4	16.7	31.9	100
上海	50—59 岁	59.8	6.2	34.0	100
上海	60 岁以上	**61.3**	2.8	35.9	100
广州	19 岁以下	59.6	21.4	19.1	100
广州	20—29 岁	56.7	10.2	33.1	100
广州	30—39 岁	48.9	17.3	33.8	100
广州	40—49 岁	52.2	8.9	38.9	100
广州	50—59 岁	63.3	2.0	34.7	100
广州	60 岁以上	**67.7**	4.4	27.9	100

续表

地点	年龄	官方媒体(国内报纸电视广播)(%)	非官方媒体(国内网络论坛、手机短信、境外媒体、周围认识的人的说法)(%)	都不信(%)	合计(%)
\multicolumn{6}{c}{T2}
北京	19 岁以下	41.5	11.3	34.0	100
	20—29 岁	32.9	14.0	43.3	100
	30—39 岁	35.1	5.3	52.1	100
	40—49 岁	46.1	1.1	47.2	100
	50—59 岁	53.6	0.0	43.3	100
	60 岁以上	**58.0**	2.0	33.0	100
上海	19 岁以下	48.5	9.1	33.3	100
	20—29 岁	49.1	11.8	30.9	100
	30—39 岁	53.2	6.3	34.2	100
	40—49 岁	48.6	7.0	36.1	100
	50—59 岁	**57.7**	2.1	34.0	100
	60 岁以上	59.2	2.1	38.0	100
广州	19 岁以下	57.3	5.6	25.8	100
	20—29 岁	54.1	8.9	29.9	100
	30—39 岁	44.6	13.0	32.4	100
	40—49 岁	56.7	3.3	36.7	100
	50—59 岁	55.1	2.0	42.9	100
	60 岁以上	**64.7**	0.0	29.4	100

(三) 研究建议

虽然甲型 H1N1 流感公共卫生事件距今已有 4 年,但就国家信息传播渠道的整个格局而言,并未发生重大变化;而且社会影响巨大的公共事件往往具有相似性。因此,其研究结论在较长一段时期内都具有充分的社会意义。根据上述研究发现,可以对我国传媒公信力和软实力,尤其是不同传媒渠道对国内受众的凝聚力提升提供如下建议:

(1)强化官方传播渠道与非官方渠道的融合。调查显示,我国官方信息传播渠道的相对公信力普遍高于非官方渠道,但信任非官方渠道的城市居民仍占一定比例,其中北京最为明显。这说明有必要提高传播渠道的多样性,让官方渠道以网络传播(如《人民日报》微博)发言,有可能获得公众的双重信赖。

(2)加强市民传媒素养教育,使传播学走进大众。调查显示,我国城市居民任何信息传播渠道都不信任者仍有较高比例,北京、上海、广州均超过三成。这一方面说明我国信息传播格局存在问题,必须在信息公开、透明上下功夫;也说明公众传媒素养有待提高。传媒公信力建设应该与国民素养提升相辅相成。

(3)开展社区化传播,培养意见领袖。调查显示,人际传播的公信力仅次于官方传播渠道,在非官方渠道中最高。因此,必须在加强信息大众传播的同时,通过培养意见领袖加以提升公众的社会信任感。这需要政府有意识对网络和社区意见领袖加以培养,实现权威信息从公共媒体到社区内部的传播。值得说明的是,社区同样包括虚拟社区(如微博、微信),需要政府加以重视。

(4)官方信息传播渠道的表现形式宜更多样化。调查显示,信任官方渠道的人数比例随年龄的增大呈升高趋势。这说明官方渠道的表现形式对青年人群的吸引力不足。在保证信息权威的基础上,官方渠道要让信息表现更贴近青少年。

第三节 中国文化传媒"走出去"的意义与策略

中国经济的持续发展为中国传媒业走向世界提供了巨大动力。在这样的背景下,大量中国电影在全球销售,很多报刊出版海外版,对外电台和对外电视频道的落地等逐步推进,图书已经开始较多地输出版权参与国际市场的竞争。[1]但是由于意识形态、"文化折扣"和"外部利益"的影响,中国文化传媒"走出去"还面临很多壁垒和问题,亟待提升产品的文化内涵和市场竞争力,改进海外传播和销售策略,扩大中华文化文化影响力,从而提升中国文化软实力。

一、意义

在全球化的进程中,文化传媒正在扮演不可或缺的重要角色。20 世纪 90 年代以来,卫星技术、数字技术、网络技术的发展和普及打破了国界的限制,缩短了空间距离,为大规模、跨越国界的国际传播活动创造了更为有利的条件,其突出特征是传媒内容的跨界流通和传媒机构的跨国经营。前者表现为国际新闻信息的越境流动、娱乐节目及材料的跨国销售、广告和公关活动的全球展示,以及私人或商业电子通讯的跨国交流;后者表现为传媒机构通过出口、授权许可、投资等多种途径和方式进入国际市场,跨国传媒公司数量增长,集中化程度提高,大量创造和传播以娱乐为基础的文化产品,并加强与地方性文化企业的战略性联合,使其生产的图书、电影、电视节目、期刊、音像产品顺利进入各地方市场。但必须指出的是,"控制全球媒体系统的是 30 至 40 家大型跨国公司,而雄踞全球市场顶峰的是不到 10 家媒体公司,且其中大多数集团公司都把基地设在美国",[2]这种现状也造成发展中国家对全球信息传播秩序和本国文化身份认同的担忧,从而采取防守、保护或主动竞争等不同的传播策略来提升本国文化软实力。

在此背景下,积极推动中国文化传媒"走出去",对中国国家形象

---

[1] 钱晓文:"我国传媒的国际化竞争战略",《青年记者》2008 年第 10 期,第 15—17 页。
[2] 〔美〕爱德华·赫尔曼(Edward Herman)、〔美〕罗伯特·麦克切斯尼(Robert McChesney):《全球媒体:全球资本主义的新传教士》,天津人民出版社 2001 年版,第 1 页。

的塑造和文化软实力的提升意义重大。首先,中国文化传媒"走出去"有利于国家形象的"自塑"。作为国家软实力的重要方面,国家形象直接关系到一个国家的可信度和影响力。30多年的改革开放极大地增强了中国的国力,国际社会已把中国视为一个正在崛起的新兴大国。但与此同时,新的问题、压力、困惑也接踵而至,转型中国的现行政治体制屡遭西方舆论的指责,有关中国的议题屡遭西方的"泛政治化"传播,中国在部分国际社会公众心目中负面、刻板的形象制约了中国与国际社会的进一步融合,中国的国家形象问题也因此成为党和政府相关部门关注的热点。虽然国家形象是国家在政治、经济、社会、文化各方面的整体呈现,但人们还是普遍认为一国的国家形象是可以被塑造,或者说可以被经营的。

传媒在国家形象塑造过程中居于重要的、不可忽视的地位,包括两个方面,一是"自塑",指本国传媒构建本国的形象,是一种带有自我感情和围绕自我意志的塑造方法。当一国媒体在国际舞台上声音足够大、影响力足够强时,自塑法才能很好地发挥作用。二是"他塑",指外国传媒构建的国家形象,是一种外来评价和认可,受到意识形态架构和利益关系的影响,他塑法的主导权基本掌握在西方媒体强国手中。[①]

目前中国所拥有的国际传播资源和国际话语权还是很有限的,对外宣传形式相对生硬,内容比较单一,因此,在很大程度上,目前的中国国家形象更多地是依赖西方媒体强国的"他塑"来完成的。美联社、路透社、BBC、CNN以及《纽约时报》《华盛顿邮报》《泰晤士报》等西方主流媒体是全球传播体系中发布中国新闻、塑造中国形象的权威媒体,国际社会了解中国主要是通过这些媒体。但是,负责再现转

[①] 刘小燕:"关于传媒塑造国家形象的思考",《国际新闻界》2002年第2期,第61—66页。

型中国复杂全景的西方媒体对中国的报道难免存在一定的刻板成见,这一点在西藏"3·14"骚乱、新疆"7·5"事件的报道中表现得最为明显。这种刻板成见的存在使得西方媒体向国际公众展现的是片面的、不完整的、不稳定的中国形象。在此情境下,加强中国文化传媒的国际传播能力,运用"中国议程"的设置来扩大自身的影响力,用国际社会所能接受的传播的方式、语言、角度报道或展现全面、真实的中国,是有利于中国国家形象的"自塑"和中国软实力的建构的。

中国文化传媒"走出去"有利于扩大文化贸易份额,促进中华文化的对外输出。如今,全球化的浪潮使各个国家、地区间的文化交流越来越密切,各种文化之间加速影响和融合,文化产品的全球贸易急剧扩张。不过,在全球文化传播格局中一直存在结构性的不平衡,从中心到边缘的流动占据了主要地位:发达国家和地区处于传播的中心地带,传播的信息占据了世界信息总流量的80%以上,向处于边缘地带的发展中国家和新兴国家传播其文化产品。[1]但是,近些年来,一些新兴的国家文化产业迅速发展,出现从边缘到中心的逆向文化流动,譬如韩国,影视、游戏产业日益国际化,"韩流"文化从亚洲向全球广泛扩展,提高了韩国民族文化的影响力。

中国历史悠久,文化资源丰厚,改革开放以来,中国传媒业的发展也为中华文化的对外输出奠定了一定的基础。从文化贸易的统计数据来看,2012年1—10月,我国核心文化产品进出口总额225.36亿美元,比上年同期增长42.7%。其中,出口212.62亿美元,同比增长42.9%;进口12.73亿美元,同比增长38.6%;贸易顺差199.89亿美元。文化贸易在经营主体多元化、出口市场巩固扩大、

---

[1] 戴元光、邱宝林:"全球化语境下中国电影文化传播策略检讨",《现代传播》2004年第2期,第49—53页。

产品结构优化等方面取得进展。①

值得注意的是,我国的文化贸易产品类型以劳动密集型为主,而影视、音乐、版权等知识技术密集型的核心文化产品所占比重很小,这就造成我国文化产品贸易结构不均衡,整体软实力偏弱。要改变我国文化出口靠低价格、拼数量的发展局面,必须从调整产品结构入手,促进影视、图书、报刊、互联网及新媒体产品的对外输出。②

另外,2012年前三季度数据显示,我国私营企业进出口文化产品总额为98.5亿美元,比去年同期增长84.5%,占同期我国文化产品进出口总额的59.1%,其次为外商投资企业,贸易总额为53.6亿美元,比去年同期增长66.4%,占同期我国文化产品进出口总额的32.1%。③需要指出的是,尽管私营企业已超过外资企业,成为了我国文化产品贸易的主力军,但是多数私营文化企业以量取胜,只从事文化产品的简单加工,缺少自主知识产权和集团化、战略性的发展规划,很难保证文化产品贸易结构的升级和可持续发展。④

我国文化传媒输出的关键步骤是,打造外向型、国际化的媒体,提升中国文化传媒竞争力,扭转文化贸易逆差,更多地以市场化、商业化的方式参与国际传播。2001年《国家广播电影电视总局关于广播影视"走出去工程"的实施细则(试行)》,提出五年内我国广播影视节目在国外的落地和发行放映要有较大的进展和突破;2006年《国

---

① 中商情报网:《2012年中国服务贸易运行情况分析》,http://www.askci.com/news/201212/28/84335_45.shtml,下载时间:2012年12月28日。

② 中商情报网:《我国文化产品贸易额十年增长2.7倍》,http://www.askci.com/news/201211/23/111821_08.shtml,下载时间:2012年11月23日。

③ 商务部:《2012年我国核心文化产品进出口情况简析》,青岛商务局网站,http://www.qdbofcom.gov.cn:8080/jjg16ywdt/108642.htm,下载时间:2013年3月14日。

④ 中商情报网:《我国文化产品贸易额十年增长2.7倍》,http://www.askci.com/news/201211/23/111821_08.shtml,下载时间:2012年11月23日。

家"十一五"时期文化发展规划纲要》对我国新闻传播业如何"走出去"做出了重大的战略部署;2010年《新闻出版总署关于进一步推动新闻出版产业发展的指导意见》明确提出"走出去"的几项重要任务,这些改革,对我国文化传媒进入国际竞争环境,并在"走出去"的过程中发展,是大有益处的。

二、策略

中国文化传媒"走出去"策略,在确立过程中,要注意两点,一是要加快中国文化传媒业体制的改革和创新产品的发展,二是要认识中国文化传媒走出去的特殊性,综合运用多种手段,提高中国文化传媒产品及其服务的国际输出能力。

(一) 加大对文化传媒业"走出去"的政策扶持力度

从政府行为层面上看,政府应转变职能,改变行政方式,建立新的宏观调控机制,在筹措资金、财政投入、出口奖励和税收优惠等几个方面出台一系列措施,加大扶持力度,探索推动文化传媒走出去的新模式。

一是积极鼓励传媒单位多渠道筹措发展需要的资金。《文化体制改革中支持文化企业发展的规定》提出,通过公司制改建实现投资主体多元化的文化企业,符合条件的可申请上市;引导商业银行对文化企业给予贷款支持,鼓励商业银行创新信贷产品,加大信贷支持;鼓励文化企业利用银行贷款、用好用足贴息贷款等有关信贷产品、发行企业债券,鼓励文化传媒企业与银行加强合作,争取更为灵活地服务于"走出去"的授信模式。

二是加大国家财政投入,充分运用国家文化产业发展专项资金、国家文化出口重点企业和项目扶持资金、国家出版基金、民族文字出版专项资金,对符合条件的文化传媒企业,通过银行贷款实施的"走出去"重点项目所发生的利息给予补贴;对符合条件的文化传媒企业,以自有资金为主投资的"走出去"重点项目给予补助;对"走出去"重点企业,按照出口实绩给予奖励。要注意利用中央外贸发展基金、援外资金,以及中小企业国际市场开拓资金等有关资金扶持项目,有效分散"走出去"的运作风险。

三是认真落实税收优惠政策。2004年以来国家有关部门为推动文化体制改革专门制订了一些税收优惠政策。《关于支持文化企业发展若干税收政策问题的通知》规定出口图书、报纸、期刊、音像制品、电子出版物、电影和电视完成片按规定享受增值税出口退税政策,为媒体参与国际竞争提供切实保障。[1]

(二)转变发展战略,加强资源整合,增强文化传媒业的国际竞争力

目前我国囿于政策限制、传媒业的区域化分割和行业化分割以及传媒企业自身能力等方面的问题,我国尚没有真正的跨区域和跨媒介的大型传媒集团。[2] 中国传媒业应加速实施兼并重组战略,大力推进传媒产业的结构调整,实现规模化、多元化发展,应尽快改变现有传媒集团单一经营模式,变单一经营为多元经营,鼓励传媒跨行业、跨地区、跨媒体、跨所有制的规模化经营。要创造有利于传媒集团兼并重组的市场环境,打破条块分割,使大量同质传媒之间形成竞争或合作关系,将上游产业与下游产业结合起来,形成真正的传媒产业链。要加速文化传媒的产业化进程,参与国际竞争,促进我国传媒业的整体性提高。

---

[1] 丁和根、郑青华:"中国传媒业国际化发展战略再审思",《淮阴师范学院学报(哲学社会科学版)》2011年第11期。

[2] 郭全中:"中国传媒业走出去的空间和路径选择",《青年记者》2008年4月上旬刊。

(三) 提升我国文化传媒产品的国际影响力和竞争力

国家之间文化标准的冲突影响文化产品和服务的跨国销售。在欧美国家轰动一时的《星球大战前传》在中国却没有得到人们认可,取材于东方故事的《花木兰》在美国获得了成功但在中国市场却遭遇了失败,由华人导演李安执导的《卧虎藏龙》在中国没有引起轰动但在西方却备受欢迎。① 除去其他市场力量的作用,低语境的西方文化和高语境的东方文化在语言使用、美学趣味、生活方式、价值观念方面的巨大差异无疑是导致失败的重要原因。

文化差异无处不在。适应一国的文化环境,理解差异,对文化禁忌保持敏感,同时积极消除语言、美学趣味、价值观的隔阂,降低文化折扣是对外文化贸易顺利进行的前提和保证。应积极吸收和借鉴各民族优秀文化,深切把握各民族文化心理,将"文化折扣"变为文化优势。如今,较早"走出去"的,是我国民族生活方式中外显层面的民俗,如中华美食、民族服装、民俗歌舞、民俗仪式、民族武术等等。我们还期待精英文化和大众文化层面的"中国文化走出去",这需要电影、电视艺术、美术、设计、文学等艺术类型领域的共同努力。要让中国上中下各层文化交相辉映,释放出拨响外国人民心灵的更强劲的力量。

一个国家的文化价值观是该国家文化的核心。② 如果任何对外输出的产品或服务与东道国基本的文化价值观不相容的话,它们就可能被东道国文化排斥在外。因此,传媒机构和企业要研究我国古典文化价值理念、现代文化价值和民俗文化理念等,还要按现代社会价值体系的要求,赋予其媒介传达的可能性,探寻有特色、有感染力

---

① 尹鸿:"好莱坞的全球化策略与中国电影的发展",《当代电影》2001年第5期。
② 〔美〕拉里·A.萨默瓦(Larry A. Samovar)等:《跨文化传播》,中国人民大学出版社2004年版,第65页。

的艺术表达方式,以提升文化传播力和文化影响力。

对国际传媒交流环境而言,我国文化传媒要"走出去",在目标市场的选择上,也要研究对方的社会历史、文化传统、民俗习惯和宗教信仰等,做到细分市场,有效选择。

(四)改进和完善文化传媒"走出去"的海外推广模式

中国文化产业过去一直是以产定销,市场化程度低,海内外营销投入都不足。尤其是在海外市场,既缺乏独立高效的营销手段,也缺乏适合市场需求的宣传推广,严重制约了文化产品和文化服务的对外输出。近年来,电影等产品和服务的海外推广力度有所加强。

海外消费者对中国文化传媒产品及其服务缺乏了解,海外购买动力不足是中国文化传媒产品进入海外市场的一大阻力。中国传媒机构或企业需要通过投放广告、加强海外媒体宣传等常规手段进行产品市场推广,还要充分利用各种覆盖面广、影响力大的促销手段。

建立海外分支机构营销网络,是改善我国文化传媒企业海外营销模式的途径。目前国内文化传媒产品很多通过外国发行公司代理。这渠道有一定的效果,但并不理想。李怀亮认为:"可以由传媒机构或企业自己组建专业的海外发行公司,或收购外国人现有的发行公司,政府有关部门在市场调研、资金等方面予以支持,也可以依托其他行业有实力的跨国公司已经建立起来的国际销售网络,进行增值服务。"[1]我们认为,建立自己的海外发行渠道,我国政府才能在推广我国文化传媒产品方面获得主动权。此外,政府管理、市场主体和民间力量要共同发挥作用,才能从根本上推动我国文化传媒"走出去",融入国际文化环境,让中国声音在世界舞台上畅响。

---

[1] 李怀亮:"全球文化贸易与中国文化产业发展的国际路线",《中国经贸》2007年第5期。

第七章　中国文化制度与文化创新

文化制度是文化软实力的"内显"层面。它既表现为可见的法律、法规、政策性文件，又包括文化管理者的立法思想、管理组织形式和相关职权分配。在整个文化软实力的层面架构中，文化制度处于承上启下的中心或枢纽层面，一方面具体指导着主要以文化传媒为表现形式的文化资源配置及文化产业生产，又传达处于文化软实力最高层面的文化价值体系所表征的意义；它的变迁及指向是文化软实力的重要指标依据。中国正处于文化体制改革的关键环节，从相对的宏观角度审视文化制度，结合改革的路径、方向和步骤指出我国社会、文化建设的目标和问题，是文化软实力研究的题中之义。

将文化制度视为一种文化软实力资源，是基于软实力概念的本义而得出的考量。根据约瑟夫·奈的论述，"实力意味着做事情、控制他者、让他者做本来不愿意做的事的能力"，而"控制他者的能力往往与拥有某种资源相关"。[①] 约瑟夫·奈拓展了"资源"的意义，将"技术、教育和经济增长"等因素与传统"认可、领土、自然资源"等相并列，共同纳入"实力"范畴。这种将与"实力"相关的事项作为"资源"来考察的方法论，可以在宏观层面上对其加以梳理、整合，在操作

[①] 〔美〕约瑟夫·奈：《硬权力与软权力》，门洪华译，北京大学出版社2005年版，第98页。

层面上进行配置,实现资源的优化和重组,无疑是有益的视角。

本章从文化软实力的功效出发,对我国文化制度的发展加以梳理,并对目前的文化制度、政策中所蕴含的软实力意义进行分析,聚焦在我国文化制度的"内凝"与"外吸"效果上,通过宏观论述与个案研究相结合的方式,对我国文化制度改革提供参考。

第一节 文化制度的软实力效应及其历史

文化制度,主要指以文化建设为主要内容的指导思想、法规及其相关规范性文件和政府、社会相关文化部门的组织管理形式。之所以将一般意义上的"体制"和"政策"统称为"制度",是因为在"软实力"的视角下,以政策为表现形式的体制问题可以被转化为有效"资源"而加以控制、批判和分析。诚如胡锦涛同志所言,我国要发展的是"面向现代化、面向世界、面向未来的,民族的科学的大众的社会主义文化"。[1] 这三个"面向"说明,我们的文化制度资源配置要应对的是"传统—现代"、"世界—中国"和"现实—未来"三对矛盾性关系;简要而言,就是古今、内外两组范畴。在文化软实力的视野下,"文化制度"建设不仅要继承中国共产党在九十多年的奋斗历程中所积累的丰富经验,通过对先进的精神文明与物质文明建设来凝聚迸发民族活力,凝聚人心,更应该使其扩大影响,以面向未来、面向世界。

中国文化制度的建设可以追溯到共产党建党之初。这是因为,在中国共产党开展文化战线斗争以来,作为文化建设的若干基础理论就始终没有发生过根本动摇。它体现了中国共产党的执政理念,

---

[1] 胡锦涛:"在庆祝中国共产党成立90周年大会上的讲话",《人民日报》2011年7月2日。

也是整个民族文化自觉、文化自信和文化自强的表现。回顾九十多年来的历史,中国文化制度大致可以改革开放为界,分为前后两个阶段。尽管这一划分稍显粗糙,但作为历史性梳理,它仍可以为我国文化制度资源的整合提供一种价值性方向。本节分别以历史特色和创新路径去概括中国共产党文化制度的发展过程,并试图提出其软实力效应。

一、中国文化制度的历史特色

讨论中国文化制度的发展历史,有必要对作为执政党的中国共产党的文化观念、在具体政治社会实践中呈现出的文化制度建设理念以及晚近以来关于文化产业发展的战略决策等政策集合进行全面考虑。总体而言,它们均体现了中国共产党人对文化及其社会功能(包括政治功能)的认识,是其前期政治与军事斗争与其后国家建设阶段的执政智慧的相互交融的一种体现,也是中国文化制度呈现转折的深层历史原因。从中国共产党九十多年的发展历史看,其文化制度的重心经过了四次转移:由外到内的革命政治指向、整合民众的阶级斗争指向、以经济建设为中心的价值指向和发展文化软实力的均衡指向。相应地,中国共产党对文化的认识,也经过了从"文化为生产力服务"到"文化也是生产力"的重大转型。中国共产党的文化理念与中国的文化制度有密切关系,必须加以分析。

(一) 由外到内的革命政治指向(1921—1949)

中国共产党诞生于中华民族的文化论争之中,共产主义首先是作为一种文化思潮传入中国的。因此,在中国共产党建立之初,"文化"就作为革命斗争的主要方式,成为中国共产党人关注的核心。李大钊、瞿秋白、毛泽东等人的文化实践,为中国共产党的成长提供了丰富的实践经验;1922—1923年,共产党创办上海大学,为其文化主张、观念的彰显提供了教育与学术的平台。这一时期的中国共产党文化观念基本以经典马列主义为核心,表现在诸如"反对复古派的斗争"、"科学与人生观"论战等文化界的一系列思想动荡之中。寓政治主张于文化论战,以外向的、斗争的意识形态姿态为共产主义在中国思想界占据一席之地,是这一时期共产党文化建设的主要内容,其实践表现为"通过具有共产主义思想的知识分子和倾向革命的著名人士去影响文化界,使文化运动朝着新民主主义革命方向发展"。①

随着政治斗争的深入,在土地革命时期,共产党建立起了工农民主政权(苏维埃工农共和国→苏维埃人民共和国)。此时,其文化主张便具有了转化为文化制度的政治与物理空间。作为武装割据政权,文化在共产党政治实践中的意义开始具有向内转的特征,即营造一个不同于国民党政权的地方格局,或称"苏维埃世界"。这便是毛泽东所言:"谁要是跑到我们苏区来看一看,那他就立刻看见这里是个自由的光明新天地[……]苏维埃政府用一切方法来提高工农的文化水平。"②以此异质于国统区的文化建设氛围,来展现共产主义思想的现实力量,共产党的文化制度从一开始就从外向的斗争属性转向了内向的建设属性:文化发挥的不再是社会动员意义上的论战功能,而是社会建设意义上的凝聚人心的作用。这首先表现在教育上。1928年颁布的《地方苏维埃组织法》就规定,区级以上苏维埃设立文化委员会;《中央苏维埃组织法》要求设立"教育人民委员"。1929年颁布的《共同纲领》规定,文化上"实行普及教育,提高革命文化","开办校外的教育机关(如图书馆、平民学校、阅报室、科学讲座、电影、新

---

① 杨恒源:"中国共产党文化建设七十年",《苏州大学学报》(社科版)1991年第1期。
② 毛泽东:"对第二次全国苏维埃代表大会的报告",见江西省档案馆:《中央革命根据地史料选编》(下),江西人民出版社1986年版,第330页。

剧等)"。① 1931年,共产党武装割据地区各省先后通过《文化问题决议案》,解释共产党的文化制度。文化在土地革命时期的建设功能如此重要,以至于军队也必须分担相应的文化任务。1929年《古田会议决议》要求红军"各政治部征集编制表现各种群众情绪的革命歌词","出版石印或油印的画报"。

共产党文化制度的向内转还表现在其社会动员功能上。1941年,中宣部《各抗日根据地群众鼓动工作的指示》:"各种民间的通俗的文艺形式,特别是地方性的歌谣、戏剧、图画、说书等,对于鼓动工作作用更大,应尽量利用之。"②这种文化上的"鼓动",既可实现革命根据地人民的思想统一,又能鼓舞其一致对外,为抗日战争时期共产党建立文化上的统一战线,奠定了群众基础。这些"内凝"意识正是"文化"作为力量的显现。

需要特别指出的是,这一时期共产党"文化"制度在"内凝"的基础上形成了独特的苏维埃特色,对根据地之外具有很强的吸引力:"20世纪30年代末,随着共产党立足延安和延安以'赤都'名扬天下,引发了知识界特别是青年知识分子潮水般涌来的壮观景象"。这种"外吸"效应给共产党的文化建设注入了大量新的力量。同时促进了共产党文化制度的"内凝"作用:"大批大批的笔杆子涌来,令延安面貌巨变,文化建设突然呈爆发性增长态势。"③可以说,尽管那时还没有今天意义上的文化软实力自觉意识,但文化作为一种柔性吸引

---

① 江西省档案馆:《中央革命根据地史料选编》(下),江西人民出版社1982年版,第3页。
② 《中共中央文件选集》(第13册,1941—1942),中央党校出版社1991年版,第162页。
③ 李洁非、杨劼:《解读延安:文学、知识分子和文化》,当代中国出版社2010年版,第33—34页。还可以列举的事例是美国作家斯诺以中国西北根据地为描写对象的《红星照耀中国》一书在20世纪30年代末具有极大的影响力,被翻译成20多种文字,一度成为畅销书。

力的理念,早已存在于中国共产党人的意识与革命实践之中。将"文化"比喻为"武器",是当时常见的修辞表达,恰说明了其"实力"意义。①

进入战争时期,共产党的文化制度对内凝聚士气和民众信心,对外抗击侵略、批判国民党政府,具有前所未有的较为均衡的双重指向。在这一文化制度的拟定思路下,共产党先后出版发行的报纸近千种,先后创立抗日军政大学、陕北公学、鲁迅艺术学院、华北联合大学等高校,以速成办法培养了一批又一批文化干部。但随着抗战进入反攻阶段,尤其在解放战争后期,共产党文化制度便转入侧重内在整合的文化建国准备,所办大学也以铁路学院、医科大学、建设大学等专业院校为主。延安时期,毛泽东《在延安文艺座谈会上的讲话》成为相当长一段时期内共产党文化制度的唯一指导思想——1943年中央宣传部发出《关于执行党的文艺政策的决定》,这是中国共产党第一次使用"党的文艺政策"概念,明确提出以毛泽东讲话作为政策的"基本方针"。

值得说明的是,由于中国长期处于战乱环境中,这一时期文化制度的重心虽具由外(战斗性)向内(整合性)的位移趋向,但它被视为"文武"两条战线之一,实质仍是政治与军事斗争的从属工具。因此,甚至有学者认为"《讲话》把文学从发生到接受的全部过程纳入一个政治军事阐释系统",②而这也构成了新中国成立后共产党文化政策制定的基本语境。换言之,除了延安特殊时期外,中国共产党文化制度的软实力效应在新中国成立前主要表现为对外的斗争和对内的整

---

① 如毛泽东在《新民主主义论》中说,"革命文化,对于人民大众是革命的有力武器。"见毛泽东:《毛泽东选集》第2卷,人民出版社1991年版,第708页。
② 林贤治:"胡风集团案",林贤治、邵燕祥等:《思想的时代》,吉林文史出版社2000年版,第8页。

合,这和改革开放以来中国文化制度作为软实力资源表现为对外的吸引力是很不相同的。

(二) 整合民众的阶级斗争指向(1950—1978)

新中国成立初期,共产党的主要任务是巩固新生政权。延续上一时期对文化内部凝聚功能的基本认识和充分利用,共产党的文化制度在这一时期出现了明显的内向性特征。文化制度首先强调党的领导,文艺工作者作为"国家资源",被整合进"国家单位"之中。应该说,这与当时社会主义改造的全面运动方向是一致的。

在第一次文代会(1949年)上,代表傅钟批判了"强调组织领导,会限制文艺的发展"的看法,认为"惟其领导集中,思想一致,组织力强,才是文艺工作发展的优越条件"。[①] 这种观念在政界与文化界占据主流,使得文化制度开始趋向不同阶层间在思想认识上达到统一的整合。萧乾回忆:"那时期的报刊经常可以看到学术界文艺界非党人士的长篇自我检讨,批判自己的超阶级思想,寻找在感情上同工农兵的差距,反省过去对西方文艺的盲目崇拜,同时歌颂斯大林、歌颂苏联、歌颂社会主义现实主义。"[②] 这说明文化制度的内向整合功能,在"文化人"内部已经得到充分的发挥。与此同时,共产党的文化制度还通过文化批判运动表现出来。例如,开国七年间,文化领域发起的三大批判运动(即批判电影《武训传》、《红楼梦》研究中的唯心主义和胡风反革命集团),体现为在思想上整合、矫正异质文化元素的努力。

不过,新中国成立三十年间文化制度的整合并不局限于"文化

[①] 转引自斯炎伟:《全国第一次文代会与新中国文学体制的建构》,人民文学出版社2008年版,第77页。

[②] 萧乾:《萧乾回忆录》,中国工人出版社2005年版,第444页。

人"层面,而是一种以全体社会民众为对象的、深刻的意识形态革命。它不是"文化"自身变革的产物,而与社会制度的变化、社会主义国家的建立之间有着密切的关系。毛泽东指出:

> 只有将城市的生产恢复起来和发展起来了,将消费的城市变成生产的城市了,人民的政权才能巩固起来。城市中其他的工作,例如[……]文化教育方面的工作,肃反工作,通讯社报纸广播电台的工作,都是围绕着生产建设这一个中心工作并为这个中心工作服务的。①

"文化"为什么要以"生产建设"为核心?中国共产党的八大对此做出了马克思主义理论与中国具体实践相结合的解释:国内主要矛盾是人们对于经济文化迅速发展的需要同经济文化不能满足人民需要的状况之间的矛盾,而落后的生产力是矛盾的主要方面,因此需要通过发展生产力去解决矛盾。分析八大的论断可以发现,共产党在其时已经认识到"文化需求"与"文化供给"之间存在着矛盾,但这种矛盾在其政策解释中却是与"经济"上的矛盾结合在一起,以后者为核心而被笼统称为"生产力与生产关系之间的矛盾"的。生产力被视为社会矛盾的主要方面,于是,解决文化矛盾的希望就被寄托在了"生产力"的提高上。

在新中国成立初期的中国政治社会语境中,这种以文化为异己目的服务的工具论与民主理念相结合,形成了一种整体上以政治整合为指向,而又不乏活泼氛围的文化制度。例如党中央大力支持《人

---

① 毛泽东:"在中国共产党第七届中央委员会第二次全体会议上的报告"(1949年3月5日),《毛泽东选集》第4卷,人民出版社1991年版,第1428页。

民日报》1956年7月1日的改版,要求从"扩大报道范围、开展自由讨论和改进文风"三个方面,将其变为"是党中央的机关报又是人民的报纸";①文化界人士的自我改造,大部分也是自觉自愿。然而,这种生产力与民主理念并举的文化制度并没有得到足够的贯彻;随后发生的各种政治运动,使"阶级斗争"很快取代了发展生产和发扬民主两大任务,成为了共产党文化制度新的"历史使命"。

1957年,《人民日报》因未报道最高国务会议,而被指为"死人办报","多半是同中央的方针唱反调,是抵触、反对中央的方针";②《文汇报》也被认为"在春季里执行民盟中央反共反人民反社会主义的方针"。③ 此后,"文化"作为党的喉舌、传声筒的政策话语基本形成,并在各政治运动中充当"阶级斗争天天讲"的"工具"。传媒的公信力、文艺的感染力均逐渐丧失。单一的文化属性片面发展,也对"文化"肌体本身造成了巨大的伤害——1956年我国有报纸1236种,1965年有报纸343种,而1968年仅为42种。④"三忠于"、"四无限"、"早请示"、"晚汇报"、"致敬电"等甚至成为地方党组织潜在的"文化制度"。

需做说明的是,这一时期的中国文化制度,由于国家处于对外封闭状态,无法作为有机整体向外散发"吸引力"——事实上,这一时期作为社会思潮的"毛主义"在欧陆和美国被广泛传播,若干具有世界影响力的左翼知识分子也曾到访中国,对中国该时期文化建设的"外

---

① "共产党中央批转《人民日报》编辑委员会向中央的报告",《中国共产党新闻工作文件汇编》(中卷),新华出版社1980年版,第483页。
② 郑保卫主编:《中国共产党新闻思想史》,福建人民出版社2005年版,第344页。
③ 毛泽东:"文汇报的资产阶级方向应当批判",《毛泽东选集》第5卷,人民出版社1977年版,第436页。
④ 丁柏铨等:《执政党与大众传媒》,江苏人民出版社2010年版,第91页。

推"发挥了不小的作用。① 与此同时,中国文化制度在战后对正在争取民族独立的亚非拉若干国家、冷战时期对同处社会主义阵营的其他国家也产生过重要的辐射、吸引的作用。但这些"文化"对外的吸引力大多并非产生于以"中国"整体面貌对外宣传的活动之中,特别是"文化"的国际间交流双方并不处于同等地位上,而是更大程度上得益于中国作为社会主义大国在当时"冷战"世界格局中的特定位置,以及世界思潮的重大变化。因此,很难认为这是中国社会主义文化制度"软实力"效果的主动表现。相反,该时期中国文化制度附属于政治制度,着眼于国家内部权力的分配,其"内凝"作用达到了其所可能的最高程度。

概而言之,中国共产党在改革开放之前的文化制度建设主要以"对内凝聚"为目标,其所产生的柔性的"对外吸引"效果,主要是当时国际形势使然而多半不是刻意为之(尽管中国政府不断释放出向亚非拉美输出革命的强烈意向)。这种柔性的对外吸引效果,一方面是由于中国革命及其指导意识形态、社会结构与制度的独特性,对西方产生了强烈的他者效果;另一方面也极大地促进了中国革命在世界范围内获取广泛的理解、同情、支持和帮助。可以说,文化制度的软实力效应在中国革命胜利与新中国建立的过程中都发挥了相当积极的作用。

---

① 例如1955年9月至11月,法国学者萨特和西蒙·德·波伏娃应邀访问中国,1955年11月2日,《人民日报》刊发萨特的文章《我对新中国的观感》,其中对中国文化建设赞誉有加。回国后,萨特在《法国观察家》周刊上发表了《我所看到的中国》一文,盛赞中国是秩序井然的国家。而波伏娃收集了大量资料,并结合自己的观感,写出一部长达500余页描述中国的著作《长征》。这部书详细介绍了中国的政治、军事、经济、文化等。该书在西方出版后,引起了极大反响,对当时西方世界了解新中国起到了很好的作用。参见吴琼:"萨特与中国",《中国改革》2005年7月。

二、中国文化制度的创新路径

尽管文化制度对中国整体社会实践具有极为重要的意义,但在改革开放之前,这一意义却主要是通过政治意识形态效果和社会制度建设成就而体现出来的;文化本身的相对独立性在很大程度上被忽视了。因此,"文革"之后的中国文化制度实际上面临着必然的变革和创新。这一创新是在"走前人未走过的路"。在这一过程中,文化制度作为软实力资源的建设价值,一度并未受到文化界自身的重视。在"文革"结束后,长期被政治压迫的文化意识、审美意识一时爆发,文化"对内凝聚"的作用在一定程度上被"诗意启蒙"的效果所取代。但文化的诗意启蒙效果主要是在社会内部(尤其是知识分子层面)发生的,它较少涉及国家管制的制度部分。而20世纪80年代中国文化制度呈现出相对自由的一面,则是对"文革"浩劫社会"过度"整合而产生的一种理性反弹力量,新的政治威权需要柔性释放,这并非直接应社会启蒙思潮要求而出现的。

作为国家行政制度组成部分的文化制度,需要与整体民族国家的发展规划相关联而制定、执行,尤其是对文化制度的软实力效应更应该有意识地加以利用、发挥。随着改革开放,中国文化制度的发展方向已越发清晰,即以市场为导向,以公民社会建构为目标的整体思路。尽管这一过程发展并不顺利,也不迅速,但文化所具有的市场与社会双重效益都已得到了充分的认识。这是我国文化制度建设近三十年来所取得的重大突破。

(一) 以经济为中心的价值指向(1979—1992)

"文革"结束后,执政党重新调整了文化制度建设的指向,将其从"阶级斗争"及"为政治服务"中摆脱出来。1980年7月16日,《人民日报》发表社论《文艺为人民服务,为社会主义服务》,这在"后文革"

语境中成为共产党文化制度的指导思想,尽管其未能彻底消除"文化"作为某种工具的"服务论"色彩,但已在一定程度上突显了"文化"的独立价值。

改革开放之后,经济建设作为一个长期不可动摇的中心,得到了共产党乃至全国的认可。1982年共产党的十二大报告对"文化建设"做出界定,其所指是:"教育、科学、文学艺术、新闻出版、广播电视、卫生体育、图书馆、博物馆等项文化事业的发展和人民知识水平的提高,它既是建设物质文明的重要条件,也是提高人民群众思想觉悟和道德水平的重要条件。"注意,"文化"在此时仍是某种"条件"而非目的本身。十三大(1987年)报告则指出:要"把科学技术和教育事业放在首要位置,使经济建设转到依靠科技进步和提高劳动者素质的轨道上来",此时,"文化"范畴中的"科学技术"和"教育事业"的价值则已上升到实现目的(经济建设)的必要条件中的"首要位置"了。

这一时期的文化制度围绕着"经济建设"这一中心,其软实力功能主要表现为"对内整合"的两个方面:其一是意识形态上的"维稳"。邓小平曾指出:"要使我们党的报刊成为全国安定团结的思想上的中心。"[①]其二是信息上的流通、传播与教育作用。邓小平为《经济参考报》题词:"开发信息资源,服务四化建设"。在文化软实力功能的两种表现形式中,文化的价值得到了相对独立的体现。在这一时期,《乔厂长上任记》等改革题材的文学艺术作品之所以获得较高评价,即可说明"经济建设"的中心作用对文化运行的重要影响。换言之,在摆脱了"阶级斗争"政策作为社会内部整合核心制度资源的基础

---

① 邓小平:"目前的形势和任务",《邓小平文选》第2卷,人民出版社1983年版,第255页。

上，20世纪80年代的中国社会需要有新的价值观；当"经济建设"顺理成章地演变为核心时，文化就从为政治服务转变为为经济服务了。但经济与政治不同，它具有一定的自主性和开放性，可以应市场需求而促进不同类型的文化发展。因此，文化制度的软实力价值就在为经济服务的过程中，开始得到逐渐体现。

特别需要指出的是，作为政党的意识形态，文化制度的政治指向依然存在。如共产党指示，"报纸上要多宣传马列主义、毛泽东思想，多宣传社会主义优越性和工、农、兵、知识分子为四个现代化奋斗的成就，多宣传党的政策方针决议，少宣传领导个人的没有重要意义的活动和讲话"。① 显然，这里的"为政治服务"的观念与"文革"相比，就已削弱许多了。此外，就新闻制度而言，新的"喉舌论"——"我们国家的报纸、广播、电视等是党、政府和人民的喉舌"取代了"党的喉舌"观，将党的意志与人民的心声在政策导向上摆在了同样重要的位置上。这些都说明文化制度具有影响其他社会意识的重要价值，而相应地，文化作为实践主体的地位已经形成。

然而，以经济建设为中心的价值指向，作为共产党文化制度重心转移的根本标志，还不在于文化为经济服务的价值得到挖掘，因为这其实还是往昔的"文化为政治服务"政策观念的一种"旧瓶新酒"而已；同时，也不在于文化自身独立审美价值得到再认识，因为这也是中国文化的一种既有传统。这一时期的文化制度重心发生真正重要的转移，乃是发现了文化本身所具有的经济价值。尽管这种发现并不那么自觉，也并非首次发现，但却是意味着文化的经济价值首次在社会主义市场经济语境中得以呈现。从这一时期开始，经营性文化事业开始成为共产党文化制度的考量指标，纳入国家经济统计体系。

---

① "中共中央发出指示坚持少宣传个人"，《人民日报》1980年8月12日。

也正是从这一时期开始,文化制度的软实力意义才逐步得到充分体现。它的"内凝"与"外吸"功能在产生效果的同时,进入市场实践中获得检验,并以此具有持续发展动力。文化软实力的"内凝"与"外吸"效果深受接受者主动与否的影响,因此,良好的市场效益是文化软实力能够自主、顺利、充分发挥的重要表现。但仅有市场意识的文化制度显然是不够的。

从作为试点的"以文补文"到"文化生产经营活动",1983年开始的文化事业单位试行以承包经营责任制为主要形式的体制改革,为文化的市场价值的彰显拉开了序幕。不过这仅是序幕,直到1992年文化产业正式进入文化政策层面之前,[①]共产党文化制度的重心都侧重于为经济建设这一中心服务,亦即是将其所具有的鼓舞、感染、宣传功能应用于书写市场时代的叙事,而其自身创造经济价值、突出产业属性的重大变化还有待于其后的新的重心转移。

(二)发展文化软实力的均衡指向(1993至今)

20世纪90年代,市场化问题进入中国知识界的视野,一场有关人文精神失落于经济浪潮之中的大讨论轰轰烈烈;而正是在这场讨论之中、之后,文化无可避免地走向了与市场共谋的境地。因此,有学者认为,"所谓'市场化'不是一般地对市场的赞同,而是要把整个社会的运行法则纳入到市场的轨道,因而市场化不是一个经济学范畴,而是一个政治、文化和经济的范畴。"[②]从文化制度的角度看,这句话今天是在一定程度上应验了的。

2000年10月,《中共中央关于制定国民经济和社会发展第十个

[①] 1992年6月16日,《中共中央国务院关于加快发展第三产业的决定》明确提出要以产业化为方向,加快发展包括文化生产和服务在内的第三产业,这是我国政府首次对"文化"予以"产业"性质的认可。

[②] 汪晖:"当代中国的思想状况与现代性问题",《天涯》1997年第5期。

五年计划的建议》提出,"深化文化体制改革,建立科学合理、灵活高效的管理体制和文化产品生产经营机制……完善文化产业政策,加强文化市场建设和管理,推动有关文化产业发展","要推动信息产业与文化产业的结合"。由此开始,市场化导向就彻底进入了我国文化制度制定的决策考量指标之中。而此前(1993—2000年),以政府名义颁布的诸多"文化经济"、"文化市场"管理办法,以及关于财政、金融、税收等方面对文化产业的支持,都可视为共产党文化制度建设的表现。在2002年中共十六大上,一方面,文化制度明确区分为文化产业与文化事业两种类型,另一方面,又突出了文化自身的柔性功能,提出贴近实践、贴近生活、贴近群众的原则。由此可见,文化作为一种与经济产业价值相挂钩的柔性能力得到了执政党的初步认识。

在这样一种文化制度的引导之下,文化制度作为软实力的资源之一,对社会的影响力可谓空前。这既有社会整体转型时期,问题多发,而"信息来源纷乱众多,没有民众公认的'权威发布'"的宏观语境原因;[1]也可见出文化自身精神价值与产业属性得到双重彰显,软实力效果日益明显,还包括自媒体、新媒体、全媒体、媒介融合等传播渠道在技术上取得重大进展的影响等等。相应地,共产党的文化制度也出现了"重视对社会热点问题的引导,积极开展舆论监督,完善新闻发布制度和重大突发事件新闻报道快速反应机制"的要求。[2] 换言之,经过了文化自身独立价值的重新发现、产业属性的开发和技术平台的发展,文化在政策层面已经具有了对内整合不同社会阶层、凝聚社会共识和民族向心力的作用。

---

[1] 于建嵘:《底层立场》,上海三联书店2011年版,第131页。
[2] "中共中央关于加强党的执政能力建设的决定",《人民日报》2004年9月27日。

与此同时,共产党的文化政策在把文化作为产业形态提出之时,即已认识到参与国际文化市场竞争、吸收外来文化成果以丰富自身的重要性。2000年文化部制定的《文化产业发展第十个五年计划纲要》中就提出"鼓励发展外向型文化产业";2004年《中共中央关于加强党的执政能力建设的决定》中又一次提出"促进文化事业和文化产业快速发展,增强我国文化的总体实力,推动中华文化更好地走向世界,提高国际影响力"。此后,鼓励和支持"文化产业走出去"的指导意见和"若干政策"等,接连出台。这说明作为执政党的共产党已经充分认识到,"文化"具有对外吸引世界关注力度、引入先进文明成果、开发国际文化市场的作用。借用王一川教授的归纳,"文化"在共产党政策形态中构成了"对内凝聚"和"对外吸引"两种功能,简称"内凝外吸",[1]这正是国家文化软实力的根本标志。因此,可以说共产党文化制度建设的重心此时已经出现了向文化软实力指向逐步转移的明显趋势。文化软实力建设制度或政策效应不再仅仅作为文化制度的一种外在显现或副作用,而是已经取代了政治意识形态、民族国家意识和片面的市场价值考量而成为国家文化制度建立与调整的一项根本标准。

这一指向在20世纪90年代以来的出现,始终朝着同一方向发展,每年都有若干文化政策出台,以协调其产业属性与文化属性的平衡,主要形式则是文化体制改革和文化出口。尤其是在2009年《文化产业振兴规划》出台以后,相应的文化政策密集发布,构成并巩固了共产党文化体制建设重心在中国社会框架中的位置:文化已经不再是为"生产力"或"经济建设"服务的了,相反,它已经成为新兴国民

---

[1] 王一川:"理解国家文化软实力",张国祚主编:《中国文化软实力研究报告(2010)》,社会科学文献出版社2011年版,第223页。

经济支柱性产业形态之一种。"文化也是生产力"成为一时宣传的重要口号。

需要指出的是,文化制度作为软实力资源,具有不同的面向,可以从不同角度加以论述、分析。常见的"产业—事业"划分维度与"对内—对外"维度是并列的,文化产业与文化事业都具有对内凝聚、对外吸引的功能,二者在很多时候并无清晰的界限。"以文养文"是文化事业持续发展的必要选择,承担高度的社会责任也是文化产业获得社会认同、做大做强的必由之路。因此,在本章的论述中并不将二者在制度层面上加以区分。

软实力成为文化制度演进重心这一现象的出现,除了文化制度自身演进的轨迹和市场化改革的推动外,还有深刻的意识形态与社会语境的原因。前者主要是共产党执政能力建设意识的充分觉醒。从"三个代表"重要思想提出以来,共产党在文化上的执政姿态,使"先进文化"成为与先进生产力和最广大人民的根本利益相比肩的合目的的目的之一。而在坚持以人为本,全面、协调和可持续的科学发展观中,文化乃是作为一种与国民精神、幸福感、文化素养等相关联并可创造物质财富、提升国家综合国力的独立范畴而进入共产党的执政意识的,并成为和谐社会建设的重要目标之一。后者则与中国思想界的演变状况关系密切。

自从共产主义思想进入中国以来,左右之争不断从文化领域投射到政治领域,或由作为权力场的"政治场"向"文化场"施压。这种状况到20世纪90年代知识分子进入体制而被"学院化"了之后,出现了根本性变化。尽管学界对此现象有不同认识,但不可否认的是,学术被政治收编的同时,也增强了执政党的文化建设。例如胡锦涛同志在《人民日报》创刊60周年的讲话中使用了诸如"研究各类受众群体的心理特点和接受习惯"、"主动设置议题"、"把握媒体分众化、对象化的新趋势"等等,无不说明学术已经作为一种建设性的力量进入共产党文化政策的制定思路之中。可以说,以江泽民("三个代表"重要思想)、胡锦涛("科学发展观"、"和谐社会"等指导思想)两届领导人为核心的中国共产党为文化制度建设提供了卓有成效的宏观意识形态语境,他们对"文化"制度所具有的软实力效应有着充分的认识,并努力在实践中加以实现。

在"以人为本"作为共产党执政思想的核心之时,文化的精神与经济、对内与对外双重属性在文化制度层面均得到了体现,从而使文化制度呈现出一种软实力色彩,并逐渐具有均衡发展的指向。所谓"均衡"是指文化制度的建设在"产业—事业"和"对内—对外"两对范畴中都得到了重视。但从历史来看,中国共产党对文化制度建设的重视长期以来侧重"对内",而自改革开放以来则一直注意其"产业"效益;这是有失偏颇的。在这一方面需要学界、业界的研究与实践。2010年文化产业学界指出要警惕文化产业的唯GDP化,就是一种均衡发展的要求。它体现了学术界与执政党在文化产业领域形成的合力:均衡发展的文化制度既有利于文化独立性的发挥,又能兼顾文化的产业属性及大众的文化需求,是符合其本义的。

概而言之,我国文化制度的重心从新中国成立以来就出现了一条有迹可循的转移轨迹。它既是中国共产党从革命性政党向执政党转变的身份认同在文化上的反映,也代表了共产党对文化属性认识的变化与深入,是其执政能力提升的体现。历史证明,执政党在制定文化制度的过程中,让文化自身多重属性得到充分、均衡的发展,则有利于推动国家社会的进步,提升中国的国际形象与文化软实力;而片面强调文化的单一属性,则不仅造成文化的损害,还有可能带来极为严重的破坏性后果。"十二五"期间,国家文化制度的设计与改革方面仍面临着从计划向市场、从文化事业向文化事业与文化产业双轨发展的任务,这是一项没有成熟经验可供借鉴的文化政治创新。而当前共产党文化制度的实践效果与预期间尚有较大差距,诸如如何在市场经济条件下充分发展文化的精神价值属性,如何突出事业与产业并重的制度重点,在推动文化产业成为国民经济支柱性产业的同时保证国家文化软实力的充分发挥等,都为未来共产党文化制度的设计与实施提出了新的路向。文化软实力作为一种来源于国际关系学的宏观理论,固然可以在一段时期内对我国文化制度(文化产业和文化事业)设定的指导思想设定框架、加以影响、提供启发,但如何走出中国特色的文化建设之路,却并非"对内凝聚"与"对外吸引"两个方面所能囊括,它需要落实于文化制度建设的具体操作之中。

可以这样理解,"文化制度的具体操作"正具体地体现为文化符号资源、文化传媒资源在文化制度的有序整合与优化配置下形成一种合力,三者合力彰显共同的文化价值,以及提升文化软实力的途径、方法与表现。

第二节 文化集群:文化制度软实力的集中呈现

文化制度作为文化软实力的资源之一,表现为多种形式。除了形诸文字的法律、法规、政策等内容,它更表现为文化以某种形式加以整合和利用,以及文化的相关权力、资源如何分配等。从广义上理解文化制度,它可以囊括文化产业与文化事业的不同发展模式。而事实上,从发展模式的角度审视文化建设的相关制度,其对软实力效应的呈现会更为清晰。这是因为,不断出台的法律、法规和政策性文件都需要在具体的文化建设实践中得到检验,而具体的文化建设实践又可以使相关制度具体地汇聚和呈现于个案之上,便于进一步观察、分析与判断。文化制度对文化符号、文化传媒等资源的配置作用有多种表现,大体可分为产业集群、投融资管理、产业链建构、公共文化事业扶持机制等方面。如此,就需要大致分析文化制度资源在这些方面对文化软实力的作用,不妨聚焦于文化集群,透过两种不同文化产业的集群效益来见出其中隐藏的文化制度问题。

文化集群是一种文化建设的现象,也是产业集聚效应的本能趋势。文化集群把相关文化部门集聚在一起,从而搭建平台,降低成本,助力知识扩散,形成产业链,并向规模化方向发展,在实践中具有很好的市场优势和溢出的社会效益。这里拟先以特色文化产业集群的开发入手,讨论具有较好社会效益的文化资源在产业开发上存在的制度问题;再以"准文化产业"集群为个案,分析具有较好市场效益的文化资源在实现社会效益的过程中需要进行的制度导向与规制。文化制度作为软实力资源要得到充分而有效的开发,就必须注意市场与社会双重效益的平衡,使其柔性力量得以足够地释放。

一、特色文化产业集群资源的二次开发及其软实力意义

文化集群是相关文化部门以地理空间为单位的聚集,其围绕某一产业要素,如劳动力、资本、土地、技术、人力资源等,在某区域形成相关产业的汇聚。关于这一话题的探讨,是文化产业与软实力研究的长期热点。如日本学者 Yusuf 和 Nabeshima 就从劳动力密集的角度讨论了东亚文化产业的集群问题;[1]斯科特则从区位网络与城市发展的角度分析了文化产业在世界性城市中的集聚现象。[2] 其

---

[1] Shahid, Yusuf & Kaoru, Nabeshima, "Creative industries in East Asia", in *Cities*, Apr. 2005, Vol. 22 Issue 2.

[2] 〔美〕斯科特(Allen J. Scott):《城市文化经济学》,董树宝等译,中国人民大学出版社 2010 年版。

实，产业集群现象的萌芽与发展都带有"历史偶然性"，对产业要素密集的关注也多是事后总结。对于讲求创新和知识产权的文化产业而言，尤其在当前中国以政府指令或政策引导作为集聚形成主要导因的状况下，这一话题的意义并不显豁。

但将文化集群作为文化制度的表现形式，纳入文化软实力的资源范畴，文化集群就显示了新的特征。在"文化集群"的概念中，"文化"是作为具有良好社会效益的产品内容，而"集群"则是使其走向市场、通往消费群体、扩大影响的途径；"文化"有对内凝聚与对外吸引的效果，而"集群"则试图实现这一效果的最大化。为了使这一论述更具典型性，不妨以特色文化产业集群作为个案加以分析。因为特色文化产业集聚是以特定文化资源为倚重核心，具有规模效应的相关产业部门族群。考察特色文化产业集群的有效视角，是分析其所倚重的文化资源——这恰是文化产业具有软实力的关键。根据三次产业划分，对文化资源的产业开发，大多涉及制造业与服务业两种产业类型；从文化软实力角度将文化资源与产业类型相联系，可以从文化制度上对特色文化集群的发展路数与可能形态提供思路。

(一) 特色文化产业集群的主要类型

一般而言，对产业集群分类的研究多数集中在其发展路径上，大致可分为政府指令型和市场主导型两类。[①] 这种划分方式对正处于起步阶段，政府干预色彩极其明显的我国文化产业集聚而言，颇不奏效，因为处于政府的政策指导下的我国文化产业集聚，其实很难与政府指令分离开来。而对涉及面较广，产业形态并不明确的文化产业，

[①] 参见蒋三庚、张杰、王晓红：《文化创意产业集群研究》，首都经济贸易大学出版社，2010年版，第8—12页。需要注意的是，在李凯等人的分类中，以"资源禀赋"为核心要素的产业集聚被归入"政府主导型"，是有待商榷的。

则可以从对一般产业集群的已有研究中归纳出集群类型,作为"特色文化产业"空间汇聚讨论的基础。在目前通行的"国民经济行业分类"(GB/T4754—2002)所列88项中类行业中,与文化产业相关的约为9项。经过调查,这些文化行业的空间集群度(基尼系数)排行如表7-1[①]。

表7-1 文化经济行业区域空间基尼系数排行(2004年数据)

排名	SIC行业代号	行业	Hoover系数
10	2400	文教体育用品制造业	0.6706
16	9100	体育	0.59736
17	6200	软件业	0.59559
24	9000	文化艺术业	0.52395
26	8800	新闻出版业	0.505
28	4200	工艺品及其他制造业	0.49391
48	9200	娱乐业	0.39166
51	8900	广播、电视、电影和音像业	0.38112
84	2300	印刷业和记录媒介的复制	0.25178

意大利经济学家科拉多·基尼(Corrado Gini)提出的行业区位基尼系数越接近于1,表示某行业的集聚度越高。从上表可以看出,在"国民经济行业分类"的文化产业中,除了"文教体育用品制造业"作为第二产业具有较强的集聚性外,大部分集聚度高的是以服务为主要特征的第三产业。换言之,可以将文化产业集群从产业形态上分为制造业与服务业,从而进一步考察文化资源在二者间的关系——这种划分说明,文化产业集群更侧重于非实体性的文化资源(如人才),而非实体性的生产要素(如原材料)。这与文化软实力的基本内涵是相关的。在软实力较强的地区,文化产业容易形成集聚

[①] 臧新:《产业集聚的行业特性研究——基于中国行业的实证分析》,经济科学出版社2011年版,第54—56页。

效应。

需做说明的是,将文化产业集群分为文化制造业集群与文化服务业集群,并不意味着二者间非此即彼的截然对立;相反,大部分的文化产业集群都具有稳定的产业链条,贯通第二与第三产业。这一点是自组织特征在文化产业集群中的重要表现。正如波特所言,"簇群一旦开始形成,就会出现自我强化的循环"。[1] 在特色文化产业集群中,"自我强化的循环"往往来源于同一文化资源多次、不同形态的创新开发与利用;这一过程也正是文化软实力价值、制度、传媒和符号四个层面不断互动、往返、强化的过程。抓住"文化资源"作为特色文化产业集群的核心,分析它在文化制造业集群与文化服务业集群中的不同产业价值及其表现形式,尤其注重其循环的路径与模式,是讨论特色文化产业集群发展方向的有效方式。

(二) 特色文化资源的二次开发

文化资源包括历史资源和创新资源两类,前者指历史遗留的有形或无形的文化资本;后者则指当代产生的新文化资源。[2] 这两种文化资源大多表现为文化软实力的符号层面。一般来说,特色文化产业集群往往倚重历史资源(包括民族特色文化资源)进行产业开发。而产业集群要求若干企业在一定的地理空间内具有相互关联性,由于某种共性与互补性而联系在一起。这就意味着在集聚区域内既定的特色文化资源要得到不同企业在不同方面、不同阶段的共同开发,从不同角度挖掘文化资源中的软实力价值。根据以上对文

---

[1] 〔美〕迈克尔·E.波特(Michael E. Porter)"簇群与新竞争经济学",郑海燕等译,《经济社会体制比较》2000年第2期。

[2] 参见吕庆华:《文化资源的产业开发》,经济日报出版社2009年版,第74—95页。吕庆华将文化资源分为"历史资源"和"智能资源"两类,但此二者并不在一个逻辑层面上,容易引起对文化资源理解上的混乱。因此,本报告将其分为"历史资源"与"创新资源"。

化产业集群的分类，特色文化产业的集群开发可视为一种特殊的产业二次开发，主要包括以下两种模式：

1. 制造+服务模式。这种模式要求利用文化资源，以制造文化产品为起点，通过对文化资源的深度开发，形成以产品为核心的文化产业链。这一模式常见于民族地区的依托传统文化资源的乡村文化产业发展中。如云南民族民间工艺品的制造，包括土陶、石器、布艺、金属等在内的21个产业门类，年产值超过300亿元，年均销售增长达到12%至15%；而围绕"一村一品"（如绣花村、造纸村、织布村等），又可以发展传统旅游、生态农业、户外活动、展览等体验式的文化经济，形成对单一文化资源的制造+服务开发模式。特别是从某一具体的工艺品（如苗族刺绣、哈尼族树皮制作、白族铜银器等）所蕴含的文化因素出发，衍生出相关民间传说、文艺作品和实地消费的文化服务项目，可以大大地促进特色文化集群的发展。

2. 服务+制造模式。这种模式的文化资源既可以表现为有形的产品形态，也可以表现为无形的服务形态，或者自然形态。把无形的文化资源具象化，使之通过文艺形式（如民族音乐、民间舞蹈、曲艺等）或旅游项目（如农家体验、山水休闲等）在文化市场上表现出来，随后围绕这些文化服务形态制造文化产品（如旅游纪念品、民间乐器、相关版权产品等），就使得同一种文化资源形成服务+制造的集群式产业链。如山东曲阜围绕"孔子文化"发展旅游服务产业，又在此基础上将其独有的文化资源开发出文化地产、孔府家酒、汉服产销等制造业产品；与之相类似，福建、浙江等地围绕"朱熹文化"，除了发展出旅游、文艺等文化服务之外，还有朱子酒业、朱熹孝母饼等食品饮料制造业产品。这些都具有空间上的集群效应。

需要指出的是，以上两种模式之间的分界线其实并不明晰，因为文化作为一种特定生活方式，本身就无法从具体的产品中分离出来。

但是，作为特色文化产业集群发展的思路和模式，文化资源的二次开发无疑是有效的。它既是在延伸同一文化资源的产业链，也是在对共享的同一文化资源进行不同维度的再创造，可以在有限的产业集群空间中更充分地利用文化资源进行全方位的产业开发。从文化软实力的角度看，这两种模式都对特色文化资源所具有的文化软实力价值加以了巩固和延伸，既通过制造产品使文化软实力具有实物的依托，又通过服务让文化软实力得到延展和体现。这二者之间相互强化，大大提升了特色文化资源的市场影响力和社会感染力。如中国四大民间故事之一的"白蛇与许仙"，最早作为江浙民间传说而流行，随即成为文学、曲艺、影视、旅游等服务产业的重要内容；但围绕这些文化服务所产生的旅游产品制造业以及相关食品、饮料等实物产品的开发则相对较少。这对于拥有独一无二的"白蛇传说"文化资源的杭州市是巨大的经济、社会与文化效益的损失和文化软实力的缺失。在共享文化资源和相关服务机构的基础上，形成稳定的特色文化产业集群，还需要经营思路的进一步开阔。

归纳而言，培育特色文化产业群，一方面要深入挖掘各地特色文化资源，将其通过制造业或服务业的两次产业开发，转化为不同形态的产品或服务，形成围绕文化资源的核心要素而建立的特色明显、集聚度高的特色文化产业基地；另一方面，需要通过周密的规划引导、政策扶持和典型示范，鼓励各地积极发展依托文化遗产（特色文化资源）的旅游及相关产业——在这一过程中，特别要注意地理公共品牌的打造和行业中介机构的建立，充分发挥品牌与中介在特色文化资源形态转化过程中的重要作用，突出产业集聚的规模效应，增强特色文化产业群发展所应具有的聚集力、辐射力和竞争力。这还意味着，应克服由政府主导所造成的市场失灵现象，培育一批民族演艺、文化旅游、工艺美术等特色文化产业集群。市场与社会（政府）两方面的合力,是推动地方文化软实力发展的动力源,应该加以协调。

最后,需要指出的是,对特色文化产业集群的现有讨论,往往以区域为关键词,这意味着这一概念中本应具有一定阐释张力的特色被替换为狭义的地方特色。——这极大地限制了文化软实力的全国战略性意义。事实上,文化本身即具有流布性,传播乃是文化和产业都具有的题中之义。依托现代物流和信息技术,特色文化产业完全可以也应该形成跨区域的产业链,使其相对成熟的在地化商业模式得到复制和衍生。这样,集群就被跨区域所替代,从而得以摆脱以文化遗产为重心、片面依赖文化历史资源的困境,特别是以旅游业为特色文化产业集群龙头行业的单一模式,从而促生新的文化产业发展模式。这一新的模式可以在吸引产业投资、扩大特色文化资源的影响力、增强国家整体文化软实力等方面发挥更大的作用。

当然,从目前我国特色文化产业集群发展上看,文化资源的路径依赖十分明显,跨区域商业扩散的趋势还不明显。但从文化产业所具有的创意性、创新性来看,在数字信息空间而非现实地理空间中形成的产业集群或许并不遥远。我国文化制度如果能够在文化产业集群的产业融合、跨区域和数字化领域进行具有前瞻性的部署,为其产业集群合理配置文化传媒资源,对我国文化软实力的提升无疑具有极为重要的意义。

二、准文化产业集群的"软实力"效益:以茶文化产业为例

文化产业是一个众说纷纭的概念,除以内容生产为特征的公认产业形态外,在具体的市场实践中还存在着大量边缘性和部分版权属性的文化产业类型。公认的文化产业可以纳入国家产业政策体系,进行监测、调控,如国家统计局《文化及其相关产业分类》中所涉80种产业;而边缘性的带有文化特征的产业,在很大程度上也遵循

核心文化产业的发展规律和市场运作模式。从文化软实力的角度看，两种产业都具有相应的社会凝聚力和吸引力，都应该纳入文化软实力发展战略的宏观考量范畴。前者具有的文化效应高于后者，可称为核心文化产业，而将后者称为准文化产业，在实践中分别讨论其软实力价值。

准文化产业是一个暂拟的学术概念，表示在国家文化产业政策体系之外存在的具有可供消费的文化特质的产品和服务。它包括茶、酒、中医、瓷器、丝绸等在历史上被"文化化"的产业；也包括时装、酒吧、餐饮、建筑等带有创意属性的产业。在学理上界定准文化产业的标尺是产品或服务具有的文化特质能够且确实被消费，即其文化软实力具有产业属性。因此，准文化产业不包括以下两种产品或服务：(1)不具有可供消费的文化属性，如"立顿茶"、"三得利茶"等只能是茶产业之一种，而非茶文化产业；(2)文化属性难以被普遍性消费，如街头文化(地书、原始涂鸦、街头演讲等)由于符号价值不强、转瞬即逝等特征而使消费者对其文化属性无从下手。需要说明的是，可供消费的文化属性，不仅是准文化产业的特征，也是核心文化产业的本质(即版权)。如美国"服装、纺织品和鞋类、珠宝和钱币、家具、家用物品、瓷器和玻璃、墙纸和地毯、玩具和游戏、建筑、室内设计"等都作为"部分版权产业"纳入文化产业，计算其对整体经济的贡献。[①]在我国文化软实力的统计指标中，本应纳入这一范畴，但在具体操作中确实存在难度。

准文化产业可以包括产业化(可供消费)的文化和作为文化载体的产品两个维度，是文化产业和相关产业的复合产业形态。前者决

[①] 《2005—2006世界服务业重点行业发展动态》，上海科学文献出版社2005年版，第367页。

定了它符合文化产业的某些特殊规律,后者又使其具有普遍产业经济学特征。因此,对准文化产业的考察,必须着眼于两种产业形态;从"实力"角度加以分析,也需要同时注意准文化产业的软、硬两个层面。以集聚理论为例,自亚当·斯密市场分工论作为滥觞始,到迈克尔·波特的竞争优势说,经典产业集聚理论均是以工业(制造业)为核心的普通产业经济分析。但就中国而言,"我国的集群大多从仿制、仿冒起家","专业化分工不彻底"造成了"产业集群集聚度偏低"。[1] 这与一般认为,文化产业具有天然的趋集中性,甚至对人才、文化资源等具路径依赖等观点是相左的。这就为准文化产业集聚的软实力效应发挥提供了问题意识和讨论的空间。

(一) 准文化产业的形态、集聚效应与软实力

准文化产业多为与生活密切相关的制造业。这在学理上的逻辑是文化一词本身即有生活的人类学意义。除少量产地依赖型产业外,准文化产业布局往往依市而立,分散各地,以降低运输成本——上世纪末中国几乎每个县城都有小型酒厂、家具厂、服装厂、建筑公司与设计院等,更遑论遍及大街小巷的茶庄、饰品店、时装店。而随着文化产业及其相关产业的纵深发展,运输成本降低、分工协作加强,准文化产业出现了集聚化的转型——杭州女装、绍兴纺织、白沟箱包等均由是而产生。这就为讨论准文化产业的软实力提供了可能。

以茶产业为例。传统茶产业的经营格局中,"(农户+)基地+公司(+经销商)+市场"最为常见,它直接把产品送至社区,是典型的生产—销售贸易;所谓"集聚"也不过茶叶生产商在产茶区的自然空间中无规划的"扎堆"。这种经营模式的产业链过短,产销之间缺乏

---

[1] 张明龙等:《产业集群与区域发展研究》,中国经济出版社 2008 年版,第 132—133 页。

文化因素的融合，更无增值衍生品。而在文化附加值注入之后，从茶叶种植、加工到销售与茶馆服务，茶文化产业涵盖了三次产业的全部形态：第一产业的茶园种植与茶文化生态旅游（采摘、科普、休闲）；第二产业的茶叶、茶具生产与工业旅游、包装设计；第三产业的茶道（艺）演艺、茶行业会展以及其他茶文化衍生产品等。可以说，茶文化产业延伸了茶产业的产业价值链，实现了产品利润的多次增殖，具有很强的可复制性；与此同时，原本仅具有经济价值的茶产品汇入了文化价值，便使其具有了软实力的意义。

近年来，茶文化产业发展势头良好。从茶文化旅游看，相对固定的发展模式业已形成：十年前，福建省就推出了7条茶文化旅游专线，江西景德镇茶文化节、四川乐山采茶文化游等都成为经典品牌。从茶会展看，不但茶叶产区的产品会展在直接推动茶叶贸易，大量茶文化博览会、交流会、茶王赛也纷纷登台，如福建宁德海峡两岸茶业博览会，将旅游、民俗与商贸、展览结合起来；四川青城山三月三采茶节将道教、茶马古道旅游与茶叶联系在一起。从茶文化产业的衍生品看，安溪拍电视片《凤山茶歌》、武夷山《印象·大红袍》实景演出、海峡茶艺小姐电视公开赛等更是以"茶"为内容的核心文化产业。但其不足也很明显，如茶文化旅游差异化不强，多是采摘、品茶和茶艺表演；对茶文化产业衍生品重视不够，2009年浙江吉安"白茶娶妃"就因缺乏进一步拓展文化衍生品而成为过眼云烟。换言之，茶文化产业虽然已经形成，但其"软实力"属性仍然不够充分，难以体现准文化产业的独特性。

因此，从茶产业向茶文化产业过渡的过程中，产业集聚效应及其所带来的更为显著的软实力效果,就值得特别重视。[①] 从传统茶产业来看,中国虽是茶叶大国,但在出口项目中,名优特新产品少,综合开发利用少,自有出口品牌少。而在茶文化产业形态下,集聚效应使得市场出现了几番高涨,文化附加值一跃而起,使集聚地的软实力也得到了很大的提升。不过,从普洱茶创造营销传奇到金骏眉走俏市场,在"扎堆"中赢得市场高额利润的同时,也显示了缺乏规划的准文化产业集聚将带来品牌透支、恶意炒作和市场信誉度下降等恶果。

(二) 从软实力角度看准文化产业的集聚类型

准文化产业集聚需要政府规划和学界指导,"按计划、分步骤"有利于新型文化业态的出现。但就我国茶文化产业来看,其集聚效应并未得到充分重视,集聚类型贫乏。以形成原因为标准,茶文化产业集聚不是政策主导型,而是区域诱导型产业集群;从集群内企业关联方式划分,它不是垂直关联型,而是水平关联型。[②] 但这两种分类方式与当前我国核心文化产业集聚由政府主导,以构建垂直产业链为目标的整体模式是很不一样的;它更倾向于普通制造业的集聚规律,而相对忽视了文化(服务业)的产业属性与产业价值。

从文化软实力的角度出发,将茶文化产业集群对其所在地文化、社会、经济等方面的影响作为标准,茶文化产业集聚类型还可以产地和市场的特定地理区位划分为两类:茶文化产地集群和茶文化市场集群。与一般集聚理论认为现代工业以来产地的重要性有所下降不同,茶文化产业的产地因素正在上升;这同样迥异于以数字传播为特

[①] 参见林玮:"'茶文化'产业价值实现形式的演进",《湖南农业大学学报(社科版)》2012 年第 1 期。

[②] 蒋三庚等:《文化创意产业集群研究》,首都经济贸易大学出版社 2010 年版,第 67—70 页。值得注意的是,这里提出的四种模式并不是在同一标准下的划分,相互间难免有所交叉。

征的新兴文化产业对产地的漠视。这是因为,名优茶叶的原产地往往风景秀美,与之相关的旅游、民俗和历史积淀等可供开发的文化资源较丰厚。茶文化一方面可通过茶产品及其文化衍生品向外传播,另一方面也可吸引受众"到达式体验消费",因此是以产品为中心的产业集聚。与此同时,以消费者为中心的茶文化市场集聚也正在形成。各大城市的茶城、茶叶一条街中,集合茶叶销售、茶艺表演、茶道培训等形式的产业集群蓬勃发展。前者可以福建武夷山茶文化产业集聚为代表,这个人口仅22万的县域城市中聚集着大大小小1200多家茶叶生产企业;后者如"云南省文化产业示范基地"昆明雄达茶城,就曾投资上千万元开展文化活动:茶艺职业技能竞赛、茶慈善拍卖、茶文化旅游夜市等,从而获得了"中国茶文化城第一品牌"的称号。茶文化产业为上述两地的文化软实力提升奠定了较好的基础。

茶文化产地集群和市场集群分别主要借重原生性文化资源(自然山水、民俗旅游等)和创生性文化资源(多种茶文化活动)。两者都属于文化软实力中的文化符号资源,而后者由于切近终端市场而更引人注目。如北京马连道茶叶一条街有1200多家茶叶店,广州大笨象国际茶城有近6000家茶叶商户,这些茶叶市场占据了全国茶市的大半壁江山。2008年《中国青年报》市场调查显示,北京茶叶市场30亿元总额,其中马连道营业额就达25亿元。另外,文化市场集群还有助于知识溢出,不但可以为企业间相互学习、促进创新提供机会,也有利于人才流动,形成区域品牌效应。这是准文化产业集群通过文化制度资源来整合、提升文化软实力的一种有效形式。但市场集群往往过分重视实物产品(茶叶)的销售,而忽视对其文化产业价值的开发与利用。这种急功近利的心态,是准文化产业软实力提升的大碍。

在产地和市场两种茶文化产业集聚类型之间,还存在着一种位于茶叶原产地而以销售为主、以茶文化消费(如民俗旅游等体验经济和文化产品开发)为辅的产业集群形态,如湖北省现代服务业发展示范园区武当道茶文化产业园区、福建高山茶文化创意产业园、松阳浙南茶叶市场等。但这并不影响上述分析,茶叶产地的销售集群可以其借重的文化资源作为类型划分依据,如武当道茶文化产业园区、福建高山茶文化创意产业园应属产地集群,而浙南茶市则属于市场集群。此外,尤其值得重视的是晚近以来出现的以创意为核心的茶文化产业集群类型,以杭州"中国茶谣·茶文化创意产业园区"为典型,它以高校(浙江农林大学)的科研为依托,为产、学、研的贯通提供平台,具有很好的发展前景。这些具有创新意识的准文化产业集群,充分利用集聚地的社会、经济、教育等资源优势,既增强了文化资源在集聚地内部的整合,又增强了集聚地对外的吸引力;其文化制度软实力效应有很好的借鉴意义。

(三) 准文化产业集聚的困境与软实力突围

尽管茶文化产业集聚已经形成了一定的规模效应,但其区域范围的经济资源却未得到较好的或充分的发挥和利用,这就使其文化软实力在经济硬实力方面后继乏力且缺乏创新。以规模取胜的茶文化产业集群在全国遍地开花,各大城市均有大型茶叶市场,如郑州有南茶城、北茶城、中原茶城、万客来茶叶市场等7家;南京有正大茶叶城、下关茶叶批发市场、秦淮茶都等6家;二线城市青岛也有李村、沧口和南山3家茶市。这些茶文化产业集群大多结构、功能单一,缺乏有效管理和长远规划,产业的文化属性也始终围绕茶叶营销打转,不仅自身创造的经济价值有限,也未能为茶产品增加充分的附加值。概而言之,准文化产业的市场集聚往往存在进入壁垒低,搭便车现象严重等问题;从市场结构看,更倾向于完全竞争,产品差异度极低。

而在产地集聚中,茶文化产业往往局限在依托资源禀赋的低端茶事旅游上,片面强调产业公共品牌,而对创意、科技、传媒和体验经济等现代文化产业要素的借力不足。茶文化产业集聚的低位徘徊,造成了茶叶销售始终占据产业主导。畸重的产业形态使"茶文化发展面临的第一个任务就是如何卖掉更多的茶叶,这是评价茶文化有效、有用的标准"成为某些茶企业和专家的共识。[①] 它忽视了准文化产业的文化软实力意义,迫使准文化产业向制造业靠拢,这是欠妥的。

以茶文化产业为代表的准文化产业集聚,必须在以上困境的突破中找寻途径,才能真正发挥其部分文化产业的行业属性,形成集聚效应和品牌效应。换言之,茶文化的产业价值应真正成为茶产业的内生化的有机组成部分,形成独立的产业集聚优势,使其具有的文化软实力功能得到充分发挥,而非仅为促进茶叶销售服务。因此,文化产业集群的特殊性就成为准文化产业集聚优势的重要依据。而从文化软实力角度入手分析,可以就准文化产业的建设提供以下建议:

1. 树立区域品牌意识,加强范围经济的保障建设。在文化资源的挖掘上,茶文化产业集群,尤其产地集群十分依赖区域和特色茶品种,这是文化软实力的品牌意识。在国家重点发展的经济带中,选取具有文化特色的产茶区,通过对历史文化的挖掘和创新,进行茶文化产业集聚尝试,乃是可行之道。如福建"武夷国际茶文化艺术之都的建设规划"就试图在旅游文化产业中注入"茶"元素,使"茶文化"在区域文化产业发展中扮演主导角色。而借助国家对"地理标志产品"的保护,利用世贸组织的相关知识产权条款,围绕特色茶品种形成产业集群,打造公共品牌,也是茶文化产业集聚优势之一。"地理标志"增

[①] 杨江帆、李闽榕:《中国茶产业研究报告》(2010),社会科学文献出版社 2010 年版,第 42 页。

强了茶产品的文化感和知名度,具有很好的文化软实力效应,能够有效促进茶产业的集聚。2009年"武夷山大红袍"种植面积从注册成为"地理标志"证明商标之前的4万亩增至12万亩,产值从注册前9600万元猛增至12.4亿元;"松溪绿茶"产值也从注册前1.1亿元提高到1.8亿元。值得注意的是,"准文化产业"对文化资源的开发和利用应注意"文化"与"实用"之间的平衡,在坚守"文化"立场的同时,必须以市场为根本导向。例如江西景德镇艺术陶瓷产业集聚就因为没有处理好"艺术陶瓷"与"日用陶瓷"产品的关系,错失了发展日用陶瓷的时机,造成了产业集聚效应的弱化。[1] 换言之,文化软实力作为一种柔性而又厚实的吸引力和感染力,需要建立在足够坚实的经济基础和具有时代性的价值系统之上。准文化产业集群的软实力发挥,更需要有范围经济的多重保障。

2. 推进园区化管理。从产业集群管理看,准文化产业集聚多半未实现园区化建设,而基本处于自发阶段,因此产业政策引导就显得极为重要,这是作为文化软实力资源的文化制度在准文化产业集群效应上最为契合的切入点。在业已形成的茶文化产业集群中推行园区化管理,特别是借助已有规模效益的现代茶叶产业园区,不但可以使茶文化产业链得到整合和延伸,还可以产生集群孵化器平台、创新方法效应、社会资本粘滞等效果;更为重要的是可以引起茶叶生产企业与茶文化产业的双向投资意向,从而将生产制造与文化服务联系起来,实现文化部《十二五时期文化产业倍增计划》中所指出的"以资本为纽带"的"跨行业"经营。单就产业链而言,产业园区可以集中茶道具(如紫砂、陶瓷等茶具和竹木、根雕等茶席用具)、茶产品包装设计与品牌策划、茶文化旅游观光、茶道演艺、茶行业会展、电子商务、

---

[1] 参见徐康宁:《产业聚集形成的源泉》,人民出版社2006年版,第306—308页。

媒体运营与宣传、茶品与茶诗画收藏和拍卖、茶会所、茶餐茶点,以及其他茶文化衍生产品的生产商;还可以整合周围高校的科研优势作为产业创新源头,为茶文化创意人才提供集体学习以抵制"柠檬市场"效应。这些茶文化产业的园区化集聚在信息、技术、物流、融资、人力与行业规范等方面是能够提供极大的便利的。鼓励准文化产业实现园区化管理的题中之义还包括鼓励行业中介机构与自律组织的发展,通过产业发展的民间部门实现路径替代。以广东中山大涌镇红木家具产业集聚为例,在当地政府主导下建立的商会和创新研究中心,在梳理集体品牌,实现技术创新,以及缓解物流与资金等企业难题上,发挥了重要作用。①

3. 强化创意。从对文化和创意作为产业核心的开发、利用形式上看,我国准文化产业集群还有着广阔的发展前景——文化软实力的效果发挥,绝不是单一依傍传统文化资源,而应该充分发挥现当代中国文化的创造性,以创意作为软实力不断提升的核心力量。福建安溪借鉴法国葡萄酒庄园模式发展茶文化产业集群,通过茶叶庄园展开体验营销,不但按照 GAP(良好农业规范)要求管理茶叶庄园,对入市交易的茶农进行实名登记、刷卡交易;还发展观光农业,深入挖掘庄园特色,通过独立的茶文化产业来促进品牌成熟,实现茶文化产业和茶叶产品销售的共赢。台湾大学设在南投的凤凰茶园将万亩茶园、制茶厂与茶花园区、蕨类标本园区、茶花展览、茶花产销培训等体验农业和生态旅游相结合,也创造了产、学、研结合的茶文化产业集聚典范。另外,独立于茶产业的茶文化产业,如包装设计、媒体运营、衍生品开发等,也有待产业集群的吸纳与重视,相关产业的聚集可以实现空间上的收益递增,产业信息和公共物品的共享,以及相关

---

① 吴凌芳:《企业集群形成和发展的力量》,经济科学出版社 2008 年版,第 84—101 页。

产品的整体性规划都会得到较大程度的提高。这正是波特"产业簇群"及其竞争理论所给予文化产业或准文化产业研究的重要启发;[1]也是文化符号资源、文化传媒资源经由文化制度的整合和优化配置,整体提升文化软实力的表现。

以茶文化产业为代表的准文化产业,是特定制造业(如茶、酒、时装等)向第三产业过渡的业态表征;其核心在于文化创意,它是相关产业与文化产业的天然黏合剂、催化剂。只有依托富有衍生力的文化创意,特定制造业集群中产品同质化、低壁垒、低集中度等劣势才有可能被打破,准文化产业集群才可能实现集聚优势,由此所带来的文化软实力也才能得到提升、延展。准文化产业可以通过园区集群化的公共平台加以整合,吸引更多的社会资源进入,改善其发展环境,优化其发展途径。我国茶文化产业一向粗放经营,对茶文化的认知和开发过浅,诸如茶文化旅游项目单一、"茶王"评选泛滥等问题已经引起了学界的批评和业界的重视。而只有真正实现集群化、园区化,借助集群优势,才能保证茶文化产业向深加工、精细化方向发展,引导其文化属性在食品、医疗、保健、化工等行业找到理想的切入点,保持特定制造业与文化产业之间的互动关联并趋于双赢,使产业文化特质的市场价值得到最大程度的发挥。以茶文化产业为代表的所有"准文化产业"均可以此为鉴。

最后,值得指出的是,从产业分类上说,茶文化产业与演艺、影视、出版等文化产业类型并不处于同一层面;茶文化产业概念的立足点在其内容(茶)而非呈现形式或传播渠道。因此,"政府应将茶文

---

[1] 〔美〕波特:《竞争论》,刘宁等译,中信出版社2009年版,第183—244页。波特所讨论的"准文化产业"包括美国葡萄酒产业、意大利时尚产业等。

产业列为文化产业的一个重要组成部分"的政策建议,[1]很难具有可操作性。而从文化软实力的角度,把"准文化产业"作为一个独立的产业形态,则国家和社会组织可以对同类产业进行认定、评价,通过建立行业基金和自律协会等形式加以支持,使其在资金扶持、项目评审、税收优惠、人才引进、奖励表彰、土地使用等方面享受与纳入国家政策调控范围的"核心文化产业"同等或相似的待遇。文化部出台的《"十二五"时期文化产业倍增计划》中明确指出,"促进文化与旅游、体育、信息、物流、工业、建筑、会展、商贸、休闲等行业融合,提高国民经济的文化附加值。支持各类文化企业加大创意设计投入,提升纺织、轻工、包装等行业的文化内涵,推动创意设计向家具、家电、家纺、家饰生产延伸。打破文化产业门类的边界,促进不同文化行业之间的联姻融合,整合各种资源,延伸文化产业链"。准文化产业有其特定的制造业作为原点,在园区建设、融资渠道、产业融合、价值链衍生和消费市场等方面都具有独到的优势,对文化软实力的概念范围也是一种新的拓展,因此,学界、业界与政府管理部门都应予以特殊的重视。

尽管特色文化产业集群与准文化产业集群在文化产业研究中都属于边缘对象,但其中蕴含的文化软实力价值却不得不引起关注。它们分别代表了侧重文化资源与侧重非文化资源两种文化产业的发展路数,是文化和实力两个范畴结合的两种不同形式,可以互相借鉴而成为核心文化产业集群发展的参照系。从文化资源的二次开发上看,大部分准文化产业都是以制造业为起点,带动了相关生活形态的文化作为衍生和深化,如茶文化产业、陶瓷文化产业等;也有以服务

---

[1] 李闽榕、杨江帆:《中国茶产业研究报告》(2011),社会科学文献出版社2011年版,第42页。

业为起点,如饮食文化产业,带动相关制造业的发展。从业已发展成熟的准文化产业看,大多形成了相当的规模经济效应,通过产业集聚构建了企业间交流、学习网络,配套服务和相关人力资源集中,具有很好的集群知名度。如广东省中山市大涌镇的红木家具产业集群,2003年被文化部授予"中国红木雕刻艺术之乡";大涌镇并不产红木,其产业集群是由民间雕刻工艺美术的地方优势和侨乡资金优势而形成的。几年来,通过地方政府、行业商会和技术创新中心(大涌镇红木家具工程技术研究开发中心)的合力,打造地理品牌,构建了有效、完善的集群协作网络。这种由服务业为起点,带动制造业的准文化产业集群,可以给类型特色文化产业发展集聚优势提供相关参考。

文化产业集群所形成的文化软实力有赖于文化制度资源对文化符号、文化机制等加以整合。一般产业经济学认为,产业集群的规模经济具有技术扩散、外溢和人才培育等方面的优势,因而具有较强的市场竞争力。但在缺乏高新技术支撑的特色文化产业或准文化产业集群中,这一基于行业分工而产生的规模优势并不明显,其中关联企业甚至有可能因为同质化竞争而出现互相掣肘的劣势,需要管理部门在文化制度建设和引导上予以重视。以景德镇艺术瓷行业为例,在20世纪60—80年代,国有"十大"瓷厂在景瓷集群中发挥了领军作用;而在90年代,这一局面被数千家中小型私人艺术瓷作坊和小陶瓷工厂所取代。2004年该集群有小型作坊2850家,平均注册资金不到20万元。由于缺乏领军企业及其相关配套服务失灵,分散的景德镇艺术陶瓷产业集群出现了低水平同质化的恶性竞争;产业集群本该具有的技术共享与外溢,被偷工减料、粗制滥造所替代。[1] 而

---

[1] 徐康宁:《产业聚集形成的源泉》,人民出版社2006年版,第299—315页。

通过文化制度的建设，扶持中介机构和行业协会，鼓励技术创新和产学研结合转化，是可能形成艺术瓷集群新的开放氛围的。在特色文化产业中，以遍布全国各地的"画家村"为例，也大多具有集群缺乏规划，公共品牌过度透支，相关艺术经纪人和营销配套机构缺失，文化凝聚力和吸引力均有所不足等现象。这都需要在对特色文化产业和准文化产业相关产业属性进行充分研究基础上，结合区域文化软实力的现状、路径和方向加以重新调整；就宏观层面而言，国家文化软实力在相关战略上也应对特色文化产业和准文化产业予以充分考虑和适度的政策扶持。

第三节　投融资体系：文化制度软实力的动力来源

文化软实力建设，从核心价值体系的吸引力、社会行为模式的凝聚力、传统典范及遗产的影响力到文化传播机制的感染力，无不需要足够的硬件设施作为基础，予以支持。这就意味着软实力建设同样需要硬实力的参与，需要社会、经济等诸因素的配合，通过相关文化制度的整合作用，形成中国特色的社会主义文化发展路径。

在这一过程中，推动文化软实力提升的重要动力之一，是国家和社会资本的投入，即投融资渠道。随着文化体制改革的进一步深化，融资渠道已经日益成为限制我国文化建设的主要因素。无论文化产业还是文化事业，都需要大量资金的投入：文化产业已经纳入国家整体战略部署，正在成为国家支柱性产业，社会闲散资本会随着国家财政的投入而进入文化产业；而不以盈利为目的的公共文化领域，则主要依靠国家投入和社会公益基金（包括企业捐赠）。由于文化产业属于高投入、高风险领域，社会资本、风险投资的进入一方面需要国家文化制度的支持,通过金融信贷工具予以政策性贴息、减免税收等方式鼓励社会资本参与文化建设;另一方面也需要国家文化制度的相关引导,通过颁布"指导目录"对金融资本进行调配和控制。

文化制度是国家文化软实力的有效资源,运用文化制度资源对进入文化建设的资金进行优化配置,是文化软实力建设的题中应有之义。在文化建设中,目前我国文化事业的主要资金来源是国家政府,其文化制度的调控力度最大,但可供配置的资金却是有限的;而文化产业由于可以相对充分地吸收社会资本,文化制度的调控作用最大,可供讨论的空间也更大。这里主要以金融资本进入文化产业的制度软实力为对象,分析我国文化软实力在融资渠道上存在的问题,并提供河北省文化产业投融资状态的个案,探索文化制度上的应对策略。

一、文化产业投融资的宏观环境与软实力建设

2010年3月,中宣部、中国人民银行、财政部、文化部等九部委联合出台了《关于金融支持文化产业振兴和发展繁荣的指导意见》(以下简称《指导意见》),为金融资本进入文化产业提供了指导,也为文化产业扩大蓝海市场提供了有效的途径,有媒体将这一年称为"文化产业金融年"。从"十五"计划建议中出现"文化产业"概念,到"十二五"规划提出"推动文化产业成为国民经济支柱性产业"的构想,新世纪的头十年成为了中国文化产业发展的第一个百里界碑。事实上,近二十年来,我国文化产业已经进入了理性发展的经济周期,其规模经济与范围经济效应都在凸显,相关产业的扩大再生产已为必然趋势。而正是这一趋势使得文化产业的融资问题逐渐成为发展的瓶颈,文化软实力建设也受到了一定的制约。

以市场经济发展文化,社会资本相对自由的流动是必要前提;文

化软实力要得到充分提升,多元文化相互竞争局面的形成也是基础。因此,通过文化制度的有序引导,使资本能够顺利、有效地进入文化市场,推动文化市场繁荣与文化软实力的发展,就显得尤为重要。

(一) 文化产业直接与间接投资制度分析

《指导意见》指出要"大力发展多层次资本市场,扩大文化企业的直接融资规模",这恰是当前文化产业融资最为薄弱的渠道。与间接投资的利率回报不同,上市融资、风投 PE、信托资本和文化企业的经济利益密切相关;而尚处发展初期的中国文化产业多为固定资产少、盈利模式不确定的中小型文化企业,其高风险、高收益的特征往往令金融资本望而却步。这制约了文化产业(尤其是民间企业、小微企业)的做大做强,也构成了文化软实力的瓶颈。

在《指导意见》出台的 2010 年,中国企业在美 IPO 数量创下历史新高,其中不乏优酷网、土豆网、博纳国际影业等文化产业代表,但直到 2012 年年初,能赢得 A 股上市资格的中国文化企业都不到 30 家。从在传媒板块上市的若干文化企业看,当年上市或活跃的文化企业大都产业链清晰,价值链增值模式完整,可以看出,产业链是文化企业获得金融资本青睐的重要条件。但这些文化企业总体上也存在主营业务单一等现象,如演艺类文化企业的上市融资就缺乏足够的市场实践案例。这既需要文化企业在经营范围上做出有效的调整,同时也需要文化制度在直接投资的渠道建设上给予更大的引导和支持。例如 2012 年 4 月,在国家相关文化政策的支持下,拥有独立采编权的人民网在 A 股市场上市成功,就给整个文广传媒板块带来了高推的动力。

表 7-2 2010 年传媒板块上市信息一览表

模式	实例	上市日期	主营业务	未来发展计划
内容生产	华谊	2009-10-15	电影 电视剧 艺人经纪	拓展产业链：影院、主题公园等
	华策	2010-10-26	电视剧	主打编剧牌，签约知名编剧
	海润影视	计划上市	电视剧 电影	加大电影投资计划和拓展力度
信息平台	乐视网	2010-8-12	视频网站	购买影视版权、电影投资：《机器侠》等
	第一财经	计划上市	财经信息	预备整体打包上市，拓展手机等新媒体渠道
	中南传媒	2010-10-29	综合性出版传媒	"多介质、全流程"、A股市场第一只全产业链整体上市的出版传媒类股票
其他环节	宋城旅游	2010-10-12	主题公园 旅游演艺	杭州乐园和动漫乐园改扩建、宋城景区基础及配套改造项目以旅游项目圈地，国有股权转让、改制
	新影联院线	计划上市	影院 电影投资	投资拍片，涉足发行、扩建影院、票务、营销策划

注：本表系本节作者据艺恩咨询网所发布的2010年产业资讯和资本动态信息编制。下载网址：http://news.entgroup.cn 下载时间：2012年4月。

从《指导意见》出台后两年的状况看，文化产业直接融资尚不容乐观。2011年仅有凤凰传媒、光线传媒等少数文化传媒业新股完成首发上市；截至2012年6月，文化传媒行业仅有21笔VC/PE融资案例发生，较2011年同期下降19%；披露融资规模为7800万美元，同比下降68%；平均单笔融资规模为371万美元，同比下降65%。这前后差距较为显著的对比，说明文化企业的发展的确需要资金资本的支持，但关键却仍在于我国文化体制改革的深入。文化制度需要引导国有文化企业自身整合资源，明晰商业盈利模式来获得直接融资；同时也要鼓励民间文化企业争取通过 IPO、买壳、吸引 PE 与天使投资、发行中小企业集合债等方式实现多层次进入资本市场。2011年大地传媒、浙报传媒、湖北长江传媒都是通过借壳上市的方式完成直接融资的。

从细分领域看，影视娱乐和动漫行业在2012年上半年表现活跃，获得融资规模分别达4000万美元和1520万美元；而传统文化产业领域的直接融资就相对乏善可陈。资本的逐利性决定了任何投资行为都是"智钱"（smart money）的流动，文化产业的发展其实并不缺资金，而是缺在一定文化制度内的盈利项目，这一判断有其合理性。可事实上，文化产业项目的诞生实在有赖于文化制度资源的运作。正如论者所言，"当艺术发挥作用时，新经济将建立在美学的基础之上"，[①]而艺术的作用要得到充分的发挥，文化制度乃是前提。

2010年，国务院出台《关于鼓励和引导民间投资健康发展的若干意见》，提出"鼓励民间资本参与发展文化、旅游和体育产业"；2012年文化部出台《鼓励和引导民间资本进入文化领域的实施意见》，指出鼓励民间资本参与的文化领域，主要包括文艺院团转企改制、公共文化服务体系建设、文化产业发展、非物质文化遗产传承保护、对外文化交流和文化贸易等五个方面。事实上，这五个方面中"文艺院团转企改制"是基础，能够为文化市场的建设契入现代企业管理机制和

[①] 〔美〕蒙特豪克斯（Pierre Guillet de Monthoux）：《艺术公司：审美管理与形而上营销》，王旭晓等译，人民邮电出版社2010年版，第235页。

市场精神,是提升文化软实力的根本保证,国家资本应该在这一领域内加大倾斜力度;而"公共文化服务体系"和"非物质文化遗产传承保护"两个方面虽是非盈利的发展方向,却是社会文化软实力稳固与发展的重要内容,需要国家管理制度在企业社会责任与退税政策上有所注重。目前我国已经出台了信贷、信托、基金、债券等金融工具参与文化产业融资的多项具体政策,银监会非银部在 7 月召开的"2012 资本与电影相约"圆桌论坛上甚至提出,在保证投资人利益最大化和信托财产安全两个原则的基础上,银监会对信托支持文化产业方面"无限制性政策"。目前仅有保险业参与文化产业存在一定的制度障碍,似乎还没有保险公司直接投资文化产业股权、债权的先例;《指导意见》对此也谨慎地加上"在风险可控的前提下"字样。这当然是因为保险本身具有高风险,险企参与文化产业的投资其实是将其作为风险转嫁的标的物。国家相关部门应该在政策制定上对保险企业参与文化产业提供更为有效的措施。

  从理论上说,文化产业投融资的"难",乃是与其为人所称道的优势"低耗能"相伴相生的。缺乏有形、固定的机械设备等资产而带来的"轻资产"属性成为文化企业投融资环节中最明显的制约;[1]此外还有投资回报周期长、担保监管不易等不利于资本主动流入的因素。这其实恰是文化作为软实力与硬实力的区别所在,而通过资本的运作,使文化软实力能够转化为可见的经济效益,使其实力更为直接地得到体现,尤为重要。

  与直接融资相比,尽管由于文化企业具有商业价值的版权、专利

---

[1] 据统计,北京市 65% 以上的文化企业无形资产占企业总资产的比重超过 20%,35% 的企业无形资产比重超过 40%;且最需要融资的中小企业无形资产在企业总资产中所占比重高于大企业。参见徐丹丹等:《北京文化创意产业发展的金融支持研究》,经济科学出版社 2011 年版,第 84 页。

等知识产权质押授信尚不完全成熟，造成了文化产业间接投资始终在个案层面操作，但间接投资仍是当前我国文化产业扩大融资规模的主要渠道。通过授信绿色通道、债务融资、外汇风险等"一揽子"金融服务，2010年以来商业银行与文化产业管理部门的合作取得了极大进展。但值得注意的是，政府部门并非市场主体，银行与文化企业之间的贷款项目仍存在难以突破的束缚，即对知识产权的价值评价。

从目前信贷资本支持文化产业发展的举措看，多数集中于金融行业内部的组合式调整上，即研发、创新金融专属产品（如北京银行"创意贷"、中行浙江分行的"影视通宝"等）开展对文化产业投资领域个案式的点状实践。其次是所谓交易平台建设，文化部率先建立"文化产业投融资公共服务平台"，各地也推出相关交易服务中介结构，如"北京文化金融中介服务平台"等。但是外围性举措并不能从根本上降低信贷机构对文化产业的授信风险。信贷资本主动进入文化产业的瓶颈仍在于规范行业标准的制定、文化企业信用体系的建立、专业评估公司的培育等问题。事实上，无形资产（如文化产品版权、专利权、商标权等）和艺术产品的评估机制主要是为中小型文化企业融资服务的，它们才是文化产业真正的蓝海。拥有市场知名度较高品牌的著名文化企业，在信贷资本的获得上要更为简易。因此，"十二五"期间文化产业投融资领域的重大突破是建立相对完善、完整的知识产品评价与授信体系和市场风险机制，解决投资者与文化产业人之间信息不对称、金融服务不健全、不规范等问题。

（二）文化制度的软实力意义及市场悖论的化解

融资充分是文化产业"造大船"的前提，也是文化软实力提升的关键。随着文化产业逐渐进入资本时代，政府在市场主体培育和产业方向引导的作用正在消退，但在市场规模扩大与产业规范建设上的作用却在彰显。其中，为文化产业吸引投资创造金融与市场环境，

即是文化制度资源的配置作用极为重要。这主要表现在以下三个方面:

1. 政府资金引导。政府财政为文化产业注入一定的引导性资金,可以有效推动产业投融资发展。2011年由财政部等发起的"中国文化产业投资基金"、2012年由国开行等发起的"华人文化产业投资基金"都承担了相关的作用。政府引导基金对文化产业的作用不在于投资、贴息,而在于引导;因此有必要逐步放开专项资金,吸纳、带动社会资本,最终实现政府资金退出,让文化软实力成为全民共享。在具体操作上,单只基金规模可逐渐缩小,数量则适当增加,减少对文化市场的金融干预,扩大政府基金的惠泽面,这有利于促进文化产业百花齐放的局面,并减少文化企业在担保、信贷等方面争取配套资金的障碍。韩国近年来效用甚大的文化产业母基金(fund of funds)制度值得参考。①

2. 中介服务完善。文化人与投资者之间的信息不平衡需要中介结构加以弥补,正是在这一意义上,银企之间的服务机制缺位被称为"文化企业融资的最后一块短板"。尽管市场在这一环节(文化产权交易平台、机构的建立)已有所发动,但完善金融中介环节的行业规范、体系建设等内容仍需政府直接参与。2010年6月,文化部办公厅下发《关于推进文化产业投融资服务巩固部行合作机制的通知》,对这一问题做了细致规定,其中最重要的是"文化企业信用制度建设;探索无形资产评估和质押办法"。这可与引导基金相结合,由政府提供保证,以"政银合作"的形式进行版权、内容评估指标和价值评价模型的研发。

3. 配套政策出台。文化产业长期多头管理、条块分割,其牵涉

---

① 蒋林:"韩国文化产业多点开花 积极开拓新市场",《文化月刊》2010年第8期。

的政策内容也十分驳杂。为促进文化产业投融资领域的兴盛,政府有必要在包括财税优惠在内的多方面进行配套政策的改进。例如内容产品的审查制度,文化产业收益周期较长,而电影产品审查期甚至超过一年,这与多数银行贷款周期无法对接;国内创业板再融资与定向增发细则迟迟不出,造成许多文化企业无法及时上市;《物权法》第四编"担保物权"司法解释没有及时推进,也限制了《指导意见》中提出"积极探索应收账款质押、仓单质押、融资租赁等贷款品种,建立文化企业无形资产评估体系,逐步扩大收益权质押贷款的适用范围"等产业实践。[①]

总之,政府作为文化产业的主管,在推动文化产业成为国民经济支柱性产业的过程中,必须坚持有所为有所不为。如果单纯以再担保、贴息贷款等内容为主,就有可能使政府成为"隐性负债人",一旦企业出现问题,就需政府为其"埋单"。这不是在为文化软实力发展服务,而是有可能使"文化"过度发展而失去方向。

当前文化产业投融资的主要问题是间接投资比重多大。信贷收益是固定的利率回报,因此商业银行没有推动文化企业再融资的动力;加上政府的担保、贴息,信贷融资对文化企业的完善公司治理、经营理念转变、管控能力提升和人才资源积累等方面贡献并不大。换言之,片面依赖信贷融资,政府越扶持,文化企业可能越丧失动力。在这表面现象的背后是金融与文化产业的悖论。金融与文化产业的第二个悖论是,资本的现实趋利性与优秀文化的精神超越性之间存在明显矛盾。资本一旦认定某一对象能够带来足够的利润,就会驱动企业占领更大的市场,攫取更多利润。因此,若文化企业自身文化基础不强,社会效益不高,那么资本进入之后就有可能将文化的社会

[①] 刘萍编:《中国动产担保创新经典案例》,中信出版社2010年9月版,第4页。

"悲剧"愈演愈烈。这两个悖论需要在"文化软实力"的概念视野中才能得到化解。文化制度的建设者必须深刻意识到，文化产业融资并不以"圈钱"、"吸金"为目的，融资本身只是手段，其目的在于以融资来打通上下游产业链、提高文化产品和服务的有效供给，促进文化产业的大繁荣、大发展，引导社会文化向更高层次发展；在推动文化产业成为国民经济支柱性产业的背后，更高指向是提升我国文化软实力。

二、文化产业投融资制度与软实力提升路径：以河北省为个案

国家文化软实力的建设，最终要落实在各地区的具体操作中。目前全国各地以文化产业为新型主导产业发展增速龙头，其软实力效应已得到初步呈现，这可以从河北省的个案中得到体现。从2004年至2009年，河北省文化产业年均增速达31.7%，已经超过了钢铁等国民经济支柱产业的年增长率，成为新的"领跑"产业（图7-1）；这一成绩与河北省文化产业发展的优良环境密切相关。可以说，河北省的有益探索，为我国文化产业的发展和文化软实力的提升提供了可资借鉴的参照；而其存在的问题也为带有普遍性意义的个案。

尽管河北省文化产业发展飞速，近三年（2009—2011）来，其产业增加值平均增速为31.7%，对经济增长贡献率达到3.3%；但毋庸讳言的是，河北省文化产业总量偏小、实力偏弱，规模和影响还存在较大的上升空间。而从全国范围来看，我国文化产业发展与文化软实力提升的瓶颈之一是投融资的平台与渠道不足，这制约了文化产业的原生动力，同时也使"文化"在市场经济环境下的创新缺乏必要的物质支持。河北省在制定文化制度上，从"直接投资"与"间接投资"两翼丰富了文化产业的融资渠道，尤其保障了民营文化企业的必要

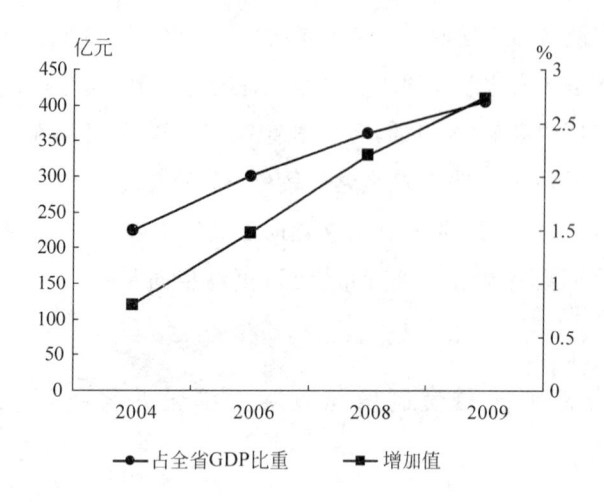

图 7-1 2004—2009 年河北省文化产业增速状况示意图

资金来源；通过多种手段制定了较为完善的产业投融资体系，使文化软实力有显著的提升。

(一) 河北省文化制度资源的政策体现

从文化制度的政策制定上看，河北省不断改善文化产业的投资环境，先后制定下发了《河北省建设文化大省规划纲要》(2006 年)、《河北省关于加快文化事业和文化产业发展的若干政策》(2008 年)、《河北省文化产业投资指导目录》(2010 年)、《关于促进文化产业发展的实施意见》(2009 年)、《关于促进文化与旅游融合发展的指导意见》(2011 年)等文件，逐步放宽民营资本和境外资本进入文化产业的准入门槛，为文化产业发展提供政策支持和优越环境。2010 年《河北省文化产业振兴规划(2010—2015)》为河北省文化产业的"十二五"规划描绘了蓝图，其中明确指出了"健全投融资体制"是发展文化产业的保障措施之一。与之相应的规划项目包括：组建河北省文化产业投资有限公司、探索重大文化产业项目的战略投融资和风险投资机制、鼓励金融和担保机构加大对文化企业的支持力度、支持有条件的文化企业上市融资或发行企业债券、鼓励已上市文化企业通过多种方式再融资、探索文化企业新型融资平台和融资工具等。在这一宏观的整体思路下,河北省制定了"文化产业投资指导目录"(2010年8月),体现了政府对产业投融资管理层面的引导、规范。

同时,河北省政府设置文化产业发展引导资金,连续提高资金规模,对重点文化产业项目进行扶持。2009年,该资金规模为1000万元;2010年增加到4500万元;2011年达到2亿元。根据2011年出台的《河北省文化产业发展引导资金使用管理办法》,这一以政策意志为导向的资金通过贷款贴息、项目补助、奖励等三种方式对文化企业、重点项目进行政策性支持。2012年河北省又出台《文化产业振兴奖励资金管理办法》,在省级财政预算中设立每年1亿元文化产业发展专项奖励资金,由省财政厅和省委宣传部联合开展"河北省文化产业精品项目奖"和"设区市文化产业振兴奖"评选活动。

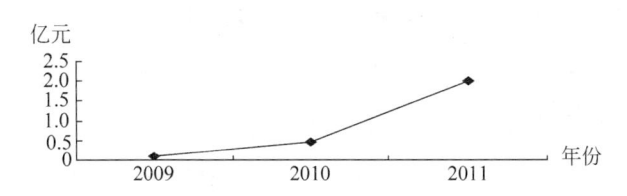

图 7-2 2009—2011年河北省文化产业引导资金规模示意图

在政府的大力支持之下,河北省地方文化产业的投资规模已经形成了强劲之势,为文化软实力的提升提供了物质保障。根据河北省政府的文化产业扶持规划,设区中心城市的省级聚集区每年可安排2000亩、县域省级聚集区每年安排1000亩用地指标,集中用于区内文化产业重点项目建设;省级文化产业园区(基地)可参照省级工业聚集区的财政、金融、税收、用地等优惠政策执行。以廊坊为例,这一位于河北省中东部的重要城市对文化产业的总投资额达到了800多亿元;它利用政府规划用地而创建的"三大文化产业聚集区"中,"梦廊坊"文化产业园区一项总投资就达200亿元。目前廊坊正在集中建设"五大文化产业园区",全市亿元以上文化产业重点建设项目多达28项。有力的文化制度支持对社会资本的吸引、调控作用十分明显,廊坊市文化产业在融资额度与渠道上的发展充分说明了这一事实。

值得指出的是,在产业发展的资本市场上,政府不应以"把关人"的面貌出现;尽管相应的"产业投资指导目录"等规范性文件是必需的,但作为以管理者和服务者面貌出现的政府不应赋予自身市场资源基础配置的角色,而应该利用文化制度资源,对市场进行调控。河北省在文化产业投融资的政策上充分利用有限的资金引导产业发展的方向,同时利用产业杠杆调控社会资源,使之向优先发展的产业类型汇聚,具有良好的服务意识;它通过成体系、有层次的财政政策规划和政府引导资金安排,为社会资本有步骤地进入文化产业,促进产业发展提供了很好的政策环境和基础保障。

(二)河北省文化投融资环境与软实力建设

文化产业融资的最大难题在于直接投资的不足。限于固定资产少、盈利模式不确定、内容业务无法改制、与股东关联交易公允性有待商榷、资产不易评估等问题,文化企业往往在吸引市场直接投资方面存在天然障碍。河北省文化资源优厚,因此相关企业数量众多;但就投融资的规模而言,大量中小、小微文化企业并不尽如人意。从文化产业资产结构表看,文化产业的规模偏小,民营企业的比重较高。这一方面说明了河北省文化产业的发展势头良好,民营企业已经成为了产业投资的重要主体——从注册资金上看,河北省文化产业的民营企业整体金额约占总量的40%;另一方面也说明了河北省文化产业缺乏龙头企业集团作为领军。事实上,尽管河北省已经形成了以出版发行、印刷包装、报刊传媒、广电网络等骨干集团为龙头的文化市场主体,但其至今未有文化传媒类的上市公司,文化企业集聚效应不明显,文化资源未能得到有效的整合。

表7-3　河北省文化产业资产结构表(2009年)

	国有集体企业	私营企业	外资企业	个体工商户
数量(家)	8746	27694	209	7903
注册资金(亿元)	1397	1033	154	3.48
投资比重(%)	67	20	10	3

数据来源:赵凤华、陈倩:"河北省文化产业发展现状分析",《经济论坛》2010年第4期。

目前全国已有50余家文化传媒企业顺利实现上市融资;而根据2012年2月文化部《"十二五"时期文化产业倍增计划》,未来三年全国计划培育文化企业上市公司30家。政策利好对文化产业的投融资偏向十分明显。河北省能否充分把握这一历史机遇,打破地域行政部门的界限,集中力量整合优势文化资源和产业资源,优化重组文化资产,就成为其从文化资源大省向文化强省转变,提升河北省文化软实力的关键。目前河北出版集团的股改上市计划正在进行,首次增资已经完成,股份公司注册资金14亿元,净资产27亿元,在三年左右的时间内实现集团资产超100亿元、年销售收入超100亿元,并催生一批跨媒体、跨行业、跨区域发展的文化企业。从现有结构上看,河北出版集团基本形成了完整出版产业链条。但其作为文化企业整体上市也存在若干问题,譬如新华书店系统的房地产多数为划拨土地,往往存在权属不完善,如职工住宅和商业面积混用、证载面积和宗地图面积不统一、土地登记用途不规范等仍有待解决。另外,冀版图书市场占有率、图书生产和营销能力以及资产经营效率在全国同类企业中并不突出,过分依赖冀版新课标教材出版发行的单一产业结构尚未得到有效调整。这些是河北出版集团在完成股份制改造、打造科学规范的上市融资平台、制定 IPO 上市计划过程中需要仔细考虑的。此外,河北长城传媒有限公司与北京邮电大学签署战略合作协议,计划在未来五年内实现上市融资。这些文化企业上市融资计划,对河北省文化产业直接融资会起到良好的示范作用。但同时还需要注意文化企业拟上市公司覆盖行业的多样性,充分利用河北省文化资源丰富、非物质文化遗产数量众多等优势,将多种文化企业做大做强,实现文化产业的整体繁荣。尤其需要通过上市,实现文化软实力的大幅提升和意识创新,使其具有持续发展的动力和效应。除了上市融资亟待实现"零突破"外,近年来河北省在文化产业直接融资方面取得了长足的发展。例如通过会展经济,吸引社会资源的流入,河北省做出了很好的探索。2011 年深圳文博会河北共有近百个文化产业重点招商项目参展,15 个项目实现签约,签约总金额达到 559.74 亿元人民币。从 2006 年开始连续多年举办的石家庄国际动漫节,也创造了较好的成绩。就直接投资而言,河北省在 IPO 上市、发行企业债券、吸引私募股权基金投资等方面都有极大的发展空间,尤其是在主板、中小企业板、创业板和柜台交易市场等进行融资,支持符合条件的企业发行企业债券等都有待开发。

而从间接投资的文化管理制度上看,根据河北省文化产业发展规划,由河北银监局牵头,多家银行业金融机构已经开始逐步加大对从事文化演出、影视制作、新闻出版、文化旅游等领域的相关企业信贷扶持力度。通过银行、保险等金融机构的优化信贷资源、完善信贷产品,河北文化产业,尤其是民营文化企业的融资困境正在趋缓,这对文化软实力的助力是明显的。

商业银行通过信贷间接投资文化产业，首先需要突破传统信贷理念的束缚，创新观念，对文化企业的无形资产（如文化产品版权、专利权、商标权等）和艺术产品能够进行充分的价值评估。中国工商银行河北省分行对不同类型的文化企业进行分门别类的信贷政策和担保、融资产品组合服务，如依托票房收入的电影院、文艺演出、剧院等，采取收费账户质押方式；对广电运营客户采用有限电视网络收费权质押；对具有优质商标权、专利权、著作权的企业，在具备无形资产评估处置等配套机制的地区，探索权利质押等贷款方式。这些举措使不少重点文化企业得到了银行的大力支持。其次，商业银行应调整信贷投向，将稀缺的信贷资源转向国家优先发展的文化传媒行业，制定相关投向政策，运用文化制度资源使重点区域、重点文化企业和项目能够得到较好的发展。交通银行河北分行支持河北出版业改制重组，向河北出版传媒集团有限责任公司授信 3.6 亿元，为集团改革、产业链整合提供了强大的资金支持；为河北广电信息网络集团提供 3000 万元中期流动资金贷款支持，大力推动了河北有线电视网络和"三网融合"数字化建设。工商银行河北省分行重点投向国家级及省级广电骨干网络整合、经济发达城市有线电视数字化平移及双向改造项目和手机电视项目，也为河北省文化产业的发展提供了有效的支持。另外，国家政策性银行也在河北省文化产业间接融资上发挥了重要作用。截至 2011 年 10 月 31 日，国开行河北省分行共支持了省内 11 个文化产业类项目，累计发放贷款 9.89 亿元，贷款余额 8.29 亿元。

在宏观层面的创新理念、调整思路和确定重点投向之外，商业银行推动金融资本与文化产业有效对接，更重要的是对原有的金融服务产品和流程进行组合化创新，以适应文化产业独特的运作、赢利模式、资产结构和金融需求。换言之，商业银行在应对文化产业信贷、担保投资时需要优化信贷结构,综合创新金融服务方式;这虽然是金融制度问题,但与文化产业结合之后,金融管理也已经成为文化软实力可以利用的制度资源之一。以工商银行河北省分行为个案,据其2012年2月制定的文化产业信贷发展规划,工商银行河北省分行已经制定了"影视通(订单融资+保理)"、"直接投资+信贷"供应链融资,"长期租约+收入账户封闭管理"、"影视基地、文化产业园区供应链融资"、"集合放款+版权质押+实际控制人连带保证"、"固定资产支持融资+收入账户封闭管理"、"信用卡+信贷"和设备租赁融资等一批金融服务产品创新方案,综合信贷、债券、信托、基金、投行、租赁等多种工具,打造全产品金融服务,确保适应河北文化产业发展的金融需求。可以说,这些经营方式的创新,走在了全国同行业的前列。

另外,值得加以分析的是工行河北省分行将分别评估不同文化产业的市场潜力和企业客户经营模式的成熟程度,通过对照总行业务准入标准、评级授信管理要求,划分三大类别给予分类支持:首先支持文化旅游、广电网络运营及广电播出、新闻出版、国家级及省级重点文化产业园区基地等;其次支持印刷复制、体育娱乐、文艺演出、广告会展、文化产品制造、文化产品批发零售等;谨慎择优支持包括影视制作、动漫、网络游戏、移动多媒体、数字出版、文化创意等。尽管工行对文化产业的信贷授权已经囊括了绝大部分类型的文化企业,但不难看出,这种支持标准是以文化企业的市场风险和可供评估的质押产权为依据的;因此,在同等条件下,河北省大量存在的中小型民营文化企业并未得到优先的支持。作为文化市场的边缘群体,中小型企业需要得到政策更多的倾斜和商业银行的支持。按照工行河北省分行计划,"十二五"期间该行对文化产业融资年均增长不低于10亿元;至"十二五"期末(2015年),对文化产业的贷款余额力争超过100亿元,文化产业有贷户超100户。

应该说，河北省商业银行在文化产业间接投资的理念创新和产品创新上做出了极大的努力。尽管在对中小型民营文化企业的资助上，还有待政策的进一步提升和金融产品的创新，如就中小型民营企业形成集群、联贷联保等融资模式，商业银行引入担保公司，形成银行＋园区＋担保的风险共担机制；就文化产业园区地产未来租金质押等方式都可供借鉴。

总体而言，河北省文化产业投融资的制度建设卓有成效，对文化软实力的发展也有明显的推动作用。而从全国范围看，国家对文化产业的宏观调控和政策倾向已经取得了显著的成效。以文化产业投融资的规模而言，2011年全国投资总规模已达39.78亿元，占过去6年（2006—2011年）总规模的61.51％；就投融资事件数量而言，过去6年文化产业投融资事件总数为500余起，而2011年一年的文化产业投融资事件即为220起，其中公布金额规模的事件为149起，分别占2006—2011年文化产业投融资事件总数的44％和42.45％。

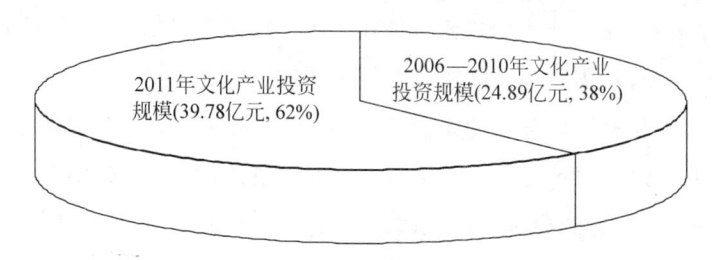

图 7-3　2006—2010 年我国文化产业投资规模示意图

从河北省文化产业发展的整体局面来看，投融资平台的建设和渠道的拓展构成了其发展与文化软实力提升的基本动力。从以上的分析来看，河北省文化产业投融资在直接投资与间接投资的双翼上均有长足突破；而由于河北省文化资源丰富、产业基础坚实，加之近年来发展规模并未得到全效开发，因此，文化建设投融资方面仍有极大的发展空间：

1. 增加直接投资规模：从全国范围看，文化企业上市已经成为其投融资的重要力量。在 2011 年文化产业投融资事件中，有 57 起投资事件为上市公司参与投资，占投资事件总数的 25.91%，文化企业上市公司总融资 212.1882 亿元，单个事件规模约 3.7226 亿元。河北省至今没有独立上市的文化企业，发展空间较大。

2. 拓展外商投资渠道：从 2011 年的文化产业投资渠道看，外资已成为主要投资力量，占投资规模比例超过 8 成；2011 年公布投资者的 220 起投资事件中，外资投资机构参与其中的 108 起投资事件，占 54%。[①]河北省地处京畿重地，有相当优越的区域优势，应该在吸引外商有规划地投资文化产业上下功夫。

3. 向民营资本倾斜：河北省文化产业投资的政府引导，尤其是对上市公司与商业银行政策的干预都以"做大做强"为主导，这当然有利于地方形成文化产业集团，实现产业集聚的溢出效益。但从长远来看，文化产业市场的蓝海仍在于中小型民营文化企业，它们正处在创业阶段，需要政府在投资渠道上予以支持。

4. 政府引导与产业中介相结合：充分发挥产业中介的作用，由政府主导向市场"主导"、社会组织"辅导"过渡；河北省文化产业协会就是一项很好的尝试。通过政府引导和产业中介，不断丰富投资主体，推动大型文化产业集团进入资本市场主板融资，中小企业探索股权融资、创业板上市融资等直接投资渠道。

近年来，河北省充分发挥文化产业发展引导资金作用，吸引和带动来自各方的社会资金进入文化产业领域。通过制定一系列文化产业投融资措施、政策，顺利实现了文化产业由小变大、由弱变强，显示

---

① 陈中："外资爱上市公司、追文化投资风头劲"，《证券时报》2012 年 2 月 16 日。

了服务型政府在文化强国建设与文化软实力战略中的重要意义。而河北省的文化产业投融资存在渠道少、贷款难、方式单一等问题,也需要通过创新投融资模式,完善投融资机制,形成资金合力来实现,从而全面发展文化产业,提升地方文化软实力。

第四节 文化制度软实力的双重指向:以电影为例

在产业集群、投融资渠道之外,文化制度资源对于我国文化软实力的提升作用至少还包括配置产业资源,形成产业链与扶持重点行业,建设公共文化服务体系两个方面。概括地说,这两个方面构成了文化制度软实力的两个基本指向:产业链指向市场,而公共文化建设则指向社会。文化软实力的提升,既需要文化市场的繁荣,使社会注意力经由资本的引导而聚焦于文化之上,同时也需要社会导向,使文化的大发展大繁荣最终为社会和谐和公民素养的整体进步服务。这是由文化的经济价值与社会价值的统一这一双重特性决定的。

在所有文化领域中,电影的特征极为典型。它既是被充分商品化了的文化形式,电影票房已经成为评价和衡量电影产品的重要指标;同时又是具有典型审美特征的艺术形态,电影被作为"第八艺术",拥有丰富的美学理论资源和价值系统。换言之,电影既可以被产业化(商业电影),也可以脱离开产业而成为公共文化资源(艺术电影)。无论哪一种电影形态都具有充分的软实力意义,都需要文化制度予以关注、扶持和调整。[①] 这里从文化制度的市场指向(产业链建

[①] 王一川等:"中国内地电影现状及其软实力提升策略",《天津社会科学》2010年第4期。

构)与社会指向(扶植政策)两个方面讨论中国电影软实力的发挥,梳理中国电影产业链和扶植政策的演进,并对中国电影产业与事业发展提供相关建议。

一、文化制度的市场指向:电影全产业链建构的四条路径

2010年初,国务院出台《关于促进电影产业繁荣发展的指导意见》,对中国电影产业提出"以创新企业品牌为核心,以提高影片质量和市场营销能力为龙头,整合制片发行放映资源,延伸产业链条,推进跨区域、跨行业、跨所有制发展","带动相关产业发展,衍生产业链条明显加长,综合效益显著增长,使电影产业成为我国服务业的重要组成部分"等要求,这些要求正是电影的产业链延伸和全产业链建构的基本指导思想,也是我国电影文化软实力发展的重要途径。现实地看,中国电影全产业链建设才刚刚起步,其建构路径亟待厘清,尤其是要结合中国电影产业的历史与现状加以分析,从中寻找到中国电影软实力提升的核心。

(一) 垂直整合电影产业

电影文化软实力要求对影片所具有的"文化"内涵进行最大限度的产品开发。而电影产品的市场传播又遵循独特的"窗口化"模式,即其产品发行收益来自影院、付费电影(包括网络、DVD传播等)、开路电视等逐级发展的产品形态,不同层级分配到的票房收入不同,这种"价格歧视通过支持超额利润对大公司的总体利润增加起到了十分明显的作用"。[①] 窗口化的分账为电影文化软实力的挖掘、提升提供了可能。它既使电影产业利润产生了分级分配效应,同时也刺激

---

① 〔美〕格雷柯(Albert N. Grecob):《媒体与娱乐产业》,饶文靖等译,清华大学出版社2006年版,第100页。

了电影企业的纵向并购冲动,有意延长产业链,以谋求利益最大化。

纵观世界,各电影产业巨头莫不是兼涉制片、发行与播映的全产业链企业,好莱坞明星体制和制片人模式也是在产业集聚中产生的相应运营形式。中国电影产业同样如此,中影集团成立之初便将影片制作、洗印加工、电视播映、光盘销售、电影器材等纵向产业囊括其中,而今更成为拥有400多家加盟影院、全国独家影片进口权和唯一国家级电影频道,旁涉媒体运营、物业、房地产开发的全产业链电影企业。这当然是由于计划经济向市场经济过渡过程中出现的"一家独大",但也为我国电影产业集聚提供了一定的样本和基础。目前我国所提倡的文化软实力中很大一部分主旋律电影都来自中国电影集团,这是特殊时期的必然。

巨头化、寡头化是电影产业成熟的必经阶段。无论好莱坞还是宝莱坞,电影市场的培育和完善均通过市场竞争而形成集团化的寡头垄断,再由国家垄断法律的调控将其拆散的"基本路线"。在此过程的第一阶段,市场提供了丰富的电影产品,培育了良好的受众市场;在第二阶段,寡头垄断逐渐阻碍了产品的创新,政府宏观调控适时介入,从而实现电影产业的成熟。目前,中国电影产业正处在尚不完善的第一阶段。因此,垂直整合,打造电影全产业链的新型企业,当成为众多电影市场主体的深刻考量。充分而有效的竞争,可以刺激电影企业的创新意识,垂直整合则可以使创新的效用得到最大化体现。抓住我国电影产业在完全竞争市场的发展阶段,形成合力,有可能使影像的文化软实力在市场的作用下得到最大释放。

(二)着力培育受众市场

电影全产业链的建构,有赖于强大的消费群体,受众是电影软实力的终端与基础。加拿大学者霍斯金斯(Colin Hoskins)在回答"为什么美国在全球影视贸易中占主导地位"时,给出的第一个原因即是其国内市场规模巨大;在霍斯金斯看来,突破文化折扣(cultural discount)阻碍,实现电影产业走出去的必要保障在于足够大的国内市场规模,它能够为国际市场风险提供"兜底"。[1] 中国电影市场经历了20世纪90年代前期的惨淡经营,于1995年以"分账大片"的方式引进外部力量,刺激中国电影受众市场,推动了国产电影步入市场化轨道。但"进口大片"仅能作为吸引消费的"导火索"、"探路石",要使中国电影产业具有足够的发展前景和潜力,使其文化软实力在市场经济中接受检验、获得提升,其关键仍在于培育消费市场。受众是电影全产业链产品的消费者,决定了全产业链建构的方向和可能性。说到底,受众市场既是电影文化软实力的吸引者,又是建构者;没有受众市场,文化软实力就会沦为空谈。

培育电影受众市场的方式可分为由投资拉动票房增长的外延扩张型增长和以电影产品取胜的内涵集约型增长。从2002年中国电影院线制改革开始,全国总票房从当年的9亿元增长到2010年的101亿元;与此同时,全国影院的银幕块数也在以平均每天2块左右的速度递增。这说明外延扩张型是我国当前电影市场的主要增长模式。以中影集团为例,2008年,中影控股、参股的七条城市院线总票房约17亿元,占全国票房总收入的40%左右;而2010年,仅中影星美院线一家便创造了12.13亿元的票房,新增银幕185块、座位数20513个。这种发展模式为电影文化软实力的提升夯实了物质基础,有立竿见影之效。

内涵集约型增长以电影产品质量为核心,制作富有市场号召力

---

[1] 〔加〕霍斯金斯等:《全球电视和电影》,刘丰海等译,新华出版社2004年版,第54—59页。

的影片吸引观众走进影院,它还包括电影衍生品开发,这是中国电影产业的"短板",也是全产业链建构的关键。以中影集团为例,中影克莱斯德数码科技公司、华韵影视光盘有限公司等,专注于电影产业后期产品制作与营销的市场主体出现,为中影集团掌握、引导国内电影"长尾"市场提供了可能性。内涵集约型增长有助于电影产业文化软实力的持续提高,是电影全产业链的根本。

外延扩张型与内涵集约型的增长方式各有千秋,在延伸电影产业链,提升电影产业文化软实力上,需要均衡调和。外延扩张型增长方式适合电影企业发展初期,通过大规模市场运作树立品牌形象;内涵集约型增长方式要紧随其后,通过发挥电影的"文化"功能和审美作用,使企业的品牌形象向积极正面的方向发展。二者紧密结合,才能让文化软实力充分发挥。

(三) 开辟多种融资渠道

"制片"是电影企业的核心,而资金瓶颈又是制约中国电影集团化整合与发展的关键,物质基础是文化软实力的根基。2010 年,投资 2500 万元的《惊情》全国票房收入仅 10 万元,投入 500 万的《米香》票房不到 10 万元,《异空危情》投资高达 3000 万元,票房仅 150 万元;投资过亿的 26 部大片中,盈利的不过 10 部。电影产业"高投入、高风险"的特性,对社会资本的流入构成了一定的障碍;资金成为电影产业发展的关键环节。

目前,中国电影产业应对资金问题的方式主要有三种,仍以中影集团为例。一是充分利用国家对文化产业的金融政策支持。中影集团早在 2004 年就获得 1.5 亿元国债资金支持,2007 年率先发行 5 亿元企业债券,显示了文化产业金融制度变革的利好。随着国家对文化产业投融资机制的重视,商业银行对文化产业信贷政策放宽,信托、产权交易和证券等金融部门以及政府专项扶持基金纷纷有所举动,这一渠道有得到扩展的可能。特别是电影行业协会和中介机构的作用,有进一步发挥的空间。二是私募股权基金与多方合作分担风险的制片模式。中影集团也有相关实践,如2010年与文化中国传播集团签订共同投资6亿元合作《建党伟业》等影片;2007年与美国国际数据集团(IDG)签订合作备忘录,接受其投资,还包括长期与凯迪拉克的战略合作等。三是通过上市开拓融资渠道。中影股份在2010年年底完成注册,中影集团控股93%,但中影集团长期艰难的上市启动还是被媒体称为"韩三平最后的使命"。相比之下,民营电影企业,如博纳国际影业、华谊兄弟等的上市就稍显顺利。因此,在一方面强调重视政府对电影产业扶持,建立长效资助体系的同时,仍有必要重申资本市场对电影产业的进一步开放,将民营资本连带社会创意融入电影文化产业之中。开放的资本市场,如果通过文化制度(如贴息、减税)加以合适的引导,其所构建出的"兼容并蓄"的文化品格,在使小众需求得到满足的同时,也为文化软实力提升提供了多元化的空间。

电影产业投融资渠道的拓展,不仅有利于"制片"产业发展,更重要的是,充裕的资金为电影产业链的延伸提供了动力支持。国内外各种电影产业基金的积极参与,特别是它们在管理、财务制度、金融工具的使用等方面的经验,有可能外溢为电影产业链发展的重大利好。文化软实力不是封闭式的。资本的充分流动性可以为"文化"注入更多的活力,实现知识外溢与观念更新,这是我国电影文化软实力"与时俱进"的必然要求。

(四)合力打造电影"软实力"

在电影产业研究者看来,产业链的发展更多依赖于企业整合并购与市场上下游的打通;而电影文化研究者则往往认为,电影产品本身是产业发展的根本。事实上,电影产品作为文化软实力的一种载体,兼具意识形态和文化商品双重属性,需要内(质量)、外(营销)并重,但"内"是"外"的根本。忽略产品质量的营销,是无本之木。这一点,业内人士的体会比研究者更为深刻。韩三平说:"营销怎么也不可能把《疯狂的石头》卖到《赤壁》的价钱",即此谓也。① 因此,"产品"乃是发展中国电影全产业链的根本,也是电影文化软实力的关键。

根据入世协定,自 2011 年 3 月 19 日起,进口影片配额限制作废,外国电影可以直接进入中国市场。② 因此,国产影片如何发挥市场优势、提升中国文化软实力,将成为业界难题。国产影片文化软实力的意义表现为对内凝聚民族精神,对外吸引国际关注,即"内凝外吸";从产业角度看,即电影产品要通过市场运作,对内凝聚国内市场忠诚度,对外吸引跨国资金注入。因此,电影产品效应可以从两方面加以考量:

一是国产影片自身的内容制作上,要能够立足国内市场,并以走向世界为目标,就必须形成既带有民族特色,又符合世界价值的独特"中式大片"创作:将主旋律影片、商业影片和艺术影片的类型化特征集合在一起,按照艺术创作规律实现多种元素的交融,或称"类型互渗"。中影集团近年来《梅兰芳》、《建国大业》等影片,均是中式大片类型化制作中的佼佼者,充分体现了中式主流大片的软实力意义,值得予以充分肯定。③

---

① 韩三平、胡正东:"抓住六个环节做大做强中影品牌",《当代电影》2008 年第 10 期。
② 目前来看,废除进口大片配额的协议并非一蹴而就。2012 年 2 月 18 日中美双方就解决 WTO 电影相关问题的谅解备忘录达成新的协议,中国每年将增加 14 部美国进口大片(此前为每年 20 部),以 IMAX 和 3D 电影为主;美国电影票房分账比例从 13% 提高到 25%。
③ 王一川:"主流文化与中式主流大片",《电影艺术》2010 年第 1 期;"中国电影文化:从模块位移到类型互渗",《社会科学》2009 年第 5 期。

二是电影企业的全产业链发展路径上,诸如电影衍生产品和全媒体营销,需要专门的策划与运作。中影集团海外推广公司的成立和"北京放映"推介会的持续进行、北京国际电影季的创设,展示了中国电影文化软实力的国际价值。电影产品并不限于影片,中影集团从2008年起便关注网络、手机等新媒介,与土豆网等合作,推出短片以开辟新媒体平台。这些新的尝试,都为中国电影产业全产业链的打造,提供了先行的实践经验。这种新媒体营销实验,对社会主流人群和底层具有很强的吸引力,既可以为"电影"的媒介形式及时更新换代,也使电影文化软实力的社会整合作用得到最大程度的发挥。

总之,电影产业本身具备聚合成为全产业链的优势。以"制片"为核心,通过受众市场的培育,借助院线与新媒体传播渠道的拓展,实现国产电影尤其是80%未进入院线上映的影片的分众传播;扩大融资渠道,加大引进广告投入、版权预售等融资形式的力度;以出售形象使用权、原声唱片、小说等相关衍生品,提高后电影开发的市场收入,将会是中国电影全产业链建构的若干重要途径,也是电影文化软实力范围不断扩大、影响力不断提升的途径。

二、文化制度的社会指向:电影扶植政策的困境与突围[①]

电影文化软实力不仅需要有市场指向为其提供动力,同时也需要有相关扶植机制作为电影产品外部性和社会效益的基础。电影作为一种典型的、有较大社会影响的文化产品,对其进行相关政策扶植,是国际普遍性做法;特别是对市场效果欠佳而文化意味浓厚的影片。作为一种倾斜性的保护政策,电影扶植大体包括投资国营电影

---

① "文化制度的社会指向"部分由课题组成员唐建英博士撰写初稿,见唐建英:"中国电影制作扶植政策的演进与反思",《电影艺术》2010年第1期。

公司、制定进口配额许可、直接财政拨款、基金资助、税收优惠，乃至信贷融资支持等手段，用以激励、约束或指导电影企业及从业者的行为，帮助电影企业筹措资金，调节其发展方向，维护电影的社会公共价值，提升本国电影业的文化软实力和市场竞争力，促进电影业的繁荣和发展。其中，电影制作是电影产业的核心环节，大量的扶植政策都是针对电影制作环节的。

加拿大学者霍斯金斯提出，政府支持和保护电影业、电视业主要基于以下理论基础：外部效应、节目多样化的不足、优质商品、幼稚产业、经济发展和就业，并认为外部利益是政府干预电影业、电视业最具说服力的理由。[1] 事实上，经济学所谓"外部利益"（外部性）在很大程度上就是"文化"的基本内涵（对社会生活方式的影响），关注的是电影的社会指向。因此，对提升文化软实力而言，对电影行业加以一定的扶植是必要的。

（一）我国电影扶植政策的现状与困境

自2003年以来，国家广电总局出台了一系列政策，大大降低了电影制片、发行和放映的准入门槛。整个电影业处在开放和改革的时期，政府开始从产业保护角度扶植国产电影制作。与此同时，由于党的十六大提出"推动文化体制改革，大力发展文化产业"，中宣部、财政部、文化部等也相应出台了针对文化产业和文化事业的系列扶植政策，这对于电影制作者和制作公司筹措资金、提升产品竞争力也有一定促进作用。电影文化软实力在这些制度之下，被放在了电影产业发展的首要位置，很多扶植政策都以软实力为着眼点。大体而言，这一时期我国电影扶植政策有以下特点：

---

[1] 〔加〕霍斯金斯等：《全球电视和电影》，刘丰海等译，新华出版社2004年版，第115—120页。

电影基金资助方式多样化。这一时期电影专项资金投入加大,据统计,截至2007年12月底,全国共收缴(专项资金)1.24亿元,比2006年的9526万元增加了2874万元,增长幅度超过30%。[①] 与此同时,《电影专项资金管理办法》、《电影精品专项资金管理办法》重新拟定,电影基金资助范围拓宽,资助方式趋于多样化。2007年,《电影精品专项资金管理办法》规定电影精品资金的用途为:征集为群众需要和国家倡导的优秀剧本,资助重点优秀影片创作,资助少儿、农村、少数民族、动画题材创作,资助青年导演优秀项目的创作,华表奖优秀影片的奖励,重大档期及重大主题规模放映和国产片考核的发行放映奖励等。此时,针对青年导演、剧本创作方面的基金资助也开始得以启动。2007年1月,国家广电总局开始实施"青年电影导演创作资助计划"的专项基金,为有潜力、有创新精神、45岁以下、取得过初步成绩的青年导演提供政府资金支持,包括陆川、王小帅、徐静蕾、贾樟柯、宁浩、张杨等在内的16名青年导演获得了资助。此外,国家广电总局在北京电影学院、中央戏剧学院、中国传媒大学、北京师范大学、解放军艺术学院等五所高校实施"扶持青年优秀电影剧作计划",建立奖励优秀剧本、扶持青年编剧人才资助机制。多样化的资助方式极大地扩大了电影文化软实力的渗透范围和影响面,对提升电影的社会关注度有很大作用。

税收政策支持力度加大。2005年,财政部、国家税务总局印发了《关于文化体制改革中经营性文化事业单位转制为企业的若干税收政策问题的通知》,财政部、海关总署、国家税务总局印发了《关于支持文化企业发展若干税收政策问题的通知》,免征广播电影电视行

[①] 童刚:"实践科学发展,加大改革创新,努力开创电影大发展大繁荣的局面——2007年电影工作报告",全国电影工作会议文件,2008年1月30日。

政主管部门按职能权限批准从事电影制片的企业销售拷贝的增值税,降低了电影产业自身的运营成本。另外,国家鼓励文化产品和服务出口。2005年以来,政府相继出台了《关于加强文化产品进口管理的办法》和《关于进一步加强和改进文化产品和服务出口工作的意见》,支持文化产品和服务出口税收优惠政策,明确了电影和电视完成片按规定享受增值税出口退税政策,鼓励和支持企业参与国际竞争。税收层面的减免,客观上降低了电影单片的发行成本,又为"电影产业走出去",增强电影文化软实力的国际影响力、吸引力提供便捷。

信贷和金融支持开始启动。2009年,《文化产业振兴规划》颁布,鼓励银行业金融机构加大对文化企业的金融支持力度,加强对符合产业政策导向的文化企业的信贷支持和金融服务,同时提出设立中国文化产业投资基金,按照有关管理办法,由中央财政注资引导,吸收国有骨干文化企业、大型国有企业和金融机构认购。基金由专门机构进行管理,实行市场化运作,通过股权投资等方式,推动资源重组和结构调整,促进国家文化发展战略目标的实现。中宣部、文化部、中国人民银行、证监会、银监会、外汇管理局等部门还成立了金融支持文化产业发展工作小组。政府这些举措的出台意味着符合条件的电影制作公司将有机会获得信贷和金融方面的支持。这一方面在上文对文化产业投融资问题的分析中已有涉及。在所有文化制度工具中,对高风险的电影产业及其文化软实力的支持最有效的是资金注入,这一点新世纪以来我国已有很好的体系,但在对社会资本的吸引上还需加大引导力度。

总体而言,十六大以来,国家对电影制作支持力度逐年加大,扶植手段多元化,在宣传和公益导向之外,也有扶持创作人才和本国制作公司等市场促进方面的支持,力图刺激电影的生产力,为电影制作创造发展条件。这一时期中国电影产量逐年增高,2003年故事片年产量为142部,2007年为402部,2008年达到406部,其中,现实题材影片占80%以上,农村、少儿题材影片比去年(2007年)增长20%以上。同时,全年(2008年)生产动画片16部、纪录片16部、科教片39部。[①] 这些数据大体可以说明扶植政策的作用。但电影文化软实力的发挥却远非影片产量所能够表现的,电影的社会影响在产量之外有更大空间。即便在电影制作层面,我国电影扶植制度也存在着需要注意的问题。

从电影扶植主体来看,长期以来以政府部门为主;虽然20世纪末,中国电影基金会就已成立,但行业协会及其他电影中介机构在扶植政策的制定和执行中发挥的作用很小。而过多依赖行政手段来管理扶植资金的使用,扶植随意性强,缺乏长远规划,并不能完全适应行业发展的需要,且容易受部门利益、地区利益、社会稳定性以及政府控制愿望的影响。譬如各级广电部门直接管理的一些国有制片企业在获得基金资助等方面往往占得先机。这就人为地削弱了电影文化软实力本应充分发挥的竞争优势,使民营中小企业参与文化产业市场竞争后继乏力,也容易造成文化软实力取向的单一化。

从扶植手段层面来看,国家电影基金主要资助主旋律影片、农村题材和儿童题材片等特定内容的影片,对独立制作的实验艺术片、中小制作的商业类型片,以及电影创作人才和制片企业的资助相对很少。这也使电影文化软实力的多样性难以得到体现,使电影艺术向深远发展的可能受阻。此外,政府虽然已经开始运用税收优惠、信贷融资支持等手段间接扶植电影业,但相关政策出台时间短,覆盖范围不广,在有效配置资源、引导社会资本、民间资本流向电影制作环节

[①] 国家广电总局:"2008年度电影创作生产发行放映情况",《当代电影》2009年第2期。

方面发挥的功用还有待观察,目前还不能满足电影业发展的需要。这在上文关于文化产业投融资问题中已有分析,关键是如何使资金注入真正转化为电影软实力。

从扶植资金层面来看,一直以来,政府在评审项目、提供扶植资金方面都较多考虑政治宣传效益,较少考虑社会效益和市场效益。以电影专项资助基金为例,政府设立电影专项资助基金虽然为电影制作商提供了大量资助,但由于没有完善的机制来管理、监督受资助电影的资金回笼及市场效益情况,致使一些片方将资助基金当作获取利润的来源,压低制作成本,赚取差价,而没有把心思用在丰富题材类型、提升产品质量方面上。一些接受资助的电影项目市场回报率低,缺乏市场竞争力,艺术创新能力不强。从历年基金资助的影片票房来看,都未能进入年度票房前5位,更有大量影片进入不了市场。资助基金仅仅起到了"输血"的功能,而没有达到"造血"的效用。[①] 这是文化软实力的扶植机制与市场接轨之间出了问题。

(二) 国外电影扶植制度对中国的启示与文化软实力提升

尽管目前以政府为主导的中国电影扶植体系已初步建立,但在扶植主体、扶植手段及资金使用方面还存在不少问题,影响政策扶植的效果。虽然这些问题的彻底解决要仰赖国家政治、经济体制的变革和电影制度的创新,但政府借助微观政策操作层面的变革,调整文化软实力的制度资源,使其与符号、传媒等文化软实力资源的配置更加合理化,也能在一定程度上促进扶植效果与电影文化软实力的提升。从目前在国际电影市场上日益崛起的法国、韩国来看,它们的电影发展中,政府角色举足轻重,电影制作环节也受到政府的特别保护和资助。虽然近20年来,这两个国家的政府对电影市场的直接干预

[①] 勐奇:"中国电影制作融资渠道的策略分析",《当代电影》2006年第6期。

越来越少,但依托法律、经济等手段,改善了本土电影融资环境,间接扶持电影制作商,鼓励市场竞争和艺术创新,扶植绩效明显。目前,中国电影业已步入产业化发展的快车道,对文化软实力的提升作用十分明显,而制度因素在这一过程中又具有独特作用,可以考虑借鉴国外经验改革我国电影扶植政策。

首先,需要进一步培育电影中介机构,促进扶植主体多元化。政府在电影业的发展中具有不可忽视的重要作用,并有责任为本国电影业发展提供一个良好的政策环境,但政府的能力是有限的。事实上,往往政府的直接投入、直接干预越多,非市场因素就越大,反而不利于健康、正常的竞争秩序的建立和维持。从国外的扶植经验来看,法国国家电影中心、韩国电影振兴委员会等电影中介机构都是重要的扶植主体,由专业人士组成,对电影基金进行专业管理,并提供融资中介服务。这样的管理体制在服务的专业化、市场化方面都远胜于政府的行政部门。从中国目前的情况看,虽然政府仍然在扶植主体中居主导地位,但随着市场经济的深入发展,政治体制的改革也需要突破市场和政府的二元框架,寻求第三方介入。培育电影中介机构,促进扶植主体多元化,这将为多方筹集基金,推动电影制作业的发展提供帮助。这可以有效地促进电影文化软实力的多元化,使不同社会群体的文化需求得到满足。在培育电影中介机构、增加电影扶植力度和范围的同时,也培育了电影文化软实力的受众市场。

其次,有效组合扶植手段,建立多层次的电影扶植体系。政策的目标能否实现,在多大程度上实现,依赖于一套科学合理的政策手段和政策工具去执行。电影业属于文化娱乐行业,其政策目标既要考虑到其文化属性又要考虑其产业属性,加之高风险、高投入、高产出特点,仅仅依靠政府扶植是远远不够的,它还需要建构多层次的电影扶植体系,通过不同政策工具和手段的有效组合,更多地吸引社会资本和民间力量的参与，形成扶植的合力，推动政策目标的最终实现。法国和韩国已经建立了一套全面扶植本国电影的体系，不仅有直接的资助机制扶植影片生产，而且辅之以间接的支持机制，借助税收、信贷政策，鼓励业外资金进入，缓解电影制片商，特别是中小制片商的资金压力，提升电影制作业整体规模和实力。目前，中国电影制作扶植政策的目标具有多重性，涉及建构主流意识形态、提供公益服务、提升市场竞争力等多个层面。因此，政府在扶植电影制作的时候，可依据不同需要有效组合财政拨款、基金资助、税收优惠、信贷担保、低息贷款等手段，在直接干预外，发挥间接扶植手段的作用，调节和引导不同利益主体之间的关系以及资源的配置，促进电影业的繁荣和发展。

再次，拓宽电影基金资助范围，加大对电影创作人才的扶植力度。从法国和韩国的扶植经验来看，扶植主体针对不同类型的项目提供不同性质的资金资助，而且资助范围广泛，如资助剧本创作、导演处女作、国际合拍片、短片制作以及各类电影节等，以平衡不同的需要。目前，国内需要继续拓宽电影基金资助范围，除了依照题材划分，资助特定影片的生产，还有必要依据电影制作商的不同需要设立处女作基金、艺术片基金、短片基金、动画片基金等，鼓励创作的多元化。另外，国内可以借鉴法国对导演处女作、韩国对商业电影的资助方式，加大对电影创作人才的扶植力度，以促进电影艺术的创新和国产影片质量的提升。这些不同类型的电影基金虽然不一定对一部影片进行全额资助，但可以保障电影创作人员获得部分前期制作资金，并为其进一步融资以及以后的发行提供便利。

最后，建立完善的电影基金评审机制是提高基金使用效率的重要举措。20世纪90年代以来，法国国家电影中心根据电影工业的发展需要对自身的运作模式进行了改革，新建了包括市场调研、风险评估、价值评估以及资助反馈四方面内容的资助评估机制,并根据对申请资助项目进行的评估结果,分别给予不同的资助形式。而韩国的电影振兴基金,用二八比例为诱因,把民间资金导入电影创制与发行体系。就中国而言,为了提升基金的社会效益和经济效益,完善电影基金评审机制,包括一整套对受资助影片评估办法,就每部影片的政治、社会、经济等评价指标进行细化打分,定期向业内公布是当务之急。另外,对资助对象的前期预算报表、生产周期计划、目标市场分析以及后期的推广手段和效果也进行细致和严格的审核,使资金使用决策进一步科学化。[①] 对于国家电影事业发展专项资金等重点资助的影片,还可以通过独立的中介机构对资金使用情况进行审计,防止申请者滥用资金。这些都有助于使有限的扶植资金迅速、有效地进入电影文化软实力"生血"机制中,推动电影市场发展。

概而言之,"电影"一方面作为典型文化产业需要通过完善的市场运作,包括影视产业园区的集群建设、产业社会投融资渠道建设、全产业链建构和产品营销等来实现产业的市场指向;另一方面又作为具有极强社会影响力的艺术形式,需要通过国家、行业协会和相关非盈利机构加以扶植,使其更具社会效益,把"产业"的社会意义充分发挥出来。这也是文化软实力在对内整合上最为明显的意义所在。通过剖析"电影",把文化制度资源在软实力中的两种不同指向做了侧面的勾勒和描述,但就"文化"而言,其软实力意义更在于对整个中国社会进步的意义。因此,仍有必要进一步分析文化制度的社会指向,分析文化软实力究竟能通过文化符号、文化传媒、文化制度、文化价值为中国社会带来怎样的前景。

---

① 弘石:"关于中国电影产业化发展进程中若干问题的思考",《当代电影》2007年第6期。

第五节 文化制度软实力的社会意义与指向：以城乡结构为突破

文化软实力具有"内凝外吸"的作用，这一作用根本上表现为我国人民精神文化素质和国民艺术素养的提高，表现为我国社会发展进程的加快，从而使"和谐社会"与中华民族伟大复兴的目标尽快实现。换言之，文化软实力最终是将指向社会主义和谐社会的未来，指向一个更民主、更文明的社会，指向中国人民为人类文明做出的更大贡献。因此，从社会建设角度论述文化软实力的作用，尤其是文化制度资源对中国社会发展的意义，就显得颇为必要。

在中国社会发展进程中，城乡发展一体化格局始终是重中之重。"从党的十六届三中全会把统筹城乡发展摆在'五个统筹'之首，到党的十七大提出建立以工促农、以城带乡长效机制，形成城乡经济社会发展一体化新格局；从近些年一个个中央一号文件均聚焦'三农'，到一整套强农惠农富农的政策体系初步形成，包括取消农业税在内的一系列事关农业发展的重大措施密集出台，统筹城乡发展始终是贯穿其中的一条红线。"[①]事实证明，近十年来，随着城镇化和城乡一体化进程的加快，城市和乡村之间的物质生活条件正在缩小，尤其在党中央将城乡基本公共服务均等化作为改变城乡二元经济结构的重要对策之后，城市与乡村在基础设施建设、生活物质供应、综合服务信息化等方面得到了更大程度的弥合。但与此同时，居民与农民收入水平却在拉大，2009年城镇居民人均可支配收入与农民人均纯收入

[①] 《经济日报》评论员："扎扎实实推动城乡发展一体化——五论深入学习胡锦涛总书记重要讲话精神"，《经济日报》2012年8月2日。

比值达到 3.33∶1。正是在这一社会发展语境中,国家"十二五"规划建议中提出了"拓宽农民增收渠道"、"完善城乡平等的要素交换关系"等任务与命题。然而,城乡二元社会结构并非仅凭物质条件的变迁就能化解,其关键在凌驾于生产关系之上的社会意识形态与文化表征。这正是文化软实力与文化制度所能切入城乡发展一体化的关键。从文化与产业的关联入手,可以将城市文化与乡村文化在产业实践中的对流和交换,作为破解城乡文化二元结构的一条可行途径。

一、城乡文化软实力的分野:为什么是产业?

城市文化与乡村文化的差异,由来已久。爆发于现代中国城市的五四运动之后,传统文化在城市中迅速衰落;残留在乡间原野上的余脉,一度成为"寻根文学"所着力捕捉的对象。[1] 在此基础上展开的改革开放进程,使得乡村文化与城市文化之间的分野,很快被演变为传统文化与现代文化之间的对立。二者的异质性被现代化、全球化、信息化所极力拉大,形成了难以弥合的鸿沟。城市文化与乡村文化的分野成为横亘在"农民"与"居民"之间的身份障碍,长久以来无从化解。新中国成立以来,我国一直将"文化"作为事业对待,纳入国家发展的通盘、细致的计划之中。"经济基础决定上层建筑"原理的简单运用,一方面给城市文化的基础性建设带来了便捷,另一方面则削弱了乡村文化现代性转化的资源。这一结构性因素,在农村土地流转机制建立之后,才得到根本性扭转。经过历史上多次被城市文化"启蒙"和反哺城市文化的"折腾"之后,中国乡村文化形成了"薄文化"的性格特征,即包容性不强,拒斥性明显,很难与城市文化水乳交融而形成新的文化形态;换言之,乡村文化软实力的"内凝"作用极为

---

[1] 王一川:《中国形象诗学》,上海三联书店1998年版,第 277—285 页。

显著,而"外吸"效果则较弱,必须有外在于文化的推动力作为刺激,使乡村文化软实力"外吸"作用得到提高。这里所言的"外在",不是行政手段的强加。我们见多了荒芜在田间野草中的社会福利健身体育器械;匆匆而过的大学生"文化三下乡"和蒙尘厚厚的书架与阅报栏——赵本山小品《说事》中用图书以糊墙或充做手纸的现象,在中国农村并非偶见。这既可以说明单纯行政方式的文化推广和带有启蒙性质的文化普及在乡村中没有扎根的土壤,也可以说明城市文化与乡村文化的"隔"之明显、深厚而难于突破。

需做说明的是,这种前现代的乡村社会文化中并非没有尊重知识的因子,有的地区至今存留"敬惜字纸"的传统。然而,这种文化价值观却是农人在摆脱靠天吃饭之命运驱使的心态作用下而产生的,它虽以自然经济为基础,但却并非自然创生于乡村文化土壤,因此,也很难构成一种"厚文化"——它体现的更多是乡村文化软实力"内凝"的作用。另外,乡村文化中典型的传统形态,也可能被城市文化所激活而具有现代意义。如晚近以来兴盛的宗族文化(谱牒、祠堂、乡礼等),就多是外来影响的产物,是城市文化"寻根"的结果。以活跃的世界朱氏联合会为例,它以著名企业家为核心,联合一批宗亲、学者,开展超出宗族范围的学术研究、文化重建、经贸交流等活动,进而将其具体化、实践化为"文化"。它不仅资助地方宗亲修建陵园、修编族谱,朱杰人教授以"朱子家礼"为文本依据所进行的婚礼实践,更开风气之先,引人瞩目。① 然而,这却是外在于当前中国乡村文化根基的建设,而非应乡村文化内在需求的呼唤而产生。在此之上,我们可以进一步说明本文所言的"文化"基本是在丹尼尔·贝尔的意义上使用的,其略大于阿诺德意义上的狭隘文化,又略小于人类生活方式

---

① 〔美〕田浩:"儒家文化如何创新",《中华读书报》2010年10月22日。

的形态。① 同时,它也不包含某些无法用于现代产业化实践的、私人化色彩强烈的乡村"小传统"。这种"文化"本身即具有强烈的软实力作用,关键是如何得到充分发挥,从而破解城乡文化二元结构,引领乡村文化进入当代社会,使城乡发展一体化进程得到加快。

与历史上不同文化间的融合需经历漫长岁月不同,破解城乡文化二元结构的任务迫在眉睫。我们认为,在现代社会中,推动乡村文化与城市文化由分野走向融合的外在力量,来源于现代资本的运作。资本在文化中的运作,即是文化的产业化,简称"文化产业"。资本的自发流动性,可以盘活乡村文化资源,避免文化遗产的消逝或博物馆化,带动文化在城市与乡村的流通、竞合与互生。资本介入的"鲶鱼效应",保证了城市与乡村文化两个源头的活水,让文化遗产在存活中创新的同时,促进城乡经济二元结构的分解,在此经济基础之上,实现文化的融合。这是一个有机的互动的文化引导资本,资本给力文化的良性社会循环。一句话,城乡文化二元结构的破解,无法通过行政力量的干预来有效实现,而依靠文化自身的交融又不现实,故唯有凭借资本强大的引导性力量和相应制度,使文化软实力充分发挥作用,在立目标、有计划、分步骤的前提下,逐渐实现城乡文化对流和现代城乡社会一体化。②

二、出入城市:乡村文化软实力的产业化路径

城乡文化二元结构的根源在于经济基础的差异。改革开放以

---

① 贝尔说:"我在书中使用'文化'一词,其含义略小于人类学涵盖一切'生活方式'的宽大定义,又稍大于贵族传统对精妙形式和高雅艺术的狭窄限定。"见〔美〕丹尼尔·贝尔(Daniel Bell):《资本主义文化矛盾》,赵一凡等译,三联书店1989年版,第24页。

② 梁漱溟反思其乡村建设失败的原因为"高谈社会改造而依附政权,号称乡村运动而乡村不动",可引为当前突破城乡文化二元结构的前车之鉴。梁漱溟:"我的两大难处",《梁漱溟全集》第2卷,山东人民出版社1990年版,第573页。

来,"消费"成为了文化接受的主要形式,乡村经济基础的薄弱造成了其文化市场的贫瘠。根据河南省调查,42%的农村居民家庭收入用于文化消费的份额不到5%,15%的农村居民不愿花钱于文化消费;[1]山东省部分地区34.8%的农户家庭每月文化消费少于5元,21.7%的家庭约为10元。[2] 这说明,发展乡村文化产业的当下途径不是培育乡村文化消费市场,而是努力进军、开辟城市文化消费市场,形成"农村包围城市"、"文化吸引资本下乡"的产业生态,在文化产业成为农民增收重要渠道的基础上,实现乡村文化的兴盛,使乡村文化软实力的"外吸"作用得到发挥。

乡村文化产业发展的着眼点在于城市文化消费市场,这就要求乡村有意识地挖掘、培养具有产业化前景的文化资源,将市场"引进来"和产品"走出去"作为乡村文化产业的发展路径,通过文化制度,以二者的相互结合来实现资本与文化的良性互动。

(一)乡村文化软实力的市场引进模式

乡村文化资源多具分散性、原生性和可复制能力差等特点,在偏移原有生活空间之后较难形成市场影响,必须通过营销传播手段吸引市场流入,才有可能实现产业化,发挥文化软实力的"外吸"作用。如乡村文化的民俗旅游项目,它有赖于游客进入乡村文化生活语境中,而后发挥感染效果,产生文化消费。这一点在民族地区的乡村文化产业开发中尤为明显。

以文化节庆业为例。不少民族地区独有的节庆文化因经济凋敝和缺乏现代性生活体验而难以为继,村民在传统节庆中无从感受"以

---

[1] 新华网:http://www.xinhuanet.com/chinanews/2005—11/08/content_5531159.htm,下载时间:2010年8月。
[2] 杨胜生、李永志:"收入不低,文化消费不高",《中国文化报》2008年3月24日。

有别于过日常生活的方式去和这个世界共同体验一种和谐,并浑然沉醉其中"的"节日庆典的意义";[①]更乏巴赫金所言,节日中"人回归到了自身,并在人们之中感觉到自己是人"的美学意义。[②] 而事实上,乡村节庆的异文化色彩,对城市居民却具治疗"城市病","有别于过日常生活"的吸引魅力,这正是乡村文化软实力的"外吸"效果。因此,通过产业化的营销传播,将乡村节庆作为可供资本运作和赢利的文化资源予以开发,吸收城市文化因子来保有乡村文化结构,吸引城市居民来乡村进行体验式文化消费,就成为破解城乡文化二元结构的一条可行途径。贵州黔东南州凯里市诸多村镇都有苗族传统"芦笙会",但不少村子连年停办。2010年"中国凯里甘囊香国际芦笙节"的成功就很好地说明了城市文化如何与乡村文化在文化消费的产业化进程中实现对流与交换。与此相反的是,城乡文化自发交流的结果,有可能就出现凯里市开怀村、凯翁村等地将"芦笙会"变成卡拉OK大赛、篮球比赛等"劣币驱逐良币"的局面。这说明文化隐含的"软实力"作用必须得到相应文化制度的足够重视与开发,否则就会被新的"文化"所替代。

同样,乡村文化中大量物质文化资源及其连带的文化价值形态也必须通过市场引进的模式进行开发,才能焕发乡村文化对城市文化的吸引、辐射、影响作用。乡村文化中诸如乡贤祠、名人故居和墓冢、传统民居民建等人文景观,乡礼、宗亲、家训等社会价值,田园农业、民俗活动、传统工艺等社会生态中的优秀文化内涵,必须通过吸引城市居民的"入场"来实现向城市文化的扩展。乡村文化语境的

[①] 〔德〕皮珀(Josef Pieper):《闲暇:文化的基础》,刘森尧译,新星出版社2005年版,第63页。

[②] 〔俄〕巴赫金(M. M. Bakhtin):《巴赫金全集》第6卷,钱中文译,河北教育出版社1998年版,第12页。

"在场性",即身临其境的生活效果是乡村文化发挥柔性吸引力(即软实力)的最佳形态。它比高堂讲章的文化传承、传播形式有力、有效得多。

必须指出的是,乡村文化产业引入市场路径的关节点是乡村文化相对城市文化而言的"异质性"元素,城市居民来乡村进行文化消费的目的在于非日常的体验,①这是软实力作用于生活的具体表现。因此,通过文化制度,因地制宜利用本土文化资源,以创意产业的发展方式直接构造富有乡村气息的文化产业形态(如北京涞沥水艺术家村落),在可经营文化资源丰富的乡村建设产业园区,是乡村文化产业引入市场模式的现实途径与可能性前景。

(二) 乡村文化软实力的"走出去"

乡村文化通过市场影响城市文化,不仅可以"异质"吸引城市居民进入乡村,也可以适度淡化异质性色彩来进入城市。这是乡村文化主动寻求突破城乡文化二元结构的又一路径;也是乡村文化软实力主动发挥作用的表现。云南省腾冲县中和乡大村成立"文化产业合作社",下设石材产业分社、刺绣产业分社、农家乐产业分社、演艺协会等。演艺协会由"乐民"功能转而产业化,在进城学习现代舞之后,"有些公司开张就请我们去跳《好日子》《好运来》,很受欢迎。"②这充分说明文化制度资源在乡村文化软实力发展建设中的重要

---

① 必须说明的是,此处的"异质性"不是落后、保守、神秘的代名词;分析城乡文化二元结构,无法平移殖民与后殖民理论,或者萨义德意义上的"东方主义"。乡村文化对城市的吸引,即乡村文化资源中可以产业化的往往是阳光、积极的,如泼水节等;而非私密化、神秘化的,如走婚等。这与早年我国学界对张艺谋等人影片国际效果的批判不同,其原因在于乡村文化产业的内核是"切身体验",它与以媒介为载体的文化产业所造成的间接的"阅读体验"是迥异的。文化软实力的作用恰在于"润物细无声"的效果上。

② 胡洪江、陈星星:"云南大村:一个偏远山村的文化热情",《人民日报》2010 年 11 月 30 日。

作用。

在乡村文化中主动融入城市文化色彩,进入城市文化市场,满足城市居民的文化需求,是乡村文化中可移动性强、文化传播能力强的诸如民俗工艺业、演艺业、休闲餐饮业等发展的主要途径。"一村一业"、"一户一品"的发展模式已经在不少地区得到文化制度上的实践和开展,云南大理州鹤庆县新华村的白族铜银器制作、周城村的白族扎染艺术、剑川狮河村木雕加工、德宏州瑞丽市珠宝玉石加工等,都成为当地经济的重要行业。[①] 而这些乡村文化产品已经带有了迎合城市受众的消费需求意味,不复是原生态的乡村形态。这也可以认为是城市文化影响乡村文化的表现:城市文化将其内涵外化为消费需求,通过市场手段来形塑乡村文化产品。这其实是城市文化软实力与乡村文化软实力交互作用的表现。以福建安溪乌龙茶为例,产自茶村的原生态茶叶中融入了现代包装手段,各种满足城市居民需求的"健康"、"防辐射"、"降脂"等功能赫然在印。这就将茶叶从日常生活"开门七件事"之一的乡村文化状态中抽离出来,放置于新的城市文化生态中,使其带有审美、养生和时尚的生活元素;更为自然经济化的乡村文化提供了现代市场经济的发展途径,乡村茶农独立经商的品牌意识已经十分明显。而号称"中国竹子之乡"的福建建瓯乡村以充满乡土气息的竹制品来满足城市居民的审美化了的日常生活需求。竹雕、竹编、竹炭工艺,竹制家具、文具、日用品等,都带有城市文化气息。在生产、销售文化产品的过程中,城市文化就潜移默化地进入了乡村生活系统之中,推动着乡村文化向现代化方向前进,文化软实力作用也从而得到融合、更新。

就文化而言,重要的是乡村文化的物质载体(银器、木雕、茶叶

[①] 范建华:"乡村文化产业:融合发展的特色之路",《中国文化产业》2010年第12期。

等)在与城市文化的交流、碰撞过程中始终存在,而依附于其上的文化气息——有类于本雅明所言的"光晕"——则有可能因机械化大生产和外来文化的杂糅出现变异、丧失。这一方面是文化层级演进所不可避免的过程,另一方面也是说明变化之中仍有坚固的物质形体存在。文化及其软实力就是在种种交汇、传播、影响中走向创新的,城乡文化二元结构的突破和化解之过程,也不例外。

除了城市居民走"出"城市和乡村文化走"入"城市两种发展路径之外,在"出入城市"之间——即城市文化和乡村文化的交融处,还有可能产生新的文化形态来实现文化软实力的创新、城乡文化二元结构的突破、农民收入渠道的拓展。晚近以来兴起的户外大型实景演出,即是典型范例。张艺谋"印象系列"、横店影视城等借助乡村文化和人力资源、自然场景构建出吸引城市居民的文化景观。它不是纯粹的乡村文化(演出内容、部分物质条件)或城市文化(创意构思、现代化光电技术),而是一种产业化了的城乡融合的文化形态。这当然未必是突破城乡文化二元结构之后的典范,其连带问题也颇引人关注,但亦不失为一种在文化上富有探索精神,在产业实践上获得巨大成功的创新。此外,全国各地普遍涌现的"农家乐",作为一种休闲产业,也具有融合城乡特色的表征,但在实践中却容易趋于大众化而模糊文化特质。因此,乡村文化的产业化要在城乡文化二元结构的突破中有所贡献,就必须重视创意的参与,将"农家乐"等"大路货"从一般文化产业提升为文化创意产业,摒弃过度短视的经济利益驱动,重视文化创意的长效机制,使其具有的文化软实力价值得到更充分的发挥。

三、文化软实力:资本-文化的二元互动及其社会指向

依靠城乡文化软实力的交融,以产业化为手段来实现城乡文化

二元结构的突破,其结果不是城市文化与乡村文化交织、搅浑在一起的单元状态,而是从最前沿的时代文化到最原始的博物馆文化之间出现着渐变的文化形态光谱序列,是一种文化上百花齐放、百家争鸣的多元状态。这一状态的根本特征是现代社会的自由、平等、公平,而这显然也是市场经济的基本特性。因此,从根本上讲,文化产业与现代公民社会的建设是合拍的。但问题在于,资本与文化有着天然的矛盾,资本的现实性与文化的超越性、资本的物质性与文化的精神性、资本的趋利性与文化的审美性之间都存在难以跨越的"卡夫丁大峡谷"。因此,在理论上对资本与文化在文化产业,尤其是乡村文化产业中以何种关系进行互动的回答,就显得尤为重要。

资本具有本能的逐利性,它一旦认定某一对象能够带来足够的利润,就会自觉驱动市场主体(企业)去占领更大的市场,攫取更多的利润。在乡村文化产业中,资本的逐利性有可能给根基本不坚固、缺乏现实生活土壤的乡村文化以毁灭性打击,使文化软实力丧失"内凝外吸"的作用,而沦为市场驱动的"车前卒"。避免这一现象发生的根本路径在于巩固乡村文化基础,使其在经营功能之外具有更强的生活化、精神化色彩和社会效益,即首先对乡村内部民众的生活状态具有整合的意义,并以此为基础发挥对外吸引的效果。换言之,必须确立文化引导资本,而非资本控制文化的制度性路径。这在发展尚未形成规模的乡村文化产业中虽未现端倪,而当其发展至资本瓶颈期,投融资问题就会成为乡村文化进一步发展的桎梏。

我们认为,巩固乡村文化基础首先在于制度上保证乡村公共文化事业的发展,而这一直是新农村建设的难题。如前所述,这一难题在很大程度上是因为外来行政手段的强加与乡村文化的本土环境之"隔"。因此,在乡村中以经营性文化产业养公益性文化事业,以公益性文化事业支持经营性文化产业,当是发挥城乡文化软实力的基本思路。在"薄文化"的环境中,乡村文化产业与文化事业间要形成良性的互动,使文化融入民众的日常生活,才能在市场中保有乡村文化的特色,进而提升乡村文化品格。乡村文化产业不会自然兴盛,需有较为完善的公共文化体系作为基础性支撑。云南大村文化产业的建立有赖于集体投资建立的"文化大院"和专职文化干事的信息化服务与引导;江苏张家港乐余镇的风筝成为重要非物质文化遗产,也和村级文化社区的建立不无关系。乡村文化产业兴盛之后,又可以提供新鲜思路、开办培训班等多种方式反哺文化事业,形成文化产业与文化事业的良好互动,双轮驱动而推动城乡文化软实力建设。其次,乡村文化产业中文化引导资本思路的彻底落实还在于开辟、培育乡村的自我文化消费市场,通过提高村民收入及其在文化消费中的份额树立起稳固的乡村文化模式。自云南曲靖"文化户"发展模式兴盛之后,全国各民族地区的推广经验表明,通过"文化户"走街串巷来引导、建立乡村文化产业市场,是一条现实可行的途径。只有稳定的乡村文化市场,才能培育出有力的乡村文化形态和乡村文化软实力,抵抗资本的不良影响。

通过发展文化软实力,引入产业机制来突破城乡文化二元结构,其目的并不仅在于经济利润,为农民增加收入渠道只是发展文化产业并使其良性循环的目标之一。乡村文化产业不能仅止于资本,因为逐利的文化是丧失品格的文化,纵容资本横行的产业是没有前途的产业。统筹城乡文化产业发展、突破城乡文化二元结构的根本目的仍在于让改革开放的成果为更多数的人所享有,在于加强社会发展成效的普惠性,逐步实现城乡公民社会建设的一体化。

我国有7亿人口生活在乡村,乡村是中国实现现代化、建设现代国家的主要阵地。以公民社会为主要特征的现代国家,必须在城市与乡村两个层面都实现现代化转型。引入市场机制,打破自然经济形态,通过产业化引起乡村社会结构的变革,是中国乡村建设的根本途径。移风易俗自文化始。乡村文化的产业化以两种方式来促进公民社会和乡村自治等理念在乡村文化制度中的影响:一是经济利益驱使下的自然结社,为城乡全面建构公民社会奠定了组织基础。乡村文化产业化可以引导乡村民众认识到崇尚个人权益的现代企业精神,自主联合形成社群、法团。目前很多乡村文化产业已经品牌化,维权意识十分强烈,各种乡村文化联合体、乡村文化产业合作社也纷纷出现。这正是集权体制在乡村市场经济中的断裂地带,它可以是公民社会的萌芽。[1] 二是在乡村文化产业的支持下,乡村自主公共文化事业的建立。这在理论上为乡村公民社会划定出了文化的公共空间,它在村民自我经营、自我教育、自我管理的同时培育了其公民意识。需做说明的是,在乡村生活走向现代公民社会的过程中,还必须重视文化 NGO(NPO)组织的作用,其非营利色彩可以对产业化过程中的偏颇起到规范、约束和资源再分配的作用。[2] "文化软实力"不是单一的政府诉求,建设城乡文化软实力,突破城乡二元文化结构也不仅是政府行为,它需要全社会的投入,使城乡民众的情感、理性都在日常生活中得到统一,这一理想的现实基础是日益深化的经济体制改革和政治体制改革。

以文化产业化为表现形式之一的文化软实力建设不仅是乡村经济的转型手段,也是乡村文化的启蒙手段。从产业形态看,文化的经营化最难被认同。一旦"连文化都可以产业化"的观念深入乡村,资本的趋利性、个人化色彩就将带领乡村社会走出"差序格局",进入自

---

[1] 参见王颖:《城市社会学》,上海三联书店 2005 年版,第 195—198 页。
[2] 关于 NGO 组织构建乡村公民社会的努力,可参见李英强:"乡村公民社会与精神重建",http://www.chinaelections.org/NewsInfo.asp? NewsID=193644,下载时间:2010 年 12 月 6 日。

由、平等的市场状态中。现代资本在乡村进行"寻利",城市文化在乡村进行"寻根",二者与固有的传统的乡村文化之对流、整合和交汇,无论表现为何种具体的文化制度,其所指向的都是公民社会的目标;这是我国发展文化软实力的根本意义所在。

第八章　中国文化价值与文艺建设

　　在我们理解的国家文化软实力层面构造中,作为内隐层的文化价值系统是位于其内在最深处的,具有最高的统领及引导作用。正如上文论述的那样,我们的文化价值系统本身就是自身的古典文化传统、现代文化传统及外来优秀文化影响等的综合作用过程。历史告诉我们,无一例外地,我们均从自身的文化传统中走来。历史演进的每一步都深受既有文化传统的深刻影响,并且种种外来文化的吸收与文化内部自身的创生,都会经过积累和沉淀而凝结为一种新的文化传统,由此丰富和更新原有的文化传统体系。因而所谓传统,均并非凝固不变的静止物,而是变动不居的不断更新的动态过程。传统中华文化是与西方截然不同的文明形态,并且曾延续几千年而长盛不衰,显示了极强的生命力和创造力,因而在与世界各种异质文明之间的对话中能够卓然自成系统。其间虽曾受印度佛教的冲击,发生过融汇,但这一过程也持续了数百年之久。近代以来风起云涌的西方文化的异质性远在佛教之上,它与中华文明之间的碰撞、摩擦、纠结、反复必极尽艰难和曲折。从鸦片战争以来,我国政治、经济、社会和文化进入全面的转型时期,这一过程具有不可逆转性。从最初"师夷长技以制夷"的器物引入,到后来的"中学为体,西学为用"的制度设计,再到后来"维新变法"的政治变革,直至1917年以来"新文化运动"掀起的"民主、科学"

思想等革命浪潮。这一过程在古老的帝国进行得既痛苦又漫长，足以说明中国社会和文化现代转型之难，也正印证着现代转型的必然性。

第一节　文化价值与本土资源的构成

从理论上看，文化其实指向价值，亦即意味着人类生活超越生存斗争，而具有内在素质和精神价值。本节试图探讨文化的价值指向，理解文化在现代社会如何成为话题，其中存在着什么样的矛盾和问题，文化自觉对当代中国意味着什么。在此基础上，本节还尝试梳理文化资源的本土构成，认为古典文化传统、现代革命文化和当代大众文化都活在改革开放的当代，它们共同构成了当代中国特色社会主义大众文化。当然，在社会主义大众文化发展过程中，有必要通过多元竞争，走向汇通共生，形成更具涵括力的共同文化。这种共同文化的生成，将有可能意味着中国文化软实力的真正增强。

一、文化指向价值

1968年亨廷顿发表《变动社会中的政治秩序》，提出著名的"文明冲突论"。1996年他又出版《文明冲突和世界秩序重建》，系统地提出了他的"文明冲突论"。他认为冷战后的世界冲突的基本根源不再是意识形态，而是文化方面的差异，从而主宰全球的将是"文明的冲突"。根据这种"文明冲突论"推论，欧洲文明与美国不构成冲突，而中国既不是西方文明的一部分，又属于不同的意识形态，具有挑战的实力，从而有可能充当"文明的冲突"中的主要竞争对手之一，因此需要把战略重心转向中国。2000年，亨廷顿与哈里森合作主编《文化的重要作用》(Culture Matters),强调要用文化因素来"解释各国的现代化、政治民主化、军事战略、种族和民族群体的行为以及国与国之间的联合和对抗"。[①] 在相当程度上,美国政治保守主义原来把"文明的冲突"理解成了文化之间的较量。

那么,什么是文化呢?文化究竟指向什么呢?约瑟夫·奈把文化界说为"社会创造意义的一系列价值观和实践的总和",并把文化分成两类,一类是雅文化,就是"迎合社会精英品味的阳春白雪型,比如文学、艺术和教育",另一类是俗文化,就是"侧重大众娱乐的通俗文化型"。[②] 而亨廷顿则关心文化如何影响社会发展,因而主张"从纯主观的角度界定文化的含义,指一个社会中的价值观、态度、信念、取向以及人们普遍持有的见解"。[③]显然,这些提法更多地基于现代以来的文化主义的思想和人类学的概念,强调了特定社会之间或族群内部的文化差异,并没有找到文化相对于自然的含义,更没有阐发文化之于人类生活的逻辑相关性。

相比之下,恩格斯在《自然辩证法》里在类似问题上提出了一个更有意义的区分,有效地突出了文化的基础性含义:"动物所能做到的最多的是收集,而人则从事生产,人制造最广义的生活资料,这是自然界离开了人便不能生产出来的。因此,把动物社会的生活规律直接搬到人类社会中来是不行的。生产很快就造成这样的局面:所谓生存斗争不再单纯围绕着生存资料进行,而是围绕着享受资料和发展资料进行。在这里——在社会地生产发展资料的情况下——来

---

① 〔美〕塞缪尔·亨廷顿、〔美〕劳伦斯·哈里森(Lawrence Harrison):《文化的重要作用:价值观如何影响人类进步》,程克雄译,新华出版社 2010 年版,第 8 页。
② 〔美〕约瑟夫·奈:《软力量——世界政坛的成功之道》,吴晓辉、钱程译,东方出版社 2005 年版,第 11 页。
③ 〔美〕塞缪尔·亨廷顿、〔美〕劳伦斯·哈里森:《文化的重要作用:价值观如何影响人类进步》,程克雄译,新华出版社 2010 年版,第 9 页。

自动物界的范畴完全不中用了。"①恩格斯所谓的不是"生存资料"的"享受资料"和"发展资料",看来颇类似于文化生产和创造的产品与成果。相比而言,文化的活动,包括生产和消费,较多地脱离了早期资产阶级所谓的生存斗争的范畴。作为享受资料和发展资料的文化活动和成果,在相当程度上了超越了动物界直接的生存斗争。与自然界作斗争的生存斗争很大程度上不属于文化的范畴。即便如布迪厄突出了文化资本及其在阶级社会中的相对负面的功能,文化的活动及其生产也仍然是差异的结果,并且表现为这些资料的间接的争夺。这种争夺是间接的,具有文化的意味,虽然从社会的整体未来取向看,又是相当消极的样态。这样看来,相对于仅仅是物质层面的占有和消费而言,所谓文化活动和文化创造具有相当的超越性,它很大程度上不那么具有外在的工具价值,而更多地具有人类的内在素质和精神价值。

文化的另一最大的特点,即在于其可分享性。如果不是突出统治阶级对文化的独占性以及被奴役阶级的赎救的颠覆性,文化创造及其成果在同时代尤其是后代人们那里并不必然是被独占和解释的,它作为人类的精神财富是可以讲通的。精神财富和物质财富的一大区别,即在于可以在不同的个体之间进行完整的分享。一碗饭只能一个人吃,给两个人吃,每人就只能吃到半碗。而同一首歌、同一本书,就可以完整无缺地让无数人同时欣赏,甚至为后代接受、理解和使用。如果一个民族的文化创造能力比较强,那么,这就意味着这个民族比较有能力使本民族成员的生活变得更好,也意味着这个民族比较有能力为其他民族的更好生活做出贡献,并且这样的民族

---

① 〔德〕马克思、〔德〕恩格斯:《马克思恩格斯选集》第4卷,人民出版社1995年版,第372页。

也比较容易赢得其他民族的观念上的尊重、情感上的亲近、行动上的支持。①

总体而言,文化意味着人类或族群在精神生活上的创造性,意味着人们在内在素质上的相对优势,更意味着相对直接的生存斗争而体现出来的超越性、共享性。因而文化往往使得相应人们或族群展现出独特的魅力,而使得另一群人们或族群有机会被吸引并积极地寻求共享。这也就是文化作为软实力在特定场合和形势中拥有经济、军事等硬实力所不具有的优势之所在。文化指向价值,而所谓"文化软实力"就是以文化为基础和吸引力的软实力。文化软实力的核心在于其基于人类共同生活所内含的独特而又普遍的价值。

十七大报告明确指出:"中华民族伟大复兴必然伴随着中华文化繁荣兴盛。要充分发挥人民在文化建设中的主体作用,调动广大文化工作者的积极性,更加自觉、更加主动地推动文化大发展大繁荣,在中国特色社会主义的伟大实践中进行文化创造,让人民共享文化发展成果。"这就突出强调了文化的现实生活基础及其价值内涵。在当代中国和世界形势的背景中看,强调文化的价值,注重文化的软实力正当其时。

二、文化作为对现代的反应

自古以来,无论中外,人们都重视文化,但主要是统治阶级及其精英阶层的事业。广大民众越发重视文化及其价值,主要是近现代社会共同生活的展开和文化意识勃兴的必然结果。文化作为整个社会的事业,是作为对资本主义及近现代生活的一种整体性反应而出

---

① 童世骏:《文化软实力》,重庆出版社2008年版,第15—18页。

现的,而文化意识是近现代族群或共同体对资本主义以来相应的共同生活的反应,文化观念是关于这些文化意识的概括性或系统性的表达。

在世界历史的范围内来看,欧洲文艺复兴和印刷术促进了文化的大传播,过去的文化垄断被打破了,报章杂志和小说等文学事业推动了文化的世俗化和民主化进程。17、18世纪以来,现代工业革命带来物质生产的飞速成长,到资产阶级政治制度和文化设施的逐个建成,以及日渐壮大的工人阶级同资本主义社会内部的各种形态之间展开的阶级斗争,进一步推动了现代民主和民众教育的大发展。与此同时,由于欧洲民族文化的崛起和资产阶级民族国家体系的形成,其结果如同马克思在《共产党宣言》所言的,"迫使一切民族在唯恐灭亡的忧虑下采用资产阶级生活方式",全球范围内的民族文化得到发展和民族国家的理念也得到全球范围内的形塑。总体而言,欧洲文明的大发展及其在全球推动的世界化进程,使得世界已然成为一个整体。数个世纪以来,这种世界化的进程几乎是不可阻挡的。

由于文化发展的条件日渐成熟,民众的精神世界得以世俗化,社会生活得到极大丰富,出现了共同生活的感觉,也出现对这种共同生活的反思。在欧洲,这种共同生活的感觉和民族/国家的建制,主要是在资本主义、印刷科技和近世语文的共同作用下形成的。按照本尼迪克特·安德森的说法,这三种因素之间"半偶然的,但却富有爆炸性的相互作用"促成了拉丁文的没落与方言性的"印刷语言"的兴起,进一步地形成欧洲范围内众多以个别的印刷方言为基础的特殊主义的方言—世俗语言共同体,由此而形成横向世俗水平的共同生活感,以及现代意义上的民族/国家。这种"共同生活"和"民族"既有群众自发性又有官方塑造性。①相应地,19 和 20 世纪以来亚非殖民地民族主义逐渐兴盛,世界上形形色色的"民族"都采用以欧美为代表的资产阶级生活方式和民族国家建制的共同生活。虽然在 20 世纪,全球又出现了资本主义和社会主义方向的歧异,但当代全球性的民族国家体系已然奠定。

但 20 世纪世界并不太平,充满着依附、冲突和斗争。早期现代启蒙思想家们的蓝图和规划,已被民族国家、党派政治和社会运动之间的争斗以及更为剧烈的两次世界大战击得粉碎。从欧美国家民众的视角看,资本主义和世俗生活已然是主要的潮流。正是从这种视角,通过比较和分析市民生活在文学中的不同表现,奥尔巴赫深邃而冷峻地指出,至少在欧洲,各个阶层的人及其不同的生活方式出现越来越大的融合,这恰恰是欧美社会民众生活和文化取向的基本形态和风貌。②另一位哲学家卡西尔,则从学院哲学角度探讨人与文化的相关性,通过多种思路的辨析来追问人与文化之间的相互阐释关系。面向人类生活现象,卡西尔突破传统的科学主义取向和人文主义取向,采用文化/符号及文化活动来界说"人",强调文化活动的创造性对人类的解放功能。③ 这一取向在相当程度上开拓和代表了从西方传统的科学和哲学视角之外打量人类现实生活的可能性,突出了人文学科的诸多维度,比如语言、神话、宗教、艺术、历史等对人类生活的重大意义。当然,卡西尔这种文化哲学的理想/唯心主义气质也是显而易见的:其思想的现实性突出地对应着欧洲社会和文化生活的

---

① 〔英〕本尼迪克特·安德森(Benedict Anderson):《想象的共同体:民族主义的起源和散布》,吴叡人译,上海人民出版社 2005 年版。

② 〔德〕埃里克·奥尔巴赫(Erich Auerbach):《摹仿论:西方文学中所描绘的现实》(吴麟绶等译,百花文艺出版社 2002 年版)的最后一章"棕色的长筒袜"。

③ 〔德〕恩斯特·卡西尔:《人论——人类文化哲学导引》,甘阳译,上海译文出版社 1985 年版。

现状,并且这种思路在相当程度上也无视文化和文化研究中形形色色的现实政治的内涵和族群斗争的内涵。

三、文化中的矛盾与斗争

为什么又要讲文化思想的矛盾与斗争呢?作为对资本主义及近现代生活的反应,文化观念即使在同一文化共同体内也会出现诸多差异。也正是这种文化发展的具体性、差异性,更由于每种思想的历史性、阶级性,现代文化在大发展和民主化的过程中也出现诸多不同取向的思路,这些取向之间相互竞争,甚至是对立和冲突的。建设共同体文化,领会文化的价值内涵,也需要对这种差异性和复杂性有所把握。这里不妨在欧美文化思潮的视域中,对其历史态势的大略进行理解。

在19世纪,当欧洲民众革命和工人运动一度高涨,马克思主义逐渐奠定其阶级斗争原则并贯彻到社会运动实践时,英国的辉格党人埋首于资产阶级民主制度的建立和相应文化事业的推广。这种态势在另一些人比如马修·阿诺德的眼中却可能是无政府状态的体现,而这种无政府状态本来必须通过"文化"这种"整体之物"来克服或拯救。阿诺德在政治立场上属于自由主义,但其文化思想却立足于一种古典的和保守的传统,他声称文化是一种高雅的审美趣味和标准,文化是"世界上最优秀的思想和话语",突出对那些经典的美学样式比如歌剧、芭蕾、戏剧、文学和艺术的鉴赏。[①]现在看来,阿诺德其实是试图通过盘活传统贵族的文化财富,以所谓稀有、高端、外来的"两希"文明或文化去占领当下的文化制高点,从而在客观上为资

[①] 〔英〕马修·阿诺德:《文化与无政府状态:政治与社会批评》,韩敏中译,三联书店2008年版。

产阶级夺取和巩固文化领导权。文化审美的"和谐和完美"与西方资本主义以来现代生活的无政府状态和荒原模样适成对照,阿诺德的文化观念因此看来承载了一种近乎神圣的功能。这显然是一种取向较为古典的、保守的文化思想。

随着欧美资产阶级势力在全球的扩展,广大民众生活领域的扩大,也由于西方社会科学对世界各民族文化的关注和研究,尤其是人类学、民族学和东方研究的扩展,另一种关于文化的理解出现了。这种文化观强调一定群体的、主要是民族/国家的"特殊的生活方式",这种生活方式表达的某种意义和价值不仅来自艺术和学术,而且也来自文化制度和日常行为。显而易见,这种文化定义的外延更为广泛。在20世纪上半叶,关于文化的这种理解,在不是人类学家的著名诗人艾略特那里得到最好的表述:"……是否包括一个民族特有的所有的活动和兴趣爱好,例如大赛马、亨利赛艇会、帆船比赛、8月12日猎鸟节、足球决赛、赛狗、弹子球桌、飞镖盘、文斯利代尔奶酪、煮熟的卷心菜块、醋渍甜菜根、19世纪哥特式教堂以及埃尔加的音乐。……我们的文化的一部分也就是我们所实践的宗教的一部分。"[①]从总体上看,艾略特其实是以其诗人和文学家的敏感和浑融,思图在西方基督教势力逐渐衰微的大趋势中,逆流而上,把宗教的思想和精神贯彻到文化和教育中。这种观念突出了共同体的观念和有机社会的观念,适应了西方文化对资本主义社会生活中占统治地位的个人主义的伦理和实践的反思和批判,但其逻辑蕴含及文化解决方案却是倒退和复辟,诉诸据说是作为西方文化内核的基督教。这必然会引发自由派和左翼思想的抵制,乃至反拨。

---

① 〔美〕艾略特(Thomas Stearns Eliot):"关于文化的定义的札记",《基督教与文化》,杨民生、陈常锦译,四川人民出版社1989年版。

左翼思想对文化观念的反拨,可以英国学者雷蒙·威廉斯的文化界说为便。在 20 世纪中叶的五六十年代,威廉斯的思想其实是对艾略特式右翼观点的扬弃。威廉斯竭力表彰 19 世纪以来作为对资本主义秩序之反动的"文化的观念",但是,基于左翼思想立场,他强烈批判和反对右翼要求文化回到中世纪的浪漫主义的主张,强调要建立和发展面向未来的、民主化的共同文化。在这里,文化思想的重心不再是永恒不变的标准,而是历史的判断,从一成不变而转为顺势变迁,将文化审美与社会生活结合起来。从文化理论和文化研究的角度上讲,这种新思路突破了传统马克思主义和斯大林主义的意识形态策略,要求突出文化在社会生活中的基础性地位和作用,并且强调对一种完整生活方式中要素间的关系研究:通过对特定意义和特定价值观的分析,试图揭示和彰显隐蔽的历史原则,发现在日常生活最显眼的表象背后的普遍原因和宏观的社会趋势。在政治上,文化不仅应该被共同地享有,而且应该被共同地创造,通过合力参与而得到共同享有。共同文化就是经过专业化发展的非常复杂的系统,整个系统形成文化,共同文化意味着充分的民主过程。①

到 20 世纪 80 年代以来乃至新世纪之交,文化的发展态势又进一步复杂化了。在文化观念及其问题上,不仅旧有的雅与俗、资产阶级与工人阶级之间的争议和较量依然存在,而且在世界范围内,以民族文化与国家文化及外来文化之间的差异和较量,也因为非西方世界逐步获得政治上的独立和经济上的发展而突显出来。同时,受资本主义全球化运动和资本主义文化逻辑的驱动,西方世界内部那些自认为受到文化压迫的群体的呼声也日渐高涨,文化政治和后现代

---

① 〔英〕雷蒙·威廉斯:《文化与社会:1780—1950》,吴松江、张文定等译,北京大学出版社 1991 年版,参见"结论"部分。

主义文化的思潮也极度活跃,并且这种思潮也在全球范围内,包括不少发展中国家中扩展开来。英国学者伊格尔顿的分析有利于厘清当代世界范围内文化思潮和文化斗争的总体态势。基于左翼立场,他在客观分析传统文化、民族国家文化和后现代文化的自身诉求及其间斗争态势的同时,对这些文化思潮和斗争也给予了严厉的批判,强调文化应该回到其本来的位置,而应该在更广阔的政治运动和社会革命中成就自己。[1]这种宏阔而冷峻的思路是值得思考和借鉴的。

四、文化自觉和我们的问题

在世界历史和文化发展的关系和高度上,回过来看我们自己的文化问题。可以看到,近现代中国社会生产和生活受世界政治经济格局在结构上的规定性,文化、教育、学术和思想出现从传统向现代的急剧转型,文化思想又因民族抗争、阶级斗争和自身变革诸要素的强力影响而具有突出的复杂性,因而文化领域内的震荡、波折的激烈程度,与西方相比恐怕有过之而无不及,其中的经验和教训、思路和问题也值得总结。

如果不妄自菲薄的话,应该看到20世纪同时也是非西方世界各民族反抗帝国主义、推进文化民主化的时代。在这一时代中,从一二十年代到八九十年代,社会主义叙事一直对非西方世界的民族解放斗争和文化民主化进程发挥着非常重要的影响。即以中国而言,这方面就经过了无数的斗争和长足的发展,也积累了无数的经验和教训。在这一伟大的进程中,如何在强权林立的民族国家体系中,摆脱帝国主义和传统主义的双重束缚,而获得自身的独立地位,又如何在

---

[1] 参见〔英〕特瑞·伊格尔顿(Terry Eagleton):《文化的观念》,方杰译,南京大学出版社2003年版,重点看第三章"文化战争"部分。

复杂的社会形势中,增强革命力量,找准革命方向,从而推动民族文化的民主化,这成为共产党人在长期艰苦卓绝的革命斗争中时刻面对的重大课题。这样回首来看毛泽东关于新民主主义文化的论述,就可以理解其文化思想的现实性和策略性。如何在世界形势中摆脱半殖民地半封建社会的境地,这是非常现实的民族独立的问题。如何在复杂的中国局势中调整中国社会内部的社会关系,推进经济起步、社会变革和文化发展,这是旗帜鲜明的社会主义方向的问题。如何在中国已有的文化基础和条件中,团结精英分子,使"大众化"与"化大众"结合起来,使文化、艺术和审美与共同的社会生活重新结合起来,这是民族文化的大众化、民主的问题。融入人民,从人民出发,获得文化领导权,推进文化民主化的问题,至今看来仍然迫切、重要、长远,至今也仍然是人民大众及其知识分子所不能不面对的原则问题。

不仅如此。在当今世界,不同的国家、民族、宗教、团体等之间的交融和冲突屡见不鲜,这种全球化过程造成的矛盾和问题,对我们构成了多种多样的挑战,引发持久的文化震荡。对此,国际学术界和思想界都做出了种种反应。在中国,改革开放已然走过三十多年的历程,基于对全球格局、国际形势和中国自身的整体把握,我们在处理文艺审美、民族文化和当代日常生活等文化诸层面的互动和博弈时,以及在处理文化思潮、文化发展和文明交往等诸问题的过程中,不妨把眼光放开、放远一些,思路变得灵活、广泛一些,不要总局限在一些常识性的、常规性的和褊狭的框框里。费孝通先生正是在这样一种当代高度上看待当代中国的"文化自觉"问题的。他认为,当今世界局势好比一个新的战国时代,在这个时代中,有必要呼唤具有孔子那样博大、深邃、广阔的思路、人文理念和思想境界的人物,以便推进当代世界各种文明的融合,反省和承传民族文化,建立对民族文化的自信和欣赏,同时也能欣赏、尊重其他民族的异质文明,最终达到"美美与共,天下大同"的未来理想境界。[①]显然,费先生考虑到了当代中国的复杂性,他其实是在呼吁在更好地与世界其他文化和睦相处的过程中,将中国文化的千年古代传统、现代百年传统和当代改革开放的传统等融通结合起来的可能性和重要性。这种将传统与现代、民主化与世界化、本民族与他民族、文化生活与人类文明等综合起来而又彰显自身独特性的思路,是值得认真体会的。

也只有在这个文化自觉的高度上,文化发展以及作为其功能展现的文化软实力,才可能得到真正的理解和推进。

五、文化资源的本土构成

十七大报告指出:"弘扬中华文化,建设中华民族共有精神家园。中华文化是中华民族生生不息、团结奋进的不竭动力。要全面认识祖国传统文化,取其精华,去其糟粕,使之与当代社会相适应、与现代文明相协调,保持民族性,体现时代性。加强中华优秀文化传统教育,运用现代科技手段开发利用民族文化丰厚资源。加强对各民族文化的挖掘和保护,重视文物和非物质文化遗产保护,做好文化典籍整理工作。加强对外文化交流,吸收各国优秀文明成果,增强中华文化国际影响力。"也就是说,应当立足于当代世界的交往实践,在全球文化交流的活动中,大力盘活既有的文化资源,使我国文化得到大发展、大繁荣,以便在世界文化格局中发挥其本该形成的影响力和辐射力。这是个意义重大的文化发展战略问题。

现在需要追问的是,作为文化软实力的基本根据或资源之一,当

[①] 参见费孝通:"'美美与共'和人类文明",《费孝通在2003:世纪学人遗稿》,中国社会科学出版社2005年版。

代中国的本土文化在资源构成上究竟怎样呢？又有什么样的资源值得经营和发扬呢？关于这个问题，从不同角度出发，有多种不同的回答。多年以来占主导地位的理解，更多地在于时间和空间交融的视角上。首先是基于当代革命实践的现实资源，其次是五四以前的中国古代优秀文化传统，再次是外来各国优秀文明成果。这里的当代革命实践作为来自当代自我的文化资源，其实是有相当思想高度的，而非一般学院理性惯习的以西方为主体本位的世界观。从整体上看，这种理解的特点在于抓住了作为中心的现实资源，体现出当代自我的现实性和主体性，而将时间上的过去和空间上的外在资源仅仅设置为辅助性的。可以说，这已然更多地体现出策略性。

但这里尝试提出一种新理解，即在当代中国至少存在着三种博大深厚的文化传统及其资源，为具体的人们所分别执持或共同执持：

其一，基于前现代的传统社会的古典文化传统。这主要是指存在于五四时代以前、虽在现代数经冲击但仍残留于当代而为人们所追忆和利用的古典传统文化资源。马克思所说的"一切已死的先辈们的传统，像梦魇一样纠缠着活人的头脑"，主要指的正是这种来自过去文化的传统，其中相当部分可以引为传统古典文化资源。

其二，基于百年现代中国民众生活及其革命斗争的文化，可以称为现代革命文化传统。这种现代生活及其革命斗争在中国已持续近两百年，在20世纪上半叶为民族争取了独立并找到社会主义方向，而在近30年来随着中国逐渐更深地融入全球化语境的过程而屡经调适和重新阐释。但既已作为极有可能是"久受崇敬的服装"的传统，就有可能被人们"在忙于改造自己和周围的事物并创造前所未闻的事物"时所利用，并由于注入新的时代情势中的更新活力而发挥巨大的威力，尤其是在当代致力于公平正义的斗争的时候显得尤为宝贵。

其三，基于当代世界资本主义整体语境，而在当代中国迅速发育，其本质是以当代市场和消费生活为背景的世俗经验的生活。不妨称为当代大众文化。

凡能成为当代中国文化资源乃至软实力的根据的，都处于当代，而活在人们的心灵、记忆、思想和行为习惯中，只不过这些资源有着不同的文化取向和服务目标而已。至于如何"古为今用"，外为我用，应当主要看当代自我的现实际遇及其世界观可能达到的高度。

六、构成一：古典文化传统

先看可以引为价值的古典文化传统资源。在20世纪末至21世纪初的世纪之交，如果将古今沟通起来、把眼光放得更长远深厚些，还可以看到，在当代中国仍然有强大的传统民众生活的影响，那就是通常所谓的中国传统文化或儒家文化。在经历了一个世纪数代人的动荡后，新世纪之交的当代中国又经历着三十多年来基于市场化的迅猛转型过程，文化精英和普通民众至今也尚未安顿好漂泊不定的生活和躁动不止的心灵。在如今瞬息万变的所谓"后传统社会"，人们并未建立起与物质化消费生活和高风险系统机制共舞的心性平衡。所以，传统文化及其流风余韵在广大民众生活甚至精英生活中仍占相当重要的分量。自然，中国传统文化常常难以描述或界说，但如同在中国人日常生活当中表现出来的注重人情、乡情，牵扯于家庭生活、婚丧嫁娶等日常伦理一样，以传统文化为底蕴的生活美学仍然发挥着重要的影响力。传统文化中的这种既朴质又浑厚的生活美的追求在中国既是普遍的和基本的，同时也是现实的。传统或儒家生活美学一端系在世俗生活的层面，即饮食男女、衣食住行、生老病死等这些现实生活的具体内容上，另一端也系在超越层面上，也追求某种美和终极价值。这种传统强调：若只注重前者则会驰逐享乐而丢失生命;若仅强调美与终极价值,生命亦将无所挂搭而无从体现于视听言动之间。[1]也正因此,某种既导源于传统生活和礼乐文化,而又试图兼摄现代生存和当代价值的生活儒学和传统文化,以"观乎人文以化成天下"为鼓吹,其未来扩展及其影响实不可小觑。

在作为资源的古典文化传统这方面,其内部构成其实也颇为复杂,较难把握。我们不妨由表及里算个大体总账:

一是先清理残存在当代生活中的古典文化元素,将其理解为古典文化的表层呈现,亦即在当代生活中出现的各类有魅力的符号及其想象。不妨有:文字及其内蕴的古典世界(包括"汉字的王国"、历代典章制度、光辉灿烂的诗文小说等);影像以及实存或遗献的文物书画(包括艺术作品,主要是书画及作为古代遗存物的文物,包括建筑艺术、服装艺术、实用艺术品,以及其他);民俗文化遗产(包括传统礼俗的当代留存、曲艺、手工艺,及其他非物质文化遗产)。

二是把握可以清理到的中观层面上的古典文化肌理。这方面可以有多立场、多角度、多层面的把握。这里拟不取历时的史的角度,亦不取上中下诸层的分法,而单取传统经典著述为代表来把握古典文化传统的四面:思想政治面,以《易经》、《论语》、《老子》、《人物志》、《近思录》、《庄子》、《传习录》、《四存篇》、《盐铁论》、《明夷待访录》和《韩非子》为代表;生活人生面,以《茶经》、《觞政》、《菜根谭》、《太上感应篇》为代表;文学艺术面,以《唐诗三百首》、《花间集》、《红楼梦》、《诗品》、《古文辞类纂》、《沧浪诗话》、《人间词话》、《艺概》、《书谱》、《画谱》和《园治》为代表;宗教超越面,以《华严金狮子章》、《金刚经》、《六祖坛经》、《景德传灯录》和《观世音普门品》为代表。[2]

---

[1] 学术梳理和思想推广的努力可以龚鹏程著《生活的儒学》(浙江大学出版2009年版)为代表,其他为商业传媒和政宣机构所传播者姑不论。

[2] 参见龚鹏程:《向古人借智慧:如何阅读中国文化经典》,百花文艺出版社2005年版。

三是参悟古典文化的深层韵律及其当代魅力。这些深层内蕴其实是古典文化的精髓所在,影响和魅力至今而不衰,但并不易为外在符号、事象和形状所穷尽。比如三教智慧,除儒家思想外,释、道二大宗教在中国文化传统中亦占有非常重要的地位,其文化传统在当代中国和世界亦有一定的影响力。有必要从在当代中国的精神世界中仍然存留的诸多文化事象、思想意识中,发掘和阐释其中的文化蕴含,发挥它们在当代中国和世界的影响力。这里尤其值得一提的是数千年来为儒家文化所统摄的传统文化学术,其中的人文智慧一直为世界人民所赞赏,其中诸多思想命题和范畴在文化冲突的当代世界仍有重要的影响力,不妨成为当代文化自觉和重建的起点。比如"中"、"和"等范畴与"和实生物,同则不继"的命题都有非常重要的当代意蕴。这些都值得在传统与现实的结合体中深入阐发,表彰和发扬其软实力上的蕴含。另外,中国古典艺术自古而来形成了诸多富有魅力的文化意味和精神传统,诸多艺术事象如故宫、园林、唐诗宋词、山水画、书法、京剧等亦为世界所艳羡。如何将这些艺术的精神及其内蕴的哲学思想结合起来,阐扬其当代魅力,是当代学人面临的课题。

七、构成二:现代革命文化传统

再看当代仍可宝贵的百年革命文化传统资源。在世纪之交,讨论文化传统及其资源,人们容易忽略 20 世纪。人们满足于或者焦虑于当代生活,都非常容易略过 20 世纪去思考古典,而不是通过 20 世纪去重新理解古典。其实,讨论今天的文化发展和社会转型,乃至文化软实力的发扬,离开 20 世纪百年的革命文化传统资源,当代中国的现实际遇和主体方向几乎是不可能被理解的,更不用说别人眼中的当代中国及其背后的实力和底蕴。

20世纪中国已经处于"漫长的19世纪"与"短暂的20世纪"两个历史时代的双重操控和拉扯之下,更处于资本主义世界史和社会主义世界史的高光照射和紧张拉力之中。在这个人心涌动、万壑争流和杂语喧哗、文化多元的现代或被现代的世界上,种种主义和思潮在竞相争夺中国民众和精英的心灵,有理性光照试图扫去文化的蒙昧,也有脚踏现代性的荒原而回眸古典,也有民族意识的觉醒以对抗外敌的入侵,等等,不一而足。重要的是,在20世纪中国,还有气象宏阔而影响强劲的不可忽略的一种文化生活传统,那就是从该世纪在亡国灭种的紧急关头迅速发端、急剧发展,而在20至40年代即已蔚为大观,而后又全然扩展为现代主潮的革命文化传统。从总体看,这一文化传统及其资源强调的是一种以新民主主义文化及社会主义文化为其主要方向和远景的"现代革命斗争生活"。它毫不讳言,将文化和生活从属于"生产力"与"生产关系"的矛盾斗争的总格局之下,并且更愿意浓墨重彩地突显20世纪现代中国民众现实形势的严峻性、实际斗争的残酷性,表现革命生活的艰难与对平等诉求的热切性,以及相应的文化立场和意味。这种文化还带有正义的、平等的、自由的及为人类和族群所肯定的积极内涵。

这里的现代革命文化传统,如果细分起来也有若干方面和层次的内容,无论如何划分,它们总是有内容的和基于生活过程的,而非纯形式的和思辨的。比如作为这种具有中国特色的现代革命文化之一端的现代审美文化。我们不妨再次省思自20世纪三四十年代即接引进入中国的俄罗斯革命民主主义者车尔尼雪夫斯基的"美是生活"的口号。在费尔巴哈唯物主义思想路线的基础上,车氏强调"尊重现实生活,不信先验的假设,不论那些假设如何为想象所喜欢",因而"美是生活":"任何事物,凡是我们在那里看得见的依照我们的理解应当如此的生活,那就是美的;任何东西,凡是显示出生活或使我们想起生活的,那就是美的。"车氏是继赫尔岑之后发展了民粹主义观点的战斗性的革命民主主义者,他所理解和期望的真正的生活是在农民那里,"在农民,'生活'这个概念同时总是包括劳动的概念在内",而与之相应的美是那种"辛勤劳动,却不致令人精疲力竭那样一种富足生活的结果,使青年农民或农家少女都有非常鲜嫩红润的面色——这照普通人民的理解,就是美的第一个条件。"①

在这个路线上发展起来并且因应中国社会形势和斗争实际而发挥巨大影响的,还有毛泽东及其影响下的延安解放区的革命美学。如当代历史学者透过研究和分析也不能不承认并描摹的那样:"在那些奔赴延安的左翼青年的心目中,延安的那些自然景观,都会被赋予一种丰富的意象,宝塔山,延河水,农民戴的白羊肚的那个毛巾,秧歌,纺车,都被赋予了一种思想的含义,从而成为某种鼓动性的符号。"②这种在革命时代所召唤而出的革命生活美学,同毛泽东的洋溢革命的浪漫主义情怀的旧体诗词、解放区革命文艺以及"三红一创"(即长篇小说《红旗谱》、《红日》、《红岩》及《创业史》)为代表的五六十年代"社会主义现实主义"和"两结合"文艺一道,在20世纪下半叶的中国曾经获得了全面性的统治地位,也发挥了极大影响力,塑造了几代人的世界观、文化思想和生活情趣。在这些"美是生活"和"革命美学"口号背后,同样突显着建基于现实生活的思想的努力,鲜明地不同于市场的商业向度,突出了革命、民主和平等的向度。

当然,值得反省的是,这种以崇高的未来远景为取向、本来可能充满活力和强大发展空间的生活美学,后来却在以"文革"为代表的特定的文化体制中被偏执和僵化,形成一种在封闭文化体系内部的

---

① 〔俄〕车尔尼雪夫斯基(Н. Г. Черныщевский):《艺术与现实的审美关系》,周扬译,人民文学出版社1979年第2版,第1—7页。

② 高华:《革命年代》,广东人民出版社2010年版,第212页。

"独白"的政治美学,因而不可避免地在 20 世纪八九十年代以来的变革潮流中被数度书写、改编,潜抑甚或戏拟。但是,值得注意的是,无论如何,现代革命年代的平等传统已经成为当代中国生活当中的一个强势传统资源。这种在 20 世纪革命情势中生成的追求平等和正义的传统资源,在 90 年代中后期以来表现出非常强劲的再生能力,而这在身浸其中而不自知的 70 年代末和力图推陈出新、向往市场、张扬自由的整个 80 年代,恐怕是不大可能想到的。在当前新世纪,这种现代革命文化传统的生活和美学也是同样值得尊重并且因应具体情势而扩展的。

从总体上看,自五四新文化运动以来,20 世纪的文化、政治和生活发生了重大的转变。这一运动的洗礼产生了一代"新人",他们以全新的文化价值观和生活方式去改造旧社会——这才是新文化运动的真正成就。正如一些学者所指出的:"1916 年新文化运动没有讨论战争、贷款这些问题,但知识分子并不是不关心政治、经济问题,讨论文化是因为他们认为需要对政治模式和社会模式本身进行根本性思考,只进行修补是不行的。很多人会说文化很抽象,很空洞,事实上 20 世纪的政治发生大转变,恰恰是经过新文化运动产生一代不同的人,新文化运动的真正成就在于带动一代年轻人,以完全不同的价值观和方式去改造社会。"这种甚至从根源处进行革命改造的文化和自觉,是非常重要的。所以,"20 世纪最有意义的地方,是给一代人创造了一种不断重新思考自己的契机,文化成为政治思考和社会思考展开的特殊空间,与一般策略性思考有所不同,因为它包含更多反思。20 世纪文化的意义在于为人们提供一个自我创造的机会,创造自己的政治,形成自己介入社会的特点和方式,不是被动的,不只是一个经济或政治动物。只经过一次文化运动不能变成自觉走向坦途,恰恰相反,文化是不断反思、不断批评的自我思考状态,所谓自我思考不仅仅是思考自己,而是理解自己所处时代,对历史的再认识。"①

确实,这种推崇文化反思和自我创造的力量,在今天变得越来越珍贵。面临当代世界文化的各种势力,我们有必要,更要有勇气坚持这种文化反思和自我创造的传统,努力盘活现代革命文化传统资源,使之服务于当代文化生活的发展和创造。

八、构成三:当代大众文化

最后看,正逐渐融通于当代世界全球化浪潮的、以市场化为主要导向的大众文化资源。改革开放三十多年来的现实是,20世纪八九十年代以来,国民生产得到较大的发展,生活形式迅猛变化,文化生活丰富纷繁,审美样态多样迥异,民众的文化选择的空间日渐增多,远非学院学术所理解和把握的那种古典或革命意义上的文化、生活或审美活动了。不仅"革命之后"的生活内涵和意义出现多样化、复杂化态势,亟需学人面对,而且基于现代市场条件的日常生活领域的诸多问题也日渐出现,并且城乡平衡、贫富差异和共同体内外的公平和正义问题也日渐突出。

必须承认,经过30年急剧发展和转型,当代中国形成的改革开放的小传统及其包含着的许多观念及词汇已然深入人心。以市场为中心,包括我们今天很多熟悉的概念例如自由、权利等,已在很大程度上在过去那种全面以生产关系调整和意识形态斗争来规划生活的纪律化、刚性文化框架中,注入了更多的大众的、通俗的和审美的内容。基于市场而发育起来的大众文化生活,而今已具有相当程度的

---

① 汪晖:《变动秩序中的文化自觉》,据凤凰网2012年5月10日访谈节目,见http://news.ifeng.com/opinion/lecture/special/wanghui/#pageTop,下载时间:2012年5月10日。

文化厚度和影响力。所以,不少学者把文化生活理解为"日常生活审美化",这一表述固然难免因其含混不清而引发众多争议,但其对于当代日常生活的基于消费文化的装饰化趋向的表述,确实有一定的合理性,因为在那里更多地意涵着的是当代中国社会经济、政治与文化生活的市场化、资本化和消费化的维度。

当代文化生活的诉求不仅仅包含着力图关注一般世俗民众的生活包装和身体改造等问题,国中学者的论述更是颇有意味地指向了一个特别的方面,即意在挖掘英美经验主义传统和实用主义的当代本土化潜力。从西学脉络上看,英美经验主义的文化生活及其美学传统往往与社会文化的整体流变多有应合,并且力图从民众文化及其生活传统中汲取营养。也正基于共同生活和经验世界的感觉,英美学界的文化传统既能把优美视作基于风俗生活的激发情感认同、发挥政治功能的社会联系的中介和纽带,又看重崇高的美感机制在于能以强制性的力量激发共同体的道德感的顺从天性,从而使人们心存敬畏。不能不承认,经验主义文化及其美学传统有效地促进了盎格鲁—萨克森白人中心主义文化共同体的形成。[①] 而在美国,自杜威到罗蒂再到舒斯特曼一线的实用主义美学所鼓吹的"伦理的审美化"、"审美生活"或"审美化的私人完善伦理",其实是基于"现实在根本上具有'最终对思想的强制'"的经验主义思想,在分析哲学和解构思想之间寻找调适点,强调建立在事物的"自然理解的常识"的世界观的基础上的实用主义立场,力图以此来恢复审美活动、审美经验与其所处的社会或文化环境的"本然"的联系,进而促进某种"救赎真理的衰落"和"文学文化的兴起",甚或重拾爱国主义和社会改造理想

---

① 参见金浪:"崇高美学与后发现代性国家的文化问题",《文化与诗学》2009 年第 2 辑(总第 8 辑),北京大学出版社 2009 年版。

以重新凝聚国家理想和铸造全民共识。[①] 这种文化和美学企望,对于矫治一度片面执着于某种强大的主体性幻觉和现实政治的超越性诉求的现代中国的本土革命美学传统而言,是有一定意义的,也确乎是当代中国某种生活政治和精英关怀所需要切实加以拓展的。

九、共同繁荣文化与文化软实力

应该说,由这三种文化传统及其资源所指向的文化生活都有一个共同点,这就是力图贴近当代中国现实,落脚于当代中国社会生活,从而都各有其现实性,因而有可能共存叠合于当今时代中国社会。可以肯定,这三种文化都活在改革开放的当代中国,它们共同构成了当代中国特色社会主义文化的主要成分或资源。可以预测,这三种主要文化传统及其资源在当代都会倡言发声、长期竞争和并存。

但是,它们的未来走向如何?在全球范围内来看,全球各国多元文化之间经过斗争而融合和杂交已成为大的趋势。多元竞争导致相互汇通,多元文化生活的诸传统最终应该导向一种更具涵括力的全球共同繁荣文化。如果这种更具涵括力的全球共同文化元素在中国本土社会逐渐生长和成熟,那么这其实应当就等于是中华民族文化的伟大复兴的重要标志,应当意味着具有全球普遍性意义的中华文化价值的内在含蕴和外在显现。而这种由表及里的具有全球普遍性意义的中华文化魅力逐渐生成和自然释放,其实亦即中国文化软实力的大大增强或提升。

[①] 参见〔美〕理查德·舒斯特曼:《实用主义美学》,彭锋译,商务印书馆2002年版;〔美〕理查德·舒斯特曼:《生活即审美:审美经验和生活艺术》,彭锋等译,北京大学出版社2007年版;〔美〕理查德·罗蒂:《哲学、文学和政治》,黄宗英等译,上海译文出版社2009年版;〔美〕理查德·罗蒂:《筑就我们的国家:20世纪美国左派思想》,黄宗英译,三联书店2006年版。

第二节　中国文化传统的当代价值

上面在论及中国现代文化传统时，主要说的还是其中的现代革命文化传统。而实际上，在中国现代文化整体中，除了革命文化传统是主要的文化软实力资源外，中国现代文化的其他方面也同样构成文化软实力的不可或缺的重要资源。这是因为，革命文化传统的形成，本身就来自于中国现代历史过程的方方面面的综合作用。而要理解现代革命文化传统，就需要尽力把它送回到中国现代历史现场去，从那里寻找它得以发生和演变的缘由。进一步从整体上把握中国现代文化传统的构成状况及其当代价值，正是本节的任务。

中国现代文化，是最初发源于欧洲、后来扩展到全球的现代化浪潮的一部分。近代以来，开始于英国的工业革命，使机械生产广泛地应用于人类社会，激起了整体社会文明形态的大转型，人们称这个转型为"现代化"。现代化是世界任何民族和族群都无法抗拒的浪潮，席卷全球，将整个人类卷入到浩浩荡荡的转型风潮中。从戊戌变法和庚子事变以来，特别是五四新文化运动以来，一直到1949年，中国形成了独特的现代文化传统。鉴于这个传统具有丰富而复杂的内涵，多年来一直处于众说纷纭之中，我们这里仅仅从价值系统、观念系统与行为系统入手，结合中国现代文化的具体情况，拈出以下四个方面予以重点考查，即作为中国现代文化发展精神动力系统的现代中国知识分子的开放精神和世界视野；作为现代文化发展核心导向的价值系统在中国近现代史的解体与变迁；作为体现中国现代文化凝聚力的以"人道"为中心的信仰系统；作为重新探索中国社会体制的以追求"民主"为核心的政治文化系统。

重新整理现代文化的各个系统以发掘其中仍有价值与生命的部

分，对当下的文化建设、国家文化软实力的提升十分必要。基于此，首先，我们应当突破之前长期以来深受意识形态影响的现代文化观，重新发现历史的多层面性、复杂性。只有这样才能发现在那些"显在"的传统之下，仍然埋藏着比我们通常想象的更为丰富的"隐在"传统。这些传统中的一部分可能已经不同程度地变为当下的现实，而其他部分则更有待于我们进一步发掘和重建。其次，由于文化形态更新过程的复杂性，不可避免地会在这一过渡时段走许多弯路，因而对于当下的我们而言，正面的成功的经验与负面的失败的教训具有同等的启示价值，因为陈旧腐朽的东西和进步美好的东西一样都可能作为传统被我们代代相传。所以，两方面的文化（经验型与教训型）都应当被视作传统的一部分，甚至对于这一种过渡性的文化，许多领域里教训型的传统要占主导。与此对应的是，在梳理现代文化传统的方法上，我们就不仅要肯定和发扬也要批判和反省，如此才利于文化的不断发展和传统的不断更新。

一、精神动力系统：中国近现代知识分子的宏阔视野

或许是出于传统儒家文化崇古敬祖、追慕三代等原因，中国的古典文化似乎给人以保守、封闭、僵化等印象。西方启蒙运动时期的孟德斯鸠、黑格尔等人均把以中国为代表的东方文明看成是封闭沉滞的典型，而今人梁漱溟虽清醒地意识到中国文化的独异性并对其评价颇高，但也认为其由于理性早启、成熟太早而陷于盘旋不进，且有"老衰"的弊病。[①] 这些说法我们虽不能认为其毫无道理，但掩盖在政治"治乱"交替之下的文化、社会的变迁以及世代延续的事实，显然不能以沉滞封闭统括之。

---

① 参见梁漱溟：《中国文化要义》第十三章，上海人民出版社 2005 年版。

其实,古典文化中很早就有"通变"的传统,这在作为中国人哲学思维源头的《易经》中就有体现。如,对"易"的解释就有"盛德大业,至矣哉。富有之谓大业,日新之谓盛德,生生之谓易"[①];"《易》穷则变,变则通,通则久"[②]。在《易》的世界观中,万物永恒变化,因而人道也应顺天道而变,才可化凶为吉,谋其长远。故《大学》中有言"汤之《盘铭》曰:'苟日新,日日新,又日新'"。这样的思维方式上的"日新"、"通变"传统,再加上古典时代中国人独特的"天下"型世界观念,遂造成历代有识之士颇为开阔的文化心态,隋唐佛学的兴盛可为一佐证。至于清末以来社会的黑暗丑恶,的确有传统文化自身的许多问题:如它的确不能很好地营造利于创造的氛围;因为佛教思想之后就几乎没有任何异质文化的滋养刺激而的确有梁漱溟所说的"老衰"的弊病。再加上近代中国文化生态遭受外来力量的破坏,使得传统的阴暗面暴露得更加彻底等原因,容易造成人们对整个传统文化的排斥与厌恶,以及加深对它的封闭僵化的印象。近代以来,面临着"三千年未有之大变局",面临着中国由"天下"而变为世界中一"国家"的现实,这种外在危难的推动与传统文化内在的因时通变、开阔心态互为激荡,形成了近现代以来中国知识精英们的空前宏阔的世界视野与开放的精神态度。

总的来说,近现代知识分子的思想上的开放体现在两个大的方面。首先,就是在近代国门被打开之后逐渐输入的各种外来的思想、文化,这其中当然主要是西方文化,也有印度文化、阿拉伯文化等。由于西方国家自身经济、政治上的强盛,使得人们对它们的文化关注

[①] 见[魏]王弼、[晋]韩康伯注,[唐]孔颖达注疏:《周易正义》,《十三经注疏》,中华书局1980年版,第78页。

[②] 见[魏]王弼、[晋]韩康伯注,[唐]孔颖达注疏:《周易正义》,《十三经注疏》,中华书局1980年版,第86页。

较多、兴趣较浓，这是自然而然的。而且种种西方思想在其历史上原本是历时地展开的，但对于近代以来渴慕外来文化的中国知识分子来说，则总体上呈现出共时性的吸收态势。这一方面上是客观上西方文化也相当丰富，不同的人信奉不同的主义；另一方面也存在知识者心态上的开放和渴望，尽管可能因此会带来某些粗疏。其次，中国近代的危机虽然是政治、经济、文化等多方面的，但由于传统社会是整合性质的普遍价值形态，且常常是一元主导的，如在中国是儒教而在西方是基督教，因此，中国传统的政治、经济、文化都打上了很强的儒家文化烙印。于是，当人们对传统文化不满的时候，自然会将其有意识或无意识地归罪于主流的儒家文化。所以，反传统不仅可以采撷外来文化，也可以选取中国传统中非主流的文化，即以传统来反传统。近代子学与佛学的兴盛都能体现这一点。纵览近现代史上代表性的知识分子，都分别在政治上的激进与保守或反传统与卫传统这两个向度上有所建树，形成有关所谓激进派与保守派的分野（这种分野只是粗略的，因为两者内部其实常常相互交叉）。下面我们就来简单回顾一下。

(一) 激进派

在新文化运动的阵营中，这种以对外开放和对内反传统为标志的激进视野与态度是毋庸置疑的。先拿鲁迅来说，他一向是主张"拿来主义"的。《拿来主义》那篇文章虽是有所针对而发，但此种精神则贯穿鲁迅始终。知识结构上，鲁迅不仅对文学、历史、哲学、美术有广泛的了解，而且对医学、动植物学以及一些自然科学都有不同程度的涉猎。思想上，他既对中国传统的经籍相当熟悉，又对传统里的许多非正统思想十分关注。关于西方，他受到了进化论、尼采的超人学说、人道主义、马克思主义等诸多思想的影响。文学上，他喜欢传统小说、六朝文章以及道学气较少的野史杂记，对正统的唐宋古文等不大欣赏。外国的方面,他对俄国、日本及东欧受压迫民族的文学了解较多,并有很多这方面的译文。鲁迅的性格与文风常常招致某些人的责难。在许多人的印象中,鲁迅总好像给人一种性情孤傲、为人褊狭、态度偏激的感觉。平心而论,在性格方面,鲁迅确实有些多疑、敏感,但他的愤激、攻讦总是指向社会中的黑暗面,并且常常是毫不留情、毫不妥协,连"落水狗"都主张要痛打的。不过这些丝毫都不影响鲁迅作为一个精神上、思想上、知识上胸襟开阔、广纳博取的现代知识分子的大家风范。人们常常喜欢拿鲁迅的"不读中国书"来说事,但实际上鲁迅读的经史子集、野史笔记的数量是一般的学者无法企及的,《中国小说史略》与《汉文学史纲要》亦非精通旧学且识见通达之士而不能为也。其实,"不读中国书"恰恰符合鲁迅自己一贯的风格,即不随俗入流而一向冷静客观地观察时局。因为当时的梁启超、胡适等人纷纷为青年开列国学书目,而鲁迅认为当前青年们最重要的是行动、是奋起而不是钻进故纸堆,所以故意唱反调。"我以为要少——或者竟不——看中国书,多看外国书"不是在彻底否定中国文化,只是他觉得在当时的历史情境下,"外国书"更能激发青年人的斗志、更利于行,他觉得"中国书虽有劝人入世的话,也多是僵尸的乐观;外国书即使是颓唐和厌世的,但却是活人的颓唐和厌世"。[1]

又如新文化运动的另一领袖胡适,服膺西方自由主义,对美国文化甚为倾慕,倡导西化。他以进化论的思维以及近代化进程中欧洲各国均以方言土语替代官方的拉丁文为由来提倡白话文和新文学,认为"一时代有一时代之文学"。[2] 他吸收了杜威的"实验主义"的观点与方法,提出了史学研究中的"大胆的假设,小心的求证"的原则。

---

[1] 鲁迅:《鲁迅全集》第3卷,人民文学出版社2005年版,第12页。
[2] 胡适:"历史的文学观念论",《胡适文集》第2卷,北京大学出版社1998年版,第27页。

胡适一向对西方科学赞赏有加,在为《科学与人生观》作序时,为科学派撑腰,乐观地认为可以造就一种"自然主义的人生观"(即科学的人生观)。他早年有过长期留美的经历,深受西方文化之影响。以上所及都是事实,但并非所有的事实。胡适早年出国之前就在传统学问方面有扎实的根底,尤其有考据的爱好。他后来自称为"考据癖"并持续终生。出国考试就是以一篇有关考据的文章博得主考官的赏识而获得赴美之资格。1919年,新文化运动达到高潮的时候,一向主张西化的胡适开始公开倡导"整理国故",鼓励人们重评传统文化。其实他的本意倒不是希望青年们都钻进故纸堆,或是对传统文化产生迷恋,而是觉得传统中仍有宝贵的东西,希望能借助西方的诸如"实验主义"等科学的方法进行系统的整理,以过滤掉国故中的国渣找出真正的国粹。他写过一篇《整理国故与打鬼》的文章,至少表明了他的部分意图:

> 我披肝沥胆地奉告人们:只为了我十分相信"烂纸堆"里有无数无数的老鬼,能吃人,能迷人,害人的厉害胜过柏斯德(Pasteur)发现的种种病菌。只为了我自己自信,虽然不能杀菌,却颇能"捉妖"、"打鬼"。①

胡适仍然是秉承他之前遵循的"重估一切价值"的精神,只不过将其延续到中国传统文化的领域里。胡适对中国传统学问的兴趣十分广泛,几乎所有的领域都有涉猎,就其自身的学术工作来讲,中国古代哲学史与小说史是其一度较为重视的领域。1923年,胡适开列

---

① 胡适:"整理国故与'打鬼'",《胡适文集》第4卷,北京大学出版社1998年版,第117页。

了《一个最低限度的国学书目》,其中就对哲学史及文学史的方面较为重视,以至于还引来了不少质疑。哲学史方面,他的《先秦名学史》、《中古代哲学史》及《中国中古思想史长编》等都体现了成绩。文学方面,《白话文学史》,对《红楼梦》、《水浒》的考证,对《诗经》、《楚辞》的研究,都是代表性的成果。此外,他在史学研究以及史学理论领域也做出了较大的成绩,如禅宗史的重新考查、史学研究法的更新等。因此,这份书目也许很可以反映胡适一段时间里的学术兴趣,但不能完全涵盖胡适的整个学术视野。胡适在具体研究领域所做出的研究成果,很多都被后来的学者们超越了,但在那些年代他屡屡开风气之先的胸怀与气魄,则很能代表五四前后的那个时代。

以上新文化运动领袖们的开阔视野或许是题中应有之义,但实际上这种态度远不局限于新文化阵营之中。

(二) 保守派

如果说新文化运动的领导者大体上属于激进一脉的话,那么作为保守一脉的学人是不是一味地抱残守缺、封闭狭隘呢?事实上,后者广取外来文化的气魄也绝不逊于前者,只是随后在思想上、政治上做出的价值选择不同而已。下面我们就来谈几位保守派的代表,如作为政治上的保皇派的康有为和王国维。

康有为了解西学实际较早,在其 16 岁时(1874 年)已接触了一些经过日本传入的地球图等书册,自此便积极主动地学习西学。在《康南海自编年谱》中,他回忆当初的一些情形,谈到"乃复阅《海国图志》、《瀛环志略》等书,购求地理图,渐收西学之书,为讲西学之基矣"。[①] 1879 年他初次游历香港,亲眼目睹了香港井然有序的社会状况,开始对西人管理之社会面貌有了直观的、感性的了解,遂对西人

---

① 康有为:《康南海自编年谱》,文海出版社 1972 年版,第 7 页。

之治术颇为敬仰。1882年,康有为在上海几乎搜罗了当时能碰到的江南制造局、海关总署以及天津、闽、粤各地翻译出版的西学书籍。当时国内翻译之西籍数量上、范围为上均相当有限,故康有为还托友人从日本购置西洋书,并对西学中新奇、精深之思想和技艺大为骇异。自此到戊戌变法失败后的20多年间,康有为广泛地吸收了西学,由于当时国人对西学的理解尚在初级阶段,因而康有为基本上很难有意识地进行选择,基本上是能见到的就读,因而涉及面相当广,包括政治、经济、文化、自然科学、实用技术等各个方面的知识与思想。

康有为虽以倡导今文经学而闻名,但其经学之中实际已吸纳了许多西学之元素。如经他改造过的"公羊三世说"(据乱世、升平世、太平世),把孔子描绘成卓有远见之"圣王",托孔子之名认为人类历史是不可抗拒的从据乱世通过升平世进入太平世的发展进程,并认为此三世都有其对应的政治制度,分别是专制君主、君主立宪与共和政体。① 此说中的直线行进的历史观念,就明显受到了进化论的影响。又如他的大同世界的构想,就将《礼记·礼运》中的传统的"大同"观念与西方近代以来的空想社会主义学说进行了一定程度的糅合,或者说对中国传统的"大同"思想做了资产阶级民主主义的解读。

王国维相较前者接触西学较晚,和当时许多知识分子一样在中日甲午战争之后才开始关注西学。早先也曾四处寻觅西学书刊,包括西方传教士傅兰雅所办之《格致汇编》,并阅览维新派刊发之《时务报》等。1901年赴日本之后,更是深入了解了西方的哲学、美学、心理学、伦理学、教育学等。哲学是王国维早期关注西学的重要领域,

---

① 〔美〕费正清:《剑桥中国晚清史》(下),中国社会科学出版社1985年版,第338页。

他对此有过自述：

> 余之研究哲学，始于辛、壬之间，癸卯春，始读汗德之纯理批评，苦其不可解，读几半而辍。嗣读叔本华之书而大好之，自癸卯之夏以至甲辰之冬，皆与叔本华之书为伴侣之时代也。①

正如他自己所道，王国维深受康德、叔本华的哲学、美学等影响，曾发表《叔本华之遗传说》、《叔本华之哲学及其教育学说》、《叔本华与尼采》以及《汗德之哲学说》、《汗德像赞》等文章，向中国学界推介其哲学思想。虽然一般认为严复为介绍西洋哲学之第一人，但实际上，严复译介之西方名著多为与哲学思想有紧密联系的社会学、政治学、逻辑学著作，而非较为严格的纯粹之哲学。王国维相较严复虽起步较晚，但有其后发之优势，即可在前人工作之基础上有所精进。他在哲学方面的研究和介绍是比较纯正的。这些都体现在他的诸多翻译之中。据学者佛雏考证，王国维翻译之哲学文稿有十八种之多，源头上来自西方、日本哲人之手，内容上涵盖中西哲学思想（包括伦理学、心理学）。来自日本的有学者桑木严翼著写的《哲学概论》、《荀子之名学说》和《尼采氏之学说》；学者元良永次郎所著之《伦理学》和《心理学》；学者高桥正雄的《管子之伦理学说》；学者蟹江义丸的《孔子之学说》；学者井上哲太次郎的著作《日本阳明派之哲学史》。来自英国的则有学者西额惟克著写之《西洋伦理学史要》；学者模阿海特的著作《伦理学概论》；学者阿薄德著写的《汗德详传》；学者耶方斯著写的《辩学》。来自德国的则有哲学家尼采的著作《灵魂三变》；哲学

---

① 王国维："静安文集自序"，《王国维遗书》第 5 册，上海古籍书店 1983 年版。

家叔本华的著作《叔本华氏之遗传说》、《叔本华氏之思索论》;学者巴尔善著写之《教化论》。此外还有丹麦学者海甫定的著作《心理学概论》。由此可见王国维考查西学范围之广。

王国维早期对于哲学颇为倾心,认为应当把哲学与一般的法学、政治学原理分开,强调哲学超越公用利害的价值。他在比较了中西哲学的基础上,看出中国传统哲学缺乏西方哲学之纯粹的精神,常与伦理、道德、政治密不可分,因而他试图借助西方哲学严整的理论系统的哲学方式对中国哲学进行梳理,由此对中西哲学的互补融合做出了开创性的尝试。有学者甚至认为"王国维为20世纪中国思想界整理古代的思想传统创立了一种范式,这种新范式有一些基本特征,就是以西方的哲学问题为出发点,对于材料的整理以西方哲学的模式为依托"。① 在美学上,他借重康德、叔本华的思想重新研究传统文化资源,其著作《〈红楼梦〉评论》、《宋元戏曲考》以及《人间词话》均是中西美学交融的结晶。《〈红楼梦〉评论》中用叔本华哲学中对人生理解上的欲望、空虚、痛苦的观点对《红楼梦》进行重新解读,论证其悲剧性质。此说发人深省,推进了"红学"研究,但论证过程中尚有生硬、牵强之嫌。相对于《〈红楼梦〉评论》的"新"《人间词话》则显得"旧",但这已经是在更高的层次上实现中西美学的融合了,举凡境界、古雅等概念都借助了外来思想又回归了古典传统。

不过,这些开创性的成果若没有海纳百川的胸怀是不可思议的,而试图综合各种文化中的思想资源也是很难成就的。这就让人们想起他自己的学术观:"凡学皆无用也,皆有用也……学无新旧也,无中西也,无有用无用也。"②这种观念虽然有提倡学术与政治、道德拉开

---

① 干春松:"王国维与中国哲学学科的建构",《中国人民大学学报》2004年第4期,第82页。
② 王国维:"国学丛刊序",《王国维遗书》第4册,上海古籍书店1983年版。

距离的纯学术倾向,但其中将古今中西之思想平等视之,且摒弃新旧中西、有用无用之俗见的开放之态度,则是十分可贵的。

以上所举的几人只是中国近现代学人之代表,他们中的一些人如康有为、王国维和胡适固然曾经各有其历史局限性,但其早期所体现的"有容乃大"的气度,虽不是当时所有知识分子的共有态度,却也很能代表一大批知识分子的自觉选择。正是依赖于这些知识分子所提供的智力支持,一个庞大复杂、历史悠久、传统深厚的中国社会才能真正完成从古代到现代的转型,才能走上自己的新的独特的现代之路。即便他们中有很多长时间被特殊时代的战争、革命的主潮所掩盖,但在当下的和平年代里,重新审视和清理他们遗留下的思想观念和精神态度两方面遗产,包括重新审视和清理他们的历史性过失,具有无可怀疑的重要性。

二、价值系统:中国现代价值形态的变迁

考察中国现代价值形态的变迁,需要首先面对一个长久以来的误解:或许是由于中国传统的历史观念常被称为是循环史观或倒退史观,人们长久以来习惯于把传统的中国描绘成一个封闭排外的形象。由于如此,中国自近代以来的诸多变化很自然地就被简单地理解为是受到西方文化强有力的外力冲击的结果,似乎它走上现代化的过程是全然被动的,是被强行拖入到以欧美发达国家为引领的全球化进程之中的。这些观点形成的背后,实际上有着较为深刻的历史缘由。

(一) 中国现代价值形态的形成缘由

对中国现代价值形态形成的缘由,可以从三个方面来分析。

首先,需要关注的是学术层面自身的原因。近现代以来在全球化的大趋势下,中国古典文化无可挽回地逐渐退出历史舞台的中心,

给人们留下了无数令人深思的疑难:在其他古代文明纷纷中断的情形下,为何中华文明源远流长、延绵不绝,其内部有何伟力?中国如此的广土众民,民族的、地理的差异如此之大,何以很早就呈现大一统之局面,即使分裂又能复归统一?何以中华文化没有狭义上的宗教?即是外来的佛教也被改造成中国式的禅宗,是什么承担了其他文明中类似宗教的角色?在一治一乱的政治循环中,有没有文化、社会方面的前进变动,她果真只是不断地循环往复?相较其他文化系统,它有何独具的特质,为何会成为西人眼中一切情形的例外?在与其他文明的接触、碰撞中,她有没有内部的适应机制、协调机制主动地拥抱之而充实自己,还是在西方文明的冲击下很快就萎缩凋谢、土崩瓦解?西方文化中长出的科学、民主是否真的那么完善,即使要建立科学、民主,是否就必须抛弃传统,二者可否并行不悖?有什么理由我们还要继承和弘扬她,又有什么理由要改造甚至抛弃她,全球化的时代她是否还有勃勃的生命?……这些重大的问题按道理在文化转型、王纲解纽的时代,由于吸取其他文化的优秀因子而有可能得到重新的审视。同时,在近现代学术体制下研究的政治依附性减弱的条件下,历史的丰富性、多样性有可能得到更客观的再现。不过,遗憾的是,这些难题并没有在近现代期间得到认真的研究。当然,这或许应当主要从学术之外找原因。

其次,外部的历史因素也是不能被忽略的。近代以来西方文化表现出的先进性是谁也不能否认的,但这并不是说它自身没有缺陷,况且自诩文明进步的西方文明的强势扩张,在全世界都伴随着铁与血的野蛮。就其攻击性、扩张性而言,西方文明抹不去侵略和霸权的深刻烙印。一方面,它的强势形象会使中国文化这种较为柔性、温和的文化显得更加弱小,使人们易于忽略后者的那种深潜的内蕴和坚韧。另一方面,帝国主义列强在条约体系下的"合法"掠夺与瓜分所造成的危急形势，势必会激起有深厚的感时忧国传统的知识分子的"救亡"心态。严酷的时局与救亡的热情客观上剔除了大部分知识者重整文化传统、深思文化难题的物质条件、精神前提，再加上强势的西方文化中确有着光辉灿烂的部分，在其魅力吸引下许多知识分子也对之加以鼓吹和礼赞，所有这些都使得古典文化和历史的丰富性被深深地掩藏起来。此其二。

最后，不得不提到的，还有特定时期支配性意识形态的作用。每段历史都会被打上当时的官方或主流意识形态的印记，而我们回顾历史也还要遵循某种思维方式或解释套路。

(二) 中国内部的价值适应与演变线索

以上所论的三个原因，都使得中国的传统文化被人们过多地忽略和轻视了，以致我们看不到近现代以来在那条显在的、受西方文化刺激影响下偏重于横向移植的文化线索之外，还存在着一条隐在的、边缘的中国文化内部积极主动地适应与演变的文化线索。只有把这两条线索结合起来，才能对中国现代文化传统整体有深切的和全面的了解，尤其是在西方文化日益暴露出其深刻痼疾的今天，梳理在这两条线索交互激荡下的中国现代文化形态，就更能给我们当前以重要的启示。事实上，中国的历史、文化、社会一直以来都无不在变化、演进之中，就拿文化中最核心的价值观念来看，亦是如此。从以孔孟为代表的原儒到因儒释道三教互动交融而形成之宋儒、明儒，其间的变迁、差异已成常识。然而，这里想强调的是，传统文化历史上所遭遇的最大挑战莫过于佛教的东进。即便如此，佛教的价值观念、人生图式也没能从根本上改变以儒家为主体的中国古典文化的基本结构，保留佛教原汁最多的唯识宗的没落与中国味最浓的禅宗的兴盛即是明证。也就是说，近代之前的种种变动，都仍是传统文化内部的调整和更新，没有从根本上动摇其根基。然而，近代以来面临的西方文化的挑战却与此前有本质的不同。中国人对之的理解逐渐地经历了从器物、制度到思想文化等阶段的演变。此后,中国人才终于发现,西方文化挑战的正是传统文化赖以存在的基础。故此,作为文化核心的价值形态在近现代的中国发生了剧烈的、根本性的变化。仔细地回顾和考查这个过程,能使我们从这种变化中,多少获得一些确立我们当代价值观念的经验教训。

(三) 一元论价值解体及现代价值创生

综览中西历史可以发现,在转向现代之前,它们的古典文化形态都有一个相似之处,那就是以一元的价值形态作为绝对的主导。中国文化尽管丰富多彩,佛教、道教也都曾盛行一时,但在一个长期保持大一统形式的帝国政治状态下,儒教成了绝对的官方权威,也成了民众安身立命的价值源泉。西方的中世纪虽然小国林立,且层层分封,政治上处于分裂状态,但垄断文化、掌管精神生活的基督教却长期凌驾于世俗权力之上,并以其大一统的模式使基督教的价值系统占据绝对的主导。在这种长期的一元价值形态做主导的传统社会里,该价值形态的一些核心观念将会逐步地、最大限度地扩散到社会的各个领域,呈现出不同社会生活领域的价值整合,从而形成普遍价值模式。如基督教、儒教的核心价值都曾渗透到民众的日常生活、社会文化、经济运行、政治结构、伦理道德、价值信仰等不同的领域中,并长期处于权威地位。而现代社会的核心价值观念如自由、民主、人权、科学等严格地说都是中西古典文化中不曾有过的。西方完成这一价值转型经历的是从宗教改革、文艺复兴到启蒙运动的漫长的,因而也相对较为自然和从容的过渡,但中国的价值形态的转化不但面临西方现代文化异质性极为强烈的困难,而且还总是伴随着诸帝国主义列强们隆隆的炮声,因此先天地就处于被动和迫切的环境当中。

总的来说,一方面,自西人打开国门,大批商品开始涌入国内市场四处倾销以及前前后后的大批传教士的各种活动,已经开始令传统的价值形态慢慢地发生了变动。而另一方面,面对西人的强势以及不得不做出改变的时局,在最初的被动演变的形态中,又多了一种以近现代知识分子为代表的追求国家富强的主动意义上的价值创生。如此,一方面是来自西方的现代商品及传教士活动等动摇了中国固有的传统价值体系的根基,另一方面则是近现代知识分子的主动的价值探索,由这两方面的合力推动了中国现代价值形态的创生。

(四) 现代进程中的现代价值

下面就从这两个方面进行具体探讨,并且遵循这样的原则,即把抽象的价值观念与价值观念的物质承担者结合起来考查。而所谓价值观念的物质承担者,大体上可分为三个方面:一为社会结构或制度,二为人(主要是知识分子),三为器物,且此三者常常抱在一起,难以截然分开。自鸦片战争以来,西方列强逼迫清政府与之签订了一系列不平等条约,建立了较完备的条约体系。在条约体系的看护下,西方大量商品或器物涌进中国市场,小到日常用品大到机械军工,使中国社会经历前所未有的器具换代与更新的时期。现代文明声光化电的神奇与科技产品的便利与精美,引起了国人复杂的心理:一是惶恐和不安,这主要来自观念保守、意识敏感的文人士大夫们感到这些会对传统社会的形成有力冲击;而另一方面则是赞叹与艳羡。这种怨恨与羡慕交织的心理,几乎包括所有知识者与民众。经过工业革命的西方诸国,其生产之商品在客观上还是有很大的实用性、便利性,再加上机器大工业的批量生产模式的低成本与不平等条约体系赋予的种种不合理、不公平的竞争和倾销,终于不可阻挡地进入到千家万户,进入到百姓的日常生活领域,久而久之甚至成了不可或缺之物。

应当看到,器物绝非仅仅是日常物品那么简单。其实,每一件具体商品都蕴含着某些特定的含义,而这些含义又或多或少地与"道"相关。先贤们就曾有过"道不离百姓日用"、"道即是器,器即是道"之类说法,它们多少道出了两者的密切关系。如早年的蒸汽机车,就有现代文明的快速、强有力的意味,往往被视为工业化的象征。但当中国的第一条铁路修成通车时,它滚滚的浓烟和巨大的轰鸣曾令当时的士大夫甚为惊恐,目为妖怪,指斥其惊动附近的神灵,最后改之用健马牵拉机车,史称马车铁路。又比如传统社会里的许多物品代代相传,现在人们也常说"祖传"。中国人向来很重视祖先传承的东西,一件饰物、一套家具、一壶老酒、一件衣服、一个秘方等等,可能凝结着后辈们对先者的尊敬与怀念,关系着人伦情感之"道"。然而,在日益强调快速消费节奏的现代社会,尤其是体现为当下众多一次性的商品化用具,大大改变了人们对物品上承载着的精神因素、象征意义的尊重,变成了追求物品的不断消费、弃旧换新,因为这里面体现着新的"道"——购买时尚。

而且,物品的背后还有与之对应的生产方式、经营模式的配套。在这种来自西方的现代化生产方式背后,又体现着征服、享用外在世界的自然观,这对于中国传统的以"天人合一"为代表的物我不分、天人和谐的世界图式构成极大的冲击。新的生产方式必然会改变社会的经济运行结构。城市里大规模的工厂、商行造就了越来越多背井离乡的现代打工仔,他们长年漂泊在都市,其生活的环境大大改变了传统的道德、伦理及生活方式。许地山的小说《春桃》就记述了一个叫春桃的女子,原本是财主的女儿,因战乱逃难到城市,终日以捡破烂为生,其间经历了与两个男人的情感纠葛,生活的境遇最终使他们选择了两男一女的生活方式,这种离经叛道的结果很大程度上显然是由社会流动造成的。

另外,帝国主义的侵略造成的中国社会制度的变动,也极大地促进了传统价值观念的逐步解体。因为一个社会的价值观念的形成，大体上是有着"因政教则成风俗，因风俗则成心理"[1]的过程。社会官方的意识形态由于通过强大的政府机构及体制框架的支撑，总是能在一个社会里居于显赫的主导地位。传统的儒家价值观念所能起到的文化向心力、凝聚力的作用就在于此。就拿中国持续了一千多年的科举制度而言，它供奉的儒家经典对文人的统括力、开放的永远都有机会与希望的体制特征、以及成功后带来的现实利益与光宗耀祖的巨大精神能量及社会认同，都使得儒家文化牢牢地牵住了社会精英群体们的心。然而，1905年科举制的废除，便"破坏了经典教育，严重地削弱了传统价值的影响，代之以毫无章法可循的局面"。[2]科举的废除堵死了文人们的进阶之路，而新式学堂的初兴尚极不完备，且高等学校大都集中在少数的大城市，且不能提供如科举般的功名与持续终生的机会，因而不免造成传统社会价值观的解体。对绝大多数文人来说，科举制的废除是个象征，象征官方政府已对儒教失去信心，这自然极大地影响了依赖儒典而形成的"士"的阶层，缺少了科举这样强有力的制度象征所提供的统摄力，"士"的阶层就渐渐退出了历史舞台。

　　这种社会精英的缺失在城市里尚且有新式的知识分子作为其补充，而在广大的乡村，其秩序则因士绅的解体而产生精神的空白，造成乡村秩序的恶化与失调，这对传统的价值系统又是沉重的打击。须知在前现代社会，很大程度上出于技术条件等原因，国家、政府对地方的直接管理很难长期有效地实现，从其机构设置便不难看出。

---

　　[1] 章太炎："四惑论"，《章太炎全集》第4卷，上海人民出版社1982年版，第445页。
　　[2] 〔美〕罗兹曼（Gilbert Rozman）：《中国的现代化》，国家社会科学基金"比较现代化"课题组译，江苏人民出版社1988年版，第336页。

如"汉朝末年,一个县官管辖 5 万人,而到清末却要管辖 30 万人"。①试想,以一个县衙的规模及当时的交通、信息传输等手段要处理包括民政、诉讼、税务、基建等地方事务,是没有办法实现有限管理的。因而实际上当时的地方上有很大的自治权,与西方近代早期一些城市的自治相对应,在中国有所谓乡治。② 这是一种特殊的地方自治的形式,其中扮演重要角色的便是地方上的士绅。他们是由科举制产生的,一般都由考取过一定的功名的知识分子与知识分子家族组成,其规模在清代相当庞大。据张仲礼估算,太平天国后全国生员约 90万,而监生(纳捐也可获得)约 50 万,再加上其直系亲属则太平天国前约有 550 万,太平天国后则有 720 万。③ 且分布也非常广泛。士绅阶层的职能是填补官僚政府与广大民间社会之间的真空,或者有政府的非官方部分的性质。④ 由此看,士绅有两面性。一方面,他们有功名和特权,背地里常与官府勾结谋取私利,成了地方上的剥削、压迫群体,这一点是无可否认的。但另一方面,他们仍然必须以儒典为中心,接受圣人的熏染,至少在表面上竭力维持其形象和尊严;⑤并凭借他们所掌握的文化及利用其在一般百姓中的威望,由此承担着由儒家传统所规定的社会伦理责任以及农村文化生态平衡的维持;还有延续农村文化传统的功能等。⑥ 也可以说,他们一方面作为社会结构中的既得利益者,大体上受政府的领导,并接受和捍卫官方

---

① 〔美〕费正清:《美国与中国》,张理京译,世界知识出版社 1999 年版,第 37 页。
② 参见梁漱溟:《中国文化要义》,上海人民出版社 2005 年版,第四章。
③ 参见张仲礼:《中国的绅士》,上海社会科学出版社 1991 年版,第二章,第二节。
④ 参见〔美〕费正清:《美国与中国》,张理京译,世界知识出版社 1999 年版,第 37 页。以及〔美〕兰比尔·沃拉(Ranbir Vohra):《中国:前现代化的阵痛》,辽宁人民出版社 1989 年版,第 21 页。
⑤ 这一点虽然常被人们诟病为虚伪,但实际上对社会习俗之形成却颇为重要。
⑥ 参见萧功秦:《与政治浪漫主义告别》中的"科举制度的废除与二十世纪中国文化的断层"一文,湖北教育出版社 2001 年版。

意识形态,对民众施以伦理、道德的教化。另一方面,他们也作为地方事务的参与者与地方利益的保护者的面目出现,"承担了诸如公益活动、排解纠纷、组织修路筑桥、开河建堤等公共工程,此外,还组织地方治安、征税,弘扬儒学,兴建学校等农村社会生活的各项工作"。① 故而农村的社会生活与文化生态的管理与维持,在很大程度上依赖于这样的诞生于科举制的士绅集团。这样的管理虽然时常不如人们想象的那样安稳和谐、那样尽如人意,但毕竟已经是尚且有管理者的结果了。

然而,科举的取消以及读经的废止,不但象征官方对儒学信心的丧失,而且也表明广大文人获取利益或功名(如地位、名望、权力等)的合理化途径已不复存在,这就使四书五经渐渐被人疏远,传统士绅阶层慢慢解体。尽管我们不能把这一过程估计得太过迅速,但在一代人过后,即20世纪30年代,"传统村庄领袖不断被赢利型经纪人取代,村民们称其为'土豪'、'无赖'或'恶霸'。这些人无所不在,影响极坏"。② 也就是说,先前的士绅阶级在剥削压迫之外还有正面的管理、教化的一面,并且儒家的伦理原则与中庸的行为规范尚能对士绅的消极一面产生一定的抑制,其压迫尚有底线。但民国建立以后出现的土豪、劣绅、恶霸、刁民,则越来越只剩下赤裸裸的人性的丑恶了。如此一来,作为中国传统文化价值规范的物质承担者就发生全面的变换,终使得原有的价值形态日益缺乏它所赖以维持存在的基本载体,从而就发生了逐渐的失范与蜕变。

(五) 城市知识分子的价值探索

以上所说的都是被动的方面,下面再来看看主要由城市知识分

---

① 参见张仲礼:《中国的绅士》,上海社会科学出版社1991年版,第一章第七节。
② [美]杜赞奇(Prasenjit Duara):《文化、权力与国家》,王福民译,江苏人民出版社1994年版,第238页。

子们承担的现代中国价值形态变迁的主动方面。

其实,从魏源、林则徐到王韬、冯桂芬,再到李鸿章、张之洞,已经展现了主动寻变的倾向,但他们的主张多在器物与制度方面,而甚少触及思想文化及价值系统的核心。就最终结果来看,第一次在价值方面对中国社会形成主动冲击的,应当是洪秀全与太平天国运动。这不是出于纯粹思想上的因素,它的作用是建立在太平天国政治运动的声势之上,并被这样的起义运动大大加强了。洪秀全以拜上帝教起家,吸收了许多基督教的文化质素,尽管在有些人看来这是对基督教的歪曲。太平天国的纲领尽管许多仍然得自于传统,但毕竟披上了基督教的外衣,经过了某种程度的基督教思想的改造。① 比如取消了孝道这一观念,另外还有男女平等的一些思想,并反对娶妾、缠足、包办婚姻、吸食鸦片等等。这些思想与措施随着起义运动的持久和扩大,对中国传统社会形成了较大的冲击,以致镇压太平天国的曾国藩、李鸿章等人在其讨伐檄文中就提到太平天国对于传统的"礼义人伦诗书典则"及孔孟之道的毁坏。之后他们试图中兴儒学,也是欲修复、重建儒家的传统价值系统。

如果说,太平天国对传统纲常的动摇负载于政治运动之中尚不是特别自觉的话,那么,五四新文化运动对传统伦理的主动攻击则是再自觉不过了。事实上,晚清思想界的"经世致用"的思潮就曾大涨一时,这已透露出当时的文人士大夫至少对正统的儒学产生了不满,且经过不断累积和发展,"通过变法改制而逐步脱离了中国的传统,从此再也没有回到儒家'治国,平天下'的旧格局"。② 晚清的"经世致用"、洪秀全的太平天国、以康梁为代表的戊戌变法,更重要的还有

---

① 李泽厚:"洪秀全和太平天国思想简论",《中国近代思想史论》。以及〔美〕费正清:《美国与中国》,张理京译,世界知识出版社 1999 年版,第 171 页。
② 余英时:《现代儒学的回顾与展望》,三联书店 2004 年版,第 93—94 页。

前述的由于物质载体的迁移而带来的价值观的松动和缺口,这些都构成了五四对传统进行全面清理的先导与基础。

五四对传统的纲常、伦理、道德的批判是以几个现代杂志为阵地的,其中《新青年》和《新潮》可能是影响最大的两个。陈独秀最早对儒家的三纲进行全面的攻击,他在《一九一六年》中写道:

> 儒者三纲之说,为一切道德政治之大原;君为臣纲,则民于君为附属品,而无独立自主之人格矣;父为子纲,则子于父为附属品,而无独立自主之人格矣;夫为妻纲,则妻于夫为附属品,而无独立自主之人格矣。率天下之男女,为臣,为子,为妻,而不见有一独立自主之人者,三纲之说为之也。缘此而生金科玉律之道德名词,——曰忠,曰孝,曰节,——皆非推己及人之主人道德,而为以己属人之奴隶道德也。人间百行,皆以自我为中心,此而丧失,他何足言?①

由此可看出,陈独秀对传统批驳的一些特点:一是批评面广,视三纲为一有机之整体,全面出击;二是批评的程度深,甚至不惜用十分激烈的言辞。如借自尼采的"奴隶道德"与"主人道德"的字眼便很是触目惊心,达到让人幡然梦醒之效果。在1915年的《东西民族根本思想之差异》中,经过对二者的比对,他更是总结出东西文化的三大不同,即"战争本位与安息本位"、"个人本位与家族本位"及"法制实利本位与感情虚文本位"。其中关于"个人本位与家族本位"的看

---

① 陈独秀:"一九一六年",《陈独秀著作选》第1卷,上海人民出版社1984年版,第172页。

法确实很能代表五四那个时代知识分子对此的看法,在当时是最早也较为深刻,他认为:

> 律以今日文明社会之组织,宗法制度之恶果,盖有四焉:一曰损坏个人独立自尊之人格;一曰窒碍个人意思之自由;一曰剥夺个人法律上平等之权利(如尊长卑幼同罪异罚之类);一曰养成依赖性戕贼个人之生产力。东洋民族社会中种种卑劣不法惨酷衰微之象,皆以此四者为之因。欲转善因,是在以个人本位主义,易家族本位主义。①

提出"个人本位主义"的口号,这就触及了五四批判传统树立现代价值观念的核心,即把人从各种伦理纲常的枷锁中解放出来,使自己成为个人自身的主人,这也就是20世纪30年代郁达夫所总结的五四最大的功绩便在于个人的发见。1917年《新青年》迁至北京后,曾在两年多的时间里集中讨论了中国家族制度、妇女解放等问题。吴虞的《家族制度为专制主义之根据论》,陶孟和的《女子问题》,周作人译介日本谢野晶子的《贞操论》以及胡适的《贞操问题》和《易卜生主义》都在社会上造成了很大的影响。

当时的北大学生傅斯年、罗家伦所创办的《新潮》月刊也同样声势浩大地对相同的问题展开了大规模的批判性反思。在《新潮》创刊号上,傅斯年著文痛斥中国的家族制度,态度相当激烈。认为传统的家庭是禁锢人之"个性"的牢笼,而人的一切善端均是由"个性"发展而来,因此家庭就被贴上了一个过激的标签——"万恶之原"。② 除

---

① 陈独秀:"东西民族根本思想之差异",《陈独秀著作选》第1卷,上海人民出版社1984年版,第167页。

② 参见《傅斯年全集》第1卷中的"万恶之原"一文,湖南教育出版社2003年版。

了理论上的煽动抨击之外,白话新文学作为其中最有实绩的一支,也在用一支感性的描写、形象的刻画的笔与之相呼应、配合。早期的"问题小说"尽管技术粗糙,但涉及的问题、饱含情感的笔触很能牵动年轻人敏感易动的心灵,而深刻圆熟的鲁迅小说与杂文更是振聋发聩影响至深。鲁迅在《狂人日记》中道出的封建礼教"吃人"的口号和意象,时至今日仍能深切地打动读者,在当时的震撼可想而知。

从新文化运动这批先驱们的文章来看,传统的价值观念在被其痛切批驳攻击之外,还时常加以冷嘲热讽,这就使以往那种对传统的尊重与敬畏之情荡然无存。更重要的是,五四时这类声音居时代之主流,他们言论的忠实听众本来就缺乏传统文化的根基、本来就缺乏同情与了解,再加上传统的价值观念确实已松动、散落造成文化生态的混乱,人们对旧有丑恶的深刻体验进一步凸显,就势必会引起广泛的认同与共鸣。就这样,新的知识分子精英们就从主动的方面推动了传统价值观到现代的转换。五四以后的知识界虽然产生了分流,但五四时植入人们心中的一些基本价值已经深入人心。即便在革命的阵营里,在频繁发生的文艺论争中,也能看出在大多数知识者的意识里,人的自由、个性仍然有着颇为重要的分量。

前文已述,古典的价值系统常呈现出一元主导的普遍形态,在中国是儒教,而在西方则是基督教。这些文化机制系统承接了人类早期的文化因子,因而用现代的科学的眼光看去,不免"魅影重重"。因此,西方的现代化实际也是个世俗化、祛魅化的过程。在这个过程中,一元主导的价值形态逐渐解体转为多元价值共存,而那种无所不包的普遍价值也成了有限的仅仅适用于个别领域的价值观念。在这一点上,恐怕中西之间是有相通之处的。所以,五四所开辟的科学、民主、个性、人权、自由等观念,仍然有极强的生命力和正当性,是我们当下建设现代化的不可或缺的价值导向。

不过,在道德领域、伦理秩序的方面,照搬西方的文化显得不大可能,东亚的现代化的实践给了我们以启示。也就是说,每个民族都不可能完全摒弃或洗去身上的传统基因,而对于历史悠久、传承数千年之久的中华文明就更是如此,那些常年生活于西方发达国家的中国人,在历经数代后仍能在相当程度上保存传统的生活方式,就更能证明这一点。以上对中国近现代史上价值形态的解体、变迁做了简短回顾,它给我们的最重要的恐怕就是这样的启示。

三、信仰系统:现代中国信仰形态的再思考

信仰向来就是对某种主张、主义或宗教的尊敬和信奉,并以之作为自己言行的指南。由此看,信仰是一种对于非实在的实在感,是对于一种并非作为直接经验对象的存在持有一种超越的、极端强化的信心。因而,广义地说,任何时代、任何民族都离不开信仰的支撑。信仰大体上可分为有神和无神两种,前者就是一般所谓的宗教。而宗教通常也可分为两类,一类是与认识论相分离的纯精神性信仰,一类是与认识论相结合的信仰。后者不但把《圣经》看成是精神信仰的源头和权威,而且还将《圣经》的记述看成是历史的真实、事实的真相,如基督教原教旨主义者等。不过,越来越多的学者在研究全球化进程中的多元文化世界时,已主要是从能否提供一整套有效的价值规范系统的角度去界定宗教。这样,作为中国文化核心的儒家思想也就有了宗教的身份。这里拟考查中国近现代历史中当以儒教为主体的传统信仰形态解体之后,当时的知识分子们在重构价值系统的时候,曾探索过的主要信仰形式,并辨析其得失,为我们当下的信仰重建提供可供借鉴的思路。

自1840年,英人强行打开中国的大门之后,中国人固有的"天下"观念被置换成了国家和民族,随即不可避免带来的,是以纲常伦

理为核心的儒家价值观和以天人合一的宇宙观为中心的传统信仰系统的涣散与消解。相较其他极大文明形态,中国传统的文化信仰有一个显著的特点,那就是没有一个脱离人间、人伦的超越的天国与神灵,而是让信仰处处体现在人们的生活方式、存在方式之中。因而,如果来自西方的外在的强力使得传统的生活方式注定要发生变动的话,那么,附着于其上的信仰就势必难以为继。此时摆在中国知识分子面前的任务就是,怎样再造"新宗教"、"新信仰",以适应现代的生活。对此,他们或以继承传统为主将其重新发掘阐释,或者以西方文化为主着手引进改造,或尝试把中西信仰资源互为融通。无论选择哪条路,其共同点在于,他们都以宏阔的视野广览中西等各类文化;而区别之处则在于对它们吸收的程度、多寡有别。限于篇幅,下面就以五四前后具有代表性的、影响颇大的"人道"的新宗教为主进行梳理,看看在那段历史时期知识分子们的精神抉择。

其实,中国的远古宗教仍然是有神论的,但经过孔子删订"六经",对前代文化进行了一番整理和总结,形成了一套从安身立命到治国安邦的观念体系之后,"鬼神"就已经从古文化中逐渐淡出了。《论语》中的"祭如在,祭神如神在"(《八佾》)、"敬鬼神而远之"(《雍也》)、"子不语:怪,力,乱,神"(《述而》)、"未能事人,焉能事鬼"(《先进》)等圣人之言对后世中国文化的演进影响极大,从中不难看出所谓"鬼神"在很大程度上已被悬置了,存而不论。传统信仰中既然已无"神"的绝对权威,那么在现代文化"祛魅"的趋势中,更难再有"神道设教"的状况,这就为现代将信仰的焦点集中到"人"铺平了道路,对于中国这种选择自然是在情理之中。正如人们早已认识到的那样,中国传统文化走的是自我的内在超越之路,西方则是选择了外在超越的方式,故西方的信仰指向神、指向上帝,而在中国则指向人。现代中国出现的"人道"的新宗教,在思路上与中国固有传统是一脉相承的,但这种承接主要是在形式上,而内容的方面则融入了许多西方现代文化的质素故颇与传统有别。试以新文化运动的两位标志性人物陈独秀和胡适分论之。

(一)陈独秀:科学与人道

信仰对于近现代中国人,尤其是对有着由来已久的感时忧国传统的知识分子,拥有莫大的魔力。所以,五四新文化运动的一面是"重估一切价值"、偶像破坏,另一面也是崇拜偶像。陈独秀早年排斥一切传统的宗教、偶像,无论是孔教还是基督教。他的文章《宪法与孔教》、《孔子之道与现代生活》、《再论孔教问题》、《科学与基督教》、《偶像破坏论》等文章很能表明他当时的态度。其实,五四时对"偶像"的攻击是有其现实原因的,因为在当时的知识精英们看来,儒家文化总体而言已经不能与现代文明相调和,它虽然也在慢慢的瓦解中,但在新信仰、新价值没有树立起之前,凭借它在中国历史中长达一千多年的盘踞仍然有"百足之虫死而不僵"的态势。且看戊戌变法前后的康有为大力组织的"孔教会",虽然托"孔子"之名,而改西方资本主义制度之实,但孔子的权威仍是其借重的砝码,再加上袁世凯当权以及张勋复辟之时都提倡读经,抬出"孔教"的招牌,因而陈独秀们痛感新事物不可阻挡地要来但旧事物却仍旧盘桓不去,故而在策略选择上将攻击孔教推到了阵地前沿。其实,读过陈氏文章的都不难看出,他对于孔教在中国历史上的作用还是没有抹煞的,只是认定它不合宜于现代的生活而已。至于基督教,陈独秀一开始就肯定了纯粹的原始基督教之伦理的价值,即"爱之宗教",在文明史上有高尚的势力,只是在他看来,基督教有一最大的几乎不可原谅之罪过——阻碍科学,因而不能不破除。那时的陈独秀,受孔德的实证主义历史观的影响,正是科学的忠实信徒。他在《近代西洋教育》中介绍了孔德的历史发展三段论和科学实证的方法:

人类进化为三时代：第一曰宗教迷信时代，第二曰玄学幻想时代，第三曰科学实证时代。欧美的文化，自十八世纪起，渐渐的从第二时代进步到第三时代，一切政治，道德，教育，文学，无一不含着科学实证的精神。①

因此他将佛耶孔老等都视为过往历史中的迷信、玄想之残留，以为当今已是科学实证的时代。在《再论孔教问题》一文中，他甚至扬起了"以科学代宗教"的大旗：

余之信仰，人类将来真实之信解行证，必以科学为正轨，一切宗教，皆在废弃之列……故余主张以科学代宗教，开拓吾人真实之信仰，虽缓终达。若迷信宗教以求解脱，直"欲速不达而已"。②

陈独秀对于当时的旧宗教、旧偶像的激烈言辞和决绝态度在《偶像破坏论》中达到了顶峰。他在文章最后写道：

破坏！破坏偶像！破坏虚伪的偶像！吾人信仰，当以真实的合理的为标准；宗教上、政治上、道德上、自古相传的虚荣，欺人不合理的信仰，都算是偶像，都应该破坏！此等虚伪的偶像倘不破坏，宇宙间实在的真理和吾人心坎儿里

---

① 陈独秀："近代西洋教育"，《陈独秀著作选》第1卷，上海人民出版社1984年版，第324—325页。

② 陈独秀："再论孔教问题"，《陈独秀著作选》第1卷，上海人民出版社1984年版，第253页。

彻底的信仰永远不能合一！①

这的确是那时陈独秀一贯的不容人辩驳的口气。不过，不难看出，除了破坏旧偶像的坚决态度外，他要破坏的是他所认定的"虚伪的偶像"，而不是一般性的铲除一切偶像。可见，其真实意图乃是要给他所期待的"真实的合理的""彻底的信仰"扫清道路，因为当时的陈独秀还信仰着科学。但两年后，他的态度发生了较大的变化。1920年，他发表了《基督教与中国人》一文，声称自己找到了新的信仰。他着重强调的重心已发生了偏转。文章一开头也承认基督教曾压迫科学、压制自由，但更看重的则是作为欧洲文明源头的基督教、以其根本教义示人的基督教。他说："我以为基督教是爱的宗教，我们一天不学尼采反对人类相爱，便一天不能说基督教已经从根本崩坏了。基督教底根本教义只是信与爱，别的都是枝叶。"②他的"新信仰是什么？就是耶稣崇高的、伟大的人格和热烈的、深厚的情感"。③陈独秀还进一步总结了这种人格、感情的内容："崇高的牺牲精神"、"伟大的宽恕精神"和"平等的博爱精神"。④ 而他服膺于这种宗教的目的在于：

我们今后对于基督教问题，不但要有觉悟，使他不再发

---

① 陈独秀："偶像破坏论"，《陈独秀著作选》第1卷，上海人民出版社1984年版，第393页。

② 陈独秀："基督教与中国人"，《陈独秀著作选》第1卷，上海人民出版社1984年版，第85页。

③ 陈独秀："基督教与中国人"，《陈独秀著作选》第1卷，上海人民出版社1984年版，第89页。

④ 陈独秀："基督教与中国人"，《陈独秀著作选》第1卷，上海人民出版社1984年版，第90—91页。

生纷扰问题,而且要有甚深的觉悟,要把耶稣崇高的、伟大的人格和热烈的、深厚的情感,培养在我们的血里,将我们从堕落在冷酷、黑暗、污浊坑中救起……美与宗教的情感,纯洁的深入普遍我们生命源泉底里面。我主张把耶稣崇高的、伟大的人格和热烈的、深厚的情感,培养在我们的血里,就是因为这个理由。①

我们知道,在西方文化中,神与人截然二分。上帝是一切价值、信仰、道德的根源,上帝的一切都是完美的、善的,而本性阴暗怀着原罪的人只有遵照神的指示才能获得拯救,两者之间有着不可逾越的鸿沟。而陈独秀对基督教的上述表达,显示了他还是以儒家思维模式去解读异质的基督教信仰系统。传统儒学认为神人、物我、此岸和彼岸之间均无绝对的界限,所谓"道在人伦日用"、"天人合一"、"为仁由己"、"尽其心者知其性,知其性者则知天"等都表明了这一点。用这种中国思维来阐释基督教的教义,则不免产生"神的人化"和"人的神化"的效果,从而充满了人道信仰的色彩。也因此,陈独秀才试图把耶稣伟大的人格和深厚的感情注入到人的身上,"培养在我们的血里",以便把我们救起。所以,陈氏所描述的确已是他自己理解的所谓新信仰了,这就是"爱的宗教",人道的宗教!仔细分析,他似乎受到了两方面的影响。一是受到与西方传统的"原罪"、"性恶"倾向不同的儒家传统中的"性善"、"良知"等的影响,二是受到了孔德的所谓"人道主义宗教"的影响。正如学者所指出的那样:

---

① 陈独秀:"基督教与中国人",《陈独秀著作选》第 1 卷,上海人民出版社 1984 年版,第 86—88 页。

孔德认为人类虽然进步到历史最后的"实证思想时代",虽然已超越了神学与形而上学的牢笼,但是人的宗教性,因为植基于人类的情感,无法超越。可是,表达宗教情感的方式,却不能像从前那样迷信神,崇拜偶像;而只能崇拜人类的爱的理想。①

由此可见,陈独秀所谓的"爱的宗教"实际上也是"人道"的一种。其实,随着现代化的祛魅,信仰的对象由天国落到人间是中西共同的趋势。这一点胡适也曾提到:"我们也许不轻易信仰上帝的万能了,我们却信仰科学的方法是万能的,人的将来是不可限量的。我们也许不信灵魂的不灭了,我们却信人格是神圣的,人权是神圣的。这是近世宗教的'人化'",且认为"十八世纪的新宗教信条是自由,平等,博爱"。② 所以在当时,西方人道主义信仰是一股很重要的潮流,对五四时的知识分子影响较大的托尔斯泰、泰戈尔等的人道主义就同属这一脉络。陈独秀此时倡导的"爱的宗教"达到了他一生中对人道、人性、情感肯定的高峰,但实际上这条线索在他的一生中都未曾断绝。早年他反宗教、偶像时也曾对"爱之宗教"给予了承认,即便到1922年陈氏参加"非基督教运动"时,也没有彻底放弃他的立场。当"非基督教学生同盟"在《先驱》上辟专栏时,陈独秀发表了《基督教与基督教会》一文,文章开头就提出,"我们批评基督教,应该分基督教(即基督教教义)与基督教教会两面观察",③建议应将教义和教会分

---

① 张灏:《幽暗意识与民主传统》,新星出版社 2006 年版,第 213 页。
② 胡适:"我们对于西洋近代文化的态度",《胡适文集》第 4 卷,北京大学出版社 1998 年版,第 9—10 页。
③ 陈独秀:"基督教与基督教会",《陈独秀著作选》第 2 卷,上海人民出版社 1993 年版,第 330 页。

别看待。他揭开教会史上的黑暗面,并猛烈地抨击各国基督教会的狭隘以及甘心做帝国主义的帮凶的丑恶行径:

> 基督教教会自古至今所作的罪恶,真是堆积成山,说起来令人不得不悲愤而且战栗!……大战杀人无数,各国的基督教教会都祈祷上帝保佑他们本国的胜利;各基督教的民族都同样的压迫远东弱小民族,教会不但不帮助弱小民族来抗议,而且作政府殖民政策的导引。①

而对于教义层面上的基督教,陈独秀表现出了他早年没有过的克制和理解,他说:

> 我们终不能相信全善而又全能的上帝无端造出这样万恶的世界来。此外耶稣一生的历史像降生、奇迹、复活等事,都没有历史和科学的证据使我们真实相信,这也是教义上小小的缺点。博爱、牺牲,自然是基督教教义中至可宝贵的成分,但是在现在帝国主义、资本主义的侵略之下,我们应该为什么人牺牲,应该爱什么人,都要有点限制才对,盲目的博爱、牺牲反而要造罪孽。②

在他的理解中,基督教教义中与科学实证不符的部分,只是成为"小小的缺点",而"博爱、牺牲"仍然是教义中"至可宝贵"的部分,对

---

① 陈独秀:"基督教与基督教会",《陈独秀著作选》第2卷,上海人民出版社1993年版,第330—331页。
② 陈独秀:"基督教与基督教会",《陈独秀著作选》第2卷,上海人民出版社1993年版,第330页。

之的赞赏和同情溢于言表。只是,在那个帝国主义四处侵略的年代,盲目的博爱、牺牲是容易被权力所利用而造下罪孽,这才是陈氏参加"非基督教运动"的真正原因,绝非是一般性的反基督教。那时的陈独秀已经渐渐信奉马克思主义,1923年在为《科学与人生观》作序的时候,就声称"我们相信只有客观的物质原因可以变动社会,可以解释历史,可以支配人身观,这便是'唯物的历史观'"。[①] 不过即便这样,他的人道的信仰也没有完全消失,只是被外在形势所激起的政治认同暂时压倒了而已,这也就是为什么陈独秀晚年会从革命的潮头中退却的一个重要原因。

陈独秀在其书信中,反省极权政治,重返民主立场,很大程度上就是基于人道的信仰。他将革命者仰慕的俄国与法西斯德国并称,认为二者同属一类,认为"此次若是德俄胜利了,人类将更加黑暗至少半个世纪"[②],他在反省多年之后把苏联的人道悲剧归结为政治上的独裁制度:

> 在十月后的苏俄,明明是独裁制产生了史大林,而不是有了史大林才产生独裁制……试问史大林一切罪恶,那一样不是凭借着苏联自十月以来秘密的政治警察大权,党外无党,党内无派,不容许思想、出版、罢工、选举之自由,这一大串反民主的独裁制而发生的呢?若不恢复这些民主制,继史大林而起的,谁也不免是一个"专制魔王"。[③]

以上言辞中不难看出陈氏的人道情怀。总之,陈独秀其人较为

[①] 陈独秀:《科学与人生观·序一》,辽宁教育出版社1998年版,第7页。
[②] 陈独秀:"陈独秀致西流等",《陈独秀书信集》,新华出版社1987年版,第492页。
[③] 陈独秀:"陈独秀致西流",《陈独秀书信集》,新华出版社1987年版,第504页。

复杂,在那个大变动的年代,越是思想敏感、忧国忧民就越是在思想上、信仰上不容易定于一尊。但不管怎么说,关于人、人道的信仰总是贯穿他的思想始终的一条脉络,只是在陈氏对科学的信奉以及政治家身份的碰撞中时显时隐罢了。

(二) 胡适:个人主义

再来看看胡适。胡适与陈独秀的最大的共同点就是对个性、人道的高度认同,这也是他们一直保持不错的私交的基础。最大的不同是胡适并没有像陈独秀那样对人道的信仰有较大的起伏,他的信仰基本上是始终如一的,且成形也较早。与胡适早年留学美国而深受美国文化影响有关,作为自由主义者的他,一直对"个人主义"、"个性主义"有坚定的认同信念。他在1935年编订《中国新文学大系》的《建设理论集》时,还说他在《新青年》的易卜生专号上"借易卜生的话来介绍当时我们新青年社的一班人共同信仰的'健全的个人主义'"。① 但一开始,胡适坚持的"个人"、"个性"的立场都不是孤立的、封闭的,而是有非常强烈的外在指向性,强调个人与社会之间的两极互动,这样的"个人主义"才是他所谓的"健全"。他在五四时发表的那篇名文《易卜生主义》里提到:

> 易卜生的戏剧中,有一条极显而易见的学说,是说社会与个人互相损害,社会最爱专制,往往用强力摧折个人的个性,压制个人自由独立的精神;等到个人的个性都消失了,等到自由独立的精神都完了,社会自身也没有生气了,也不

---

① 胡适:《中国新文学大系·建设理论集导言》,上海良友图书印刷公司1935年版,第28页。

会进步了。①

这些论述表明,他对该问题十分重视,如何处理既要保持个人的独立个性、思想自由又要体现社会关怀的问题,是胡适终生都关注的难题。胡适的态度用周作人的话说,便是"个人主义的人间本位主义",既坚守个人、个性、自由的立场,又要以"人间本位"为归宿和依托。当时胡适思考的结果,他对自己信仰的说明在《我的信仰》《不朽(我的宗教)》两篇文章中有较为集中的叙说。

胡适建立自己"新宗教"的思路是从灵魂不朽、三不朽(立德、立功、立言)到社会不朽。灵魂的不朽是他幼童时的好奇留下的记忆,《春秋左传》中的三不朽当初曾令胡适心动许久,并常向他的外国朋友提起,但后来也渐渐发觉其缺陷,如"只限于极少数的人""没有消极的裁制"及"所说'德,功,言'的范围太含糊了"。② 其实所谓"三不朽",只是中国传统的文人士大夫的精英型信仰传统,与胡适头脑中的现代知识分子的信仰观念自然会发生不小的错位。所以,胡适用"社会的不朽"来平衡"小我"与"大我"的关系、来弥补"三不朽"的缺失。因为在他看来,"立德不朽,行恶也不朽;立功不朽,犯罪也不朽;'流芳百世'不朽,'遗臭万年'也不朽"。③ 一切人的一切行为言语,无论大小、善恶都会从"小我"进入到社会这个"大我"之中,都会不同程度地对社会产生影响,因此每个人才更应该谨言慎行以造成其道德责任的意识。"小我"是短暂的、易逝的,但它的所有善恶功过都要在"大我"中永存。所以,在胡适看来,

---

① 胡适:"易卜生主义",《胡适文集》第 2 卷,北京大学出版社 1998 年版,第 481 页。
② 胡适:"不朽",《胡适文集》第 2 卷,北京大学出版社 1998 年版,第 531 页。
③ 胡适:"不朽",《胡适文集》第 2 卷,北京大学出版社 1998 年版,第 531 页。

这种"社会的不朽"观念很可以做我的宗教了。我的宗教的教旨是:我这个现在的"小我",对于那永远不朽的"大我"的无穷过去,须负重大的责任;对于那永远不朽的"大我"的无穷未来,也须负重大的责任。①

很显然,这种既重"小我"又重"大我"的信仰,是要在易卜生所描写的个性与社会的矛盾张力中保持一个有效的"度",这与胡适所说的西方"十八世纪的新宗教信条是自由,平等,博爱"②的人道的信仰是一致的。这就印证了他留学日记里的那句自白"吾人之信仰在于人"。③ 有意思的是,1926年胡适曾写了一篇《我们对于西洋近代文化的态度》的文章,文中回顾了西方近代文化发展的趋势。关于宗教信仰,他有两点颇为重要的判断:

我们也许不轻易信仰上帝的万能了,我们却信仰科学的方法是万能的,人的将来是不可限量的。我们也许不信灵魂的不灭了,我们却信人格是神圣的,人权是神圣的……这是近世宗教的"人化"……但最重要的要算近世道德宗教的"社会化"。④

从中不难看到,他对西方近代文化的总结和他自己信仰的发展趋势是较为一致的,我想这二者之间应该是互相影响的关系吧。

---

① 胡适:"不朽",《胡适文集》第2卷,北京大学出版社1998年版,第532页。
② 胡适:"我们对于西洋近代文化的态度",《胡适文集》第4卷,北京大学出版社1998年版,第10页。
③ 胡适:《胡适留学日记》,海南出版社1994年版,第192页。
④ 胡适:"我们对于西洋近代文化的态度",《胡适文集》第4卷,北京大学出版社1998年版,第9页。

胡适与陈独秀的另一个共同点,是他对西方现代科学的倾心服膺。因而他虽然信奉这人道的新宗教,但总想将其与科学相调和。1923年,他与陈独秀同为《科学与人生观》作序之时,便从另一个角度表达了他的新信仰,即"科学的人生观"或称"自然主义的人生观"。胡适为这种人生观列了10条内容,皆来自于现代自然科学、社会科学对世界的认识和判定。他还乐观地认为,这种新信仰能够通过教育宣传而使更多的人接受,故此觉得"我们今后的作战计画是宣传我们的新信仰,是宣传我们信仰的新人生观"。① 在文章的末尾胡适就着重论述了科学与他坚守的自由、不朽、人生、道德的一致性。如他举出现代科学的重要基础——因果律为例,认为对于人而言,

> (科学的)因果律之笼罩一切,也并不见得束缚他的自由。因为因果律的作用,一方面使他可以由因求果,由果推因,解释过去,预测未来;一方面又使他可以运用他的智慧,创造新因,以求新果……总而言之,这个自然主义的人生观里,未尝没有美,未尝没有诗意,未尝没有道德的责任,未尝没有充分运用创造的智慧的机会。②

其实,结合胡适那个时期前后的主张仔细品味,这其中试图把科学与人生、人道对接的意图是颇为明显的,这同时也是"科玄论战"中他所支持的科学派的一个颇为重要的任务。

以上所列出的两位五四新文化的领军人物,都是主要从西方近现代以来的人道主义中汲取信仰资源,而中国传统文化只是作为理

---

① 胡适:《科学与人生观·序二》,辽宁教育出版社1998年版,第21页。
② 胡适:《科学与人生观·序二》,辽宁教育出版社1998年版,第24页。

解阐释的背景而存在。

但实际上,在剥离掉历代的政治权力给作为"教义"的传统文化所做的装扮后,其实,中国古典文化中也还存在颇为深远的人文传统可供我们借鉴和参考。并且,考虑到传统文化时至今日还是顽固地活在我们每个人身上这一事实,那么,在找寻我们当代的精神信仰的时候,来自中国传统的思想资源应有一席之地的看法,当无疑虑。

四、政治文化层面:追求民主的道路

中国近现代以来的政治文化追寻由于面临的情势、问题多种多样而显得纷繁复杂,但不论是自由主义、保守主义还是革命的一派,大体上都反对专制的政治模式,而对于民主的道路较为认同。甚至于笼统地讲,中国近现代以来的政治文化总体上就是一条对民主之路的探寻,因而这里的探讨就略去许多问题的枝蔓,仅就问题核心的民主这一观念做些简要的梳理。

在回顾这段历史之前,很有必要首先提出这样的一个问题,那就是:什么是"民主"? 这个问题,或许可以具体地分成这样几个层面来考虑:其一,民主是一种手段,还是其自身就是目的? 其二,民主究竟是一种制度还是精神? 其三,西方的民主究竟是特殊的还是普适的? 倘若带着这些问题去问,在检视历史的时候可能目的性会更为明确些。

民主这个概念从源头上说源自西方,近代西潮东渐后才传入中国。其实,在西方,对民主的理解本身也颇为复杂。首先,应当区分古希腊的城邦民主与现代民主。西方的民主的确可以追溯到古希腊,但以雅典城邦为代表的民主是一种直接民主形式,它适用的条件是小国寡民。并且这种直接民主也不能没有常设的管理机构以及掌权的管理人员,而常常拥有闲暇和能力去从政的往往是贵族,如此在很大程度上也可以说"雅典民主,其实是贵族政治"。① 所以,雅典民主制的精神虽然美好,现实中也有许多优点,但对其实际上的品质,没有必要估计过高。众所周知,苏格拉底就是在雅典的民主制下被判处死刑的,这直接导致了柏拉图对民主制度希望的破灭。而近现代以来的民主制都是间接民主,并且由于漫长的罗马帝国和中世纪民主传统的断绝,因而可以说,"近代民主是一个崭新的制度,她是随资产阶级的兴起而俱来的,资产阶级在与封建贵族和专制君主的长期争持中,逐渐靠自己日益壮大的经济和社会力量取得了政治权利和法律保障"。② 由此看,把古典直接民主与现代间接民主区别开是必要的。

其次,大体而言,西方又有高调的民主观与低调的民主观两种,其背后都有很深的文化根底。前者以卢梭和马克思为代表,基本的观念认为民主是一种为了实现某种道德理想和社会理想而设立的政治制度,在思想根源上主要是一种历史观上的突变型进化论,这与西方文化传统中的弥赛亚救世主义、单向的进步的时间观念有密切的关联。后者则正视人性中的固有的阴暗面,基本的观念在于民主是一种制度和程序,用以限制人性中的某些欲望、贪婪、独断等因素,以期在有自私自利之天性的个人中间造成一种和平共居的社会状况,在思想根源上与宗教里的"原罪"观念、人性论中的"性恶"观念有紧密的联系。这种民主观并不设置一个完美、崇高的终极目标或状态,"诚如英国 19 世纪的自由主义思想家詹姆士·穆勒所强调,民主不

---

① 顾准:"直接民主与'议会清谈馆'",《顾准文集》,贵州人民出版社 1994 年版,第 354 页。

② 余英时:"从价值系统看中国文化的现代意义",《文史传统与文化重建》,三联书店 2004 年版,第 475 页。

过是为了适应人性的自私自利而发展的一个勉强可行的制度"。①而 20 世纪英国著名政治家丘吉尔也曾坦言:民主并不是一个好制度,它只不过是人类目前能够找到的制度里最不坏的一个。以上二人皆属于低调民主观。两类民主观念在思想领域都曾有过很大的影响,甚至就单个思想家的影响力而论,卢梭与马克思似乎更有魅力,但若统观整个西方历史,应当承认的是,所谓低调的民主观相对而言更为深刻和清醒。

在民主的观念传入中国以后,人们长期不能客观地看待西人对于民主的理解,甚至就现实情形而论,西学中更为深刻的部分对中国的影响反而较小。其实,晚清的知识分子在看待西方的民主政体时,均不免有隔雾看花之感,这是因为一种社会制度产生的效果较为容易被人们观察和接受,而这种制度得以产生此种效果的条件,却处于相对隐蔽的、不易被人察觉的状态,所以,这些内隐的条件对于当时对西方文化背景较为陌生、知之不深的知识分子而言,确实难以了解。②且近代以来日益紧迫的时局对人们心灵上有形无形的压迫,造成了知识分子中普遍激切的心理状态,这样就更容易对强大的西方文明中的某些东西,持有一种较为浪漫的或美化的态度。在接受西学时,中国知识者还有意无意地挪用传统思想资源以对接和"格义"西方民主制,另外,民族主义的立场在当时的情景下对许多人来说都难以避免。以上种种因素都使得近代以来的众多知识分子纷纷倾向于西方的那种高调的民主观念,只是此高调已非彼高调也:高远之理想与其背后包含着极重的救国救民、富国强兵的功利意愿两相结合,是中国式高调民主的特征。

---

① 张灏:《幽暗意识与民主传统》,新星出版社 2006 年版,第 230 页。
② 参见萧功秦:"近代中国人对立宪政治的文化误读及其历史后果",《与政治浪漫主义告别》,湖北教育出版社 2001 年版。

值得注意的是,这里有一个看似悖论但又合乎情理的关系,那就是知识分子在追逐富强、民主的时候,其目的是功利的、实用主义的,但其过程和手段则有浓厚的浪漫色彩。于是就产生这样一种现象,即中国近现代史上曾出现的如清廷试图推行的君主立宪以及民国设立的议会民主等等往往不能挽时局于危难中,保障社会稳定的正常秩序,因此在"民主思想大量散播以后接着而来的是一个政治权威主义笼罩的时代",[①]而对权威的呼唤,则常常是被社会现实环境的客观形势所推动的。所以,近现代以来,中国走过的政治道路几乎是政治民主和权威主义的纠缠往复。

国人对西方民主的认识,最初得自于对西方政治体制的观察。同治年间,曾游历西方的王韬在其《漫游随录》里就注意到英国的社会状况与议会民主的政治制度之间有重要的关系。他认为单一的君治与民治都有其弊病,因而盛赞这种"君民共主"的议会制度,认为它能兼取二者之长:"君为主,则必尧、舜之君在上,而后可久安长治;民为主,则法制多纷更,心志难专一,究其极,不无流弊。惟君民共治,上下相通,民隐得以上达,君惠亦得以下逮。"[②]而光绪年的郑观应亦注意到西方政体的特殊效能,比之中国传统政治使君民上下相隔,西人的制度更能"集思广益"、"团结民心"。他在《盛世危言》中写道:

> 盖有议院揽庶政之纲领,而后君相、臣民之气通,上下堂廉之隔去,举国之心志如一,百端皆有条不紊,为其君者,恭己南面而已。故自有议院,则昏暴之君无所施其虐,跋扈之臣无所擅其权,大小官司无所卸其责,草野之民无所积其

[①] 张灏:《幽暗意识与民主传统》,新星出版社 2006 年版,第 236 页。
[②] 王韬:《弢园文录外编·重民下》,辽宁人民出版社 1994 年版,第 35 页。

怨……议院兴而民志合,民气强耳。①

在当时,对西方社会进行深度观察的条件尚不齐备,因而他们的观察仍然是停留在对制度效果的评价上,没能深潜到思想的层面上,因而某种程度上都有"制度决定论"的嫌疑。之后积极推动君主立宪的张之洞、袁世凯等人也同样有这等倾向。孔祥吉在《张之洞与清末立宪别论》中提供了一则材料——《八月初七张之洞入京奏对大略》,材料中掌握朝廷实权的慈禧也不反对立宪并已派出专使出洋考察,立宪待必要时即实行。然张之洞却竭力敦促,以为"立宪实行,越速越妙。预备两字,实在误国……愚臣以为万万不可不速立宪"。之所以这样主张,理由有二:一则出洋考察既耗时日,又会因语言不通等原因达不到实质性的效果;二则当时列强环伺,均视清廷之行止而动,外部情形较为危急。② 从中不难看出,在当时知识分子的观念里,立宪政体是种普适的政治制度,与各国的具体国情似乎毫无干系,且正因为中国危机太迫,以至于"立宪实行,越速越妙",在他们的心目中"立宪万能论"几乎已经成了包治百病的灵丹妙药,"变成一种可以救急、救亡、图存,并使王朝永固的神话了"。③ 他们都忽略了或者说还不具备能力去深入探查政治制度背后的一套思想的、文化的、心理的、习俗的复杂背景,没有认识到政治层面的因素与其他层面的因素是相互依存与制约的。

还有戊戌变法时的康有为,他当时主张的亦是君主立宪,这其中包含着他的民主思想。康有为在对光绪帝的上书中多次把西人及日

---

① 郑观应:《盛世危言·议院上》,华夏出版社,2002年版,第23页。
② 参见孔祥吉:"张之洞与清末立宪别论",《历史研究》1993年1期。
③ 参见萧功秦:"近代中国人对立宪政治的文化误读及其历史后果",《与政治浪漫主义告别》,湖北教育出版社2001年版。

本的富强归功于立宪政体：

> 臣窃闻东西各国之强，皆以立宪法开国会之故，国会者，君与国民共议一国之政法也。盖自三权鼎立之说出，以国会立法，以法官司法，以政府行政，而人主总之，立定宪法，同受治焉。人主尊为神圣，不受责任，而政府代之，东西各国，皆行此政体，故人君与千百万之国民，合为一体，国安得不强？吾国行专制政体，一君与大臣数人共治其国，国安得不弱？盖千百万之人，胜于数人者，自然之数矣。[1]

康有为的这些看法承接了前人对西方民主政体的观察。康氏如此主张的主要理由是基于当时时局之危急，他多次提醒光绪帝"强邻四迫，国势危蹙"、"强邻四逼，不能容我从容图治也"，[2]因而非骤变、大变不足以挽救危势，即所谓"能变则全，不变则亡，全变则全，小变仍亡"。[3] 为推行变法改良，康有为也对世界各国之情势做了一番考量，得出的结论是美国式的民主共和距离我国之国情较远，不宜选用，而近代日本明治维新所采用君主立宪、君民共主之政颇适合我国情势。他在《上清帝第六书（应诏统筹全局折）》中就建议光绪"以俄大彼得之心为心法，以日本明治之政为政法也"。[4] 在《进呈日本明治变政考序》中，他也以异常乐观的态度做出了展望，以为"若以中国之广土众民，近采日本，三年而宏规成，五年而条理备，八年而成效

---

[1] 康有为："请定立宪开国会折"，《康有为政论集》，中华书局1981年版，第338页。
[2] 参见康有为："上清帝第七书"、"上清帝第六书"，汤志钧编：《康有为政论集》，中华书局1981年版，第218、216页。
[3] 康有为："上清帝第六书"，《康有为政论集》，中华书局1981年版，第211页。
[4] 康有为："上清帝第六书"，《康有为政论集》，中华书局1981年版，第213页。

举,十年而霸图定矣",①这种浪漫、乐观的态度在当时的知识分子中是较为普遍的。而且,在康有为的上书中,这种类似的表述相当常见。在《请定立宪开国会折》中也说过这样的话:"伏乞上师尧舜三代,外采东西强国,立行宪法,大开国会,以庶政与国民共之,行三权鼎立之制,则中国之治强,可计日待也。"②从以上材料不难看出,康有为对于西方民主政体的估量是非常高调和乐观的,且其间的口吻与"制度决定论"并无二致。需要指出的较重要的一点是,康有为在对日本政体的解读中存在着严重的误读。近代日本的政治现代化,固然采取了宪法、议会等民主政体的形式,但实际的权力运作方式则与西方的君主立宪大为不同。有日本学者指出,日本的立宪主义"是形式上具有'束缚议会权力'的伪装的立宪主义。伊藤博文的'立宪君治'是用立宪主义来伪装神权的家长式的本质",③也就是说,君主立宪的形式只是一个漂亮的外壳、包装,实质上君权很难得到有效限制,仍处于极权的模式,这就为某种权力通过天皇发号施令打开了方便之门。因此,真正的君主立宪还不失为一种民主政体,但"日本君主立宪这种政体的实质来看,它的发展结果并不是走向议会民主,而是形成一种相对稳定的'开明专制主义'政体"。④

康有为的高调民主观还体现在他的"大同"理想以及"公羊三世说"式的进化观念中。他在《大同书》中写道,"神明圣王孔子,早虑之、忧之,故立三统三世之法,据乱之后,易以升平、太平、小康之后,进以大同。"⑤此外,"公羊三世说"中,"据乱世"就是君主专制的时

---

① 康有为:"进呈日本明治变政考序",《康有为政论集》,中华书局1981年版,第224页。
② 康有为:"请定立宪开国会折",《康有为政论集》,中华书局1981年版,第339页。
③ 〔日〕清夫信三郎:《日本政治史》第3卷,上海译文出版社1982年版,第222页。
④ 萧功秦:《与政治浪漫主义告别》,湖北教育出版社2001年版,第319页。
⑤ 康有为:《大同书》,中州古籍出版社1998年版,第39页。

代,"升平世"对应君主立宪,而"太平世"则发展到民主共和的时代。就康有为对中国形势的把脉,他认定中国尚处于从君主专制到君主立宪的过渡时期,反对直接进入民主共和政体。他的理由大约有两方面,外部的方面前已述及,即"强邻四迫,国势危蹙","强邻四逼,不能容我从容图治也"等等。从中国自身的方面说:

> 夫共和之制,与国民共治之,须国民知识通、道德高,道路交通,然后易行也。若我中国,广土众民,各国无比,难遍逮下,一难也。穷乡僻壤,极边异域,民多愚塞,渺不知政治为何物,二难也。铁路多未设,汽船多未达,山川阻深,道路隔绝,三难也。又经大乱,纪纲扫地,法律全废,廉耻弃绝,道德衰弊,四难也。故吾国民虽离幼稚矣,可免保姆,可去严师,而未至及年也,尚须人代理其家政,保其身体也……夫国民需于强力之政府,以提携保育至切者也,欧人命之曰父母政府。①

详观康氏所列之理由,其实不无道理,国民思想、素质的因素,技术上的因素,地理上的因素确实是行使民主之治的必要条件,既然中国诸种条件尚不具备,因而只能以"强力之政府"作为过渡。

持高调民主观的还有早期的孙中山,他的观点甚至更为激进,不但信奉"制度决定论",还是跳跃式的直接主张民主共和。《在东京中国留学生欢迎会上的演说》中,他认为一个国家能否采用共和与国民程度无关,并且世界各国的立宪都有流血之事,既然"同流一血,何不直截了当采用共和政体"。而且,孙中山对中国政治形势的许多观点

---

① 康有为:"中华救国论",《康有为政论集》,中华书局1981年版,第721页。

与通常的看法迥异。如改良派常论国民素质不高,不适宜共和,而孙中山则以为:

> 我们人民的程度比各国还要高些。兄弟由日本过太平洋到米国,路经檀香山,此地百年前不过一野蛮地方,有一英人至此,土人还要食他,后来与外人交通,由野蛮一跃而为共和。我们中国人的程度岂反比不上檀香山的土民吗?①

又如,一般认为要成就民主政治须有较广泛的民众的觉醒与参与,但孙氏认为百姓的程度是无关紧要的,社会能否进步、民主共和能否实现主要取决于先知先觉的仁人志士,即"若创造这立宪共和二等的政体,不是在别的缘故上分判,总在志士的经营。百姓无所知,要在志士的提倡;志士的思想高,则百姓的程度高"。② 孙中山把民众分为三种:先知先觉、后知后觉和不知不觉者,分别是发明家、宣传家和实行家。再加上他的"知难行易"的学说,明显突出了先知先觉的地位,有浓重的英雄史观的色彩。在政治革命与社会革命的问题上,孙中山也同样激进,认为"诚可举政治革命、社会革命毕其功于一役"。③ 这些都表明了早年的孙中山对于民主共和的高调乐观的立场。

然而,我们在严复和梁启超那里可以看到与此大不相同的民主观念,他们是中国近现代史上较少的从思想学说上支持权威主义、强人政治的思想家。总体而言,他们对于民主的热情较为低调,但这种

---

① 孙中山:《孙中山全集》第1卷,中华书局1981年版,第280页。
② 孙中山:《孙中山全集》第1卷,中华书局1981年版,第281页。
③ 孙中山:《孙中山全集》第1卷,中华书局1981年版,第289页。

低调可能缺乏西方人对人性阴暗面的那种较深刻的认识和反思,而主要是从政治现实主义的层面所做的选择。严复的思想正像他自评的"吾道一以贯之"一样,没有明显的前后期之分,这或许可以理解为严复的思想成熟得较早;与此相反的是梁启超,他的思想则经历了数次较大的变化,但从现在看来,他们在近代史上的共同点乃在于对政治权威的呼唤。

严复的政治思想,总的来说是较为保守的,他的学说相对于其时代最突兀的是:他始终认为对于当时的中国政治形势,不能够大变、骤变,也不宜仿效西人实施民主。面对中国的特殊国情以及当时复杂的国际形势,最重要的是要有一个强有力的中央政府,因之期望强人领袖的出现。严复对于国情有一个基本的判断,即相对于民主政治的要求,中国"民德之厚薄,民智之明暗,民力之贫富,与夫民品之贵贱,而皆所未逮",①这成为他政治主张的出发点和依据。其用意绝非在于抱定中国固有的体制不变,只是在改变的过程和方式上与政治激进派迥然相异。严复的这些主张是建立在他对西方文化以及社会结构的深刻认识上的。他深知中西两种不同的文化形态"绝然悬殊"、完全不同,且在他看来,每种文化样态都大约是一种有机体的结构,对于社会制度不能做简单的横向移植。而这一点恰恰是许多维新派、革命派惯常的思维模式。严复在给友人的信中,指出:"大抵吾人通病,在睹旧法之弊,以为一从夫新,如西人所为,即可以无弊之法,而孰意不然,专制末流,固为可痛,而以为共和当佳,而孰知其害乃过于专制。"②

回顾那段历史,似乎可以说,近现代以来中国有太多的知识分子

---

① 严复:"原富按语",《严复集》第4册,中华书局1986年版,第870页。
② 严复:"与熊纯如书",《严复集》第3册,中华书局1986年版,第680页。

虽熟知政治思想、政治理论，但实际上未必懂政治，虽终年奔走于政界但始终不能洗掉书生式的浪漫心态，而严复则是不多见的深懂政治的一位。在他看来，对于一个具体的国家、具体的情势而言，政治制度只是统治的手段而并非其目的。所谓的专制、立宪、共和本身并无严格的优劣高下之分，而在于能否适合于现实，即所谓"制无美恶，期于适时，变无迟速，要在当可"。① 想象中再好的制度，若不适用于具体情形，也难免变成"镜中花，水中月"。如果是这样的话，你就不能说它是一个好制度——这就是民主共和在严复当时心中的尴尬地位。那些不分青红皂白，不正视"东西二化，绝然悬殊"的客观事实，仅凭"制度决定论"的心态，用快速激进的方式推动政治上的民主改革，在严复看来将会导致社会的动乱、权威的真空。因之他主张：

> 夫人类之力求进步固也，而颠阶瞀乱，乃即在此为进之时，其进弥骤，其涂弥险，新者未得，旧者已亡，怅怅无归，或以灭绝。是故明者慎之，其立事也，如不得已，乃先之以导其机，必忍焉以须其熟，智名勇功之意不敢存，又况富贵利行之污者乎？夫而后有以与日偕达，有以进其群矣。而课其果效，恶苦则取其至少，善乐则收其至多。②

观当时中国之实情，严复从审慎的态度出发，认为中国就像个垂弱之老人，猛然令其速跑只会加速其衰亡，故而只能渐变。在政治上他主张在开明的政治领袖的领导下，对外抗击列强、解救危亡，对内稳定秩序、团结万民，根本的目的仍是国家的富强。说到底，严复与

---

① 严复："宪法大义"，《严复集》第 2 册，中华书局 1986 年版，第 240 页。
② 严复："政治讲义"，《严复集》第 5 册，中华书局 1986 年版，第 1242 页。

其他知识分子有别之点在于"殊途",而"同归"之处则是一致的。他认为民主政治所保障的"小己自由非今日之所急,而以合力图强,杜远敌之觊觎侵略,为自存之至计也"。① 面对当时呼声颇高的仿效欧美的议院制度,他在《原富》的按语中说,

> 观此知欧洲议院之制,其来至为久远。民习而用之,国久而安之。此其所以能便国而无弊也。今日中国言变法者,徒见其能而不知其所由能,动欲国家之立议院,此无论吾民之智不足以与之也。就令能之,而议院由国家立者,未见其为真议院也。徒多盈廷之莠言,于国事究何裨乎?②

也就是说,西方的议会民主制有一个长期发展的过程,议会的产生主要不是由政府设立的,而是君主、贵族以及民间的资产阶级、社会力量三者在长期角力中利益平衡、权力平衡的结果。若由政府出面自上而下地强制推行,就脱离了这种制度得以产生的土壤,而一个没有其运行环境的制度只会徒遭败绩。民国初年的议会,受贿舞弊,声名狼藉,议员成猪仔,上演的一出出宪政闹剧就证明严复的担忧不无道理。所以,他在《孟德斯鸠法意》和致友人的书信中,多次暗示和表态,中国当前需要的不是华盛顿、卢梭,而是拿破仑、克伦威尔、商鞅、桑弘羊、张居正式的政治强人。

下面我们再来谈谈梁启超。梁氏对民主的认识在戊戌变法前后主要体现在两点上:一是关于"群"的看法。1897 年,他曾发表《说群》一文,提出了"独术"、"群术"两个概念,前者指传统的专制制度,

---

① 严复:《孟德斯鸠法意》,商务印书馆 1981 年版,第 370 页。
② 严复:"原富按语",《严复集》第 4 册,中华书局 1986 年版,第 884 页。

而后者则是以群体的力量共同办理群体事务,显示了他对民主的最初理解。二是关于"民权"的思想。他认为,"君权日益尊,民权日益衰,为中国致弱之根原",①因而颇为认同所谓"君权与民主"相结合之君主立宪政体。戊戌后流亡日本的最初三四年间,受变法失败的刺激,梁启超政治上趋向激进,渐渐倾向于共和政体。他在《清议报》和《新民丛报》上大力鼓吹"破坏主义"、彻底革命,宣扬民主自由等思想,受到卢梭等西哲之影响。梁氏其人天分颇高,思维活跃且异常敏感,1903年曾有赴美之经历,由于亲身接触西方社会,导致其政治立场大变。自此开始反对他先前的"破坏主义",至1905年著《开明专制论》一文,公开倒向权威主义。梁氏心仪之开明专制在于,

> 首先反对把中国建成共和国。亦反对设议会监督政府。甚至反对有宪法。更反对达成此一目的所必须使用的革命手段……主要用心,包括两大内涵。一个是需要有强力之政府。一个是极须由明智坚强领袖所领导。②

梁启超做此选择的理由主要有两点。一是从人的方面说,他和严复一样不认为国民素质达到了共和之标准,"故今日中国国民非有可以为共和国民之资格也,今日中国政治非可采用共和立宪制者也",若国民的思想意识不能与议会民主相关的选举、立法、弹劾等相匹配,则恐"学识幼稚之民,往往沐猴而冠,沾沾自喜,有权而滥用焉"。③ 二是从硬件方面说,则施政机关尚不齐整,且如欲建立则须

---

① 梁启超:"西学书目表后序",《梁启超全集》第1卷,北京出版社1999年版,第86页。

② 王尔敏:《中国近代思想史论续集》,社会科学文献出版社2005年版,第469—470页。

③ 梁启超:"开明专制论",《梁启超全集》第5卷,北京出版社1999年版,第1484页。

从长计议。梁氏列举了13种民主政体所倚之机构,中国悉数未备,因此认为中国"与其共和,不如君主立宪;与其君主立宪,又不如开明专制"。但必须明确一点的是,梁氏所倡之开明专制,与严复类似,纯粹是基于中国现实国情所下之判断,非其最终之目的。在他们看来,强人政治、开明专制只是必不可少的过渡政体,最终的目标仍是民主政体。梁启超对中国特殊国情的判断与康有为、严复等一脉相承,认为在中国欲行民主比之日本与西欧难度更大,因为一来"民智幼稚",二来"幅员广大",三来"种族繁多",故"开明专制者,实立宪之过渡也,立宪之预备也"。[1]

其实,孙中山对民主的看法,前后也经历了较大的变化。他前期的激进主张,前已记述。但1923年发表《中国革命史》一文,提出了他的军政、训政、宪政的所谓三段论,并对之进行了较详细的阐述。而且这一理论在1924年又列入了《国民政府建国大纲》。孙中山此时的革命方略相对于之前的"毕其功于一役",就有了较大区别,其要点在于要实现最终的宪政民主是需要一个较长的过程,须"荡涤旧污",才能"促成新治"。他吸取了过去失败的教训,在文中严厉而沉痛地批驳了两步并作一步走的策略,认为训政阶段是必需的,还列举了不经训政的流弊:

> 由军政时期一蹴而至宪政时期,绝不予革命政府以训练人民之时间,又绝不予人民以养成自治能力之时间。于是第一流弊,在旧污未由荡涤,新治未由进行。第二流弊,在粉饰旧污,以为新治。第三流弊,在发扬旧污,压抑新治。更端言之,即第一为民治不能实现,第二为假民治之名,行

---

[1] 梁启超:"开明专制论",《梁启超全集》第5卷,北京出版社1999年版,第1464页。

专制之实,第三则并民治之名而去之也。①

总之,综览我国近现代史,总是有两种需要互为矛盾。鉴于国人所受专制之苦及西人民主政体的光辉榜样,施行民主几乎是所有知识分子的共同愿望,即便对于呼唤权威的人士也大抵如此。只是民主不同于科学(尤其是自然科学),科学可以普遍适用而民主运行的条件则十分苛刻,如西方就有个体自由、人权意识、契约关系、市民社会、私有财产的神圣性等作为政治民主的支撑。再加上当时中国面临的严峻恶劣的国际环境,强行推进在效率上没有优势的民主政治,严重时可能会导致社会动乱甚至是国家的分崩离析,当此时刻,每每有许多知识分子转向权威主义所提供的掌控力、向心力以及秩序的基本稳定。辛亥革命后政府开议院、行民主,但实际情况则每况愈下,正如章太炎所记,"制宪法以为缘饰,选议会以为民仪,上者启拘文牵义之渐,下者开奔竞贿赂之门。是乃不改清之积弊,而反凌其末流",②从而证明严复、梁启超等人所虑非虚。而国民党统治时期,其内派系林立、钩心斗角,其外又有军阀盘踞、政令不达,故虽有议院之名,但无民主之实,并且亦无补于时局。如此人们才会理解为何当初颇有人拥戴袁世凯之解散议会,行强权之政;为何一向倾慕独裁的蒋介石也曾一度被视为国之救星,拥护者、追随者大有人在;同样人们也才会理解,为何像斯大林等这样被许多人目为极权之魁首者,而另有些人则对之深切怀念。

以上所论都说明了一个问题:民主本身其实相当复杂难解,之前国人对其理解多数失之于简单草率。于是这就又重新回到了开头所

---

① 孙中山:"中国革命史",《孙中山全集》第7卷,中华书局1981年版,第66—67页。
② 汤志钧编:《章太炎年谱长编》上册,中华书局1979年版,第419页。

提出的那个问题:什么是"民主"？我们还是不要鲁莽地做出回答,因为该话题实是常谈常新,即便时至今日,我们还是应当不断地去探索和思考。不过以上的探讨还是应当小结一下,这里勉强就其具体的层面做一点说明。

首先,民主不应当被看成是一种目的,而应当被视为一种手段或形式。民主不具备目的的地位和价值,而只能是一个手段、一种形式,是为了让社会、让人变得更好,即"臻于郅治"。因此,没必要为了民主而民主,把手段当成目的,这样的话可能往往使情况反而恶化,而应当视情势而行。

其次,民主诚然也是一种制度,而且也必须体现为具体的制度,但在本质上它更应被理解为一种精神,即社会应当被全社会的公民共有、共享、共主的精神意识。在这种精神的指引下,制度就不是固定的或唯一的模式,而是要随形势、人心的变迁而调整与改换。因为,要知道,很多本来美好的事物一旦变成制度,就有逐渐僵化、异变的危险。此处略举两例。"法制"是民主政治中不可或缺的关键要素,它来自西方由来已久的自然法观念,而这种观念最终来自上帝。因而在它面前人人平等且人人都须遵守,也就是说遵守法律的目的是为了公正地保障人们的平等——这才是法律的精神所在。但有西方学者指出,当今的"这种法制已然变态,因为事实上,法律给富人带来的好处远比穷人多,法律让盎格鲁——美国人受惠的机会远比非洲或墨西哥裔美国人多"。[①] 再如,民主的模式是为了体现民主的精神而设立,但久而久之似乎框架、程序、条例成了主导,而核心精神却渐渐被放逐和遗忘了。在西方就有社会价值导向力

---

① 〔美〕郝大维(David Hall)、〔美〕安乐哲(Roger Ames):《先贤的民主》,何刚强译,江苏人民出版社 2004 年版,第 12 页。

消失的危险：

> 美国民主越来越变得程序化和中立：它确保权利的一种框架，让人们选择他们自己的价值观和目标。从原则上说，政府既不鼓励也不阻止任何美好生活的具体概念。这种自由的身份的概念给社会留下一个真空，迅速乘虚而入的是形形色色的边缘并带有褊狭性质的说教：自卫组织、基督教原教旨主义者、激进的反堕胎者、新纳粹党人、白人优越主义者、有组织的恋童癖者等等。①

最后，我们实在已经没有必要到现在还认为西方的民主有多么完善和普遍。看到东亚儒家文化圈之诸国的民主道路，以及考虑到中国传统文化虽历经劫难但仍对当下的国人有根深蒂固之影响的现实，当知西方式的民主并不能拯救我们，我们只能走自己的民主之路。西方的某些学者已经开始抛弃民主（准确地说应当是民主精神）为西方所独有的偏见，认为"个人至上、以权利为基础的民主、资本主义以及技术的种种必备是人类发展的必然结果，这很可能是一个极大的错误"。② 他们从民主所体现的人类精神出发，认为即便是长期被打上专制标签的中国文化，当剥离了历代极权政治粗暴的为其赋予的意识形态之后，在作为思想、智慧、"教义"的传统文化中，会令人惊喜地发现其间所蕴藏的可与现代民主精神相承接的所谓"先贤的民主"，即一种经过现代的诠释与转换后"可以构建一个有活力、充满

---

① 〔美〕郝大维、〔美〕安乐哲：《先贤的民主》，何刚强译，江苏人民出版社2004年版，第96页。

② 〔美〕郝大维、〔美〕安乐哲：《先贤的民主》，何刚强译，江苏人民出版社2004年版，第9页。

人情味、有条理的民主模式",[1]亦可称之为"儒家民主"。对此,一方面不能盲目地窃喜并从而完全唾弃西方的民主文化,必须清醒地认识到,很可能西方的民主资源在我们将来的民主体制中仍要占据主导;另一方面,又要正视这些汉学家们所提出的问题,给予深入的研究和理解,或许只有这样,才能真正踏上一条属于我们的切实可行的民主道路。

第三节　文艺建设与跨文化交流策略

改革开放以来,中国文化艺术逐渐"冲出亚洲,走向世界",其对外推广事业取得了巨大的成就。随着中国文化艺术国际市场的不断开拓和中国文化艺术现代传播体系的不断完善,中国文化艺术产业进入了一个全面兴盛的阶段,中华文化在国际上的影响力也不断增强。但与此同时,在中国文化艺术与世界的接轨与对话中,也存在严重的问题和不足。因此,在 21 世纪第一个十年结束后,对改革开放三十多年来中国文化艺术的对外推广状况进行初步盘点与总结,显得尤为必要。

一、中国文化艺术的对外推广状况

(一) 中国文化艺术对外推广取得的成就

改革开放三十年来,中国文化艺术的国际市场不断开拓,现代推广和传播体系不断完善,中国文化艺术的对外推广事业取得了巨大的成就。

---

[1]　〔美〕郝大维、〔美〕安乐哲:《先贤的民主》,何刚强译,江苏人民出版社 2004 年版,第 10 页。

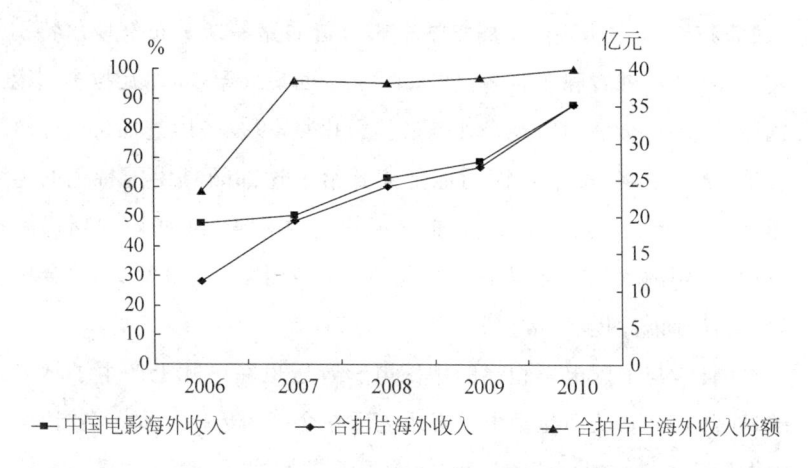

图 8-1 2006—2010 年中国电影海外收入示意图

首先,中国文化艺术家不断在国际上获得大奖,取得了丰硕的成果。1980 年,电影《小花》中的女主角陈冲获第七届索波特"为自由而斗争"电影节最佳女演员奖。1981 年,中国派出了代表团参加戛纳国际电影节,并带去了《马路天使》、《三毛流浪记》。1982 年,中国电影《阿 Q 正传》第一次在戛纳国际电影节正式参赛。如果说 1984 年之前,中国电影在国际电影节上还只是牛刀小试的话,那么 1984 年之后,随着中国第五代电影人的登台亮相,中国电影开始真正地在国际各大电影节上引人注目。陈凯歌导演的《黄土地》接连荣获多项国际大奖。英文版《亚洲周刊》还把它评为过去 25 年亚洲最好的电影。1987 年,陈凯歌的军教片《大阅兵》获得加拿大第 11 届蒙特利尔国际电影节评委会特别奖。同年,吴天明执导的《老井》获第 1 届东京国际电影节最佳影片大奖、评委会特别奖。在 1988 年,人们提得更多的是张艺谋执导的《红高粱》,它获得第 38 届西柏林国际电影节大奖"金熊奖",属于中国内地电影在世界顶级电影节上获奖的第一次。1989 年,这部电影还获得法国第 5 届蒙彼利埃国际电影节

"银熊猫奖"。法国第 43 届戛纳电影节首届路易斯·布努埃尔特别奖在 1990 年就青睐于张艺谋的《菊豆》。西班牙第 35 届瓦拉多利德国际电影节"金穗奖"、观众评选最佳影片奖,以及美国芝加哥国际电影节"金雨果奖"都不约而同地把荣誉给了这部颇具中国特色的电影。1991 年,《大红灯笼高高挂》先后获意大利第 44 届威尼斯国际电影节"银狮奖"、国际影评人学会大奖、美国第 64 届奥斯卡"金像奖"最佳外语片提名。

同样,与中国电影相伴的中国电影音乐也在国际上产生了越来越显著的影响,从而拉动中国音乐艺术在全球的传播速度。在"让中国电影音乐走向世界"的过程中,赵季平注重对民族乐器的运用,并且经常从中国戏曲中吸取创作灵感。在影片配乐的表现力和思想性方面,把民族民间音乐提升到一个新的高度。随着中国第五代电影人的经典作品在国际上屡获大奖,赵季平创作的这些烙上中国符号的电影音乐给外国观众和外国同行也留下了深刻的中国印象。第一位站在奥斯卡领奖台上的中国人是音乐家苏聪。在 1987 年由中国、意大利和英国合拍的影片《末代皇帝》中,苏聪与日本作曲家坂本龙一和英国音乐人戴维·伯恩共同完成了该片的配乐。为了使自己的 60 分钟中国音乐能更加贴近影片的内涵,苏聪运用现代的创作技巧和表现手法来把握中国民族音乐的基调,并加入了中国民间小调的曲风,还原了影片中的历史沧桑。2001 年,《卧虎藏龙》夺得了当年包括最佳外语片奖和最佳音乐奖在内的四项大奖,这使又一位华人音乐家谭盾站到了第 73 届美国奥斯卡奖的领奖台上。这部电影在音乐上选择用二胡这样的中国传统乐器去感动世界。谭盾在创作中加入了二胡、箫和笛子等东方乐器的配器风格,又采用了西方音乐的结构和技法,为观众营造了融汇东西方音乐精华的听觉享受。

除了电影音乐外,中国其他方面的音乐也在国际上不断获得奖项。2008年4月,萨顶顶夺得英国BBC世界音乐大奖;2008年6月14日,朱哲琴凭专辑《七日谈》获得第七届美国独立音乐大奖"world fusion"单元奖。这两项大奖都是首次为中国人所获得。被称为"唯一得到国际认可的中国歌手"的朱哲琴,与富有创造精神的音乐家何训田合作,在20世纪90年代发行了3张录音室唱片,《黄孩子》《阿姐鼓》和《央金玛》。1995年,在56个国家和地区同步发行的《阿姐鼓》CD唱片成为国际唱片史上第一张全球发行的中文唱片,朱哲琴由此登上世界歌坛,成为国际级歌手。在中国音乐方面,尤其值得重视的是谭盾。1995年,受德国著名作曲家汉斯(Hans Werner Hanze)推荐,谭盾成为慕尼黑国际音乐戏剧比赛评委;1996年受日本著名作曲家武满澈(Turu Takemitsu)提名获加拿大格兰·格德音乐奖(Glenn Gould Prize);1997年他被《纽约时报》评为"本年度国际乐坛最重要的十位音乐家之一",同年又被德国权威音乐杂志《歌剧世界》评为"本年度最佳作曲家";1999年谭盾荣获当今世界颇具权威性的格威文美尔作曲大奖。

在美术方面,中国美术家徐冰曾在世界各地著名美术馆举行个人艺术展,1999年获得美国文化界最高奖——麦克阿瑟奖(MacArthur Award);2003年,由于对亚洲文化的发展所做的贡献,获得第十四届日本福冈亚洲文化奖;2004年,获得首届威尔士国际视觉艺术奖(Artes Mundi)及纽约市教育局和高中教育艺术委员会颁发的第96届青年之友奖。他还被《Mangazine名牌》杂志评为中国年度"十大精英男性",被《美国艺术》杂志评为15名国际艺术界年度最受瞩目人物之一。1999年,青年艺术家蔡国强获威尼斯国际双年展的金狮奖,成为获得这一著名国际奖项的第一位中国内地艺术家,该奖也是中国视觉艺术界在国际大展中获得的最高奖项。

在戏剧方面,北京人艺小剧场话剧《我爱桃花》在2006年越南国际实验剧戏剧节上获好评;泉州打城戏剧团的《目连救母》在2007年印度巴厘里第二届国际戏剧节上荣获戏剧节最高奖——印度国际戏剧大奖。

其次,中国文化艺术的国际影响力不断增强,越来越受到世界各国人民的欢迎,国际市场不断开拓,全球商业价值不断提高。提到中国电影的影响力,不能不从香港电影谈起。总体来说,华语电影是分成四个地方发展的:香港电影、内地电影、新加坡电影和台湾电影。香港曾经作为英国的殖民地,成为华语世界(包括海外华人社会)以至东亚电影的制作基地。几十年来,香港一直是世界第三大电影工业基地(仅次于好莱坞和宝莱坞)和第二大电影出口地(仅次于美国)。在其全盛时期,香港电影雄霸亚洲、虎视欧美。在西方国家,香港的流行电影有一班支持者,而现在香港电影亦成为文化主流,渗透在世界每个角落并经常被模仿。香港电影的影响力在近年的好莱坞动作电影中都可以见到,其全球影响为中国电影国际市场的不断开拓奠定了基础。从20世纪70年代开始,香港明星辈出,涌现出一大批具有国际声誉的著名导演和国际巨星。1971年,李小龙配合着邹文怀的嘉禾电影公司的崛起叱咤风云,其主演的电影《精武门》、《猛龙过江》等红遍全球,也使得武侠功夫片成为中国电影贡献于世界电影的唯一独特类型。继李小龙之后,成龙、李连杰相继成了新的国际武打巨星,而吴宇森、唐季礼、袁和平、林岭东、周润发及杨紫琼等导演和演员也纷纷走向世界电影的前台。迄今为止,香港电影虽然危机不断、阴影重重,但仍然表现出强劲的发展势头,仍然是中国文化软实力的重要代表之一。2005年,好莱坞翻拍于香港电影《无间道》的《无间行者》,取得了突出的票房业绩,并于2007年获得第79届奥斯卡金像奖最佳影片奖。这也从一个侧面反映了香港电影的影响力。

与香港电影相比,内地电影的国际影响力起初明显逊色,但新世纪以来发展迅速。1999年,《那山 那人 那狗》问世后在国内市场默默无闻,只卖出1个拷贝,但却在日本引起举国轰动,只花8万美元购进此片的日本片商赚得了800万美元的票房,取得了神话般的成功。该片风景秀丽、人情味浓、艺术性强,情节简单、节奏缓慢,所表现出的父子间的脉脉温情、人与自然的和谐相处,令日本观众备受感动。与此同时,影片的热映也带动了原著的畅销。2002年12月,该小说被日本放送协会创作为录音磁带供盲人阅读。2003年6月,小说《那山 那人 那狗》被日本国文部科学省选进高等学校国语教科书;后又选入中学国文教材。该片也获得第23届蒙特利尔国际电影节"公众最喜爱的影片"大奖和第31届印度国际电影节评委大奖。这部影片创造了中国电影软实力的一则神话。2002年,《英雄》拉开了中国电影大片时代的序幕。《英雄》的国内票房为2.5亿元人民币,全球票房为1.77亿美元。这表明中国电影的海外传播有着广阔的前景。从此,以张艺谋、陈凯歌为代表的中国导演的中坚力量纷纷投入到中国电影国际市场的开拓中。2008年4月,电影《梅兰芳》高价卖出日韩版权。

2008年8月8日晚,举世瞩目的北京第二十九届奥林匹克运动会开幕式在国家体育场(鸟巢)隆重举行。其鲜艳的色彩,强烈的对比,唯美的影像,以及结合实物与特效的前卫的尝试,展现出波澜壮阔的历史画卷,给全世界观众留下了深刻的印象。这是几千年中华文化和艺术的集中展示,大大推进了中国文化和艺术的对外传播和推广。

在美术方面,蔡国强的焰火作品为中国艺术创作走向世界走出了一条独特的道路,在国内外产生了重要的影响。其在"9·11"恐怖袭击之后创作的代表正义及正气的《移动彩虹和光轮》以及在美国首都举行的中国文化节上创作的象征着中国文化和力量的《龙卷风》等大型爆炸艺术设计,都取得了成功。2008年,他作为北京奥林匹克运动会开闭幕式的核心创意成员及视觉特效艺术总设计,创作了《历史足迹》等大型焰火表演,给全世界观众带来了一场全新的视觉盛宴。

再次,中国文化艺术的国际推广和传播体系逐渐完善,国际产业化程度逐渐提高。2009年10月15日,中国国际广播电台与中国电影海外推广公司在京签署"中国电影展"网络合作协议。"中国电影展"网站的创建适应了中国电影"走出去"的需求。其宗旨是向世界展示中国电影作品,介绍中国电影产业,传播中国电影文化,搭建一个永不落幕的中国电影展。长期以来,中国影视产业坚持全球推广战略,探索建立"市场运作、企业营销、政府补贴"的国产影视节目海外推销新机制,把政府扶持和运用市场机制结合起来,不断取得成功。近年来,中国电影发行环节的力量正在壮大。2004年年底,国家广电总局和商务部联合发布《电影企业经营资格准入暂行规定》,首次明确外资可以通过合资、合作等方式成立电影制片公司和电影技术公司。这一政策起到了立竿见影的效果。时代华纳与中影集团、浙江横店集团合资成立了中影华纳横店影视公司,这是中国首家中外合资影业公司。通过与国际资本的合作,提升中国电影在国际市场上的竞争力,借助跨国传媒巨头的渠道,使得电影的海外发行更为顺畅有效。2006年6月,原中国电影海外推广中心改制为股份制的中国电影海外推广公司,由中影集团、华夏电影发行公司和中国电影制片人协会共同出资。中心由事业性变身为商业性的公司,海外推广的职能和定位随之转变,新公司与会员之间不再是松散的事业关系,而是更加紧密的商业关系。中影集团旗下的电影进出口分公司是中外文化交流的桥梁,其宗旨是通过电影让中国了解世界,让世界了解中国，业务对象遍及世界各地。每年它均要通过各种渠道选看全球近千部影片，从中挑选一批思想艺术水平和技术制作水平俱佳的影片献给国内观众。同时，电影进出口分公司还肩负着国产影片的输出使命。它与国内各制片厂、制片单位，以及国外片商保持着良好的业务关系。为了更有效地输出国产影片，它创办了"北京放映"国产影片展映活动。它管辖的字幕译制部打印大量字幕拷贝。它将日常工作与"北京放映"结合在一起，使一批批优秀的国产影片走出国门、走向世界。2007 年，中影集团、保利博纳、华谊兄弟等公司发行能力的扩展，为中国电影产业的发展做出了贡献。

最后，在中国举办的各种世界性的文化艺术节大大地提高了中国文化艺术的全球影响力。

在电影方面，1993 年，中国国家广播电影电视总局和上海市人民政府创办了上海国际电影节。电影节举办至今，已经吸引世界各洲六十多个国家和地区 3823 部影片的报名，959 部影片展映，累计票房 2770 万元人民币。这是那时尚没有完全开放的中国电影市场每年度唯一的一次世界影片集萃，因此，每年的上海国际电影节对上海及周边城市的观众无疑是一次期待已久的电影朝圣，创办至今，已经有 150 多万人次融入这个中国重要的电影活动中。每年 6 月期间 9 天的电影节不但已成为上海文化生活一个重要的景观，而且还在加大中外电影文化交流中发挥着巨大的作用。更重要的是，自 2011 年 4 月开始举办而 2013 年正式设置主竞赛单元天坛奖评选的北京国际电影节，已成为中国内地又一重要的国际电影盛会，为中国电影的全球传播和推广提供了一个更具影响力的平台。

此外，由国家广播电影电视总局电影管理局主办、中国儿童少年电影学会承办的中国国际儿童电影节自 1989 年至 2013 年已举办十二届。它是国际性的电影活动，其宗旨在于搭建多边交流平台，加强各国儿童电影的交流与合作,让中国儿童展望世界,让世界了解中国,促进世界儿童电影的发展。

在戏剧方面,1994由中国、韩国、日本共同发起创办的中韩日戏剧节,每年一次在中、韩、日三国轮流举办,在东亚、东南亚文化艺术圈产生了影响。随着交流渠道的不断拓宽,中国与世界各国戏剧机构间的合作项目也不断扩大。2007,中国剧协与国际剧协瑞典中心在北京共同举办了中瑞"儿童之声"北京工作坊,三位资深的瑞典儿童剧专家现场教学。在北京,还先后举办了第四、五届中日戏剧友谊奖的评奖颁奖活动。2008年9月,在南京举行的第31届世界戏剧节吸引了来自世界各地的戏剧家参加,并且在这次世界戏剧节上,昆曲《桃花扇》、《牡丹亭》,越剧《梁祝》,川剧《金子》,梨园戏《董生与李氏》,京剧《曹操与杨修》等中国戏曲的精品都逐一上演,可以说是中国传统戏曲第一次集中展现在外国戏剧专家眼前,促进了中国戏剧的对外推广和传播。

在书法方面,中国书协还实行了一个"中国书法环球行"计划,让中国书法走进澳洲、走进东南亚、走进非洲。此外,每年中、日、韩在书法方面都会进行各式各样的交流与合作。

总之,改革开放三十多年来,中国文化艺术的对外推广事业取得了巨大的成功,中国文化艺术的世界影响力获得了空前的提高。

(二) 中国文化艺术在对外推广中存在的问题

首先,推广模式还很不成熟,推广成本较低,推广的操作专业化水平低。这尤其表现在电影方面。美国的很多电影,推广成本往往占到总体制作成本的40%到50%,而我国通常连5%都不到。中国的电影市场和美国市场颇为相像,区域广大,需要大量的推广,但中国的电影推广模式还很不成熟,与美国相较之下差距很大。美国的电影业在全球文化贸易中一直占据主导的地位,美国公司出产的影片产量尽管只占到全球影片产量的7%，却占领了全球总放映时间的50%以上。近几年，美国电影的海外市场继续扩大。美国电影制片人通常会把电影的国内和国外的发行权交给不同的发行商，制片人在全世界寻找"国外销售代理"，由他们将电影销售给当地的国外发行商。通过这些营销技巧，美国电影加大了对海外市场的开发。而中国电影则可以从中得到很好的启发。

中国电影贸易每年基本上存在较大逆差。虽然《英雄》在海外制造了票房轰动，然而即使有1.77亿美元的海外票房，《英雄》也没给投资公司盈利很多，因为这些影片的海外发行方式基本是发行公司一手买断，高票房带来的高利润与生产方关系不大。买断发行权是好莱坞运作非英语影片的一种比较常规的操作方式。一些国外电影代理公司利用国内电影人语言以及资讯的落后，往往用低价买断此类影片的全球版权机会，再将影片向海外他国销售出去。即使是以如此低廉的价格销售影片，仍有很多国内制片方乐此不疲，因为国内电影在投资阶段就不太考虑海外市场，能将影片廉价卖到海外对他们来说纯属惊喜，而且这种买断的形式可以快速直接地拿到一定比例的销售收入。很多制片方一方面看到了这种眼下利润，未将影片的国际销售收入最大化。因此，对于电影推广来说，我们急需一批既懂外语又懂专业知识的影视人才。

其次，对海外受众心理和外国文化缺乏深入了解，导致出现严重的"文化折扣"现象，以致外国观众对中国电影的兴趣不高。所谓"文化折扣"（又译文化贴现），指进口市场的观赏者难以认同艺术品中描述的生活方式、价值观、历史、制度等，使得外国电影在价值上有所减少。文化折扣显著时，它就会影响在国外市场的潜在总收入。长期以来，中国的功夫片虽然享誉海外，经久不衰，但是海外观众是否有审美疲劳？海外市场的口味与革新促使中国电影的海外推广不能只重一种形式,而要全面开花。《那山 那人 那狗》在日本的成功上映,就印证了这个道理。《满城尽带黄金甲》自 2006 年 2 月 21 日上映,影片在美国拿到的总票房为 657 万美元,而在美国之外的国家总票房为 7200 万美元,美国仅占到市场的 8.4%,这与《英雄》和《十面埋伏》在美国所取得的都超过 1000 万美元的票房相比有很大差距。这在很大程度上,都是由价值认同方面的差别所造成的。2009 年 11 月在中国上映的电影《2012》成为当年全年票房总冠军,票房数字达 4.51 亿元人民币,打破了《变形金刚 2》创下的 4.34 亿元人民币纪录,还赢了排名第三的收入 4.2 亿元人民币的《建国大业》。之前有分析说《2012》剧情的赞美中国,所以票房不卖不奇怪,连发行商都承认,剧情讲中国有份拯救地球是票房成功的关键!这也难怪影片选择在中国和美国同时首映,并且为了照顾中国人的感情,在中国上映的时候,其中有关中国长城倒塌的一幕也被删掉了。这就是好莱坞的聪明之处。好莱坞为之所以能吸引全世界的电影票房,很大程度也在于他们对世界各国文化的熟悉和各民族文化心理的深切把握,善于借鉴各国的文化素材为自己所用,拍出具有世界眼光的电影。这一点在动画片《花木兰》和《功夫熊猫》中也会有鲜明的印象。

二、中国文化艺术的跨文化交流策略

首先,必须加大政府扶植,全面推进中国文化艺术的跨文化交流。中国的国情从宏观上决定了中国文化艺术的对外推广和传播事业必须得到政府的大力扶持才能实现充分和蓬勃的发展。我们必须加速建立完善的法律体系,采取有效措施保护知识产权,维护公平竞争的市场秩序,出台相关政策鼓励优秀的艺术和文化作品出口。此外还需要由政府出面建立完善的关于艺术作品的审查机制,尤其是完善的审片机制。比如《那山 那人 那狗》问世后在国内市场默默无闻,只卖出1个拷贝,但却在日本引起举国轰动,最后才最终被证明是一部经典影片。8万美元卖给了日本片商,却让其赚得了800万美元的票房。这给中国电影商业价值的实现带来了多么巨大的损失。无独有偶,《黄土地》也是首先在香港放映获得巨大成功,然后才得到国内业界的认可的。对于文化艺术行业专业人才的培养也需要国家大力扶植。管理人才的培养是电影推广的一个重要环节,电影投资相比可能较为容易一些。华谊兄弟影业国际销售部大概人数不多,但他们的年薪达到600万元人民币左右。这其实十分必要,因为一部好的商业片在全球一个中等规模地区的销售,就可以赚取这个费用。管理人才的培养及制片、发行队伍的建立直接关系到中国电影打入全球市场的成败。

其次,积极吸收和借鉴各民族优秀文化,深切把握各民族文化心理,将文化折扣变为文化优势。美国人能够利用中国的文化符号拍出像《花木兰》、《功夫熊猫》这样优秀的动画片,也能够制造一个中国人拯救世界的神话来满足中国人的观影心理。难道中国人就不能吗?退一步说,我们自己的文化符号我们能利用好吗?几年来,功夫片、古装片纷纷上马,《英雄》、《无极》、《夜宴》和《满城尽带黄金甲》等,形式上很华丽,而在国际上获得的认可度却每况愈下。我们有必要学习和借鉴各民族优秀文化,从而为中国文化注入新的元素和生命力。然而,可以预见的是,随着中国的国际影响力不断提升,国外认识中国文化的热情也会持续提升。中国电影更应该包括中华文明能够绵延数千年不断的进程中所蕴藏的生命力,以及新鲜的民族价值指向。

再次,努力加大中国文化艺术的推广成本,不断完善推广模式,提高推广操作的专业化水平,积极探索合理的营销策略和发行渠道。经过多年与国外发行商的接触和学习,我国的影片出品方也积累了一定的经验,在进行海外销售时,现在也开始采用相对灵活的方式。比如在细分市场上分别定价销售,还有保底分账等,总体看,选择什么样的方式进行合作,将更多取决于国内制片商和国外发行商双方根据对影片共同认可的程度。

随着越来越多的"大片"出现,海外市场成为重要的甚至最重要的收入来源,其份额甚至已经超越国内本土票房。《夜宴》除在日韩等亚洲国家以及欧美一些小国以卖断方式取得1000万美元收益之外,华谊试图与美国和欧洲几个大发行商采用保底分账模式进行发行。由于这种发行方式需要专业的金融服务,2006年8月,中国信用保险公司与华谊兄弟就《夜宴》海外发行达成合作意向,首次尝试电影海外发行与政策性出口信用保险合作模式:中信保将为华谊提供"出口信用保险+担保"的支持模式,为其影片的海外销售提供出口信用保险,帮助其在事前、事中、事后评估及分析风险,并承担收汇损失保险责任,支持其采用更灵活的方式开展海外发行,提高发行收益。同时,在保险的基础上,对华谊兄弟公司影片拍摄的资金需求给予担保支持。

同时,要加强电影的合作拍摄。电影产业历来就是一个充满风险的行业,而且近些年来随着电影制作规模不断扩大,制作成本不断提升,已经成为公认的高风险行业之一。在此情况下,开展和强化国际合作拍片就具有了充分的必要性。因为,它可以有效地规避营销风险,实现优势互沾,扩大国际市场。

最后,大力创办和举行各种世界性的文化艺术节,并积极参加其他国家和地区举行的文化艺术节。上海国际电影节举办至今,已经吸引了世界各洲六十多个国家和地区、3823部影片的报名,959部影片展映,累计票房2770万元人民币。在南京举行的第31届世界戏剧节使中国传统戏曲第一次集中展现在外国戏剧专家眼前,大大促进了中国戏剧的对外推广和传播。五年前北京举办的第二十九届奥林匹克运动会集中展示几千年来中华优秀的文化和艺术，给全世界人民留下了深刻的印象，大大推进了中国文化和艺术的对外传播和推广。

积极参加其他国家和地区举行的文化艺术节，对于中国艺术家来说也是非常必要。从某种意义上说，美术界"四大金刚"徐冰、蔡国强、谷文达和黄永砯都是首先在西方获得成功、成名在外之后才被国人认可的。

结论　由中国文化符号到文化软实力理论系统

上册按照有所为、有所不为、有所多为、有所少为的原则,重点讨论文化软实力的理论体系。其中,对文化符号的讨论是本册的研究特色。这种研究特色主要表现在:一是文艺研究者在文艺领域的探索,主要提出以文化符号认同为依据的软实力研究思路,探索文化符号与文化软实力的关联路径及"中国梦"的软实力价值、文化符号创新和大国风范与软实力的作用之道、从大学生文化符号观看中国文化软实力资源现状、北京文化符号与"世界城市"软实力建设等问题。二是民俗文化学者在民俗文化领域的探索,指出,在中国文化符号中,故事是具有传统出身和现实普遍意义的符号系统。故事具有处理符号的文本形式,赋予符号带有社会意义的叙事方式,并将符号放到文化结构中,使之产生国家民族文化符号的差异性和多元性,下册将对此做充分论述。

通过这种整体结构研究可以看到,我国的国家文化软实力建设,在界定文化软实力的概念与内涵的前提下,需要进一步揭示文化软实力的柔性力量与层构力量的互动形态,综合分析文化软实力的文化符号、文化制度、文化传媒和文化价值,对国家文化软实力理论系统的复杂网络和社会运行方式进行经验描述和理论分析,着眼中国文化软实力现代知识体系与可操作意义上的理论创新,建设具有中国文化特色优势与对外文化输出贯通性的开放型文化软实力系统。

附 录

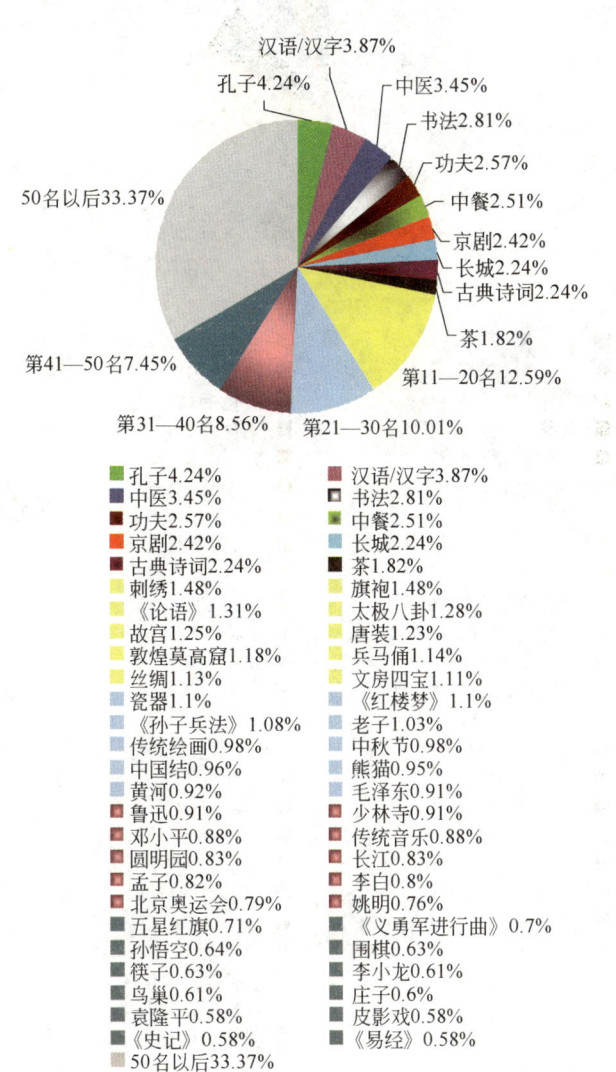

汉语/汉字 3.87%
孔子 4.24%
中医 3.45%
书法 2.81%
功夫 2.57%
中餐 2.51%
京剧 2.42%
长城 2.24%
古典诗词 2.24%
茶 1.82%
50名以后 33.37%
第41—50名 7.45%
第31—40名 8.56%
第21—30名 10.01%
第11—20名 12.59%

- 孔子 4.24%
- 中医 3.45%
- 功夫 2.57%
- 京剧 2.42%
- 古典诗词 2.24%
- 刺绣 1.48%
- 《论语》1.31%
- 故宫 1.25%
- 敦煌莫高窟 1.18%
- 丝绸 1.13%
- 瓷器 1.1%
- 《孙子兵法》1.08%
- 传统绘画 0.98%
- 中国结 0.96%
- 黄河 0.92%
- 鲁迅 0.91%
- 邓小平 0.88%
- 圆明园 0.83%
- 孟子 0.82%
- 北京奥运会 0.79%
- 五星红旗 0.71%
- 孙悟空 0.64%
- 筷子 0.63%
- 鸟巢 0.61%
- 袁隆平 0.58%
- 《史记》0.58%
- 50名以后 33.37%

- 汉语/汉字 3.87%
- 书法 2.81%
- 中餐 2.51%
- 长城 2.24%
- 茶 1.82%
- 旗袍 1.48%
- 太极八卦 1.28%
- 唐装 1.23%
- 兵马俑 1.14%
- 文房四宝 1.11%
- 《红楼梦》1.1%
- 老子 1.03%
- 中秋节 0.98%
- 熊猫 0.95%
- 毛泽东 0.91%
- 少林寺 0.91%
- 传统音乐 0.88%
- 长江 0.83%
- 李白 0.8%
- 姚明 0.76%
- 《义勇军进行曲》0.7%
- 围棋 0.63%
- 李小龙 0.61%
- 庄子 0.6%
- 皮影戏 0.58%
- 《易经》0.58%

附图 1 最具推广价值的中国文化符号投票结果示意图

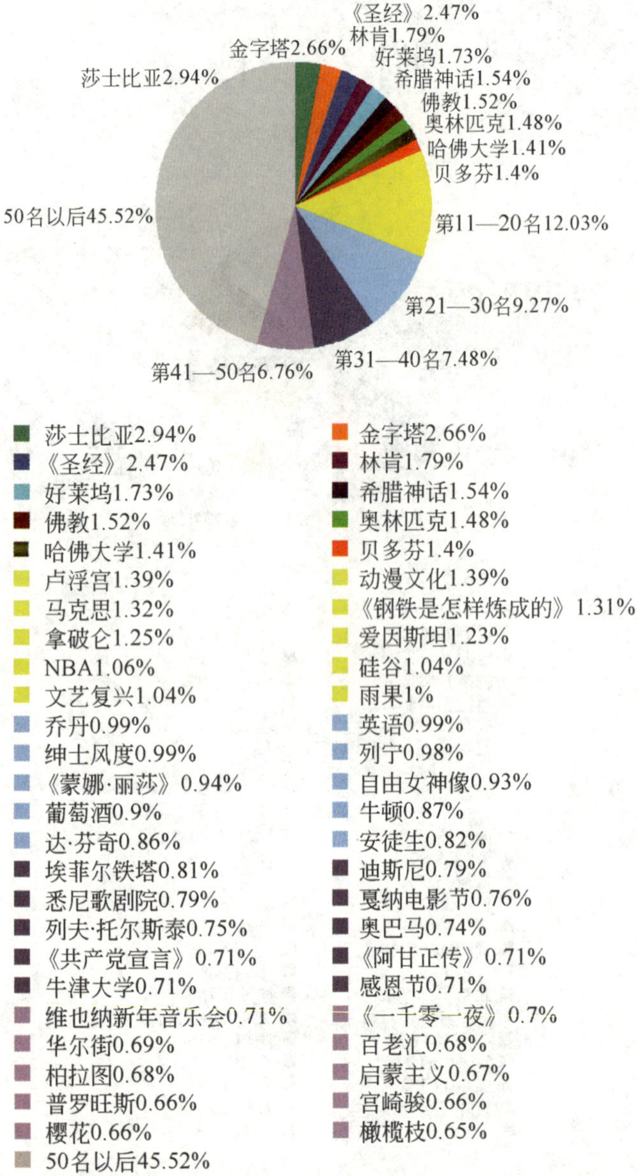

502 中国文化软实力发展战略综论

饼图数据：
- 莎士比亚 2.94%
- 金字塔 2.66%
- 《圣经》 2.47%
- 林肯 1.79%
- 好莱坞 1.73%
- 希腊神话 1.54%
- 佛教 1.52%
- 奥林匹克 1.48%
- 哈佛大学 1.41%
- 贝多芬 1.4%
- 第11—20名 12.03%
- 第21—30名 9.27%
- 第31—40名 7.48%
- 第41—50名 6.76%
- 50名以后 45.52%

莎士比亚 2.94%	金字塔 2.66%
《圣经》 2.47%	林肯 1.79%
好莱坞 1.73%	希腊神话 1.54%
佛教 1.52%	奥林匹克 1.48%
哈佛大学 1.41%	贝多芬 1.4%
卢浮宫 1.39%	动漫文化 1.39%
马克思 1.32%	《钢铁是怎样炼成的》 1.31%
拿破仑 1.25%	爱因斯坦 1.23%
NBA 1.06%	硅谷 1.04%
文艺复兴 1.04%	雨果 1%
乔丹 0.99%	英语 0.99%
绅士风度 0.99%	列宁 0.98%
《蒙娜·丽莎》 0.94%	自由女神像 0.93%
葡萄酒 0.9%	牛顿 0.87%
达·芬奇 0.86%	安徒生 0.82%
埃菲尔铁塔 0.81%	迪斯尼 0.79%
悉尼歌剧院 0.79%	戛纳电影节 0.76%
列夫·托尔斯泰 0.75%	奥巴马 0.74%
《共产党宣言》 0.71%	《阿甘正传》 0.71%
牛津大学 0.71%	感恩节 0.71%
维也纳新年音乐会 0.71%	《一千零一夜》 0.7%
华尔街 0.69%	百老汇 0.68%
柏拉图 0.68%	启蒙主义 0.67%
普罗旺斯 0.66%	宫崎骏 0.66%
樱花 0.66%	橄榄枝 0.65%
50名以后 45.52%	

附图2　最具推广价值的外国文化符号投票结果示意图

附图 3　最具推广价值的外国文化符号投票结果排行（前 50 项）国家分布示意图

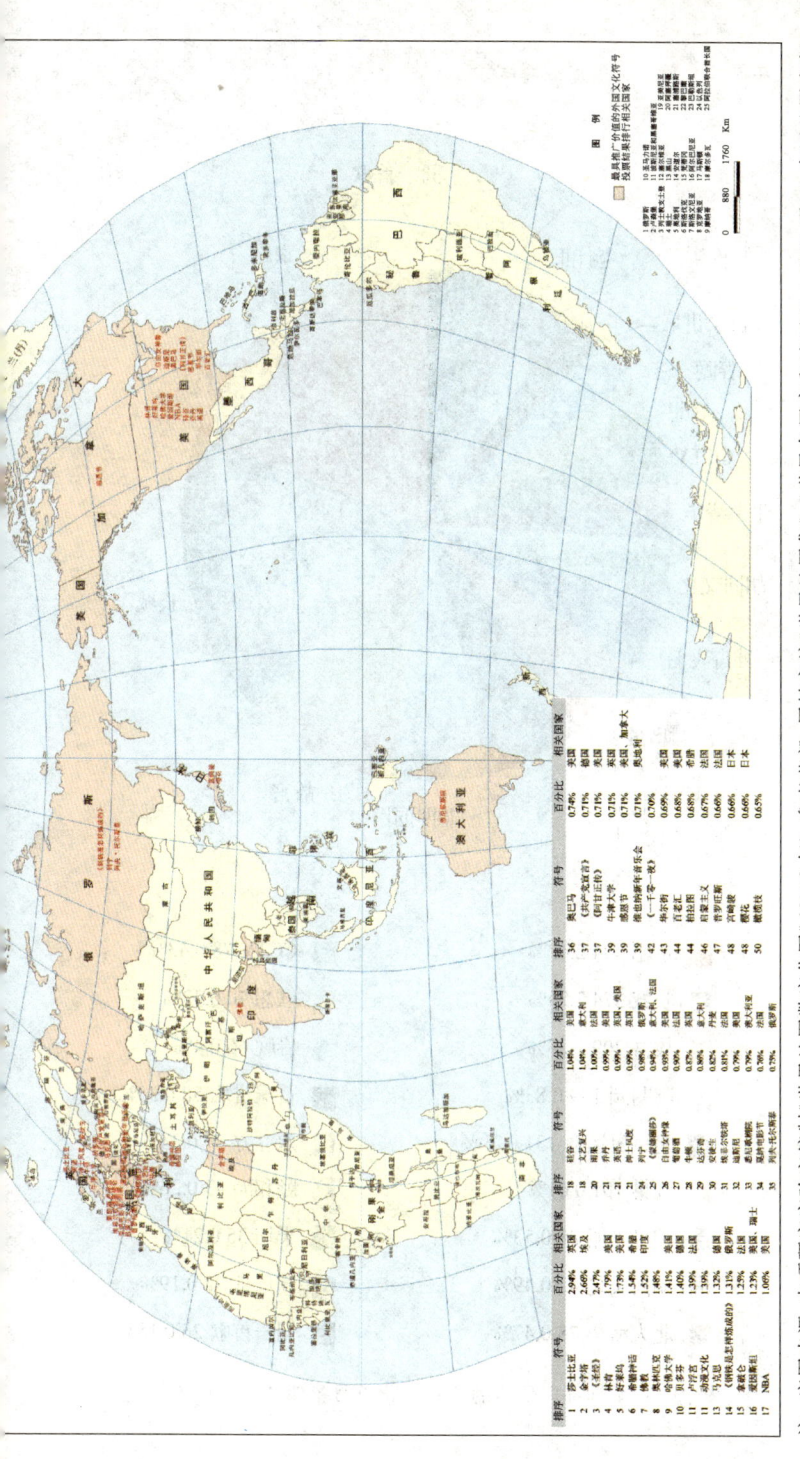

注：底图来源：本项研究实验室编制《世界地图数字化图》(2008 年)，参考范毅、周敏主编《世界地图集》《世界各国家和地区（1∶8800 万）》，中国地图出版社 2004 年版，第 26—27 页。地图编绘：赖彦斌。地图数据整理协助：赵娜。

■ 京剧 404 2.42%	■ CCTV 78 0.43%
■ 长城 374 2.24%	■ 联想 70 0.42%
■ 故宫 209 1.25%	■ 春晚 66 0.4%
■ 圆明园 139 0.83%	■ 百家讲坛 58 0.35%
■ 北京奥运会 131 0.79%	■ 水立方 57 0.34%
■ 鸟巢 101 0.61%	■ 颐和园 43 0.26%
■ 神舟飞船 88 0.53%	■ 天坛 35 0.21%
■ 胡同文化 82 0.49%	■ 同仁堂 32 0.19%
■ 北大清华 78 0.47%	■ 同一首歌 25 0.15%

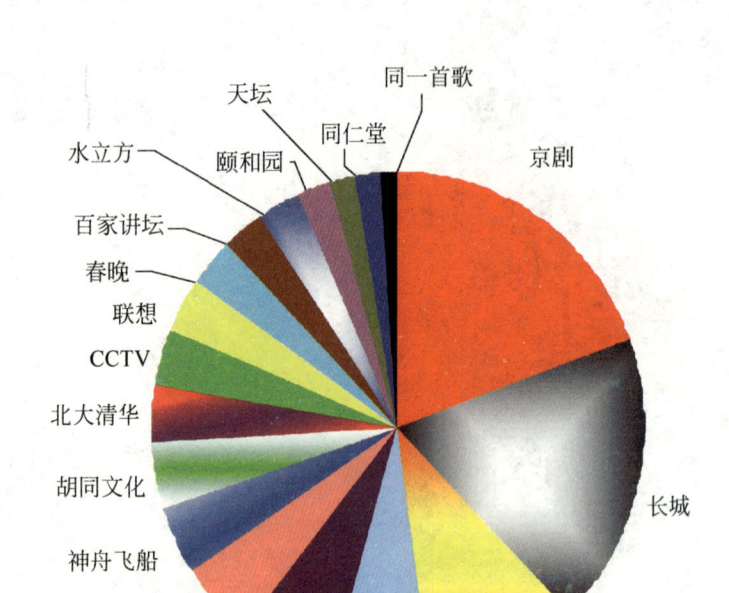

附图 4 最具推广价值的北京文化符号投票结果示意图

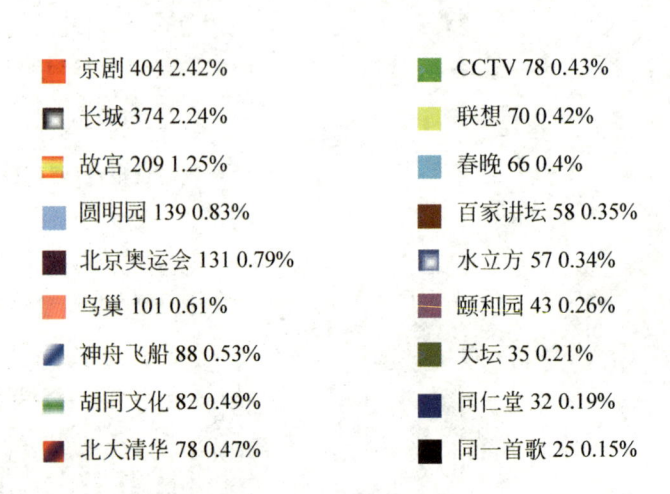

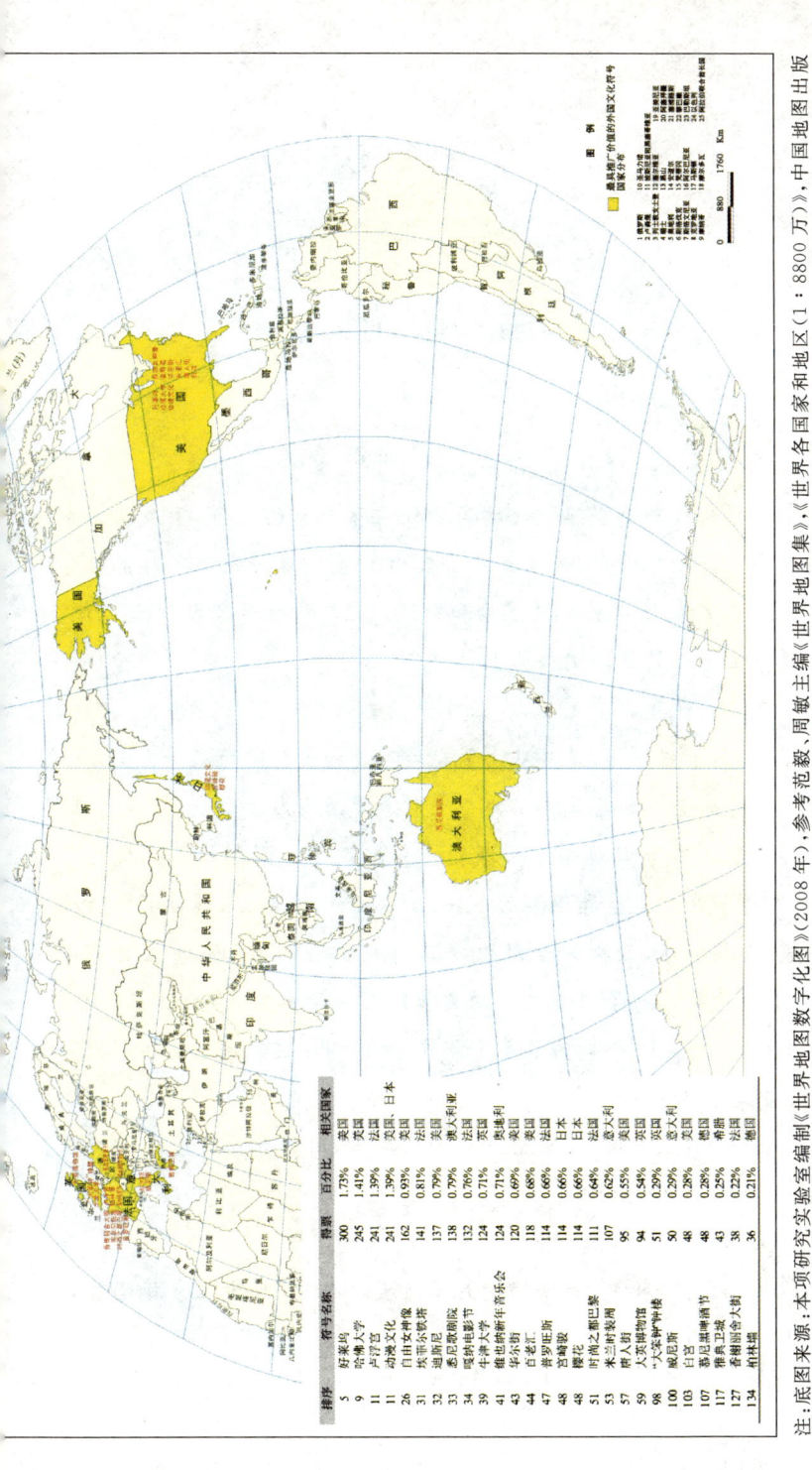

排序	符号名称	频数	百分比	相关国家
5	好莱坞	300	1.73%	美国
9	哈佛大学	245	1.41%	美国
11	卢浮宫	241	1.39%	法国
18	动漫文化	241	1.39%	日本
26	自由女神像	162	0.93%	美国
31	埃菲尔铁塔	141	0.81%	法国
32	迪斯尼	137	0.79%	美国
33	悉尼歌剧院	138	0.79%	澳大利亚
34	戛纳电影节	132	0.76%	法国
39	牛津大学	124	0.71%	英国
41	维也纳新年音乐会	124	0.71%	奥地利
43	华尔街	120	0.69%	美国
44	白金汉	118	0.68%	英国
47	普罗旺斯	114	0.66%	法国
48	宫崎骏	114	0.66%	日本
48	樱花	114	0.66%	日本
51	时代之声巴黎	111	0.64%	法国
53	米兰时装周	107	0.62%	意大利
57	懒人沙发	95	0.55%	美国
59	大英博物馆	94	0.54%	英国
98	"大英帝国传统"	51	0.29%	英国
100	威尼斯	50	0.29%	意大利
103	白宫	48	0.28%	美国
107	慕尼黑啤酒节	48	0.28%	德国
117	爱琴海	43	0.25%	希腊
127	香榭丽舍大街	38	0.22%	法国
134	柏林墙	36	0.21%	德国

注：底图来源：本项研究实验室编制《世界地图数字化图》（2008年），参考范毅，周敏毅主编《世界地图集》，《世界各国家和地区（1：8800万）》，中国地图出版社2004年版，第26—27页。地图编绘：赖彦斌。地图数据整理协助：赵娜。

附图5 最具推广价值的外国文化符号国家分布示意图

后　　记

本书为我与董晓萍教授共同担任首席专家的2007年度国家社科基金重大招标课题"我国文化软实力发展战略研究"（项目批准号07&ZD037）的结项成果之上编和中编。经与董晓萍教授商量，由我主要分工负责的这两编合为上册出版。

在上册统稿完毕之际，有必要向读者交代一下相关事由。上册的撰写，同下册一样，是服从于董晓萍教授和我共同商定并由全体合作者认可的全书的总体构思的。上册由于涉及内容众多，领域广泛，故约请了众多专家按若干子课题去分工撰写。但在具体执行过程中，随着研究的进展和理解的深入，本课题的总体构思陆续有了一些调整，而相应地，最初的子课题分工和执行也就不得不随之有了调整，直到出现不同子课题之间的更多的交叉和协作，乃至你中有我、我中有你。尽管如此，为了尊重合作者的付出，这里还是需要列出大致的执笔人分工：

第一章：王一川（北京大学教授）、孟隋（时为北京师范大学博士生、现为济南大学讲师）

第二章：王一川、孟隋

第三章：沈湘平（北京师范大学教授）、孙亮（时为北京师范大学博士生、现为华东师范大学副教授）

第四章：张洪忠（北京师范大学教授）、沈湘平、孙亮、刘彦榕（时

为北京师范大学硕士生,现任职三胞集团有限公司)

第五章:林玮(时为北京师范大学博士生、现为浙江大学博士后)、王一川、张洪忠

第六章:唐建英(时为北京师范大学博士后、现为中国传媒大学讲师)、林玮、张洪忠

第七章:林玮、唐建英

第八章:郭必恒(北京师范大学副教授)、李怡(北京师范大学教授)、陈雪虎(北京师范大学教授)

应当讲,以上各位作者当初完成的初稿都各有其独到贡献、各显其独特学术个性,但考虑到忠实贯彻本课题总体构思以便顺利完成结项任务的需要,统稿时不得不对它们作了程度不同的加工,如挪移、删节、修改或新写等,包括对少数内容割爱。限于我的个人能力,这个过程比此前预想的远为漫长和艰巨,以致不得不申请延期结项。等到历时近三年的统稿工作完成时,各部分内容与初稿时相比已有了程度不同的变化,或许有的地方整体性增强了,但独特性被减弱了。我自感为难却又别无选择。确实,本书的完成,可谓全体合作者的智慧、友谊和谅解的结晶,如有可取处,自应归功于各位同道;如有不足,当囿于统稿者的水平。谨此说明并向各位致歉。

董晓萍教授通读通审了书稿。郭必恒副教授协助我做了本项目的组织与协调工作,并参与了统稿。孟隋承担了上册格式及体例的统一工作。赖彦斌工程师承担了绘图工作。另有众多朋友和大学生参与研究及调查中的辅助工作,恕无法在此一一注明。

值此机会,谨向董晓萍教授和所有课题合作者和协助者致以衷心的感谢!

同时,在本课题申报、评审及执行过程中,汝信研究员、张国祚教授、钟秉林教授、尹鸿教授、贾磊磊教授、肖鹰教授、周星教授、于丹教

授、王宜文教授、喻国明教授等前辈、领导、友人或同事以及胡疆锋、张新赞、冯雪峰、金浪等研究生或博士后,都各有过不同的贡献,谨此铭记并致谢忱!

最后感谢商务印书馆王齐副总经理和编校人员的支持与帮助。

王一川

2014 年 12 月 2 日